USA:

FRA FRIHETSIDEAL

TIL BANANREPUBLIKK

Utvidet utgave

Av samme forfatter:

Filosofi: en innføring
(Kontekst forlag 1991)

Fornuft, egoisme, kapitalisme: essays om Ayn Rand
(Kontekst forlag 2003, ny utgave 2022)

Forteljingas pedagogikk: folkediktning før og no
(Sammen med Lis K. Andersen og Johan Einar Bjerkem,
Gyldendal norsk forlag 2003)

Frihet, likhet, brorskap: kapitalismen i teori og praksis
(Kontekst forlag 2004, ny utgave 2021)

Krig, fred, religion og politikk
(Kontekst forlag 2015)

*Saysiansk økonomi
eller en introduksjon til politisk økonomi basert på teoriene til
Jean-Baptiste Say*
(Kolofon forlag 2017)

*SISTE ORD
om
kapitalisme, sosialisme, velferdsstat, ytringsfrihet, islam, klimapolitikk, USAs
forfall, mm.*
(Kontekst forlag 2021)

Løpet er kjørt: rene ord for pengene
(Kontekst forlag 2023)

Rasjonalitet vs. irrasjonalitet
(Kontekst forlag 2024)

Vegard Martinsen er også bidragsyter til disse bøkene:

Når fremtiden nekter å vente
(Red. Torbjørn Røe Isaksen, Unge Høyre 2002)

Vivo: lærerens bok
(Red. Elen Egeland mfl., Gyldendal 2010)

Grunnlov og frihet: turtelduer eller erkefiender?
(Red. Jørn K. Baltzersen, Kolofon forlag 2017)

USA:

FRA FRIHETSIDEAL

TIL BANANREPUBLIKK

Utvidet utgave

av

Vegard Martinsen

Kontekst forlag 2025

USA: FRA FRIHETSIDEAL TIL BANANREPUBLIKK
Utvidet utgave

Forsidefoto: Sawyer Sutton, Pexels.com.

Kontekst forlag
Oslo

kontekstforlag@hotmail.com

ISBN 978-82-91106-19-9 (papir)
ISBN 978-82-91106-20-5 (e-bok)

Til Inger

«I don't build in order to have clients,
I have clients in order to build.»
-Howard Roark

«Jeg må! Jeg må; så byder meg en stemme
i sjelens dyp – og jeg vil følge den.»
-Catilina

Innhold

Forord til andreutgaven

«USA minner mer og mer om en mellomamerikansk bananrepublikk. Hvem skulle trodd det?» Den som sier dette er professor i statsvitenskap Bernt Hagtvet, og sitatet er hentet fra en kronikk i Aftenposten 19. januar 2025. Ja, hvem skulle trodd det?

I denne boken vil leseren på de første sidene finne en rekke artikler som ble skrevet om de siste presidentvalgkampene i USA, valgkamper som inneholdt et vell av absurditeter. Deretter følger artikler som tar opp viktige forhold i USAs historie, en historie som også inneholder en rekke absurde innslag. Bokens tese er at disse absurditetene er utslag av fundamentale filosofiske ideer som står sterkt i amerikansk kultur, og gitt dominansen av disse idéene kunne ikke utviklingen i det store og hele blitt annerledes enn den virkelig ble.

Men først noen ord om viktige ting som har skjedd i USA etter at førsteutgaven av denne boken kom ut (i april 2024): den negative utviklingen i USA har fortsatt i et akselererende tempo.

President Trump ble innsatt 20. januar 2025 og satte umiddelbart i gang en politikk som var stikk i strid med den som er forankret i USAs grunnleggende dokumenter. Det kom ingen reelle kutt i statsbudsjettet, og planer og budsjetter innebar at statsgjelden ville fortsette å øke. Trump innførte toll på import fra en rekke land (men han ombestemte seg med hensyn til tollsatser nesten fra dag til dag), noe som er svært skadelig siden det næringslivet trenger mest av alt er stabile rammebetingelser. Ulovlige innvandrere ble i stort omfang deportert uten noen som helst form for rettslig prosess, Trump nektet å følge lovpålegg vedtatt av rettsapparatet, han truet med å trekke presseorganer som hadde kritisert ham for retten, og han benådet alle de som invaderte Kongressen 6. januar 2021, også de som hadde vært voldelige og som hadde begått hærverk. En rekke store firmaer donerte betydelige beløp til ulike Trump-godkjente tiltak for å innynde seg hos ham.

Han innførte dog omfattende budsjettkutt overfor undervisningsinstitusjoner med den begrunnelse at de hadde fulgt en politisk linje som han mente var uamerikansk, og han kuttet store beløp til organisasjoner som drev ulike former for hjelpearbeid over hele verden.

Som kjent invaderte Russland Ukraina i februar 2022, men dette var åpenbart ukjent for Trump, han ga Ukraina skylden for å ha startet krigen. Han snakket kritisk om en rekke politiske ledere, men sa aldri kritiske ting om virkelige diktatorer som Putin, Kim Jong Un og Xi; tvert imot virket det som om han beundret dem.

Han begrenset de mest graverende utslag av woke-hysteriet (klimatiltak, begrensninger på energiproduksjon, retten for menn som mener de er kvinner til å stille i kvinneklassen i ulike sportsgrener), men gjorde ingenting for å redusere de enorme og voksende utgiftene over programmer som Medicare, Medicaid og Social Security. Trump og det Republikanske flertallet i Kongressen gjorde også svært lite for å begrense de subsidiene og støtteordningene som sterke pressgrupper lever svært godt på. Mye av det Trump gjorde var stikk i strid med de løfter han ga før han ble valgt.

I et intervju i mai 2025 på «Meet the Press» ble Trump spurt om han som president må «uphold the Constitution». Han svarte: «I don't know. I'm not, I'm not a lawyer. I don't know», dette til tross for at han to ganger har avlagt en ed som blant annet inneholder følgende: «I do solemnly swear that I will faithfully execute the Office of President of the United States, and will to the best of my ability, preserve, protect and defend the Constitution of the United States».

Under Goldwater og Reagan var det Republikanske parti i ikke ubetydelig grad tilhenger av betydelig individuell frihet – frihandel, deregulering, privatisering, skattelettelser – men utviklingen under Bush sr, Bush jr og spesielt Donald Trump har ført til at det nå er ingenting igjen av dette i det Republikanske partiet; Trump er en gammeldags proteksjonist. Det Demokratiske partiet var et rimelig normalt parti før og under Bill Clinton, men det gikk sterkt til venstre under Barack Obama. Biden sto vel nærmere Clinton enn Obama, men med sentrale personer som Kamala Harris og Alexandra Ocazio-Cortez gikk partiet langt til venstre; det sluttet i betydelig grad opp om bevegelser som Black Lives Matter, klimahysteriet sto sterkt, og partiet støttet det syn at transkvinner virkelig er kvinner (og derfor kan benytte toaletter og garderober forbeholdt kvinner, og stille i kvinneklassen i idrettskonkurranser). Denne sterkt venstreorientert linjen fikk dog en kraftig knekk etter nederlaget i presidentvalget i 2024.

Høyesterett er den eneste statlige institusjonene i USA som fortsatt til en viss grad har en idémessig forankring. Dog, Høyesterett begikk etter vårt syn en grov synd da den i 2022 opphevet Roe vs. Wade, dommen som i 1973 fastslo alle kvinners rett til selvbestemt abort. Opphevelsen innebar at spørsmålet om retten til abort skal bestemmes av delstatene. Det er mulig at denne siste Høyesteretts-dommen var holdbar, juridisk sett, men den er i strid med de fundamentale prinsipper som USAs uavhengighetserklæring bygger på: retten for individer til å søke etter lykken.

Man kunne si mye mer her, men vi nevner her bare et par ting til: Under valgkampen høsten ´24 ble presidentkandidat Donald Trump utsatt for to attentater, og i et av dem var han kun millimeter fra å bli drept. En betydelig del av befolkningen mente at attentatet kun var et stunt iscenesatt av Trumps folk for å øke hans oppslutning, dette til tross for at en publikummer som oppholdt seg rett bak Trump ble drept.

4. desember 2024 ble Brian Robert Thompson skutt og drept på åpen gate i New York. Thompson var administrerende direktør i et helseforsikringsfirma, og motivet for drapet var en protest mot måten det amerikanske helsevesenet er organisert på. Gjerningsmannen, Luigi Mangione, mottok etter drapet en rekke støtteerklæringer på sosiale medier, og han fikk også enorme pengebidrag, sannsynligvis for å dekke advokatutgifter.

Mens de var på vei ut fra et arrangement på et jødisk museum i Washington ble to personer, et gift par, skutt og drept. Gjerningsmannen avfyrte 21 skudd. Det viste seg senere at paret var ansatt ved den israelske ambassaden, men dette var noe gjerningsmannen sann-synligvis ikke visste om på forhånd. Dette skjedde 21. mai 2025.

En av Donald Trumps største fans var Candace Owens, som er en av de viktigste konservative bloggerne; hun har innpå 7 millioner følgere på på X/Twitter. Hun har en god del eksentriske synspunkter. Ikke bare betviler hun at dinosaurer har eksistert (hun skriver på X: «The older I get the more absurd the concept of "dinosaurs roamed the earth until a great big meteor hit" becomes to me»), hun mener også at Israel var involvert i angrepene 11. september 2001, at USA bombet Hiroshima og Nagasaki å ramme kristne (disse byene hadde visstnok relativt store kristne menigheter), og at formålet med revolusjonene i Frankrike og Russland var å eliminere sterke kristne regimer. Våren

2025 får vi imidlertid høre at Owens ikke lenger støtter Trump, dette begrunnet i hans forsøk på å begrense ytringsfriheten.

Podcasterne Joe Rogan (20 millioner abonnenter på YouTube) og Tucker Carlson (4 millioner), som begge er ivrige Trump-tilhengere, har gitt flere timers sendetid til en lang rekke meget spesielle gjester, den kanskje mest spesielle er en selvutnevnt historiker som mener at den store skurken under annen verdenskrig var Churchill, og altså ikke Hitler.

En av Donald Trump ivrigste våpendragere var den tidligere Demokraten Elon Musk. Han fikk oppgaven å lede det nyopprettede organet DOGE (Department of Government Efficiency), som skulle foreta kutt, nedskjæringer og effektiviseringer i alle offentlige engasjementer. Ambisjonene var høye, resultatene var noe nær null. Skal et slikt prosjekt lykkes må det ledes av personer som er drevne politiske spillere, men hverken Trump eller Musk oppfyller dette kravet. I en periode så det ut som om Trump og Musk var svært gode venner, men idet denne boken går i trykken har de røket uklar og ikke uventet pågår det nå en nokså barnslig krangling mellom dem på Twitter/X. VG oppsummerer 6/6:

> «Trump og Musk er i en intens offentlig konflikt etter Musks kritikk av Trumps budsjettforslag. Musk trakk seg fra Trumps administrasjon, og Trump uttrykte skuffelse. Musk anklager Trump, mens Trump truer med å avslutte Musks kontrakter med staten. Tesla-aksjen falt og SpaceX planlegger drastiske tiltak som følge av krangelen. …Bakgrunnen for konflikten er Musks kraftige kritikk av Trumps budsjettforslag, som han nylig kalte en "motbydelig vederstyggelighet" på sitt eget sosiale medium X.… President Donald Trumps skattepakke ... som nylig ble vedtatt i Representantenes hus, er anslått å øke USAs budsjettunderskudd med 2.420 milliarder dollar over de neste ti årene, ifølge en analyse fra Kongressens budsjettkontor (CBO). CBO-rapporten, som ble offentliggjort onsdag, viser at lovforslaget vil føre til et inntektsfall på 3.670 milliarder dollar og 1.250 milliarder dollar lavere utgifter frem til 2034.»

Vi må her også nevne boken *Original sin,* utgitt i mai 2025, som i detalj dokumenterte at president Biden var dement, og at hans stab hadde dekket over dette. (*Original sin* er brukt som hovedkilde for en artikkel som er å finne i denne boken.) Det heter at alle politikere lyver, men den åpenbare løgnaktighet som man finner på det høyeste politiske nivå i USA vil mange hevde savner ethvert sidestykke. Denne løgnaktigheten kommer dog ikke fra intet.

Den fundamentale årsaken til denne omfattende løgnaktigheten er å finne i pragmatismen, en filosofisk retning som SNL omtaler slik: «Pragmatismen er en innflytelsesrik filosofisk retning som betoner menneskelige handlinger og behovet for å løse problemer. ... felles for pragmatistene er deres benektelse av at kunnskap kan ha et absolutt sikkert grunnlag...»*. Wikipedia sier helt korrekt at pragmatismen er «The most influential school of thought that is uniquely American ... It began in the late nineteenth century in the United States with Charles Sanders Peirce, William James, and John Dewey.»

I et appendiks i denne utgaven gjengir vi en beskrivelse av denne filosofien; dette kapitlet er hentet fra *Filosofi: en innføring.* Vi gjengir her en setning fra dette kapitlet: «Pragmatikerne avviste derfor alle muligheter for evige, allmenngyldige sannheter, og de avviste alle fundamentale prinsipper og absolutter.» (En logisk implikasjon eller videreføring av denne filosofien er den såkalte postmodernismen.) Når en slik filosofi står sterkt i en kultur, bør man ikke bli overrasket over at fremtredende representanter for denne kulturen har små eller ingen motforestillinger mot å lyve.

Demokratene lå med brukket rygg etter valget i 2024. En viktig grunn til dette, i tillegg til de vi nevnte over, er at hele eliten i partiet benektet og forsøkte å skjule Bidens åpenbare demens. Men den sittende presidenten, Donald Trump, som er født i 1946, har også vist tydelige tegn på høyt fremskreden alder. I tillegg har Trump aldri vært spesielt intelligent, så hvordan de neste årene kommer til å bli er ikke godt å si. Det kan være passende her å sitere en kinesisk forbannelse som lyder slik: «måtte du leve i interessante tider». Noe vi gjør. Men dessverre er dette også svært farlige tider. En viktig grunn til disse

---

* Stølen, Tomas: pragmatisme i Store norske leksikon på snl.no. Hentet 2. juni 2025 fra https://snl.no/pragmatisme

farlige tidene er at USA, som er verdens sterkeste makt, er i ferd med å utvikle seg til en bananrepublikk.

La oss også ha sagt klart og tydelig at Trump er et symptom på USAs utvikling, han er ikke en årsak. Dette vil gå tydelig frem av denne boken.

$ \quad $ $ \quad $ $

Denne utgaven er utvidet med noen artikler som ble skrevet etter at bokens førsteutgave kom ut i april '24; disse er å finne mellom sidene 165 og 289. I artiklene som var med i førsteutgaven er det i et par tilfeller foretatt noen mindre endringer.

$ \quad $ $ \quad $ $

Artiklene som kommer først i boken handler om amerikansk politikk på høyeste nivå, spesielt fokusert på utviklingen etter at Donald Trump søkte gjenvalg i 2020. Artiklene går i stor detalj inn på det som skjedde omkring dette, og de kommenterer utviklingen nærmest uke for uke. Disse artiklene viser også at mainstream-medias fremstillinger ofte var svært skjeve. Utover i boken vil leseren finne artikler som tar for seg viktige trekk i amerikansk historie og måten amerikanerne har organisert viktige deler av samfunnet på. Leseren vil der finne artikler om slaveri og om rasisme, om krigsfilmer og om mccarthyismen, om kriser og kriger, om hvordan helsevesenet er organisert, og mye mer. Enkelte lesere vil derfor foretrekke å gå rett til artikler som fatter interesse heller enn å lese boken fra perm til perm.

$ \quad $ $ \quad $ $

Idet boken går i trykken er det i flere storbyer (helt legitime) demonstrasjoner mot Trumps innvandrings- og deportasjonspolitikk; men slike demonstrasjoner tiltrekker seg alltid vandaler, de utvikler seg ofte til hærverk og plyndring, og Trump har sendt inn nasjonalgarden. Ja ja.

VM, juni 2025

Innledning

Det så ut som en helt vanlig leir for hjemløse. Noen handlevogner sto rundt omkring, noen miserable telt var å se, noen slitte pappesker sto stablet hulter til bulter, noen klesplagg hang på snorer som var festet mellom trær, og mellom alt dette så man noen uflidde uteliggere som ikke så ut som om de hadde noe mål eller mening med det de holdt på med. Det som var spesielt var at denne leiren lå i en park som lå midt i sentrum av Washington DC, rett utenfor et luksushotell og ved siden av en fin restaurant, bare én kilometer fra Det Hvite Hus.

Jeg bodde på dette hotellet noen dager sommeren 2022. Jeg hadde sett på TV at slike uteliggerleire var å finne i parker og langs gater i mange av USAs storbyer, men allikevel overrasket det meg sterkt at en slik leir var å se midt i et fint strøk i USAs hovedstad. Noe som var enda merkeligere var at ingen av de amerikanerne i området jeg snakket med reagerte på denne leieren, det så ut som om alle mente at dette var slik det skulle være. Den leiren som lå nær mitt hotell var ikke den eneste jeg så i Washington, overalt var det slike leire, også i det som burde være byens fineste strøk.

Første gang jeg besøkte USA var sommeren 1979. Sammen med en venn tilbrakte jeg et par uker i New York, og en uke i en leiebil på tur sørover til Florida. New York var da ganske shabby, men sørover langs østkysten så jeg et fantastisk flott USA hvor alle jeg traff var hyggelige og vennlige og imøtekommende, og hvor levestandarden så ut til å være svært høy, i hvert fall høyere enn den var i Norge.

Neste gang jeg var i USA var sommeren 1987, og fra da besøkte jeg USA praktisk talt hvert eneste år frem til 2022. I denne perioden gjennomgikk USA en markant utvikling, og de fleste stedene jeg besøkte var denne utviklingen tydelig å se. Jeg besøkte New York regelmessig, og jeg så at den byen som hadde vært ganske shabby i 1979 ble finere og renere og penere. Tvilsomme elementer i strøk midt på Manhattan forsvant, og stadig større deler av byen ble mer luksuriøse og turistvennlige, for å si det på den måten.

Jeg merket at optimismen blant amerikanerne steg, at velstanden steg, og jeg trivdes svært godt på alle stedene jeg besøkte (foruten New York og Washington besøkte jeg San Francisco, Los Angeles, San

Diego, Seattle, Staten Island, Long Island, Cleveland, Casper, Denver, Nashville, Boston, Pittsburgh, Irvine, Williamsburg, Las Vegas, Miami, Lake Tahoe, Carmel, Monticello, Richmond, Palo Alto, Telluride, Ouray, Nashua, Newport Beach, La Jolla, og, selvsagt, Hollywood, Harvard, Berkeley, Disneyland og Disneyworld). Men etter 2010 begynte jeg å gradvis merke at det var noe som ikke helt var på stell.

En annen ting jeg la merke til var at det begynte å komme en slags polarisering i samfunnet, mange av de jeg snakket med fikk en slags aggressiv tone når de omtalte politikken og politikerne. Tidligere hadde de aller fleste når de snakket om politikk betraktet sine motstandere som venner og kamerater (jeg snakker her om hvordan Demokrater omtalte Republikanere og vice versa), men nå merket jeg en polarisering som førte til at hver gruppe omtalte de andre på en stadig mer fiendtlig måte. Utviklingen de siste årene, med frontfigurer som Trump og Biden, og hvordan de omtaler hverandre, er bare kulminasjonen av denne utviklingen.

Dette skjedde i et land som begynte så bra. Landet ble eksplisitt etablert på en individualistisk og frihetlig filosofi. Den amerikanske uavhengighetserklæringen, ført i pennen av Thomas Jefferson, inneholdt følgende: «Vi anser følgende sannheter for å være selvinnlysende: Alle mennesker er skapt like, de er av sin Skaper utstyrt med visse ukrenkelige rettigheter, blant disse er retten til liv, frihet, og retten til å søke etter lykken. For å sikre disse rettighetene er statsmakten opprettet . . . ».

Her var det en stat som var eksplisitt grunnlagt på basis av en ideologi, en individualistisk, frihetlig ideologi. Landet var også full-stappet av alle mulige naturressurser. Dette innebar at folk lett kunne jobbe, tjene penger, skape velstand, og oppnå stadig bedre liv for seg og sine. Fra slutten av 1800-tallet var det en kolossal velstandsvekst.

Uavhengighetserklæringen sto for full individuell frihet, men det var dessverre betydelige mangler i hvordan samfunnet ble organisert. Den verste av disse var slaveriet. Uavhengighetserklæringen sa at alle mennesker var skapt like, men allikevel ble slaveri i nesten 100 år godtatt som en del av hvordan USA var organisert. En av forklaringene på dette var at prinsippene i uavhengighetserklæringen ikke hadde noen dyp forankring i mer fundamentale ideer; de stakk ikke svært dypt hverken i kulturen eller i de enkeltpersonene som sto bak politikken

14

som ble ført fra 1776 og fremover. I sin mest berømte tale, The Gettysburg Address (1863), påstod president Lincoln at USA var «conceived in liberty». Formuleringene innebar frihet, men politikken var i praksis et kompromiss med frihetsfiendtlige krefter.

Til tross for slaveriet ble Amerika allikevel betraktet som mulighetenes land – «the land of opportunities», og et stort antall innvandrere ankom landet fra slutten av 1800-tallet. Et symbol på dette er Frihetsstatuen, som er plassert på Ellis Island utenfor New York (statuen, som ble laget av Frédéric Auguste Bartholdi, var en gave fra Frankrike til USA, og den ble avduket i 1886). Sokkelen har siden 1903 hatt følgende tekst inngravert: «Give me your tired, your poor, your huddled masses yearning to breathe free» – en formulering som sier at alle er velkomne til USA.

De fleste som innvandret til Amerika kom fra svært fattige kår, de fikk et godt levebrød i USA, og mange ble rike. Kulturen var slik at driftighet, arbeidsomhet, entreprenørskap, pågangsmot, og ønsker om å oppnå suksess, hadde en høy status. Blant de som gjorde stor suksess finner vi oppfinnere og entreprenører som Thomas Edison, John Pemberton, Isaac Singer, Edward Clark, brødrene Wright, John D. Rockefeller, Andrew Carnegie, Clarence Birdseye, Henry Ford, J.P. Morgan, Sam Walton, og helt frem til vår tid har vi sett store entreprenører skape enorme verdier: Bill Gates, Steve Jobs, Elon Musk, Jeff Bezos. Disse skapte produkter og virksomheter som gjorde at stadig flere fikk langt bedre liv enn de ellers ville ha hatt, og de fikk også både rikdom, beundring og respekt for det de hadde klart å skape. Men litt over 100 år etter at denne boomen begynte var tonen blitt en annen, og den nye tidsånden, en tidsånd hvor egenskaper som arbeidsomhet, pågangsmot og oppfinnsomhet ikke ble verdsatt i samme grad, ble oppsummert av president Obama i den syrlige aforismen «You didn´t build that».

Også holdningen til innvandring endret seg. Frem til tidlig på 1900-tallet ble alle ønsket velkommen (de første begrensninger på innvandring ble dog innført fra 1875; verd å nevne er «Anarchist Exclusion Act» (1903); ytterligere begrensninger ble innført i 1917 og i 1924), men omkring 2020 var det blitt innført enorme restriksjoner på lovlig innvandring; de som forsøkte å komme seg inn i landet på lovlig vis for å bli der ble møtt av en kolossal papirmølle, og etter en

15

langtrukken søknadsbehandlingsprosess kunne det hele ende med avslag. Ulovlige innvandrere, derimot, fikk i mange tilfeller fri adgang inn til landet, og fikk i betydelig grad rett til å nyte godt av en rekke offentlige støtteordninger. Hvorfor kommer de? De fleste kommer for å få bedre jobber enn de kan få i sine hjemland.

Dagens USA har enorme problemer på en rekke ulike områder. Årsaken er at politikken i stadig større grad beveget seg vekk fra idealene i uavhengighetserklæringen – men man må ikke glemme det viktige poeng at den politikken som føres i et land i det store og hele er i samsvar med det befolkningen ønsker. Artiklene i denne boken beskriver hvordan og hvorfor denne utviklingen skjedde.

$ $ $

Hoveddelen av denne boken består av artikler som ble skrevet og publisert i perioden fra 2002 til 2024, de tar for seg ulike sider ved USAs historie, de beskriver forfallet som har skjedd de siste tiårene, og dette forfallets fundamentale årsaker. Artiklene gir da en bred fremstilling av USAs nyere historie. Disse tidligere publiserte artiklene la mindre vekt på visse temaer som bør omtales i en bok som dette, og derfor er det skrevet noen nye kapitler som omtaler disse temaene. De er gjengitt i denne boken fra side 435, og de er altså ikke tidligere publisert.

Artiklene, som er ordnet etter tema, er ment som et supplement til den fremstillingen man finner i mainstream-kilder, de er ment å fylle igjen de kunnskapshullene man nødvendigvis har dersom man kun leser mainstream-kilder. Enkelte temaer som er grundig behandlet i mainstream-kilder er således ikke så grundig behandlet her. Siden artiklene opprinnelig var ment å stå alene, er det også noe overlapping mellom dem. Artiklene som er skrevet før 2018 ble som regel publisert på Det Liberale Folkepartiets nettside, www.stemDLF.no, eller i DLFs tidsskrift Liberal. Artiklene som er skrevet fra og med 2018 ble publisert på Foreningen Gullstandards nettside www.gullstandard.no. Artiklene er i all hovedsak gjengitt slik de opprinnelig ble publisert.

Jeg vil benytte anledningen til å takke Vebjørn Koksvik, som har lest igjennom deler av manus og kommet med en rekke nyttige innspill. Alle feil som allikevel måtte gjenstå er dog helt og fullt mitt ansvar.

VM, mars 2024

Hva er det som skjer i USA?

Publisert 29. juni 2020

Denne artikkelen omtaler noe av det som skjedde i sluttfasen av presidentvalgkampen i 2020.

Hva i alle dager er det som skjer i USA, verdens mest velstående land, det landet alle drømmer om og som alle vil komme til (selv om mange sier at de hater dette landet og alt det står for)? Vel, alle som følger med i nyhetene vet en god del om hva som skjer, men det viktige spørsmålet er følgende: hvorfor skjer dette og hvorfor skjer det nå? Vi som følger nyhetene har sett mye om det som skjer, men vi har ikke sett noen forklaring på hvorfor det skjer. Vi skal gi et svar på dette om litt, men først gjengir vi kort noen punkter om noe av det som har skjedd den siste tiden.

Motstand mot Trump

Donald Trump vant til alles overraskelse presidentvalget i 2016. Han ble umiddelbart møtt med stor motstand, en motstand som faktisk begynte flere måneder før han ble valgt i november 2016, den begynte da han som kandidat begynte å gjøre det godt i nominasjonsprosessen for det Republikanske partiet.

Vi skyter inn her at det er mye man på et reelt grunnlag kan kritisere Trump for, og vårt poeng er ikke å gi noe generelt forsvar for ham; han er ikke vår mann, for å si det slik. Han er det som i vanlig amerikansk språkbruk kalles en Rockefeller-konservativ, han er ikke en Goldwater-konservativ; Rockefeller-konservative er mer nasjonalistisk orientert, de er motstandere av frihandel, de vil ha en stor stat som tar på seg mange oppgaver, mens Goldwater-konservative er tilhengere av frihandel, skattelettelser, deregulering, privatisering og en begrenset stat. (Disse to fløyene er oppkalt etter Nelson Rockefeller og Barry Goldwater; Rockefeller var visepresident under Gerald Ford, og Goldwater var Republikanernes presidentkandidat i 1964.)

Trump er en mann som ikke alltid har et nært forhold til sannheten, han kommer med ufine personkarakteristikker, og han skifter nære medarbeidere som andre skifter skjorter. Men det er allikevel ingen saklig grunn til mesteparten av den motstanden han blir møtt med av sine politiske motstandere, av pressen og av folk i akademia. Han blir fremstilt som en rasist, til tross for at han i hans mange tiår som toppkjendis aldri viste at det kunne være noen grunn til slike beskyldninger. Han blir beskyldt for å være mentalt ustabil, inkompetent, og som en som har som mål å bli diktator. Han blir beskyldt for å være agent for Russland og i lomma på Putin, han blir beskyldt for å være imot innvandring når det han virkelig er imot er ulovlig innvandring. Hans fortid er blitt undersøkt og etterforsket som ingen annens; og det ble til og med reist riksrettstiltale mot ham. Men til tross for meget omfattende etterforskning ble det ikke funnet noe som var vesentlig kritikkverdig, det som ble funnet var at hele prosessen var basert på usannheter plantet av politiske motstandere i et forsøk på å skade Trump.

I tidligere år var Trump en støttespiller for det Demokratiske partiet, og han ga store beløp til saker som lå Demokratene varmt om hjertet. Trump var en mann Demokratene tidligere hadde et godt forhold til, og den politikken han la opp til som president lå ikke langt fra det han tidligere hadde stått for – men allikevel ble han møtt med en motstand som ingen andre toppolitikere er blitt utsatt for. Han er til og med blitt beskyldt for å ville «reverse the outcome of the Civil War» (som som kjent hadde som formål å oppheve slaveriet i USA), og det var ingen tilfeldig blogger som påstod dette; den som sa dette var Laurence Tribe, professor i juss ved Harvard. En Pulitzer-Prize-vinner hevdet til og med at Trump «wants to see black failure and misery» (sitatet er fra boken *What the Hell Do You Have to Lose?: Trump's War on Civil Rights* av Juan Williams).

Enkelte ganger, når Trump fikk en saklig omtale av en avis, måtte den trekke tilbake det den skrev. New York Times brukte en gang denne overskriften som en oppsummering etter en av Trumps taler: «Trump urges Unity vs. Racism». Denne overskriften ble møtt med en storm av kritikk fra blant annet ledende Demokrater; avisens ledelse var ikke villig til å stå imot dette presset og endret overskriften til «Assailing Hate But Not Guns», en overskrift som sier at Trump er imot

18

hat, men ikke imot våpen. (Kilde: David Horowitz: *Blitz: Trump Will Smash The Left And Win*, loc 800).

Her er enda et eksempel fra New York Times som ikke direkte går på Trump, men som vil belyse vårt poeng: Blant lederskribentene der har det vært noen som ønsket et mangfold av meninger i avisen, mens de mange yngre ansatte heller vil ha ensretting. Ensrettings-tilhengerne har nå vunnet: «James Bennet resigned as editorial page editor of *The New York Times* on Sunday, following a successful campaign by irate staffers to oust the person who published an inflammatory op-ed by Sen. Tom Cotton (R–Ark.) that suggested the government deploy federal troops to "restore order in our streets"» (kilde Reason). Bennett ble fjernet fordi han hadde publisert en artikkel skrevet av senator Cotton, en artikkel som skulle være «inflammatory».

Vi kunne ha gitt langt flere eksempler, men alle som leser aviser vet at det bildet vi kort har skissert er korrekt: Trump er utsatt for en overflod av urettferdig kritikk (noe som ikke betyr at det ikke finnes reell kritikk).

Hvorfor ble Trump møtt med en slik motstand? Svaret kommer om litt.

Antirasisme

I etterkant av (de helt legitime) protestene etter drapet på George Floyd dukket det i en rekke store byer opp bølger av aksjoner som hadde hærverk og plyndring som eneste formål. Kafeer, restauranter og super-markeder ble plyndret, bygninger ble påført «anti-rasistisk» graffiti, statuer av historiske skikkelser ble revet ned eller forsøkt revet ned. Områder i store byer ble erklært som «autonome soner», og flere politiske ledere fra det Demokratiske partiet gikk inn for å kutte bevilgningene til politiet fordi de mener at det er gjennomført rasistisk (noen av disse politikerne vil bygge opp nye politistyrker, mens andre bare vil avvikle politiet).

Spor av det som ble oppfattet som rasistiske elementer i samfunnet ble fjernet, for eksempel hadde pakker med ris av merket «Uncle Ben´s Rice» et portrett av en svart mann på pakningen; det skal nå lages nye pakninger hvor dette bildet er fjernet. Noe tilsvarende skjedde med «Aunt Jemima´s Syrup».

Skolestyret i Duluth, Minnesota, har bestemt at bøker som *To Kill a Mockingbird* og *The Adventures of Huckleberry Finn* skal fjernes fra pensum fordi enkelte elever kan føle seg «humiliated or marginalized» på grunn av innholdet – dette selv om disse bøkene er litterære klassikere med et sterkt anti-rasistisk innhold.

Kjønnspolitikk

Vi tar også med et annet eksempel som illustrerer det poenget vi kommer til. Det er nå blitt et anerkjent faktum at ikke alle som er født med mannlige kjønnsorganer har en typisk mannlig personlighet, og at ikke alle som er født med kvinnelige kjønnsorganer har en typisk kvinnelig personlighet. (Hvorfor det er slik kan man diskutere, men at det er slik er et faktum.) De individer som derfor ikke føler seg hjemme i sin egen kropp kan ha det vanskelig, og man bør respektere de som på denne måten kan føle seg annerledes enn de fleste andre, og man bør respektere de valg de føler at de må gjøre når de er blitt myndige (slike valg kan innebære kirurgiske inngrep og hormonbehandling).

Dette prinsippet er nedfelt i de såkalte Yogyakarta-prinsippene, og det er offisiell politikk i en rekke land å støtte disse prinsippene, også i Norge. Norsk UD erklærer blant annet følgende: «Norge støtter også de såkalte Yogyakarta-prinsippene som tar for seg en rekke menneskerettigheter og hvordan disse bør gjennomføres overfor seksuelle minoriteter». Samme sted erklærer UD at «kjønnsidentitet viser til personers dyptfølte indre opplevelse av eget kjønn», det vil si den kjønnsidentitet en person har er den som vedkommende føler at hen har (kilde regjeringen.no).

Nå burde dette i det store og hele ikke føre til problemer – bortsett fra på områder hvor det er kvotering eller klassifisering etter kjønn. USA er som man kunne forvente det land som er kommet lengst i å skape problemer på dette området: et antall amerikanske idrettsmenn som ikke lykkes som idretts*menn* har valgt å skifte kjønn for å kunne konkurrere i kvinneklassene. En kommentator skriver:

«… The International Olympic Committee`s … rules presently allow men to participate as women, provided their testosterone levels are below 10 nanomoles per liter for at least 12 consecutive months. … These standards completely fail to

20

consider the host of other advantages inherent in the male body: increased O2 capacity, overall musculature, bone size and density, increased joint stability, and lower body fat, to name a few. These advantages don't magically disappear with the wave of a synthetic estrogen wand. …

Fallon Fox is a male, American mixed martial arts fighter who competes in the women's division. Fox ended the career of his opponent, Tamikka Brents, within the first three minutes of their fight when he shattered her eye socket, an injury requiring seven staples in her head …

Rachel McKinnon is a man and two-time women's world cycling champion, who also uses his status as a professor of philosophy at College of Charleston in South Carolina to bully those who disagree with him, …».

Flere eksempler er å finne i denne artikkelen, som vi har hentet sitatet fra: «Transjacking: The Left´s New War on Women» (kilde tothepoint-news).

Det ser ut som om alle ledere i idrettsorganisasjonene i USA godtar dette fullt ut, og vårt viktige poeng her er at mange kvinnelige idrettsutøvere (de som er født som kvinner) finner seg i dette; de tillater at menn kan ta en hormonbehandling og konkurrere i deres klasser sammen med dem. Det er ingen som med styrke protesterer og taler kvinnenes sak i mainstream-media.

Alle de tingene vi har nevnt – usaklig kritikk av Trump, hærverk, plyndring, nedriving av statuer, at menn får konkurrere i kvinneklasser – er i det store og hele møtt med aksept og støtte fra de aller fleste mainstream-kommentatorer, og også naturligvis blant et stort antall brukere av sosiale medier.

Ja, i Norge har enkelte lederskribenter i store aviser kommet til at statuene bør få stå, men denne støtten er meget halvhjertet; en norsk professor kommenterte opptøyene i USA ved å likestille de som utøver «fredelige protester» med de som begår plyndring og hærverk. Den eneste prominente person vi har sett som har protestert mot det syn at menn som tar hormonbehandling er kvinner er forfatteren J. K.

Rowling, men hun har møtt sterk motbør etter at hun hevdet at kjønn er biologisk bestemt. Dagbladet oppsummerer: «en artikkel i Vanity Fair slår fast at Rowlings [synspunkter] var "transfobiske", og skuespiller Daniel Radcliffe, som spilte Harry Potter i filmene basert på Rowlings bøker, har gått ut og tatt avstand fra henne og sagt at "transkvinner er kvinner" – dette til tross for at Rowling sa at hun "respekterer enhver persons rett til å leve på enhver måte som føles autentisk og komfortabel for dem" og at hun "vil marsjere sammen med deg hvis du ble diskriminert fordi du var trans"» (kilde Dagbladet).

Så, vi har eksempler som opptøyer, hærverk, plyndring nedriving av statuer og fjerning av kjente varemerker; en intens og langt fra saklig begrunnet motstand mot president Trump; og vi har menn som konkurrerer i klasser som burde være forbeholdt kvinnelige idrettsutøvere. Videre, disse aktivitetene har stor støtte spesielt i det som vel fortsatt må kalles intellektuelle miljøer (pressen, akademia, organisasjoner, byråkratiet).

Hva er felles for disse eksemplene?

Kapitalisme vs. sosialisme
Det finnes to dominerende politiske ideologier: sosialisme og kapitalisme. Disse begrepene beskriver samfunnssystemer, men de kan også benyttes om de ideologier som legitimerer, begrunner og forklarer disse samfunnssystemene.

Kapitalismen er en ideologi som går inn for at all omgang mellom mennesker skal være frivillig; den muliggjør verdiskapning, frihandel, rettsstat og velstand. For å sikre dette sier kapitalismen at eiendomsretten må gjelde. Statens oppgave skal kun være å beskytte borgernes frihet.

I motsetning til denne ideologien står sosialismen, som legger vekt på likhet uavhengig av innsats, og står for det syn at all ulikhet er urettferdig – for sosialister er «rettferdighet» og «likhet» i de fleste sammenhenger synonyme. Dette ser man i uttrykk som «rettferdig fordeling», en formulering som innebærer at de mener det er moralsk riktig å ta fra de som jobber/produserer og gi til de som ikke jobber. Tilhengere av sosialismen vil derfor kjempe imot alt de oppfatter som urettferdig. For dem trumfer dette alt; sosialismen er ikke for velstand, den er ikke for frivillighet – og derfor er denne ideologiens tilhengere

22

villige til å støtte eller utøve tvang, vold, ødeleggelse og hærverk dersom målet er å oppfylle det de oppfatter som likhet/rettferdighet. Det samme gjelder handlinger som har som mål å påføre de ansvarlige for den påståtte urettferdigheten et nederlag.

Sosialismens historiske utgangspunkt var at arbeidere ble urettferdig behandlet av bedriftseieren, han som hadde skaffet dem den jobben de frivillig tok. De tidlige sosialist-teoretikere påstod at arbeiderne ble utbyttet av kapitalisten, men sannheten er at det er meningsløst å kalle noe som skjer frivillig mellom informerte aktører for utbytting. I sosialismens senere fase, da påstandene om økonomisk utbytting over tid viste seg stadig mer absurde, ble en rekke andre forhold tatt inn som eksempler på urettferdighet. Alle former for (det sosialister oppfatter som) urettferdighet gir grunn til motstand, og denne motstanden inkluderer også alle former for sabotasje og voldelig kamp. Sosialismen står sterkt i eliten i det Demokratiske partiet, og kapitalismen står dessverre svakt i det Republikanske partiet; dagens Republikanere er Rockefeller-republikanere og ikke Goldwater-republikanere.

Tilhengere av sosialismen betrakter sine motstandere som tilhengere av urettferdighet, som fiender, som personer som ikke fortjener respekt, som personer som ikke fortjener å bli hørt, som personer som ikke fortjener å kunne ha en plattform hvor de kan ytre sine meninger. (Eksempler på dette siste er det mengdevis av i dag, alt fra å bli fjernet fra YouTube til å bli nektet å leie lokaler eller å bli utsatt for oppfordringer om annonseboikott.) Som kontrast, det som er urettferdig og som skal ha politiske konsekvenser under kapitalismen er kun initiering av tvang og alt som følger av dette.

I de siste tiår er sosialismen blitt stadig sterkere. Alle som har tilbrakt lang tid i utdannelsessystemet (barnehager, grunnskole, videregående skoler, universiteter og høyskoler) er blitt foret med sosialistisk propaganda, og derfor er nå praktisk talt alle stillinger som krever lang utdannelse besatt av sosialister. Det er derfor alle som slipper til i mainstream-organer støtter sosialismen; de som gir adgang til mediene slipper til sine meningsfeller og slipper ikke til de som de mener er tilhengere av urettferdighet. Disse preker da et budskap til folk flest om at de er urettferdig behandlet: svarte er urettferdig behandlet av hvite, muslimer er urettferdig behandlet av kristne, homofile er

23

urettferdig behandlet av heterofile, arabere er urettferdig behandlet av jøder, kunder er urettferdig behandlet av eierne av de butikkene de handler i (slagordet er «Super´n lurer deg»), kvinner er urettferdig behandlet av menn, kriminelle er urettferdig behandlet av samfunnet, og så videre – alt dette kommer i tillegg til det klassiske standpunktet: arbeidere er urettferdig behandlet av bedriftseierne som har skaffet dem jobb. At stadig nye grupper hevdes å ha blitt urettferdig behandlet gir også grunnlag for rekruttering.

Fravær av rasjonalitet

Nå lever vi i en tid hvor rasjonaliteten står svakt, og dette innebærer at mange i liten grad tenker igjennom hva de mener, hvorfor de mener det, og hvorfor noen kan mene noe annet enn det de selv mener. Rasjonalitet innbærer også at man tenker grundig igjennom årsak, virkning, kontekst og hierarki i begrunnelsen for alt man mener og gjør. Rasjonalitet innebærer samtale og diskusjon, mens fravær av rasjonalitet innebærer at man kun baserer seg på sine følelser, og at man ikke tenker langsiktig: «We want it and we want it now!» er et typisk uttrykk for de som utviser liten grad av rasjonalitet*. Mangel på rasjonalitet innebærer også for eksempel at man ikke tenker igjennom hva som skjer med en plyndret butikk – vil de som eier den bygge den opp igjen eller vil de bare legge den ned fordi nabolaget ikke er trygt? Det er ikke et gode at butikker blir borte fra ens nabolag, det er jo i butikken man kan kjøpe det man trenger og/eller vil ha.

De som har plyndret og ødelagt og revet ned statuer har gjort dette fordi de er blitt fortalt at disse tingene – butikker, kafeer, statuer – representerer personer og institusjoner som har behandlet dem urettferdig. Ja, noen er med på ødeleggelsene fordi de synes det er uskyldig moro, men hvorfor synes de at slike ting er moro, og hvorfor er det «uskyldig», det vil si hvorfor er det liten risiko for å bli straffet for noe slikt? Det er fordi en rekke mainstream-aktører mener at det bør være slik, altså de mener at det er urettferdig at kriminelle blir idømt strenge straffer.

---

* «Just stop oil» og «Kloden koker» er dagsaktuelle (2023) uttrykk av samme type som dette.

24

Som nevnt over: sosialister betrakter også (det de oppfatter som) rettferdighet som langt viktigere enn velstand, og at de derfor ødelegger velstand (og det som gjør velstand mulig) for å markere sitt syn om hva som er rettferdig burde ikke overraske noen.

Hvorfor møter disse vandalene liten eller ingen motstand? Hva er dagens dominerende etikk? «Sett dere ikke imot den som gjør ondt mot dere. Om noen slår deg på høyre kinn, så vend også det andre til. Vil noen saksøke deg og ta skjorten din, la ham få kappen også. Tvinger noen deg til å følge med en mil, så gå to med ham. ... Elsk dine fiender ,... Den som er syndfri kan kaste den første sten...». Når et slik moralsk ideal – altruisme – dominerer i kulturen er det ikke mulig å kjempe imot kriminelle og vandaler. Det er også på grunn av dette idealet at kvinner (som er født som kvinner) ikke utøver sterk motstand mot at menn som sier at de er kvinner kjemper i kvinneklasser innen idretten.

Vi tar også med at de som tilhører den langtidsutdannede eliten ser ned på folk flest, de som ikke har en lang utdannelse. I USA er disse vanlige folkene ofte omtalt som «rednecks»*; de bor i områder som eliten ikke vil finne på å besøke, de bor i «flyover country». Eliten holder seg til områdene på øst- eller vestkysten, og ikke i midt-USA; områdene midt i landet er områder eliten bare flyr over fra østkysten til vestkysten og tilbake. Disse folkene, som altså ikke deler de sosialistiske idealer i like stor grad som eliten, er omtalt som «deplorables» med synspunkter som er «racist, sexist, homophobic, xenophobic, Islamophobic», og «they get bitter, they cling to guns or religion or antipathy to people who aren't like them or anti-immigrant sentiment or anti-trade sentiment as a way to explain their frustrations». Det var ikke noen tilfeldige bloggere som påstod dette, det var langtidsutdannede folk som Hillary Clinton og Barack Obama.

Hva forklarer motstanden mot Trump? (Vi snakker her om den delen av kritikken mot ham som er totalt usaklig, ikke om den reelle kritikken.)

Det er velkjent at man misliker kjettere langt mer enn man misliker hedninger; hedninger har ikke hørt det glade budskap og er

---

* Grunnen til at de kalles «rednecks» er at de ofte jobber i friluft og blir solbrente i nakken.

derved på en måte unnskyldt for sin villfarelse, mens kjettere har hørt det glade budskap og vendt bort fra det. Trump er slik sosialister ser det en kjetter, mens andre konservative er hedninger. I mange år var Trump en støttespiller for det Demokratiske partiet, og når han valgte å støtte Republikanske kandidater gikk han for Demokratene fra å være «en av oss» til å bli «en av dem». Trump skiftet side, og fikk derved langt kraftigere kritikk enn han ville ha fått dersom han hele tiden hadde vært Republikaner.

Men det andre punktet er viktigere. I de siste tiår har sosialistiske ideer blitt stående stadig sterkere i amerikansk kultur (og dette gjelder også ellers i Vesten), og alle fremtredende Republikanske politikere har nærmest bedt om unnskyldning for at de ikke har vært sosialister; de har derfor alle vært ettergivende overfor sosialistiske ideer og verdier. Dette gjelder også alle Republikanske presidenter og presidentkandidater etter Reagan: det gjelder Bush sr., Dole, Bush jr., McCain, Romney.

Men dette gjelder ikke Trump. Han har ikke på noe vis i sin retorikk vært ettergivende overfor sine motstanderne i det Demokratiske partiet. Han har ikke på noe vis, slik hans forgjengere gjorde, gitt inntrykk av å be om unnskylding for å ha andre meninger enn de som politikerne fra det Demokratiske partiet har. Trump har på alle vis, inkludert på ufine måter, gått i strupen på sine meningsmotstandere – og ikke bare dem; han gikk også rett i strupen på de av sine partifeller som han konkurrerte med for å bli nominert som presidentkandidat.

I Trump møtte Demokratene for første gang en motstander som ikke på noe vis var ettergivende og mild overfor sine politiske motstandere. Dette tålte de ikke. For første gang møtte de ikke en motstander som nærmest la seg flat, de møtte en slugger som (selvsagt kun verbalt) slo både dem midt i trynet og i solar plexus med betydelig styrke. Det var ikke bare politiske motstandere som ble utsatt for dette, også journalister fikk merke at dette var en annen type politiker, dette var ingen tusseladd av den type de har vært vant til etter Reagan.

Trump, som den første Republikanske politikeren etter Reagan, ga ikke «the moral high ground» til sosialistene, Ikke bare forsvarte han seg på en måte som mange vanlige amerikanere likte, men han gikk også til kraftige motangrep mot de som angrep ham – det er derfor at pressen og akademia og ledende Demokratiske politikere hater ham.

26

Kort oppsummert: Det som har skjedd i USA er et resultat av at sosialistiske ideer er blitt stadig sterkere i kulturen de siste tiårene. Hva disse ideene går ut på skisserte vi tidligere i artikkelen, og det vi ser i USA nå er bare implikasjonen av disse ideene.

Det er en kolossal avstand mellom de ideer som dominerer i USA i dag og de kapitalistiske ideer som dominerte i USA for 250 år siden, da USA ble dannet. De kapitalistiske ideene førte til at USA ble verdens rikeste og beste land, mens dagens sterke sosialistiske ideer vil føre til kaos og fattigdom slik de alltid gjør. De samme ideene som nå kan føre USA mot avgrunnen står også stadig sterkere i andre land Vesten, så det vi ser i USA i dag kan vi se i Vest-Europa om ikke lenge.

https://reason.com/2020/06/08/james-bennet-new-york-times-opinion-woke-tom-cotton/

https://www.aftenposten.no/meninger/debatt/i/K3oEa5/menn-kvinner-og-alt-imellom-kaveh-rashidi

https://www.regjeringen.no/contentassets/b7384abb48db487885e216bf53d30a3c/lhbt_veileder.pdf

https://www.tothepointnews.com/2019/12/transjacking-the-lefts-latest-war-on-women/

https://www.dagbladet.no/kultur/raseriet-mot-rowling-er-skremmende/72554366

Den fundamentale årsaken til det som skjer i USA

Dette er en utvidet versjon av en artikkel publisert
20. juli 2020

For et par uker siden skrev vi om det som skjer i USA, og vi skisserte årsaken til at det går så galt. Nettavisen publiserte for noen dager siden en lang artikkel om samme tema, en artikkel som i store trekk sier det samme som vi sa, men som dekker de siste tiårenes utvikling på de relevante områder i større detalj enn vi gjorde. Artikkelen har den treffende tittelen «– USA begår kollektivt selvmord», men det er ikke bare tittelen som er en innertier, artikkelen er så god og grundig som en mainstream-artikkel kan være.

Vi anbefaler artikkelen på det varmeste (link nedenfor). Her vil vi først gjengi noen få sitater fra artikkelen, og deretter vil vi skissere *hvorfor* det er blitt slik det er blitt – noe som ikke er tilstrekkelig grundig dekket hverken i vår tidligere artikkel eller i Nettavisens artikkel.

Det det handler om er ideer som er kommet inn i kulturen fra universitetene. Her er noen sitater fra artikkelen:

> «Hvis denne revolusjonen lykkes, så kan vi se på det som at USA begår kollektivt selvmord, sier Dr. James Lindsay til Nettavisen» [Lindsay er en ekspert Nettavisen har intervjuet].

> «Individualismen og frihetstanken som skapte USA er byttet ut med noe som kalles "kritisk teori" … i korte trekk handler kritisk teori om å se systemene bak [det som skjer i dagliglivet], og legge ansvaret over på et system eller en kultur [og altså ikke på de individene som begår handlingene]».

> [Ett eksempel på dette:] «Hvis det er flere svarte enn hvite i fengsel er det automatisk kulturen eller systemets feil. Dermed må det skyldes rasisme. Dette skiller seg kraftig fra tradisjonell

teori, som handler om å finne årsakene og deretter finne løsningene.»

«I hans [Lindsays] studie etter røttene og utviklingen mener han det hele startet på Frankfurt School of Critical Theory. – Målet er å frigjøre folk fra alle former for systematisk undertrykkelse. Dem som definerer det ender alltid opp med en slags nymarxisme. Men denne gangen handler det ikke om klasse og økonomi, men kultur, forklarer Lindsay.»

«Teorien har vært under utvikling i flere tiår. Og har blitt langt spissere og enklere å sette til verks det siste tiåret. Dette har en sammenheng med at det har blitt en prioritet i skolesystemet, forklarer Lindsay.»

«– Sannhet har ingen betydning for denne bevegelsen, fordi de har tatt til seg det postmoderne tankegodset. Michael Foucault (kongen av postmodernisme red. anm.) mente at sannhet ikke er noen absolutt verdi. Verden er global, og medvirkning til et eller annet undertrykkende system i verden er definert ut fra rase, kjønn, seksualitet og så videre, sier Lindsay.»

« ... sentrale verdier som objektivitet og individualisme [er] bare et eksempel på ... rasisme [fordi disse ideene står sterkt i Vestens kultur, og siden de som oppdaget og utviklet disse verdiene var hvite så må de være uttrykk for deres "hvithet" ....]» (kilde Nettavisen).

Postmoderne ideer

Det er implisitt i artikkelen at disse postmoderne ideene er blitt standard vare ved universitetene de siste tiårene, og at brorparten av de som er «utdannet» ved universitetene de siste årene er blitt flasket opp på de samme ideene. Når disse studentene deretter kommer ut i viktige stillinger – i akademia, tenketankene, byråkratiet, media og politikken – vil deres meninger, beslutninger og handlinger være basert på og begrunnet i disse ideene.

Artikkelen – som er skrevet av Espen Teigen – sier videre at ideer som rasjonalitet og individualisme, og oppslutning om individuell frihet og markedsøkonomi, er nærmest fullstendig fraværende fra det akademiske liv, og at venstreorienterte ideer som kollektivisme og altruisme er enerådende.

At rasjonalitet står svakt ser man direkte av artikkelen, hvor man finner dette sitatet (gjengitt over): Postmodernismen sier at «sannhet ikke er noen absolutt verdi». Dette kan lett bekreftes med en rekke kjente sitater fra prominente intellektuelle på denne tiden, det vil si fra slutten av 1800-tallet og fremover: «It may be true for you, but it's not true for me» (William James), «Consistency is the hobgoblin of little minds»* (Emerson), «The more adequate that logic was in its own day, the less fitted is it to form the framework of present logical theory ... Is it then credible that the logic of Greek knowledge has relevance to the logic of modern knowledge?» (Dewey), «I contain multitudes» (som betyr at jeg-personen aksepterer selvmotsigelser; tittel på et dikt av Walt Whitman (1892), og også på en sang av Nobelprisvinneren Bob Dylan (2020).

De formuleringene og holdningene som vi illustrerte i avsnittet foran er en implikasjon av Immanuel Kants poeng om at «fornuften er begrenset». Sier man at fornuften begrenset betyr det at man mener at det finnes andre veier til erkjennelse enn observasjon og logisk analyse av det man har observert, og det eneste alternativ til dette er følelser. Følelser er ikke i stand til å skille mellom på den ene siden det som er fakta, og på den annen side det som er fantasi og oppspinn. (Følelser inkluderer slike ting som intuisjon, religiøs tro, det man visstnok mottar fra en kollektiv underbevissthet, etc.) I en kultur hvor fornuften står svakt vil følelser bli betraktet som en legitim vei til erkjennelse og kunnskap.

At kollektivismen dominerer ser man av at det som betraktes som viktig ved en person ikke er vedkommendes egenskaper eller karakter, det som er viktig er hvilken gruppe vedkommende tilhører: om vedkommende er kvinne eller mann eller noe annet, om vedkommendes

---

* Emersons opprinnelige formulering var «A foolish consistency is the hobgoblin of little minds...», men sitatet passer bedre inn i det kulturelle klimaet når «foolish» er fjernet, og det er slik det ofte blir gjengitt.

hudfarve er svart eller hvit eller noe annet, om vedkommendes legning er homofili eller heterofili eller noe annet, etc. (Denne vektleggingen kalles «identitetspolitikk».)

At altruismen dominerer ser man av det faktum at ethvert individ forventes å bare underordne seg det som kollektivet (ved dets selvutnevnte eller valgte ledere) måtte bestemme.

At markedsøkonomien står svakt ser man av det faktum at alle disse aktørene krever støtteordninger til alle mulige «svake» grupper, og at de krever stadig større beskatning av alle rike personer og av store firmaer, og at de krever stadig flere reguleringer av næringslivet. Frihandel er det ingen som støtter i dag, selv ikke blant dagens konservative.

At individuelt ansvar står svakt ser man av at alle ønsker en politikk hvor hver enkelt skal ha rett til å få det det trenger – utdannelse, trygder, helsehjelp og pensjoner – fra staten/det offentlige, og ved at kriminelle ikke skal straffes, men behandles; de betraktes ikke som ansvarlige for de kriminelle handlinger de har begått.

Alle disse idéene – irrasjonalitet, kollektivisme, altruisme, fravær av individuelt ansvar, og det syn at individuell frihet og markedsøkonomi egentlig er en undertrykkende samfunnsorganisering – innebærer en holdning om at de som er vellykkede og velstående er onde, og de som er mislykkede og fattige er gode: de vurderes etter hvilket velstandsnivå de er på, ikke etter hvilke handlinger de utfører eller hvilke verdier og ideer de har. Grunnen til at noen er velstående og sterke er at de har utbyttet andre, og grunnen til at noen er fattige og svake er at det er blitt utbyttet av de som nå er velstående. Dette innebærer at i enhver konflikt mellom to grupper hvor den ene parten er mer velstående enn den andre vil man automatisk lande på det standpunkt at det er den velstående siden som har feil/er ond og den mindre velstående siden som har rett/er god.

Med et slikt verdensbilde blir årsaken til at hvite i USA er mer velstående enn svarte rasisme fra de hvites side. Hvis man hevder at svarte er mindre velstående enn hvite fordi svarte i større grad vokser opp i familier uten fedre, at de har dårligere utdannelse og at de ofte lever i miljøer hvor det er mer kriminalitet, så hevdes det at grunnen til at denne situasjonen eksisterer også er rasisme fra de hvites side. Samtidig hevdes det at siden rasisme er en undertrykkelsesideologi, kan

32

medlemmer av en undertrykt gruppe aldri være rasister: derfor er det umulig for svarte å være rasister; og alle hvite er rasister uansett hvilke meninger de har og hvilke handlinger de utfører. (Dette er i strid med den korrekte definisjonen av rasisme som sier at rasisme er å vurdere en persons moralske karakter ut ifra hvilken rase han tilhører.)

Utenrikspolitisk vil denne holdningen innebære at man automatisk støtter såkalte frigjøringsbevegelser (uansett hvilken ideologi de baserer seg på eller på historiske fakta) og tar avstand fra alle som kan beskrives som kolonialister (uansett hvilken ideologi de baserer seg på eller på historiske fakta).

Det som skjer ved universitetene vil noen år senere prege kulturen; ideer kommer inn i kulturen via de som i sine unge år studerte ved universitetene. Dette igjen styrer politikken: «politikk er nedstrøms fra kultur», eller: «det er ideer, fundamentale filosofiske ideer, som styrer kulturen og derved historien, og disse ideene kommer fra universitetene».

Hvis man baserer seg på slike verdier og prinsipper – irrasjonalitet, kollektivisme, altruisme, statsdirigering av økonomien – vil man svekke sine muligheter til å forstå virkeligheten, man vil svekke sin muligheter til å foreta gode valg i sitt liv, man vil ødelegge sine utsikter til å fungere godt i verden og det vil bli vanskelig, umulig, å få et godt liv. En tydelig implikasjon av dette er at mange søker seg vekk fra virkelighetens verden og blir svært opptatt av liksom-verdener: gaming, fotball, realityshow, hedonisme, rus. Derfor: jo sterkere slike verdier står i kulturen, jo dårligere vil det gå: man vil få samfunn preget av først redusert velstandsvekst og deretter økende fattigdom, voksende kriminalitet, større ufrihet – med andre ord: man får et generelt forfall.

En kort oppsummering: Grunnen til at det går så galt er altså at ideer som irrasjonalitet, kollektivisme og altruisme står sterkt i kulturen, mens ideer som rasjonalitet, individualisme, rasjonell egoisme, markedsøkonomi og individuelt ansvar står svakt. Grunnen til at ideene står så svakt i kulturen er at hele det intellektuelle etablissementet – og viktigst her er universitetene – har preket irrasjonalitet og kollektivisme mens det har motarbeidet rasjonalitet og individualisme.

Riktig prosedyre for å oppnå kunnskap er observasjon av virkeligheten, korrekt begrepsdannelse, induksjon som metode for å oppdage årsakssammenhenger, teoridannelse basert på dette, og deduksjon fra tidligere etablert kunnskap. Resultatet av dette er at man baserer seg på prinsipper som er forankret i virkeligheten. Det er dette rasjonalitet består i: rasjonalitet består i å være virkelighetsforankret og å følge logikkens lover. Dessverre har USAs undervisningsinstitusjoner lagt for liten vekt på denne metoden; i samsvar med idealer som Kant, Hegel og Marx har de basert seg på metoder som er lite annet enn å følge sine følelser. (En implikasjon av dette er at hvis man føler noe er sant, så er det sant; hvorvidt det stemmer med virkeligheten kommer ikke inn i bildet. Et dagsaktuelt eksempel som bekrefter denne metoden er den utbredte oppfatningen om at dersom en mann føler at han er en kvinne så er han en kvinne.)

Hvordan startet dette?

Men hvorfor ble det som det ble? Hvorfor er det USA som har gått så kolossalt av sporet? Hvorfor var det i USA, og ikke i Europa, at denne utviklingen vi ser resultatene av i dag, skjedde? Lindsay hevder i Nettavisen at dette startet med Frankfurter-skolens ankomst i USA omkring 1940. Men det startet tidligere enn det; det startet om lag 75 år tidligere.

USA hadde en sterk økonomisk vekst på 1800-tallet, og spesielt etter borgerkrigen (som sluttet i 1865). Den økende velstanden førte til at det fantes penger til annet enn mat og klær og hus, og et av de områdene som fikk stadig mere penger var utdannelsessystemet; både statlige og private penger (ofte gjennom arv) havnet i universitets-systemet. De få universitetene som fantes ble større, og det ble opprettet nye universiteter. Det ble derfor opprettet flere stillinger ved universitetene, og disse stillingene måtte besettes. Det hadde allerede da vært populært blant de rike å sende (noen av) sine sønner til Europa slik at de kunne studere der, og universitetene i Tyskland var spesielt populære som studiesteder.

> «Perhaps as many as 10,000 Americans went to Germany to study in the nineteenth century ...   When these scholars returned to America and took up positions in the new research universities financed with America's new industrial wealth (e.g., the University of Chicago, Cornell University, Johns Hopkins, Stanford University), they became part of a revolutionary

34

change in the way some Americans thought about their society and political life». (Kilde: Philosophy in the United States, lenke nedenfor.)

I Tyskland var tidligere filosofer som Kant (1724-1804) og Hegel (1779-1831) i vinden, og når de amerikanske studentene var ferdig utdannet reiste de tilbake til USA sterkt infisert av Kants og Hegels ideer, ideen som altså sto for en «revolutionary change in the way some Americans thought about their society and political life». Denne forandringen innebar at ideene til rasjonelle frihetstilhengere som Locke og Jefferson, som var dominerende da USA ble dannet, ble byttet ut med ideene til irrasjonelle frihetsmotstandere som Kant og Hegel. (Man kan lese mer om Kants innflydelse i min artikkel «Immanuel Kants innflydelse», link nedenfor.)

De amerikanske universitetene ble altså fylt opp av akademikere som var kantianere og hegelianere. Etter noen år viste det seg at det intellektuelle livet i USA i avgjørende grad ble dominert av personer som var sterkt influert av tysk filosofi, og det var få som representerte andre tankeretninger. I Europa skjedde dette i mindre grad; der var kantianismen og hegelianismen bare den siste motebølgen, og andre retninger fantes fortsatt, men i USA ble de ofte nyopprettede universitetene i denne vekstperioden altså fylt opp med svært mange hegelianere og kantianere. (Også i Europa ble de kantianske ideene etter hvert mer dominerende.)

Man ser dette tydelig på de mest kjente amerikanske filosofene som kom på scenen i denne tiden: Charles Peirce (1839-1914), John Dewey (1859-1952) og William James (1842-1910) – disse var alle sterkt influert av Hegel, men de ønsket også å avvise virkelighetsfjerne spekulasjoner; de ville at filosofi skulle være praktisk, den skulle løse praktiske problemer, den skulle være pragmatisk – og de sto for en tilnærming som fikk navnet «pragmatisme». Det denne tilnærmingen førte til i praksis var en systematisk prinsippløshet, og en sterk motstand mot all langsiktig tenking; sannheter som var gyldige i dag kunne være feilaktige i morgen, det man var opptatt av var å finne løsninger her og nå. Denne tilnærmingen kom i stadig sterkere grad til å prege amerikansk politikk, og kulminerte med Donald Trump – som ofte uttalte seg som om «sannhet» og «fakta» er irrelevante begreper.

Progressivismen

Den politiske implikasjon av dette ser man i progressivismen, og blant ledende politikere som sluttet seg til denne retningen finner man Teddy Roosevelt, William Taft, Woodrow Wilson, Herbert Hoover og Franklin Roosevelt, som alle var presidenter i perioden 1901-1944. I denne perioden var det kun presidentene Harding og Coolidge, presidenter i perioden 1921-1929, som ikke var progressive, som altså ikke var sterkt venstreorienterte. (På 20-tallet, da de ikke-progressive satt ved makten, hadde USA en enorm økonomisk vekst, og krisen fra 1929 var forårsaket av begynnende reguleringer forårsaket av progressive ideer.)

Hva var kjennetegnet ved denne progressivismen? Den innebar en innskrenkning av individuell frihet, stadig mer statlig styring av økonomien, samt offentlige tilbud på flere og flere områder. Progressivismens implikasjoner ser man naturlig nok i den politikken som ble ført av de progressive, og i ting de sa. Teddy Roosevelt mente at ulikheter i velstand var like ille for USA som borgerkrigen, og han mente at individer ikke burde få kunne tjene penger dersom det ikke var til fordel for samfunnet: «We should permit it [money] to be gained only so long as the gaining represents benefit to the community» (fra hans tale om «The New Nationalism», 1910). Slike synspunkter ligger ikke langt fra Marx (1818-1883), og Marx´ ideer var bare en vri på Hegel.

De progressive ideene lå langt fra ideene som var nedfelt i den amerikanske konstitusjonen, men Teddy Roosevelt uttalte allikevel følgende: «To hell with the constitution when the people want coal». Woodrow Wilson var president ved Columbia-universitet før han ble president i USA, og også han var sterkt påvirket av Hegel: «Men as communities are supreme over men as individuals», mente han. Dette ligger nært opp til Hegels maksime om at «frihet er retten til å adlyde staten».

Franklin Roosevelt oppsummerte sitt syn på folket og på lederens oppgave slik:

«If we are to go forward, we must move as a trained and loyal army willing to sacrifice for the good of a common discipline. We are, I know, ready and willing to submit our lives and

36

property to such discipline, because it makes possible a leadership which aims at a larger good. I assume unhesitatingly the leadership of this great army…. ».

Progressivismens fundamentale syn på politikk og samfunn kan ikke formuleres tydeligere enn det Roosevelt gjør her. Så, progressivismen sto altså svært sterkt i den politiske elite, og grunnen til at det gjorde det var altså at den var blitt preket av professorene ved universitetene i flere tiår.

Men så skjedde det noe som gjorde ting enda verre. På 30-tallet valgte mange jøder å forlate Tyskland, og mange av dem havnet i USA. Blant disse var det mange akademikere som hadde tatt Kants og Hegels ideer videre: postmodernismen er en naturlig videreføring av Kant og Hegel. I Tyskland utgjorde disse det som ble kalt Frankfurter-skolen, en skole som Wikipedia beskriver slik:

> «Frankfurterskolen vokste frem rundt Institut für Sozialforschung i Frankfurt am Main. Instituttet ble grunnlagt i 1924 av marxisten Felix Weil, men det er etter etableringen av tidsskriftet Zeitschrift für Sozialforschung i 1932, under ledelse av Max Horkheimer, at man begynte å snakke om en egen "skole". De viktigste personene, den indre kjerne, besto …av Horkheimer, Adorno, Pollock, Marcuse, Löwenthal og (til 1939) også Fromm. Horkheimer, Adorno og Marcuse bidro særlig til utbredelsen av instituttets teoretiske ståsted. Den kritiske teori som var sentral for Frankfurterskolen tar utgangspunkt i den unge Marx' tanker og dennes hegelianske røtter, særlig slik disse ble lest av Georg Lukács. … Da Hitler kom til makten i 1933 måtte alle med tilknytning til Frankfurterskolen forlate landet av politiske grunner. De dro via Paris og Genève til New York der instituttet gjenoppsto med tilknytning til Columbia University som International Institute of Social Research. I 1940 ble instituttet splittet opp da Horkheimer, Adorno og Pollock flyttet til California.»

At disse personene ble tatt godt imot i USA burde ikke overraske noen; USA har sitt opphav i folk som flyktet fra tyrannier i Europa. Da en

37

gruppe akademikere flyktet fra nasjonalsosialismens tyranni var dette bare «business as usual», og at de kantianere og hegelianere som satt i alle viktige stillinger ved universitetene i USA tok imot sine våpenbrødre fra Europa var som forventet. (Fundamentalt sett var også nasjonalsosialismen forårsaket av Kants og Hegels ideer; noe som er dokumentert i Leonard Peikoffs *The Ominous Parallells*.)

Man må også huske dette viktige punktet: de som ansetter folk ansetter folk som i det store og hele har de samme synspunkter som de de selv har. Så hvis det er mange kantianere og hegelianere ved et universitet vil de nyansatte ved dette universitetet i hovedsak være .... nei, ikke aristotelikere eller Objektivister, de vil også være hegelianere og kantianere. (Blant de som som flyktet til USA fra Europa var det også noen akademikere med klassisk liberale synspunkter, men disse fikk ingen viktige stillinger ved amerikanske universiteter.)

Disse intellektuelle, og deres etter hvert mange elever, fikk da en enorm innflydelse på det som foregikk ved universitetene i USA. Etter noen tiår ble ideene fra disse sterkt dominerende i alt akademisk liv i USA, og derved også i hele den amerikanske kulturen.

Utviklingen styres av dominerende ideer
Det er derfor det er gått så galt i USA. Stabile, fredelige, harmoniske og velstående samfunn er kun mulig dersom de bygger på grunnleggende ideer som rasjonalitet, individualisme, rasjonell egoisme og den enkeltes ansvar for seg og sitt; gode samfunn forutsetter altså at disse ideene dominerer i befolkningen. Dersom de motsatte ideer – irrasjonalitet, kollektivisme og altruisme – dominerer, vil samfunnet ende opp i forfall, økende fattigdom, strid mellom grupper, uro, bråk, kriminalitet. Akkurat som vi ser i USA i dag.

Helt til slutt: Nettavisens artikkel hevder at USA begår kollektivt selvmord. Den etikken som de nevnte tenkerne (Kant, Hegel, Marx, Foucault) står for er altså altruisme, en etikk som sier at det som er moralsk høyverdig er å gi avkall på verdier som fremmer eget liv til fordel for andre. Den som mest grundig og fundamentalt har analysert altruismen er Ayn Rand, og hun oppsummerer sin analyse slik, med sin typiske teft for klinkende klare spissformuleringer: «Altruism holds death as its ultimate goal and standard of value». Sagt på en annen måte: et samfunn hvor altruismen dominerer kan ikke overleve – det vil

38

dø. På individ-nivå betyr dette at jo mer konsekvent man følger altruismen, jo større skade påfører man seg selv og sitt eget liv. Altruismen er altså intet annet enn en selvmordsetikk: jo mer konsekvent man følger den, jo raskere ødelegger man sitt eget liv.

Vi tar også med at de i USA som de siste tiår politisk sett har vært motstandere av de venstreorienterte ofte har vært konservative kristne, og den kristne etikken er også ren altruisme: «Sett dere ikke imot den som gjør ondt mot dere. Om noen slår deg på høyre kinn, så vend også det andre til. Vil noen saksøke deg og ta skjorten din, la ham få kappen også. Tvinger noen deg til å følge med en mil, så gå to med ham ... elsk dine fiender ... .»

Det som skjer i USA er da akkurat som man kan forvente ut i fra de ideene som dominerer i amerikansk kultur. Dersom altruismen og dens nært beslektede ideer kollektivisme og irrasjonalitet/følelses-dyrking, står sterkt i et samfunn, vil dette samfunnet dø som følge av disse ideene; det vil ikke bli ødelagt av krefter utenfra, det vil ble ødelagt av krefter innenfra – det vil altså begå selvmord, akkurat slik som Nettavisens ekspert formulerte det.

https://teachingamericanhistory.org/document/philosophy-in-the-united-states/

https://education.stateuniversity.com/pages/2044/Higher-Education-in-United-States.html

https://www.nettavisen.no/okonomi/-usa-begar-kollektivt-selvmord/3423992398.html

https://nces.ed.gov/pubs93/93442.pdf

«A house divided … »

Publisert 18. januar 2021

Iblant skjer det store forandringer i styret av et land, og vi tenker ikke på det som skjer når borgerne i et valg kaster den sittende regjering og velger inn opposisjonen; dette er noe som i dag skjer praktisk talt ved annethvert valg i Vestens demokratier (de som sitter i posisjon får som regel fornyet tillit én gang, men som regel ikke to, til det har de som regel brutt for mange valgløfter). Nei, vi tenker på mer alvorlige og dyptgående endringer som følge av kupp, revolusjon eller borgerkrig.

Slike hendelser har ikke forekommet i Vesten på lang tid, men hvis vi går litt tilbake i historien, og også inkluderer Vestens nærområder, finner vi flere eksempler. (Vi ser her altså bort fra erfaringer fra Afrika, Asia og den arabiske verden; disse områdene er for kaotiske og irrasjonelle, kulturelt sett, til at man ut fra dem kan trekke prinsipper som også kan gjelde for Vesten.)

Borgerkriger og kupp

Vi har hatt borgerkriger i Vesten: I England var det en borgerkrig på 1600-tallet; årsaken til striden var en konflikt om maktfordelingen mellom folket/parlamentet og kongen. Den endte med at i en kort periode var England republikk, men det gikk ikke lang tid før kongen var tilbake på tronen.

Også i USA var det en borgerkrig, fra 1861 til 1865: striden gjaldt i hovedsak slaveriet, og krigen endte med at Nordstatene vant og at slaveriet ble opphevet. (Afroamerikanere ble dog i stor grad diskriminert i store deler av USA i innpå 100 år etter krigens avslutning, både av private og som følge av de såkalte Jim Crow-lovene[*], som gjaldt i store deler av Sørstatene fra 1876 til 1965.)

Revolusjoner har det også vært; mest omtalt er de i Frankrike og Russland. I begge disse revolusjonene var folket undertrykt av en elite, en adel som i betydelig grad betraktet resten av befolkningen som sine

---

[*] Mer om disse lovene er å finne på side 445.

slaver. Størstedelen av befolkningen levde i stor fattigdom, mens eliten levde et luksusliv.

Revolusjonen i Frankrike tidfestes ofte til 14. juli 1789, og revolusjonen i Russland skjedde i februar 1917, men revolusjoner er prosesser som skjer over et ikke ubetydelig tidsrom, og de fører ofte til kaos, terror, anarki, krig og diktatur.

I Frankrike ble revolusjonen etterfulgt av en anarkistisk periode med omfattende terror: ca 17 000 mennesker ble henrettet etter en offisiell dom; mange ble drept uten lov og dom, mange andre sultet ihjel i fengslene. Det totale antall døde skal være ca 40 000. En slik periode kan ikke vare lenge, og også denne revolusjonen førte til noe som må omtales som et kupp: den seierrike generalen Napoleon Bonaparte tok makten i november 1799 – Frankrike ble reelt sett et militærdiktatur. Senere kom det kriger, både mellom Frankrike og andre land (England, Russland), og borgerkrig i Frankrike. Denne perioden endte med Napoleons endelige nederlag ved Waterloo i 1815.

Russland gikk igjennom en meget urolig periode etter Februarrevolusjonen, og den endte med et kupp i oktober da kommunister tok makten i strid med de demokratiske prosesser som var forsøkt innført etter Februarrevolusjonen. Etter dette kuppet var det en periode med borgerkrig («de røde» mot «de hvite», kommunistene var de røde, mens de hvite besto av sosialdemokrater og av folk som var lojale mot tsaren). Borgerkrigen varte til 1922, og den endte med seier til kommunistene. Kommunistene innførte et terrorvelde under først Lenin og deretter Stalin, men regimet ble noe mykere etter at Nikita Khrustsjov kom til makten i 1954.

Kommuniststaten, som hadde fått navnet Sovjetunionen, kollapset omkring 1990, og Russland er i dag reelt sett et gjennomkorrupt demokrati med liten frihet, og landet opplever betydelig forfall på en rekke områder: mye alkoholisme, synkende levealder, befolkningsnedgang («I Norge har menn en forventet levealder på over 79 år. I Russland er tallet 64. Hver fjerde russiske mann dør før 55-årsdagen», kilde forskning.no.) De bedriver til og med omfattende juks når de deltar i internasjonale sportsarrangementer! Dette er en tilstand og et forfall som er resultat av de verdier som dominerer i befolkningen: kollektivisme, irrasjonalitet, fatalisme, ingen respekt for individuell frihet. Opplysningstiden, som førte til
42

oppblomstringen i Vesten med ideer som individualisme, frihet, rasjonell egoisme, sekularitet, begrenset stat, kapitalisme, frihandel, etc., slo aldri igjennom i Russland.

En valgseier til venstreorienterte krefter i Spania i 1936 kastet landet ut i kaos. Wikipedia: «Etter at venstrekoalisjonen Frente Popular kom til makten under ledelse av Manuel Azaña i 1936 ble en periode med stor ustabilitet og konflikt i Spania innledet. Vold mellom militante grupper kom ut av kontroll etter drapet på den konservative parlamentariske lederen José Calvo Sotelo». Dette førte til en borgerkrig som endte med seier til de som sto imot den valgte regjeringen, og landet ble et militærdiktatur under Franco, et diktatur som varte fra 1939 til Francos død i 1975, da landet igjen ble demokratisk.

En valgseier til venstreorientertere krefter med Salvador Allende som leder i Chile i 1970 kastet landet ut i kaos. Wikipedia: Allendes «regjeringstid var preget av sosiale reformer, nasjonalisering av industrien, og forsøk på omfordeling av rikdom, streiker, uroligheter og konfrontasjoner og økonomisk krise...». Et vedtak i nasjonal-forsamlingens underhus (81 mot 47 stemmer) anmodet militæret om å gripe inn for å gjenopprette orden med begrunnelse at Allendes regjering gjentatte ganger hadde brutt konstitusjonen. Frem til 1990 var Chile et militærdiktatur under general Pinochet, og i denne perioden ble opposisjonelle internert og mange ble torturert. Landet ble igjen demokratisk etter 1990.

En annen type kupp opplevde vi i Romania i 1989/90. På 80-tallet førte høyrebølgen til at frihetlige ideer ble sterkere også i de kommunistiske landene i Øst-Europa. I noen land forsvant kommunist-regimene nokså fredelig (for eksempel i Øst-Tyskland og i Polen), men i Romania ble kommunistdiktatoren Nicolae Ceausescu (og hans hustru) arrestert, stilt for en militærdomstol og henrettet. Jugoslavia var etter annen verdenskrig et lappeteppe av ulike folkeslag og ulike religioner (både kristendom og islam hadde stor oppslutning), men lederen, Tito, var en sterk mann som hadde klart å holde de ulike gruppene sammen. Etter at han gikk bort kom motsetningene til overflaten, og de ulike gruppene kunne ikke lenger leve sammen i ett land. På 90-tallet brøt det ut en grusom borgerkrig mellom de ulike gruppene, og resultatet ble at det som var Jugoslavia i dag er oppdelt i en rekke land: Slovenia, Kroatia, Bosnia og Herzegovina, Makedonia, Serbia, Montenegro og Kosovo.

USA

Men det viktigste landet i dag er USA. Landet er i ferd med å gå opp i limingen. Dette ble tindrende klart i valgkampen foran presidentvalget i 2020. Vanligvis er kandidatene (vi holder oss kun til kandidatene fra de to store partiene) vennlige mot hverandre både før, under og etter valget, og den som taper innrømmer som regel raskt nederlaget på en gentleman-aktig måte.

Valgkampen i 2016, mellom Donald Trump og Hillary Clinton var ikke vennlig; Trump ble av Demokrater beskyldt for å være rasist, fascist og med et ønske om å bli diktator, og hans tilhengere ble av Clinton omtalt som «deplorables», og at de hadde synspunkter som var «racist, sexist, homophobic, xenophobic, Islamaphobic». (Clinton ba senere om unnskyldning for denne uttalelsen). President Obama beskrev Trumps tilhengere slik: «they get bitter, they cling to guns or religion or antipathy to people who aren't like them or anti-immigrant sentiment or anti-trade sentiment as a way to explain their frustrations». Clinton ble av Trump og flere andre beskyldt for å være gjennomkorrupt; Trump omtalte henne som «Crooked Hillary», og under en debatt sa han til og med til henne at «you belong in jail».

Men det som skjedde i forbindelse med valget i 2020 var enda verre. Trump ble fortsatt beskyldt for å være rasist, fascist, løgner og en mulig diktator, men nå kom det også beskyldinger om at han var nazist i tillegg til å være rasist: «Democratic presidential nominee Joe Biden compared President Donald Trump to a notorious figure in the Nazi Party» (Daily Wire 27/9-20), «Joe Biden said that President Donald Trump was the country's "first racist president"» (kilde Snopes). Mainstreampressen, også den utenfor USA, fungerte som et talerør for en enda mer primitiv og vulgær versjon av denne type propaganda mot Trump – det finnes tusenvis av eksempler på dette, men vi nevner bare dette: VG utstyrte et foto av Trump på sin forside med en Hitler-bart.

Til gjengjeld ble Joe Biden beskyldt for å være gjennomkorrupt, i lomma på Kina, og for ikke å være helt oppegående. Trump omtalte ham som «Slow Joe». Andre Demokrater ble gjenstand for tilsvarende beskyldninger.

Vi kunne gitt mange flere eksempler på slike beskyldinger fra begge leire, men dette holder. Vårt poeng er å vise at det er et sterkt skille mellom de som sogner til Trumps nasjonalkonservative linje og de som sogner til Demokratens reelt sett sosialistiske linje. Ja, de fleste av velgerne vil ikke føle seg hjemme i noen av disse leirene, mange stemte på Biden ikke fordi de støttet Bidens synspunkter, men ene og alene for å bli kvitt Trump, og mange stemte på Trump for å hindre at det nå sterkt venstreorienterte Demokratiske partiet skulle komme til å overta makten også i statsapparatet; alle andre etablert miljøer – akademia, byråkrati, kulturliv, presse, forlag, Big Tech – er per idag sterkt venstreorienterte. Men det er ikke de lunkne som driver historien. Poenget er at det er betydelige grupper med sterke meninger på begge sider, og disse gruppene har liten respekt for hverandre; de betrakter de andre som svært skadelige for å oppnå det de betrakter som gode samfunn.

Ved valget i 2020 var det ca. 74 millioner som stemte på Trump, og offisielle sertifiserte tall forteller at det var ca. 81 millioner som stemte på Biden. Det fremkom omfattende beskyldninger om valgfusk i Bidens favør, men rettsapparatet konkluderte etter å ha tatt en kikk på en rekke enkeltsaker med at det ikke fantes juridisk holdbare beviser for slik juks. Allikevel fortsatte Trump å hevde at valget var stjålet fra ham, og han har mange med seg i overbevisningen om at omfattende juks fant sted: «Forty-seven percent (47%) say it's likely that Democrats stole votes or destroyed pro-Trump ballots in several states to ensure that Biden would win, but 50% disagree» (Rasmussen 19/11-20).

Valgjuks har forekommet ofte i USA, men hvor ofte og i hvilket omfang er umulig si. (Heritage forteller at siden 1982 er 1129 personer dømt for valgjuks: vi går ikke inn på detaljer her. Link til mer info nedenfor.)

Som nevnt over har det Demokratiske partiet lagt sin kurs sterkt om til venstre i de siste årene. Biden var opprinnelig en sentrums-politiker, men han er nå en svak og svekket person. Hans visepresident Kamala Harris er sterkt venstreorientert: «While Harris was dubbed as the most liberal senator in 2019, a holistic view of her career suggests that other senators were more liberal at times.» (Dette er fra en nøytral kilde, Logically. Vi never også at den korrekte oversettelsen av det amerikanske «liberal» til norsk er «venstreorientert».)

Det Demokratiske partiets nye, unge stjerne, kongressmedlem Alexandria Ocasio-Cortez, er også sterkt venstreorientert. Wikipedia: «Ocasio-Cortez is among the first female members of the Democratic Socialists of America elected to serve in Congress. She advocates a progressive platform that includes Medicare for All, a federal jobs guarantee, the Green New Deal and abolishing the U.S. Immigration and Customs Enforcement (ICE)»

Beskyldninger om at de som sogner til det Republikanske partiet er rasister florerer. I en kronikk i Washington Post publisert 18/1-21 skriver Hillary Clinton, som altså var Trumps motkandidat i 2016, bla. følgende:

> «Trump ran for president on a vision of America where whiteness is valued at the expense of everything else. In the White House, he gave white supremacists, members of the extreme right and conspiracy theorists their most powerful platforms yet, even claiming that there were "very fine people" among the torch-wielding militia members who converged on Charlottesville in 2017.» (Kilde Breitbart, se note nedenfor om Trumps påståtte omtale av nazister som «very fine people»).

Opptøyer, sabotasje, hærverk

I april 2020 ble den småkriminelle afroamerikaneren George Floyd så hardhendt behandlet under en arrestasjon at han mistet livet. Dette førte til omfattende demonstrasjoner en rekke steder i USA, og utgangspunktet var legitime markeringer mot politivold. Men det utartet seg raskt til omfattende plyndring, hærverk og angrep på offentlige bygninger. Ett av de krav som ble fremsatt var «defund the police», det vil si de som sto bak mente at politiet bare ved sin tilstedeværelse forårsaket kriminalitet og at kriminaliteten ville gå ned dersom politiet ble mindre synlige (Ett eksempel: «...city council... push to defund police...», kilde Fox).

Sterkt venstreorienterte grupper som Black Lives Matter og Antifia sto bak opptøyene, og i løpet av sommeren ble det gjennomført hærverk og ødeleggelser for enorme verdier. Wikipedia forteller om kostnadene: «The protests that took place in 140 American cities this spring were mostly peaceful, but the arson, vandalism and looting that did occur will result in at least $1 billion to $2 billion of paid insurance claims». Antall drepte var omkring 25 (kilde The Guardian).

Demokratiske politikere og kjendiser så ut til å være lite villige til å ta avstand fra disse opptøyene, og blant velgerne var det 11 % som var sterke tilhengere av slike voldelige protester, og 18 % som var noe svakere tilhengere av slik vold (kilde Reuters). Videre:

> «Kamala Harris pushed bail fund that helped murder and rape suspects get out of jail while awaiting trial. A charitable bail organization talked up by Kamala Harris is drawing scrutiny amid increased rioting and violence in Kenosha, Wisconsin, and Portland, Oregon. In addition to Harris, Joe Biden's running mate on the Democratic ticket and a California senator, Minnesota Freedom Fund has attracted celebrity donors such as Steve Carell, Seth Rogen, Rob Delaney, Cynthia Nixon, and Don Cheadle» (kilde Washington Examiner).

Det finnes mange flere eksempler som viser at ledende Demokrater nærmest støttet opptøyene. Under høringene i Kongressen da konservative Brett Kavanaugh skulle godkjennes som ny dommer i Høyesterett i 2018, ble Kongressen stormet av venstreorienterte aktivister. Også da var Demokratiske politikere på demonstrantenes side.

President Trump har som nevnt ment at det forekom fusk i presidentvalget 2020, dette også etter at han ikke fikk medhold om dette i rettsapparatet. Han oppfordret derfor sine tilhengere til å demonstrere foran Kongressbygningen da den endelige godkjennelsen av presidentvalget skulle finne sted 6/1-21. Trump brukte uttrykk som «stand back and stand by» og «Be there, [the protests] will be wild!». Vi tror ikke at Trump med dette oppfordret til vold, men han burde forstått at slike utsagn meget lett kan tolkes som oppfordringer til vold og hærverk. Og som man kunne vente, en meget liten andel av de fremmøtte demonstrantene stormet inn i Kongressbygningen, og begikk noe mindre hærverk. Fire personer omkom i stormingen (én ble skutt av politiet, tre døde under «medical emergencies»). De som stormet så ut til å være meget useriøse personer (frontfiguren var utkledd som en geitebukk), men pressen fremstilte dem allikevel som representative for

Trumps tilhengere. (Det er grunn til å tro at noen av disse demonstrantene var sabotører som iverksatte aksjonen for å skade Trump.) Og Demokratene, som tidligere hadde støttet demonstrasjoner, sabotasje, hærverk, og stormingen av Kongressen under Kavanaugh-høringen, tok denne gangen sterk avstand fra stormingen; de hevdet at den var et angrep på demokratiet!

Biden

Det ser ut til at Joe Biden vil bli innsatt som president 20. januar. Det er all grunn til å tro at Bidens politikk vil bli sterkt venstreorientert – det vil si vil bestå av skatteøkninger, flere reguleringer, sterkt økt offentlig pengebruk, flere gratisgoder utdelt fra det offentlige, og sterkt voksende gjeld. Han vil antagelig gi alle gratis «health care», han vil ettergi studiegjeld, han vil gå inn for utjamning, han vil gi amnesti til ca. 11 millioner ulovlige innvandrere og vil åpne grensene for flere innvandrere som vil få adgang til offentlige tilbud innen skole og helse. Muligens vil han forsøke å avskaffe valgmannssystemet (som sikrer at en presidentkandidat må ha oppslutning over store deler av landet for å bli valgt), muligens vil han utnevne flere dommere til høyesterett for lettere å kunne innføre lover som er i strid med konstitusjonen. Han vil antagelig også forsøke å gjøre DC og Puerto Rico om til delstater, noe som vil føre til at det vil komme fire nye senatorer – som etter alt å dømme vil komme fra Demokratene – inn i Senatet. Han vil neppe klare å gjennomføre alt dette, men det er all grunn til å tro at han vil satse mye på å få det til.

Videre vil arenaer for intellektuell aktivitet – akademia, presse, underholdningsbransjen – i større grad ensrettes i samsvar med venstresidens verdier, og de som gir uttrykk for andre holdninger, i hovedsak konservative og nasjonalister, vil bli stengt ute med begrunnelse om at de er rasister, sexister, klimafornektere, islamofobe, etc. Omkring årsskiftet 2020-21 så det ut til at konservative skulle bli utsatt for omfattende «scenenekt» («deplatforming»): de blir fjernet fra Twitter, deres videoer blir fjernet fra YouTube, internettleverandører vil ikke tilby deres apper, forlag vil ikke utgi deres bøker, deres nettsider blir prioritert ned av google, banker sier opp deres bankkonti, etc.

Konservative skal til og med svartelistes – «Alexandria Ocasio-Cortez [and] others [are] pushing for apparent blacklist of people who

48

worked with Trump» – kanskje for at det skal være enkelt for en arbeidsgiver å finne ut om en jobbsøker er ansettbar eller ikke; hvis et firma ansetter en Trump-tilhenger eller en Republikaner vil firmaet kunne bli utsatt for boikott og/eller hærverk. Fra Nettavisen16/1-21: «-La dette bli kjent overfor næringslivet: Ansetter dere noen av Trumps fabulister ... så vil Forbes [et tidligere respektert næringslivsmagasin] anta at alt ditt selskap eller firma snakker om, er en løgn, skrev [journalist Randall] Lane i Forbes-artikkelen som ble publisert på torsdag i forrige uke».

Kongressmedlem Maxine Waters har kommet med følgende oppfordring: «medlemmer av Trumps administrasjon bør trakasseres overalt»: «Rep. Waters calls for harassing admin officials in public ... The California Democrat's comments come after several presidential aides have faced problems when they've gone out to restaurants recently» (Kilde NBCNews). Dette er lite annet enn en oppfordring om å trakassere de som ikke danser etter Demokratenes venstreorienterte pipe.

Twitter stengte president Trumps konto, og Hillary Clinton reagerte slik: «on Friday [Hillary Clinton] celebrated Twitter's permanent ban of President Donald Trump's personal account» (kilde Breitbart).

Disse siste eksemplene kommer dog ikke som resultat av en venstreorientert politikk fra statens side, dette skjer fordi disse store miljøer, miljøer hvor intellektuell aktivitet (for å kalle det det) forekommer, er dominert av personer med venstreorienterte ideer. Og de tenker naturlig nok slik: hvorfor skal de bistå sine motstandere, som er rasister og islamofobe og «deplorables», hvorfor skal de bistå slike onde mennesker i å komme til orde og bli hørt?

Hvor leder dette hen?
Så, USA vil følge en politisk kurs som vil fortsette å bevege seg mot venstre. Men en slik politikk fører til problemer på alle områder. Vi siterte noen beskrivelser fra det som skjedde i andre land som valgte en slik kurs: det kom en periode med stor ustabilitet og konflikt ... vold mellom militante grupper kom ut av kontroll etter drap på en konservative politikere ... tiden var preget av sosiale reformer,

49

nasjonalisering av industrien, omfordeling av rikdom, streiker, uroligheter og konfrontasjoner og økonomisk krise ...

I USA er det et sterkt skille mellom de som har en lang utdannelse og som sitter i alle stillinger som handler om formidling av ideer og administrasjon av det offentlige apparatet, og de som jobber på gølvet med stort sett svært nyttige jobber (de som jobber i landbruk, innen transport, innen industriproduksjon, innen varesalg, med utvikling av nyttige produkter, mm.). De med lang utdannelse er blitt foret med venstreorienterte ideer gjennom hele sin utdannelsesperiode, og er derfor blitt venstreorienterte (vi har begrunnet dette i tidligere artikler her på Gullstandard). De venstreorienterte ser ned på alle religioner unntatt islam, mens de på gølvet i betydelig grad er kristne. President Obama ga uttrykk for venstresidens holdning til islam da han uttalte følgende i en tale til FN 25/9-2012, rett etter at muslimske terrorister 11. september 2012 hadde drept en ambassadør og tre andre ved det amerikanske konsulatet i Benghazi: «The future must not belong to those who slander the prophet of Islam».

De områder hvor konservative og religiøse har størst oppslutning omtales av de venstreorienterte med det nedsettende uttrykket «flyover country». Den venstreorienterte elite holder seg på vestkysten og østkysten og vil ikke sette sine ben i områder hvor det er mange «rednecks»; den venstreorienterte eliten oppfører seg som en vaskeekte adel.

De som er langtidsutdannet er altså i meget stor grad venstreorienterte og støtter den venstreorienterte politikken som Demokratene står for, mens de på gølvet i betydelig grad støtter en nasjonalistisk og konservativ linje som Trump står for. (Jeg maler med bred pensel her.)

Politikken som vil bli ført under Biden (og Harris, når hun overtar), er venstreorientert, en linje som mange vil være sterkt uenig i, og som vil få negative konsekvenser. De som vil rammes først er de på gølvet (det er de som får redusert kjøpekraft og står i fare for å miste jobben), og så etter hvert vil alle rammes. De vil også føle at de som styrer samfunnet ikke lytter til dem og at deres mann – Trump – ble latterliggjort av media, utsatt for omfattende motstand basert på rene løgner, ydmyket med to riksrettstiltaler, og endog frastjålet en valgseier. Hvordan vil de nasjonalkonservative reagere på dette når den venstreorienterte politikken skaper stadig større problemer?

50

En delt befolkning

Befolkningen ser ut til å være delt, og det er store motsetninger mellom de to gruppene. Disse gruppene har liten respekt for hverandre, den gruppen som sogner til Demokratene betrakter de andre som rasister og islamofobe «deplorables», mens de som sogner til Republikanerne betrakter de andre som en virkelighetsfjern og korrupt adel som kommer til å ødelegge landet med sin sosialistiske politikk. (Minner igjen om at jeg maler med bred pensel her.)

Hva kan dette føre til i de kommende årene? Senere president Abraham Lincoln holdt i 1858 en tale hvor temaet var hvorvidt slaveriet kunne fortsette i noen delstater, men være forbudt i andre, og den begynte slik:

> «A house divided against itself, cannot stand. I believe this government cannot endure permanently half slave and half free. I do not expect the Union to be dissolved — I do not expect the house to fall — but I do expect it will cease to be divided. It will become all one thing or all the other. Either the opponents of slavery will arrest the further spread of it, and place it where the public mind shall rest in the belief that it is in the course of ultimate extinction; or its advocates will push it forward, till it shall become lawful in all the States, old as well as new — North as well as South.»

Nå ser det ut til at USAs befolkning er delt mellom sosialister og konservative (antallet frimarkedstilhengere er så lite at de ikke har noen som helst innflytelse på politikken), og mellom disse er enighet og kompromisser umulig.

Når det nå kommer mer venstreorientert politikk, vil dette altså skape enda større problemer; arbeidsløshet, inflasjon, kriminalitet, forfall, politiske myndigheter vil miste sin autoritet. Vi har sett eksempler ovenfor på at slike forhold kan føre til borgerkrig, noe en slik deling gjorde i USA i 1861. Dette kan skje igjen. «A house divided against itself, cannot stand».

Det kan da komme en borgerkrig, og slike kriger vil ofte ende med innføringen av et diktatur dersom den ikke ender med en klar seier til en av sidene (slik Nordstatene oppnådde i 1865). Så USA, landet som i betydelig grad ble bygget på rasjonelle prinsipper om individuell frihet, gikk først igjennom en borgerkrig for å få slutt på slaveriet, og kan måtte gå igjennom enda en borgerkrig – dette fordi de venstreorienterte ideene som dominerer hos dagens adel ikke er kompatible med de nasjonalkonservative holdningene som dominerer utenfor eliten.

De ideene som virkelig kan skape gode samfunn preget av fred, harmoni og velstand er de ideene som USAs grunnleggende dokumenter var basert på – individualisme, rasjonalitet, sekularitet, rasjonell egoisme, individuell frihet, rettsstat, næringsfrihet, frihandel – har i dag svært liten oppslutning, og de har ingen tilhengere som slippes til i den offentlige debatt. Derfor er det liten grunn til å være optimist på USAs – og da også på Vestens – vegne: dit USA går følger Vesten etter.

En bok som grundig analyserer årsaken til denne utviklingen. er Leonard Peikoffs *The DIM Hypothesis: Why the Lights of the West Are Going Out,* og jeg vi sterkt anbefale denne boken.

https://www.dailywire.com/news/biden-claims-he-got-to-the-senate-180-years-ago-compares-trump-to-nazi-leader-appears-to-need-help-remembering-what-hes-talking-about-appears-to-call-female-host

https://www.rasmussenreports.com/public_content/politics/elections/election_2020/61_think_trump_should_concede_to_biden
https://www.heritage.org/voterfraud#choose-a-state

https://www.logically.ai/factchecks/library/ac70b6c5

https://www.breitbart.com/politics/2021/01/11/hillary-clinton-impeaching-trump-not-enough-to-remove-white-supremacy-from-america/

https://www.snopes.com/ap/2020/07/22/joe-biden-calls-trump-the-countrys-first-racist-president/

https://en.wikipedia.org/wiki/2020–
21_United_States_racial_unrest#Analysis

https://www.theguardian.com/world/2020/oct/31/americans-killed-
protests-political-unrest-acled

https://graphics.reuters.com/USA-ELECTION/qmypmorxgpr/
Topline%20Reuters%20George%20Floyd%20Protests%20%20Police%
20Reform%2006%2010%202020.pdf

https://www.foxnews.com/politics/minneapolis-mayor-jacob-frey-
rejects-city-council-push-to-defund-police

Her er en faktasjekk av påstanden om at Trump omtalte nynazister som
«very fine people»:

«Our ruling: Partly false. The claims in the post have been rated
PARTLY FALSE. Following the 2017 white nationalist rally in
Charlottesville, Trump did say that there were "very fine people on both
sides," when speaking about those who attended the rally in support,
and those who demonstrated against it. But the meme misrepresents
Trump's statements, because he did not say directly, "There were very
fine people on both sides, & I'm not talking about the Neo-nazis and
white supremacists because they should be condemned totally." The
two statements were separate, the second part coming later, after further
questioning from reporters. During the first presidential debate, both
Wallace and Biden referenced Trump's "very fine people" comment but
did not say he applied it to neo-Nazis.»

https://eu.usatoday.com/story/news/factcheck/2020/10/17/fact-check-
trump-quote-very-fine-people-charlottesville/5943239002/

USA stadig nærmere stupet

Publisert 1. mai 2023

Vi mangler ord for å beskrive den grusomme og tragiske utviklingen som skjer i USA. Utviklingen har gått i negativ retning siden Hoover (som ble innsatt i 1929); den ble dog noe bremset under Reagan og Clinton, men har skutt fart under Bush junior, Obama, Trump og Biden. Man kan dog ikke si at disse politikerne har skylden for det som har skjedd, disse politikerne representerer kun de idémessige og politiske holdninger som dominerer i befolkningen i de periodene de er valgt. Den politikken som føres er den som folk flest i landet ønsker: det er sant som det heter at «et folk får de politikere det fortjener».

De tydeligste tegn på denne utviklingen de siste måneder er plyndringen som en enkelte store (og små) butikker er utsatt for; flere butikker i Walmart-kjeden er plyndret: unge menn har stormet inn i butikkene med plastsekker, fylt dem med alle mulige varer og stormet ut, og som kronen på verket har de ofte ramponert interiøret. Dette har ikke bare rammet Walmart, også andre butikker og endog bensinstasjoner er rammet. Til og med varebiler fra Amazon er stanset og plyndret. Det finnes en rekke videoer på YouTube som viser slik plyndring, og vi linker bare til én her: «Wild video shows mob of looters bum-rushing Compton gas station, stealing thousands in goods».

https://www.youtube.com/watch?v=S3rgpEV81go

Betydelige arealer langs viktige innfartsveier, og sentrale gater og parker i de store byene, er fylt opp med uteliggere og deres handlevogner, telt, pappesker, søppel, mm.

Bilder her:

https://duckduckgo.com/?q=homeless+people+in+usa+2023&t=h_&iar=images&iax=images&ia=images

Dette er bare de mest opplagte, synlige tegn på at noe er alvorlig galt i USA.

Politikken i Washington er blitt slik at dersom en representant eller senator ikke følger den politiske linjen som de langtsittende politikerne ønsker, en linje som innebærer at politikerne skal få stadig mer makt (dette gjelder begge partier), får han ingen ekstra pengestøtte, ingen viktige posisjoner, ingen innflytelse, og svært liten hjelp til å bemanne og drive sitt kontor. Dette er meget utførlig beskrevet i boken *Vår mann i Washington: mine år som stabssjef for en amerikansk kongressmann* av Hans D. Høeg[*]; Høeg arbeidet for det nyvalgte kongressmedlemmet Thomas Massie, en Tea-Party-konservativ[†], i Kongressen fra 2012. (Informasjon om boken er å finne på en link nedenfor.)

Politikken som føres innebærer ikke bare økt makt til det offentlige, det vil si til politikere og byråkrater, og en reduksjon av individuell frihet inkludert næringsfrihet, men også en slags ideologisk indoktrinering overfor alle borgere inkludert barn. Her er et eksempel på det siste: En YouTuber besøker barneavdelingen i bokhandelen på flyplassen i San Francisco, og der finner han blant annet følgende bøker: *The Anti-racist kid, The Anti-racist kid workbook, This book is gay, How to be a (young) anti-racist, Sex is a funny word,* mm.

https://www.youtube.com/shorts/xQCBNu2Tvh8

Pressen er blitt et propagandaapparat; rettsapparatet er ikke å stole på; akademia, som skulle bedrive sannhetssøkende forskning og undervisning, svikter og bedriver propaganda for de siste motetrender på venstresiden («woke»); forbud, avgifter og subsidier innføres i voksende omfang for å løse det innbilte problemet global oppvarming; offentlige tilbud til vanlige borgere svekkes samtidig som tilbud til

---

[*] Takk til Victoria som ga meg denne boken.

[†] Tea Party-bevegelsen var en kortvarig oppblomstring av liberalkonservative ideer i deler av det Republikanske partiet mens Obama var president. Bevegelsen tok navn etter The Boston Tea Party, en protest mot en skatt på te som britene hadde innført i Amerika i 1773.

ulovlige innvandrere styrkes; makthaverne bruker politi og rettsapparat for å trakassere politiske motstandere, osv.

Kommentatoren Huck Davenport beskriver utviklingen i en artikkel som vi siterer noen linjer fra her:

«What makes today's revolution different is the unholy coalescence of inconceivable powerful, yet wholly corrupt institutions; unimaginable technological capability; and the systematic indoctrination of the most depraved ideology the world has ever known.

That our institutions are corrupt and untrustworthy is beyond doubt. The CDC [Centers for Disease Control and Prevention] brazenly lied about natural immunity, masks, gain-of-function research, vaccine effectiveness, and safety; the same DOJ [Department of Justice] that eviscerated immigration law, repeatedly manufactured false allegations against a sitting president and raided his home. A New York City attorney general has indicted a former president, all while actual criminals, both on the streets and in the White House, pillage with impunity.

Never before has resistance been so futile. Protestors, without trial, are simply swept away into the D.C. Gulag Archipelago. Bank accounts are summarily closed. Wrong speech, if not censored, will cost you your job, or buy you an armed pre-dawn raid to help get your thinking right. With a $175 billion annual budget, the Department of Homeland "Security" has established the greatest surveillance state ever to have existed outside of the telescreen in Orwell's dystopian novel *1984*.

If this weren't enough, Uniparty functionaries have embedded their pernicious and radical ideology in every classroom, every boardroom, and every newsroom with the express purpose of creating a new generation of subjects stripped of any sense of justice, any knowledge of history, and, most appallingly, any ability to reason

Public schools have stopped teaching. Instead, children are denigrated for their skin color. They are terrorized by predictions of an imminent climate apocalypse taught as science by a death cult. Their innocence is stolen by debauched drag shows where every conceivable sexual act is simulated.

And their heads are filled with the tribal nonsense of multiculturalism, diversity and, now, transgenderism. The absurd notion that you can change your gender, which would be laughable if not for the monstrous surgical mutilations that, reportedly, have Josef Mengele blushing in Hell...»

Hele artikkelen er å finne her:

https://www.tothepointnews.com/2023/04/with-the-barbarians-in-the-gates-we-may-need-our-own-barbarians/

Vi siterer følgende fra historikeren Victor Davis Hanson:

«[... in the universities,] free speech is nonexistent; racist and hate speech is protected if voiced by the "marginalized." University admissions increasingly have little to do with talent. Or rather talent is described not so much as the ability to think analytically and computationally, to have mastery of language, spoken and oral, or some acquaintance with the referents, historical, scientific, and literary, of our civilization. Instead, qualifications are becoming more a matter of "life experiences," or "community service," or "activities," or commitments to hopey-and-changey "diversity, equity, and inclusion" as the traditional one-third of the application packet absorbed the other two-thirds of grades and test scores.

Courses are watered down, grades inflated. The D and F grades have all but disappeared. The A? It's become inflationary to the point of being utterly meaningless

The tax code is socialist. About one percent of households pay 50 percent of federal income taxes—and are damned as greedy for it. That asymmetry is true of most state income tax schedules as well. The antithesis of Reagan's "Starve the Beast"—limiting revenues to force cuts in superfluous spending—is now "Gorge the beast": spend so much indiscriminately, run up such astronomical multitrillion budget deficits, and inflate debt to GDP to over 130 percent, that redistributionist higher and higher taxes become perpetually necessary.

Voting is now socialist inspired. The old idea that each citizen chooses or not to participate in democracy by showing up to vote and presenting identification is considered discriminatory. The socialist answer in many states is to require no identification, and fast-track same-day voter registration, automatically mailed out ballots, and ballot harvesting and curing. The common theme is that if not enough of those deemed oppressed, victimized, and marginalized choose to vote, then …

The law is socialist, or worse in the sense of Lavrentiy Beria's "show me the man, and I'll find the crime." It now operates on the "critical legal theory" idea that most American laws are the manifestations of the powerful and wealthy.

Thus smash-and-grab, looting, shoplifting, and even violent assault increasingly either do not lead to arrest, or to indictment or to conviction or to incarceration. The socialist mind insists laws do not represent natural and ancient ideas of morality— such as thievery is always wrong and assault endangers society —but simply a particular value system of the oppressive rich and increasingly in America the so-called rich white population.

One key element of socialism we often forget is its innate corruption. The Castro family, the Chavezes of Venezuela, or the Ortegas of Nicaragua all became rich by taking large bites out of the transfer of money from the rich to the poor, taking bribes from the rich to win exemptions, or doling out concessions of the "people's resources." In other words, they were self-appointed gatekeepers. Socialists are often the very rich or at least become the wealthy when they achieve power; paradoxically, they despise those who make money legally apart from the mechanisms of the state.

Not a moment goes by that Joe Biden does not demagogue about "those who don't pay their fair share"—even as the Biden syndicate is emerging as one of the most corrupt political families in U.S. history, specifically in gathering millions of dollars that apparently were not reported to the IRS. The family leveraged Biden's vice presidency and future likely presidency to win lucrative payoffs from foreign governments, the majority of them hostile to the United States.

Popular culture from publishing to Hollywood to awards are now T-ball socialist in nature. Thousands of gifted authors are denied book contracts because they are deemed a part of the oppressive white male class. Ditto movies as well. Few believe that the Tonys, the Oscars, the Emmys, or the Pulitzers reward the most talented achievement, but are rather predicated on spreading the awards around to the underrepresented and do not necessarily represent the merit of a song, play, film, or book.»

Hele Hansons artikkel er å finne her:

https://amgreatness.com/2023/04/23/do-we-even-know-we-are-all-socialists-now

Det amerikanske forsvaret ser ut til å legge svært stor vekt på likestilling, ikke bare mellom menn og kvinner, men mellom menn og kvinner og transer av et utall ulike slag. Det er vanskelig å si sikkert hvordan dette vil påvirke stridsevnen, men vi vet at rekrutteringen til det amerikanske forsvaret er lavere enn den noen gang har vært. I tillegg er det slik at en svært stor andel av amerikanske ungdommer ikke er fysisk og psykisk i stand til å tjenestegjøre i forsvaret – de har dårlig fysisk form, de er overvektige, de har psykiske problemer, de har rusproblemer, etc.

Vi nevner også her at de siste krigene USA har vært involvert i har vært fiaskoer. Det ble uavgjort i Korea tidlig på femtitallet, USA tapte i Vietnam, krigen i Irak var ikke vellykket (USA hadde seieren inne da president Obama altfor tidlig trakk at de amerikanske styrkene ut; maktvakuumet som da oppsto førte til at IS oppsto som en betydelig terroristorganisasjon). Krigen i Afghanistan endte med en total katastrofe for USA; en katastrofe som var resultat av forhandlinger mellom president Trump og Taliban (Trump trodde åpenbart at islamistiske Taliban ville overholde en avtale) og en ytterst pinlig tilbaketrekning under president Biden. Denne militære svakheten var et klarsignal til folk som Putin om at dersom de gikk til angrep ville de ikke møte effektiv motstand. Ukraina lider nå under dette.

Energiminister Jennifer Granholm foreslår å erstatte alle militære kjøretøy som nå går på diesel med elektriske kjøretøy. Denne ideen er muligens utklekket av de samme som mente at det var en god idé å etterlate militært utstyr for 80 milliarder dollar til terroristene som nå har makten i Afghanistan.

Kunnskapsnivået hos befolkningen synker og synker: etter å ha gått gjennom en offentlig skole preget av progressiv pedagogikk, en pedagogikk som ikke primært fremmer faktabasert rasjonell tenkning, men tilpasning til den gruppen man tilhører, har man oppdaget blant annet følgende: svært mange amerikanske unge er i tvil om månelandingen virkelig skjedde, mange tviler på at jorden er rund, og mange tviler på at evolusjonsteorien i det store og hele er korrekt. Kunnskapsnivået innen STEM-fagene (science, technology, engineering, mathematics) er synkende, kort sagt: de som fullfører det amerikanske skolesystemet er altså som regel svært dårlig utdannet.

Som antydet i noen av sitatene ovenfor er det slik at politiet ikke griper inn overfor det som ble oppfattet som småkriminalitet, altså nasking, tyverier, etc. Dette innebærer at de som kalles hverdagskriminelle ikke blir møtt med noen reaksjoner overhodet fra rettsapparatet. I tillegg har vi kampanjer som går inn for å «defund the police», kampanjer som førte til at politiet ble langt mindre i stand til å gripe inn overfor det som ble betraktet som mindre alvorlige forbrytelser. Resultatet ble at kriminaliteten skjøt i taket, et resultat av dette er de groteske eksemplene vi innledet med: Gjenger plyndrer butikker ved høylys dag. I enkelte områder er politikken på akkurat dette området snudd 180 grader – men vi må her også vektlegge følgende poeng: på kort sikt går det meste i bølger, men det finnes allikevel langsiktige trender.

En sak det har vært snakk om i mange år, men som nå virkelig har fått vind i seilene, er erstatning til etterkommere av slaver. Vi minner om at slaveriet ble opphevet etter borgerkrigen i 1865, en krig som i hovedsak ble ført for å få slutt på slaveriet, og at ingen tidligere slaver lever i dag og at ingen slaveeiere lever i dag. Riktignok hadde en rekke av sydstatene fra 1876 til 1965 de såkalte Jim Crow-lovene; de påla blant annet at offentlige områder hvor svarte og hvite kunne ferdes skulle holdes adskilt. Dette gjaldt skoler, sykehus, offentlig transport, restauranter og hoteller – men disse ble altså opphevet for 60 år siden. Ja, det er allikevel fortsatt en del rasisme i USA i dag, men dette rettferdiggjør allikevel ikke generelle utbetalinger til afroamerikanere i dag.

Vi siterer igjen fra en amerikansk kilde om erstatning til svarte på grunn av slaveriet: «San Francisco supervisors have backed the idea of paying reparations to Black people, but whether members will agree to lump-sum payments of $5 million to every eligible person or to any of the more than 100 other recommendations made by an advisory committee won't be known until later this year.»

https://www.pbs.org/newshour/nation/what-are-the-next-steps-for-black-reparations-in-san-francisco

En annen kilde sier følgende: «Some New York lawmakers are renewing the push for a state law that would lay the groundwork to pay reparations to black residents whose ancestors were enslaved. Proponents gained steam after a task force in California last week recommended that the Golden State shell out $569 billion in reparations to slaves' descendants there, or $223,200 apiece, because of lingering housing discrimination practices.»

https://nypost.com/2022/12/05/ny-lawmakers-push-for-slavery-reparations-for-black-residents/

Dette er enda et eksempel på den idag utbredte oppfatning at penger er ikke noe man får ved å produsere noe som man selger til villige kunder eller til en arbeidsgiver, penger får man fra det offentlige fordi man tilhører en gruppe som fortjener å få penger.

Det er også kommet en ny vri på dette punktet: Fordi politiet i sin jakt på mistenkte i kriminalsaker i større grad har etterforsket afroamerikanere heller enn hvite, er det nå snakk om å utbetale erstatning til afroamerikanere.

«The leader of California's first-in-the-nation reparations task force on Wednesday said it won't take a stance on how much the state should compensate Black residents whom economists estimate may be owed more than $800 billion for decades of over-policing, disproportionate incarceration and housing discrimination. The $800 billion is more than 2.5 times California's $300 billion annual budget and does not include a recommended $1 million per older Black resident for health disparities that have shortened their average life span. Nor does the figure count compensating people for property unjustly taken by the government or devaluing Black businesses, two other harms the task force says the state perpetuated.»

https://apnews.com/article/california-black-reparations-racism-e7377631044ef6325b042ea56456d81b

Men nå er det jo slik at afroamerikanere er sterkt overrepresentert blant kriminelle. Dette har å gjøre med at de i langt mindre grad enn andre amerikanere har gått i private skoler, de går i offentlige skoler og har derfor altfor ofte fått en dårlig utdannelse. Dette gjør at de får større vanskeligheter med å komme inn på arbeidsmarkedet. Barn vokser oftere opp i familier uten fedre til stede, noe som gjerne fører til at gutter blir mer uregjerlige. Siden narkotika er forbudt er det mange som tror at det er store penger å tjene ved å gå inn i narkotikabransjen, men siden narkotika som sagt er forbudt blir dette lett forbundet med reell kriminalitet. Svært mange afroamerikanske menn blir skutt og drept, men gjerningsmannen er som regel en annen svart mann.

«Gun violence generally reduces the overall life expectancy of Black Americans by four years. The CDC reports that the firearm homicide rate among Black males 10–24 was 20.6 times as high as the rate among White males of the same age in 2019, and this ratio increased to 21.6 in 2020. Homicide is a leading cause of death for Black males aged 1-19 and 20-44, says the Centres for Disease Control and Prevention. Overall, homicide is the 5th leading cause of death for Black males of all ages.»

https://www.blackmenshealth.com/one-big-thing-the-leading-cause-of-death-in-young-black-males/

Vi kunne nevnt mange flere eksempler: Tragiske skoleskytinger forekommer altfor ofte, utøverne er som regel personer som inntil de gikk amok med skytevåpen var stille og forsiktige mobbeofre som av sine lærere er blitt fortalt at følelser er utgangspunkt for alle verdier, en grunnholdning som kan lede til ren nihilisme. (Vi har skrevet utførlig om akkurat dette tema i en tidligere artikkel her på Gullstandard så vi sier ikke mer om dette her nå.) I det siste har det også kommet episoder hvor transpersoner har gått til angrep på kristne skoler: siden kristne ofte er imot å respektere transpersoners rett til å «skifte kjønn» mener enkelte åpenbart at de derfor har rett til å skyte barn på en kristen skole. I enkelte tilfeller har FBI nektet å offentliggjøre manifestet som disse gjerningsmennene – eller kanskje det her er riktigere å si gjernings-personene – skriver før de begår sine ugjerninger; dette er enda et eksempel på at også FBI fungerer som en politisk aktør ved å etter ideologiske skillelinjer å sile den informasjonen de publiserer om aktuelle kriminalsaker.

USA er også blitt et svært korrupt land. Hvorfor er USA blitt så korrupt? USAs økonomi er blitt mer og mer regulert fra 1929, og mengden nye reguleringer økte sterkt i intensitet fra president Nixons periode omkring 1970. En regulert økonomi må bli mer og mer korrupt, dette fordi de som rammes av reguleringene gjerne vil enten kjøpe seg fri fra restriksjoner, eller direkte kjøpe seg til fordeler av de etatene som står for reguleringene. Denne korrupsjonen skjer gjerne ved at firmaet gir støtte til de politiske partiene, eller ved at slektninger av politikere – brødre, sønner – får stillinger som innebærer lite jobb og høye godtgjørelser. Firmaet tror da, med god grunn, at de da vil få kontrakter fra det offentlige, eller at nye reguleringer vil være tilpasset akkurat dem.

Statlige føringer på næringslivet kan også skje på følgende måte: Hvis for eksempel presidenten sier: «Vi vil at flere skal eie egne boliger», slik president Bush gjorde i 2002 («[We will use] the mighty muscle of the federal government» for å sørge for at flere kunne eie sine egne boliger), er dette et press på bankene til å innvilge flere lån til å lånesøkere som ikke er kredittverdige. Banker som ikke følger dette pålegget vil da kunne merke at de får vanskeligheter når de søker om løyver og tillatelser og godkjenninger for for eksempel å utvide sin virksomhet.

I tillegg til alt dette er det blitt slik at de som sitter med den politiske makten bruker rettsapparatet for å trakassere politiske motstandere og å dekke over egen kriminalitet. Det finnes en rekke eksempler på dette, men vi henviser bare til ett:

President Joe Bidens sønn hadde på sin bærbare datamaskin en rekke filer som avslørte kriminalitet og korrupsjon i hans nære omgangskrets. Rett før valget ble denne historien publisert av New York Post, men ingen andre medier publiserte historien. Linker til historien publisert på Facebook og Twitter ble slettet. Men ikke nok med det, 51 toppfolk innenfor forsvaret og etterretningen gikk ut og sa i et åpent brev at «deres erfaring gjorde dem svært mistenksomme» om at historien om denne datamaskinen var russisk desinformasjon. Etter valget ble det klart at historien likevel var sann. En artikkel i Wall Street Journal forteller at

> «The House Judiciary and Intelligence committees released portions of a deposition transcript exposing the origins of the statement from 51 former U.S. spies declaring that Hunter's laptop had "all the classic earmarks of a Russian information operation." The admission came from Mike Morell, former deputy CIA director under Barack Obama. The letter served its political purpose of giving the media and Joe Biden the opening to dismiss the New York Post's laptop scoop as Russian disinformation. (The letter and the names of the 51 signers can be read nearby.) *It turns out the Biden campaign was behind the*

letter. [uthevet her] Mr. Morell told Congress under oath that he received a phone call from Antony Blinken on Oct. 17, 2020— three days after the Post published emails from Hunter's laptop. Mr. Blinken was then a senior adviser to the campaign and is now secretary of State.»

https://www.wsj.com/articles/joe-biden-and-the-51-spies-of-2020-hunter-laptop-new-york-post-russia-disinformation-73072839?st=7dm44aokdrvzvka&reflink=desktopwebshare_permalink

Pressen, militæret og etterretningen ble altså brukt av Biden i et politisk spill som innebar at man fornektet åpenbare fakta, fakta som bekreftet omfattende korrupsjon i Bidens nærhet.

Vi nevnte over det innbilte problemet global oppvarming (uttrykket «global warming» ble dog erstattet med «climate change» da den forventede oppvarmingen ikke inntraff). Vi kan nevne at politikken i USA i stor grad legger vekt på å forhindre dette innbilte problemet, en politikk som blant annet innebærer nedleggelse av effektiv energi-produksjon og satsing på svært ineffektiv energiproduksjon som sol og vind. Resultatet av dette er at strømnettet i enkelte delstater har brutt sammen og at i perioder har store områder vært uten strøm. I enkelte delstater skal bensindrevne biler forbys. «California bans the sale of new gas-powered cars by 2035.»

https://www.cnbc.com/2022/08/25/california-bans-the-sale-of-new-gas-powered-cars-by-2035.html

Det vi har gjengitt over er bare noen få punkter, og de er ment å supplere fremstillingen man finner i mainstreammedia. Det bildet man får ved å lese kun mainstreammedia er svært ufullstendig; man kan med god grunn si at mainstreammedia har som sin primære oppgave å formidle venstreorientert løgnpropaganda, og som sekundær oppgave å skjule eller dekke over de negative virkningene som en venstreorientert politikk nødvendigvis medfører. (For ordens skyld tar vi med definisjonen av «venstreorientert»: en venstreorientert politikk innebærer å øke statens makt, å gi flere offentlige tilbud, å øke skatter og avgifter og reguleringer, og å innskrenke individets frihet, det vil si individers mulighet til å bestemme over seg og sitt. Alle de store partiene i alle vestlige land befinner seg da på venstresiden, dette gjelder også de som kalles konservative eller borgerlige.)

En venstreorientert politikk handler om å presse ønsketenkning ned over virkeligheten – og noe slikt kan aldri ha gode resultater i virkelighetens verden. Men det er dette så si alle velgere ønsker og som jeg nevnte over: et folk får de politikere det fortjener.

Vi har i en rekke artikler her på Gullstandard beskrevet utviklingen i USA, og vi lenker til noen av dem nedenfor. Ut ifra de premissene som er gitt er den utviklingen vi ser i USA, og som vi altså har gitt en del eksempler på over, helt opplagt og uunngåelig.

Men hva vil skje videre? Et land som USA kan ikke i en lang periode finne seg i omfattende plyndring av butikker, et utdannings-system som i meget stor grad kun driver med indoktrinering, en økonomisk politikk som innebærer at en voksende andel av befolkningen i liten grad får ta del i den velstandsvekst som faktisk finnes, og som gjør at staten disponerer mer og mer av den verdiskapningen som tross alt foregår.

Det ser også ut som om den amerikanske befolkningen er delt i to langs politisk/ideologiske skillelinjer. Den ene delen består av – her maler vi med en svært bred pensel – de som er langtidsutdannede og de som bor i byene. Den andre delen består av de som ikke er langtidsutdannede og de som bor i mer rurale strøk. De rurale er stort sett kristne, mens de langtidsutdannede forakter alle religioner unntatt islam.

Denne todelingen av befolkningen innebærer at den ene delen ikke har tillit til landets myndigheter, til pressen, til den akademiske eliten, til politikerne, til rettsapparatet, til politiet, eller til Hollywood.

La oss gi ett konkret eksempel på akkurat dette: Noen betrakter det som skjedde 6. januar 2021 (demonstrasjonene og opptøyene foran og i Kongressbygningen) som et forsøk på et statskupp, mens andre betrakter det som skjedde som et forsøk på å hindre et statskupp.

Man kan se denne todelingen i holdningen til Donald Trump. De langtidsutdannede mener med betydelig rett at Trump er en primitiv bajas og en løgner, mens de rurale mener at Trump er omtrent på nivå med Jesus.

Man kan også se denne todelingen i holdningen til at Tucker Carlson sluttet/ble sagt opp i Fox News. Carlson, som hadde det mest populære og mest sette nyhetsshowet på amerikansk TV, har ofte gjengitt påstander som har vært feil og som han måtte ha visst var feil, og han har kommet med vurderinger som etter vårt syn er langt fra en rimelig tolkning av fakta. Svært mange ble sjeleglade da det ble kjent at han ikke lenger var tilknyttet Fox News, mens andre hevdet at han var den eneste som talte makta midt imot – de mente at han fortalte sannheten om krigen i Ukraina og om Big Pharma, om valgjukset i 2020, og om opprøret 6. januar 2021 – og at det var derfor han måtte slutte/fikk sparken.

En nasjon hvor befolkningen er delt langs det man må kalle ideologiske skillelinjer på den måten som er beskrevet over, er ikke liv laga.

Vi har tidligere her på Gullstandard sitert følgende om et slikt skille i USA: «A house divided against itself, cannot stand». Dette er fra en tale Abraham Lincoln holdt i 1858. Vi gjengir også resten av sitatet selv om det ikke direkte er relevant for dagens situasjon:

«I believe this government cannot endure permanently half slave and half free. I do not expect the Union to be dissolved — I do not expect the house to fall — but I do expect it will cease to be divided. It will become all one thing or all the other. Either the opponents of slavery will arrest the further spread of it, and place it where the public mind shall rest in the belief that it is in the course of ultimate extinction; or its advocates will push it forward, till it shall become lawful in all the States, old as well as new — North as well as South.»

Hvordan blir så utviklingen i USA fremover? Hvis skillet vi har beskrevet over fortsetter å vokse vil USAs befolkning bestå av to store grupper som overhodet ikke forstår hverandre. Dette kan føre til at det blir bråk og da mener vi voldelig bråk og uro, noe vi så allerede for et par år siden. Da gikk grupper tilknyttet Black Lives Matter og Antifa til angrep på offentlige bygninger (rådhus, politistasjoner), og satte dem i brann. Slike ting kan blusse opp igjen. Men denne gangen kan det også komme motstand; de som vi over beskrev som tilhørende de rurale kan også ty til våpen for å beskytte seg selv, sine eiendommer, offentlige bygninger, og til og med butikker som er i fare for å bli plyndret.

Dette vil da være nært en slags gerilja-borgerkrig.

Hvis vi ser på historien så ser vi land som tidligere har vært i kaos-tilstander: de tre mest kjente eksemplene i dag er vel Frankrike etter revolusjonen, Tyskland etter første verdenskrig, og Russland etter kommunismens sammenbrudd. Det som skjedde i disse landene var at såkalt sterke menn kom til makten: Napoleon, Hitler og Putin.

Noe tilsvarende kan skje i USA.

https://www.bokkilden.no/politisk-korrupsjon/vaar-mann-i-washington-hans-d-hoeeg/produkt.do?produktId=23707893

Tidligere artikler om USA på Gullstandard:

https://www.gullstandard.no/2021/01/18/a-house-divided/

https://www.gullstandard.no/2020/07/20/den-fundamantale-arsaken-til-det-som-skjer-i-usa/

https://www.gullstandard.no/2022/08/08/generasjon-z-vil-overta-hvordan-vil-det-ga/

https://www.gullstandard.no/2021/08/23/tre-store-feil-i-afghanistan/

Disse artiklene er også inkludert i denne boken.

Er enden nær?

Publisert 16. august 2023

Slagordet «Enden er nær» ble visstnok brukt av eksentriske personer/grupper som advarte de som var villige til å lytte om en kommende katastrofe som skulle skje i samsvar med et av flere mulige scenarier: storkrig, Jesu tilbakekomst, dommedag, oppgjørets time, revolusjon, etc.

Grunnen til at vi bruker denne tittelen er ikke at vi tror at en ende av denne typen virkelig er nær, grunnen til at vi bruker den er at vi nå ser meget illevarslende tegn på en utvikling som, hvis den ikke blir stanset, vil ha svært negative konsekvenser for svært mange mennesker. Men la oss først skissere det som er under angrep.

I Vesten har vi i en lang periode hatt høy velstand, fred og ro, lovlydighet, stor grad av frihet. Dette er ikke noe som har kommet av seg selv, det har vært et resultat av at visse verdier har dominert i kulturen. Blant disse verdiene finner vi rasjonalitet, individualisme, og respekt for ytringsfrihet og eiendomsrett.

Skal man ha frihet og velstand må disse nevnte verdiene sitte godt forankret i kulturen, de må ha oppslutning av en betydelig andel av befolkningen, og de må i tilsvarende grad være basis for den politikken som føres. De må altså være forankret i lovverket, og dette lovverket må opprettholdes av et effektivt rettsapparatet, det vil si politi og domstoler.

I de siste tiårene er disse verdiene blitt stadig mer svekket i kulturen. Det er ingen store aktører som forsvarer dem, mens det er mange som i stadig sterkere grad angriper dem. Vi ser at disse verdiene i stadig større grad krenkes i den politikken som føres: reguleringer, skatter og avgifter, gruppetenkning og så videre er basis for alle store partiers politikk (dette gjelder alle land i Vesten), og det finnes ingen intellektuelle med betydelige tilhørerskarer som protesterer mot denne politikken.

Politikken som føres i alle land i Vesten går ut på at staten skal gjøre mer og mer; at det skal være flere og flere statlige ordninger, at all menneskelig aktivitet (innen helse, næringsliv, kultur, idrett) i stadig større grad skal følge regler og forordninger gitt av staten, og at det enkelte individ i stadig mindre grad skal få lov til å bestemme over seg og sitt. Denne politikken har i stor grad blitt ført nærmest kontinuerlig etter annen verdenskrigs avslutning; det skjedde mindre kursjusteringer under den såkalte høyrebølgen på åttitallet, men dette varte mindre enn 20 år.

Det mest tydelige eksempel på denne politikken er en stadig redusert respekt for eiendomsretten. Vi gjentar også dette viktige poenget: det er ingen som på prinsipielt grunnlag har protestert mot den stadig økende mengden reguleringer og skatter og avgifter og samtidig forsvart det enkelte individs rett til å bestemme over seg og sitt.

Sett fra fugleperspektiv har dette ført til at det er mindre rom for innovasjon, entreprenørskap, nyskaping, arbeidsdeling og frihandel, og dette har igjen ført til at den økonomiske veksten i Vesten nå er langt mindre enn den var for bare noen få tiår siden. Dette vil føre til at velstanden blir redusert, samtidig som økende velstand er basis for det alle politikere lover at de skal gjøre noe med: de vil ha rent miljø, bedre eldreomsorg, bedre skoler, bedre infrastruktur, bedre skole, og så videre. Når den økonomiske veksten blir borte, vil man oppleve et forfall på alle disse områdene, uansett hvor mange (tomme) løfter politikerne kommer med.

Vi kommer nå til den mest opplagt grusomme implikasjonen av denne utviklingen. Dette er sterke saker, og vi vil advare følsomme lesere mot det som kommer på de neste linjene. Det utvikling som har skjedd, og som vi har beskrevet ovenfor, er det umulig å observere direkte – den er skadelig, og man observerer det som kun som et langsomt forfall. Det som kommer nå er en beskrivelse av noe man direkte kan observere, som er en direkte følge av den politikken som alle store partier og alle intellektuelle med et stort publikum har forfektet i mange tiår.

I det siste halve året har en rekke såkalte «flash mobs», gjenger bestående av gjerne 10 til 20 personer eller flere, stormet inn i butikker og varehus og tatt med seg det de har klart å få med seg. Dette gjelder klær, dagligvarer, smykker og klokker, gadgets, og så videre. Dette har i størst grad skjedd i USA, men det har også forekommet andre steder, til og med på verdens fremste handlegate: Oxford Street i London.

Med dagens høyteknologiske nivå finnes det selvsagt filmer på YouTube som viser dette, og vi linker til flere slike skrekkfilmer nedenfor.

Dette er bare helt grusomt. Dette er en skrekkopplevelse for de ansatte i butikkene, det fører til at butikkene i mange tilfeller bare vil bli lagt ned, og til at noen av dem vil ha styrket vakthold. Dette vil føre til at tilbudet til publikum blir dyrere og dårligere. I enkelte områder i USA er flere slike butikker blitt nedlagt, og de som bor i disse butikkenes nærområder har da mistet muligheten til å få kjøpt dagligvarer på en enkel måte.

Grunnen til at dette skjer er at de som foretar disse plyndringstoktene ikke har noen som helst respekt for eiendomsretten, og det er dypt tragisk. De har ikke på skolen eller i kulturen eller på TV eller på radio eller på film hørt noe om hvor viktig eiendomsretten er for sivilisasjon og velstand.

Men det er et par punkter til. Vi har vanskelig for å tro at disse som deltar i disse plyndringstoktene er i normalt arbeid. Er man i et arbeid hvor man må jobbe for å tjene til livets opphold, får man nødvendigvis en viss disiplin; man må forholde seg til kunder og kolleger, noe som fører til at man må oppføre seg som folk. Det er mulig at mange av de som deltar i disse plyndringstoktene ikke jobber, men går på trygd finansiert av staten, det vil si skattebetalerne, eller er studenter som lever på studielån gitt av det offentlige. Dette er da statlige ordninger som direkte subsidierer og støtter opp om skadelig atferd.

Et annet element er at disse plyndrerne vet at de høyst sannsynlig ikke kommer til å bli tatt av politiet og slett ikke dømt til strenge straffer.

(Det virker som om politiet er mer opptatt av å ta personer som hevder at det kun finnes to kjønn, eller som hevder at viktige verdier innen islam ikke er forenlig med et sivilisert, velstående samfunn. Det finnes også eksempler på at store grupper av politifolk jages av ulike typer mobber, og når det gjelder de såkalte «Just Stop Oil»-protestene så har politifolk i stor grad hjulpet demonstrantene i deres forsøk på legge hindringer i veien for trafikanter som skal kjøre til jobben eller til viktige avtaler eller bare er på en hyggetur.)

Det vi nevnte over er som sagt en umiddelbar implikasjon av at de verdiene vi nevnte over står svakt. Mangel på rasjonalitet, mangel på individualisme, mangel på respekt for eiendomsretten, og implikasjoner av dette er slike ting som at de som ønsker det praktisk talt kan leve på statens bekostning i form av trygd eller studielån, og de som begår kriminalitet av den typen som skjer her – tyveri – ikke skal straffes strengt.

Hvordan skal dette ende? Hvis sivilisasjonen skal bevares må det føres en politikk som innebærer at slik plyndring opphører. Men da må de som begår disse forferdelige forbrytelsene arresteres og straffes strengt. Vi er dog sterkt i tvil om en slik omlegging av politikken er mulig med de verdiene som dominerer i kulturen i dag. Det er egentlig ikke politikerne som bestemmer slike ting; politikerne gjør bare det deres velgere, det vil si befolkningen, ønsker at de skal gjøre. Politikken som føres har altså stor oppslutning i befolkningen, og slik vil det alltid være. Sagt på en klar og tydelig måte: befolkningen støtter ikke eiendomsretten, og resultatet av dette er den type plyndring vi ser.

Hvis slik plyndring bare fortsetter, og øker i omfang slik den har gjort de siste månedene, vil det bli en kolossal nedgang i velstand for svært mange mennesker. Det vil også føre til en øket utrygghet når vi alle går på butikken, og for alle som jobber i varehandel.

Dette er en opplagt konsekvens av en stadig svakere respekt for eiendomsretten og de prinsipper og verdier som den bygger på.

https://www.youtube.com/watch?v=RPCpmwUasEA

https://www.youtube.com/watch?v=zU8ItoZRPDM

https://www.youtube.com/watch?v=zU8ItoZRPDM

https://www.youtube.com/watch?v=satuQvosK4Y

https://www.youtube.com/watch?v=LEuoSmW4DRw

Hvordan står det til med de konservative i USA?

Publisert 1. januar 2024

Vi har tidligere her på Gullstandard kommentert hvordan det står til med de mest ivrige på venstresiden i USA, de som går under betegnelsen «woke»: de mener at vi står foran en menneskeskapt klimakatastrofe, at kloden koker, og at vi må stoppe bruken av fossilt brensel umiddelbart: slagord er «just stop oil!». De mener at menn som føler at de er kvinner virkelig er kvinner, at de skal få bruke dametoaletter, at de skal få anledning til å delta i kvinneklassen i alle idrettsgrener, og at hvis de begår en forbrytelse skal de kunne sone i kvinnefengsler. De mener at småjenter og smågutter som sier at de heller vil tilhøre det annet kjønn skal få behandling, inkludert operasjoner, uten at foreldrene skal informeres om dette. De mener at fordi afroamerikanske elever ofte har dårligere resultater i matematikk enn hvite, så er matematikk rasistisk. De mener at vold utført av venstreorienterte grupper som for eksempel Black Lives Matter er ytringer og derfor er beskyttet av lover om ytringsfrihet, men at ytringer fra konservative er vold og derfor må konservative hindres i å ytre seg ved tiltak av typen scenenekt. De mener også at rasisme er en form for undertrykkelse, og at personer som tilhører en undertrykt gruppe ikke kan være rasister. Sagt på en annen måte: alle hvite er rasister, og ingen farvede er eller kan være rasister.

Ironisk nok betyr betegnelsen «woke» «våken», og betegner en som har våknet opp og virkelig forstår hvordan verden fungerer. Den opplagte sannheten her er dog at de som har standpunktene vi nevnte over fullstendig har forlatt virkelighetens verden og har forsvunnet langt inn i ønsketenkningens fantasiverden.

På den politiske arena er det de konservative som er en slags motpol til disse venstreorienterte, og man kan jo spørre seg om det står bedre til blant dem enn blant de som er «woke».

Hvis vi begynner med de Republikanerne som nå forsøker å bli nominert som partiets kandidat ved presidentvalget i november, så finnes det en god del eksempler som tyder på at det ikke står så bra til.

Nikki Haley* sier hun er tilhenger av ytringsfrihet, men hun vil også gjøre det forbudt å ytre seg anonymt på Internett. Nylig ble hun spurt om årsakene til den amerikanske borgerkrigen, og hun nevnte ikke slaveriet som den viktigste faktor i hvorfor krigen ble utkjempet (link nedenfor). Kanskje hun formulerte seg slik for å ikke skremme bort rasistiske velgere, men dette gjør jo ikke saken noe bedre. Nikki Hailey er også motstander av kvinners rett til selvbestemt abort, men hun er såpass generøs at hun ikke vil gå inn for straff for kvinner som har fått utført en abort. En kritisk kommentator formulere hennes standpunkt på følgende måte: «Nikki Haley Generously Declares She Wouldn't Have Women Executed for Getting an Abortion».

Floridas guvernør Ron DeSantis ønsker å forby TikTok (TikTok er en Internett-tjeneste hvor man kan legge ut alle mulige typer videoer, og den har flere titalls millioner abonnenter i USA. Det som påstås å være problemet er at siden eierne er kinesiske, og siden Kina er et kommunistdiktatur, innebærer dette at kinesiske myndigheter gjennom den appen som TikTok-brukerne har lastet ned kan hacke brukernes mobiltelefoner og skaffe seg alle mulige opplysninger om brukerne. Kort sagt: appen kan brukes til å spionere på amerikanere.)

De Santis ønsker selvfølgelig også å regulere næringslivet. Vi kom over dette avisoppslaget:

> «It's a good day for auto dealers in the Sunshine State, and not so great for motorists who'd prefer a more direct route for buying a new coupe, sedan or SUV. Gov. Ron DeSantis signed a measure (HB 637) Tuesday banning most direct-to-consumer vehicle sales, solidifying the future viability of car-selling operations across the Sunshine State … That restriction, which goes into effect July 1, was considered a direct threat to the business model of Tesla, an electric vehicle (EV) manufacturer that — unlike other car companies — sells its vehicles online and through retail locations rather than third-party dealers» (link nedenfor).

---

*Både Haley, Ramaswamy og DeSantis trakk seg fra nominasjonsprosessen etter dårlige resultater i de første nominasjonsvalgene tidlig i 2024.

Dette ser ikke ut til å være et tiltak som går i retning av større næringsfrihet, det ser ut til at formålet er å beskytte tradisjonelle, det vil si gammeldagse, måter å selge biler på, mot konkurranse fra nye salgskanaler. De tradisjonelle bilforretningene er også blant de betydelige økonomiske støttespillerne for de politiske partiene i Florida (selvfølgelig støtter de næringsdrivende begge de politiske partiene; de må jo holde seg inne med det partiet som får den politiske makten).

Vivek Ramaswamy høres enkelte ganger ut som en god klassisk liberalist. Men han er mot ytterligere amerikansk hjelp til Ukraina, og han ønsker også at USA skal gå militært til verks for å få tatt knekken på narko-kartellene i Mexico. Narkotikapolitikken er en enorm katastrofe, men enhver liberalistisk innstilt person forstår at det eneste som kan ta knekken på narkokartellene er en legalisering av narkotika.

Slik situasjonen er nå er de tre kandidatene vi har nevnt over de eneste som kan utfordre favoritten Donald Trump til å bli nominert som Republikanernes kandidat. Trump er karismatisk og god på markeds-føring, men som politiker er han en fullstendig håpløs person. Han er ufin, han er primitiv, han er vulgær, han er prinsippløs, han beundrer diktatorer, og han har svært liten innsikt i hvordan en økonomi fungerer. Til tross for dette ligger han soleklart best an blant de Republikanske kandidatene, det vil si at han er en av kandidatene som har klart størst oppslutning blant Republikanere.

Hvis vi nå fortsetter nedover i hierarkiet kan vi nevne mannen som mange betrakter som USAs fremste journalist, den konservative Tucker Carlson. Han har uttalt at han vil forby førerløse biler, dette fordi førerløse biler innebærer økt arbeidsløshet i og med at mange sjåfører vil miste jobben hvis slike biler blir tillatt. Dette er det klassiske argumentet som er blitt brukt i hundrevis av år mot alle typer maskiner: maskiner erstatter menneskelig arbeidskraft og bør forbys fordi de skaper arbeidsløshet. Sannheten er dog den at maskiner overtar arbeid som utføres av mennesker er en kolossal fordel i og med at det både øker velstanden fordi produktiviteten øker, og fordi det opprettes nye arbeidsplasser (nye maskinene må lages, de må vedlikeholdes, de må installeres, og dette er jobb for mennesker – inntil videre).

På sin tidligere TV-kanal (Fox) har Tucker Carlson også beskrevet det som gjør USA til verdens beste land – og det er at USA er vakkert og at så mange amerikanere tror på Gud. (Det var litt vanskelig å lage et kort sammendrag av det Carlson sa, men dette var det beste jeg fikk til – se gjerne klippet selv, det er å finne på en link nedenfor.) Det som gjør USA stort er altså ifølge Carlson ikke at nasjonen eksplisitt ble dannet på basis av prinsipper som innebar individuell frihet, og at det i den perioden disse prinsippene i størst grad ble respektert (1865-1929) fikk en kolossal velstandsvekst.

Tucker Carlson har også nå sagt at han er åpen for teorien om at jorda er flat. Hans begrunnelse for dette er at myndigheter og autoriteter har løyet så mye om så mange ting til befolkningen at man ikke kan ta noe så helst av det de sier for gitt, og derfor er det altså mulig ifølge Tucker Carlson at jorden er flat.

«In an interview with Blaze TV personality Alex Stein on Thursday, Carlson was asked about his thoughts on the flat Earth theory. The debunked theory claims that the world is a flat disc, instead of a spherical globe. "What do you think of flat Earth theory, Tucker?" Stein asked. Carlson responded by stating he is "open to anything. How could I not be open to anything at this point? I mean, there's been so much deception that you can't trust your preconceptions"» (link nedenfor).

(Til påstanden om at jorden er flat vil vi bare si at flat jord-tilhengerne iblant kan komme med spørsmål som det kreves noe avansert fysikk for å besvare, men måten man må forholde seg til dette spørsmålet på er å sette seg inn i den nødvendige fysikken, ikke å slutte seg til den fullstendig absurde påstanden om at jorden er flat.)

Vi fortsetter nedover i hierarkiet og ser på hva enkelte konservative aktører har gjort i skolestyrer de er medlemmer av. Flere steder har de gått inn for å hindre skoleelever i å ha tilgang til visse bøker, noe som har ført til at i enkelte skolebiblioteket er hyllene nesten tomme.

«In July 2022, Florida Governor DeSantis signed Florida House Bill 1467. It requires all schoolbooks to be reviewed by a district employee holding an educational media specialist certificate, to ensure the books are grade level appropriate and free of pornography. Shortly after the bill went into effect, videos started popping up on social media of empty school bookshelves» (link nedenfor).

En rektor ved en skole i Tallahassee ble tvunget til å gå av fordi foreldre klaget over at Michelangelos statue David ble vist frem i en klasse – statuen viste en naken mann og statuen var derfor pornografisk. Ironisk nok var skolens navn Tallahassee Classical School.

Vi kan også ta med følgende eksempel på hvordan aktører på den konservative siden handler. Elon Musk overtok som kjent Twitter – han skiftet navn på tjenesten til X – og lovet at ytringsrommet skulle bli større enn det var før han overtok. (Enkelte konservative Twitter-brukere og enkelte typer poster ble fjernet av Twitters redaksjon før Musk overtok.)

Men også Musk fjerner poster og brukere med visse meninger. «Elon Musk bans several prominent journalists from Twitter, calling into question his commitment to free speech» (link nedenfor).

Musk har også videreformidlet meldinger som har vært antisemittiske: «White House slams Elon Musk's 'abhorrent' promotion of anti-Semitism. 'Actual truth': Musk voiced support for post that accused Jews of weakening the West through support for immigration» (link nedenfor).

Vi kan også ta med følgende oppslag som hverken fortjener eller trenger noen kommentar: «Elon Musk steers X into deeper controversy with conspiracy theorist Alex Jones. Musk reinstated Jones and held a public conversation with him and presidential candidate Vivek Rama-swamy» (link nedenfor).

Vi avslutter med å si at det kan se ut som om mange amerikanere er tilhengere av ulike former for kreasjonisme, det vil si at de benekter evolusjonsteorien, og mange amerikanere er også vaksinemotstandere. Så vidt vi kan se er Republikanere overrepresentert i disse gruppene. Hvis vi også her gjentar at det ser ut til at en del konservative flørter med rasisme, og at enkelte er åpne for flat-jord-absurditeten, og at ingen fremtredende konservative politikere er tilhenger av individuell frihet, ytringsfrihet og markedsøkonomi, kan vi bare konkludere med at det kan se ut som om mange konservative ikke er villige til å godta resultater av det som vitenskapen har frembrakt av kunnskap. Dette er egentlig ikke uventet hos personer hvor kristendommen står sterkt, noe den gjør i den konservative delen av USAs befolkning.

Vi bare oppsummerer dette ganske kort ved å si at venstresiden – de som er «woke» – er svært ille, og at den konservative siden ikke er vesentlig bedre.

Dette kommer av at de konservative deler de samme fundamentale verdier og ideer som de venstreorienterte gjør: både sosialister og konservative er kollektivistiske, irrasjonelle, altruistiske, og motstandere av individuell frihet, markedsøkonomi og frihandel.

Hverken de venstreorienterte eller de konservative kommer da til å føre en politikk som vil innebære at USA vil oppleve en positiv utvikling i årene fremover.

Nikki Haley om borgerkrigen
https://www.youtube.com/watch?v=FytvnU34N8Q

https://www.newsweek.com/tucker-carlson-open-flat-earth-theory-1853087?utm_source=substack&utm_medium=email

https://www.wbur.org/onpoint/2023/03/03/first-person-the-book-bans-leaving-florida-school-bookshelves-empty

https://edition.cnn.com/2022/12/15/media/twitter-musk-journalists-hnk-intl?utm_source=substack&utm_medium=email

https://www.aljazeera.com/news/2023/11/17/white-house-slams-elon-musk-abhorrent-promotion-of-antisemitic-tweet?utm_source=substack&utm_medium=email

https://www.nbcnews.com/tech/internet/elon-musk-alex-jones-account-x-twitter-conspiracy-rcna129008?utm_source=substack&utm_medium=email

Tucker Carlson om det beste ved USA
https://www.youtube.com/watch?v=8IFcm4yu7QU

Tucker Carlson som vår tids William Duranty

Publisert 26. februar 2024

Det er kanskje ikke så mange som vet hvem William Duranty (1884-1957) var, så derfor: Han var journalist i New York Times, og på 30-tallet skrev han en rekke artikler om tilstanden i kommunistdiktaturet Sovjetunionen; disse artiklene førte til at han fikk Pulitzerprisen. Innholdet i disse artiklene viste seg å sammenfalle nærmest 100 % med det som var det sovjetiske regimets propaganda på denne tiden; de inneholdt svært lite om undertrykkelsen og fattigdommen som preget Sovjetunionen etter at NEP-perioden var avsluttet. (NEP-perioden var en kortvarig (1921-28) periode med stor grad av markedsøkonomi, dette for å få produksjonen opp; rett etter revolusjonen ble næringslivet kollektivisert, og produksjonen falt kolossalt. Sovjets diktator Lenin innså at noe måtte gjøres, og han hadde såpass innsikt at han forstod at en fri økonomi ville føre til velstandsvekst. NEP-politikken brakte vekst, men ble forlatt fordi den stred mot de kommunistiske idealer. NEP er den mye brukte engelske forkortelsen for «new economic policy».)

Men tilbake til Duranty og USA på 30-tallet: Sosialismen sto sterkt svært blant intellektuelle i USA på denne tiden, og 30-tallet er med all rett kalt «the red decade». En betydelig andel av de intellektuelle anså innføringen av kommunismen i Sovjetunionen som et nobelt eksperiment; de var sterke tilhengere av den kommunistiske ideologien. Da det ble tydelig for de fleste at Durantys reportasjer var lite annet enn ren løgnpropaganda for kommunistregimet i Moskva, var det allikevel enkelte som krevde at han skulle bli fratatt Pulitzerprisen, men dette skjedde ikke.

Som kjent førte kollektiviseringspolitikken overfor bøndene i Sovjetunionen til at produksjonen av landbruksvarer gikk kraftig ned, noe som resulterte i en enorm sultkatastrofe. Den berørte cirka 40 millioner mennesker, og om lag 6 – 7 millioner mennesker døde; de fleste av disse holdt til i Ukraina (som fra 1922 til 1991 var en del av Sovjetunionen). Slik omtalte Duranty sultkatastrofen: «Any report of a famine in Russia is today an exaggeration or malignant propaganda». Duranty benektet dog ikke at det var matmangel og at mange døde på grunn av dette. Det er sannsynlig at Durantys positive reportasjer om tilstanden i Sovjetunionen var en medvirkende årsak til at president Roosevelt anerkjente Sovjetunionen i 1933.

Dette bringer oss over til Tucker Carlson og hans nylige intervju med Vladimir Putin. Tucker Carlson var i lang tid den mest populære politiske kommentatoren i USA, noe som ble mulig takket være hans ideologiske orientering, nasjonalkonservativismen, en ideologi som er nasjonalistisk, mot frihandel, mot innvandring, for reguleringer av næringslivet, og for en stor stat som skal ta seg av en rekke oppgaver. Carlson mistet som nevnt sin jobb i Fox News, og er nå å finne på den kanalen som før het Twitter og som for tiden heter X. Det kan være vanskelig å si hva som var den egentlige grunnen til at han mistet jobben i Fox, men en betydelig årsak var antagelig at han der overfor seerne gjentok Donald Trumps påstander om omfattende fusk ved presidentvalget i 2020 som om han trodde at de var korrekte, selv om han privat innrømmet at han ikke trodde på disse påstandene. Han fortalte altså seerne noe han selv mente ikke var sant.

I utgangspunktet vil vi si at det ikke er noe galt i å intervjue Vladimir Putin. Putins regime har siden tidlig på 2000-tallet med større eller mindre åpenhet invadert en rekke av Russlands naboland, og i februar 2022 gikk Russland til en fullskala militær invasjon av Ukraina. Putin mener som kjent at oppløsningen av Sovjetunionen var en stor katastrofe, og han har som mål å forsøke å gjenopprette Russland som en stormakt, noe som inkluderer å legge under Russland områder som løsrev seg fra Sovjetunionen etter kommunismens sammenbrudd fra omkring 1990. Observante kommentatorer innså at dette var Putins mål allerede noen få år etter år 2000, men de fleste kommentatorer og politikere i Vesten så ikke disse faresignalene.

Under Putins regime er en rekke opposisjonspolitikere og en rekke journalister, og et stort antall forretningsmenn som har forsøkt å konkurrere med Putins interesserer, blitt tatt av dage på ulike måter: forgiftning, eksplosjoner, fall ut av vindu, flyulykker, plutselig sykdom. Kort tid etter at Tucker Carlson hadde forlatt Moskva, ble opposisjons-politikeren Aleksej Navalnyj, som satt i fangeleir i Sibir, drept.

Det kunne være god grunn til å stille Putin spørsmål om disse tingene. Men Tucker Carlson gjorde ikke det. Han stilte ingen vanskelige spørsmål til Putin. Han spurte riktignok om hvorfor Russland invaderte Ukraina, men det han fikk som svar var en halv times lang historieforelesning som gikk ut på at Ukrainas landområde egentlig tilhører Russland og at ukrainere egentlig er russere.

Carlson kom ikke med oppfølgingsspørsmål til denne historiefremstillingen, som i beste fall må karakteriseres som svært skjev og som går utenom de viktige punktene.

Det viktige punktet er individuell frihet versus ikke-frihet; frihet inkluderer slike ting som næringsfrihet, ytringsfrihet, bevegelsesfrihet og politisk frihet. Slik Putin, og svært mange vanlige russere, betrakter Russland, er disse verdiene helt uforenlige med russiske verdier, men befolkningen i Ukraina har ønsket at disse verdiene i større grad skal prege Ukrainas kultur og politikk. Sagt på en annen måte: Ukraina ønsker å orientere seg i mer frihetlig retning, de ønsker å orientere seg vestover.

Når Putin derfor sier at Vesten har invadert Ukraina og at Russland må forsvare seg mot Vesten, og at det pågår en krig mellom Vesten og Russland på slagmarken i Ukraina, så er dette på en måte riktig, men det som er viktig er de fundamentale verdiene, ikke hvorvidt en befolkning som et kollektiv historisk sett hører til her eller der, som en del av den russiske befolkningen eller som en del av Vestens befolkning.

Putin hevder også som kjent at regimet i Ukraina er infisert av nynazister, noe som er en helt vanvittig påstand. På disse områdene kunne Tucker Carlson stilt en rekke interessante spørsmål, men det gjorde han ikke. Hvorvidt Carlson var feig og unnfallende, eller om han bare var kunnskapsløs, er det ikke noe poeng å spekulere i. Det man kan si er at det var lite som tydet på at det var stor forskjell i ideologisk orientering mellom Putin og Tucker Carlson.

Men enda verre enn Carlsons intervju var det som skjedde rett etterpå. Carlson gikk på rundtur i Moskva – og alt dette ble behørig filmet og gjort tilgjengelig på nett – og skrøt av hvor fantastisk flott arkitekturen var; han sa til og med at Moskva var vakrere enn noen by i USA. Han må være den eneste i verden som mener dette; Moskva er en ekstremt stygg by. (Jeg besøkte selv Moskva i 1978, og så hvor grusomt og stygt og fattigslig det var da. Forhåpentligvis er det noe bedre nå.) Carlson skrøt av undergrunnsstasjonene i sentrum av Moskva, og det er det mange som har gjort; de ser fantastisk flotte ut. Der finnes det heller ikke noe søppel som flyter omkring, det er ingen uteliggere, og det er ingen tagging; dette antagelig fordi de som vil forsøple eller tagge eller sove der er blitt sendt til Sibir eller et tilsvarende sted.

Tucker Carlson besøkte også en dagligvarebutikk, og han var svært overrasket hvor mye, og hvor mye gode varer, han kunne få kjøpt for 100 $. Det han glemte å nevne var at dette var en fin butikk midt i Moskvas rikeste strøk, og at 100 $ der er liten en formue. Hvis han skulle undersøke hvordan det sto til med tilbudet av forbruksvarer for den vanlige russer, burde han reist til en liten by et godt stykke utenfor sentrale Moskva, det kunne han også fått vite at mer enn en femtedel av boligene i Russland ikke har innlagt vann.

Få dager etter at Tucker Carlson hadde reist fra Moskva ble som nevnt opposisjonspolitikeren Navalnyj drept i en fangeleir, og under et intervju ble Carlson ble spurt om dette, og da svarte han noe sånt som at «Vel, USA dreper også folk».

Det virker som Carlson ikke forstår forskjellen på å drepe opposisjonspolitikere og journalister, og å ta livet av fiendtlige krigere og fiendtlige soldater. Så vidt vi vet er ingen opposisjonspolitikere eller kritiske journalister blitt drept av USAs myndigheter. Donald Trump sørget for at den iranske generalen Sulejmani ble drept ved et droneangrep for noen år siden og, og også under president Obama var det omfattende droneangrep mot terroristledere. Ja, noen av disse angrepene medførte at sivile er blitt rammet, men det er allikevel en essensiell forskjell på denne type angrep og på å drepe folk med radioaktiv forgiftning i England (Litvinenko), eller å sørge for at regimekritikere og uvennlige forretningsfolk faller ut av et vindu, noe som skjer ofte i Putins Russland.

Også Putin kommentert intervjuet etter at det var sendt, og han sa at han var overrasket over at Tucker Carlson ikke stilte vanskelige spørsmål. Putin: «... I honestly thought he would be aggressive and ask so-called sharp questions. And I wasn't just ready for that, I wanted it, because it would have given me the opportunity to respond sharply in kind…. But he chose a different tactic» (newrepublic).

Putin forsøkte også å latterliggjøre Carlson ved kort å nevne at han (Carlson) hadde forsøkt å verve seg til CIA, men at CIA ikke ville ha ham. Putin selv, derimot, har en fortid som KGB-agent.

Vladimir Putin er det mange beskriver som en sterk mann, han er nasjonalist, og det ser ut til at de konservative i USA beundrer dette. Ikke bare ga Carlson tydelig uttrykk for dette under og etter intervjuet, men også den amerikanske nasjonalkonservatismens ledende figur, Donald Trump, har en rekke ganger uttalt seg positivt om Putin.

På 30-tallet logret USAs sosialistdominerte elite for det kommunistiske regimet i Moskva, og nå ser det ut til at eliten innen den nokså sterke nasjonalkonservative bevegelsen i USA også logrer for det fascistiske regimet i Moskva. Dette er egentlig ikke så overraskende, sosialister og konservative står egentlig ikke så langt fra hverandre, ideologisk sett, begge disse ideologiene er motstandere av individuell frihet og markedsøkonomi.

Det var visst en eller annen kjent person (Marx) som sa omtrent følgende: «Når historien gjentar seg, er det første gang som tragedie, andre gang som farse». Det ser ut til at dette passer på USAs utvikling fra å ha et betydelig antall kommunistsympatisører i sin elite på 1920- og 30-tallet, til å ha noe man med stor rett må kalle fascist-sympatisører 100 år senere. Men det å måtte plassere folk som Tucker Carlson og Donald Trump i USAs elite viser hvor elendig det står til i USA: «farse» ser ut til å være en korrekt betegnelse.

https://newrepublic.com/post/178898/tucker-carlson-putin-interview-mock-cia-dreams?utm_source=substack&utm_medium=email

https://www.youtube.com/watch?v=hYfByTcY49k

Yaron Brook kommenterer Tucker Carlsons intervju
https://www.youtube.com/watch?v=s7xjta8sxFI

Eksempler på arkitekturen i Moskva

https://www.google.com/search?
client=safari&sca_esv=63f71b581b7e33af&rls=en&sxsrf=ACQVn0-
G3RJMmD95PVhR9yEKfJtHsSCtvQ:1708843875827&q=moscow+co
mmunist+architecture%C2%A0&tbm=isch&source=lnms&sa=X&ved=
2ahUKEwiEvMfB88WEAxVvSvEDHfUjA8UQ0pQJegQICRAB&biw
=1467&bih=1246&dpr=2

Siste kommentar om president Trump?

Publisert 9. november 2020

Slik det ser ut nå ligger Joe Biden an til å ha vunnet presidentvalget, men det kan ta tid før den endelige avgjørelsen kommer på grunn av de mange rettssakene som muligens ligger i løypa fremover. Vi vil helt sikkert få anledning til å kommentere president Biden (eller president Harris) i årene fremover, men her vil vi si noen få ord om valget, og om noen av de største feilene ved president Trump, feil som vi ikke har dekket i særlig stor grad i de mange tidligere negative kommentarene vi har skrevet om ham – han har så mange feil at man hver gang man kritiserer ham må man foreta et sterkt begrenset utvalg.

Først: valget. Oppslutningen var den største på mer enn 100 år. Dette betyr at befolkningen har mobilisert, og at amerikanerne anså dette valget som viktig. Både tilhengere og mostandere av Trump har mobilisert, og dette sier også at befolkningen er splittet, at det er motsetninger mellom de som sogner til den konservative/nasjonalistiske siden og de som sogner til den mer sosialistiske siden. Dette lover ikke bra på sikt. Dette kommer til å føre til konkret strid i årene fremover, det vil si det kan resultere i at striden kan bli voldelig.

De som er mer konservative er gjerne de som ikke bor i de store byene, de bor i det som de venstreorienterte foraktelig omtaler som «flyover country», det er bønder, industriarbeidere, folk som jobber med bygg og salg og transport; altså folk som i hovedsak har noe kortere skolegang. De som er mer venstreorienterte er de som bor langs vestkysten og langs østkysten, det er disse som har lang utdannelse og som tilbringer sine dager i akademia, i pressen, i media, i underholdningsindustrien, etc. En splittelse mellom disse gruppene vil være farlig på sikt. Splittelsen går mellom langtidsutdannede som er foret opp med venstreorienterte ideer, og vanlige folk, folk som ikke er influert av folk som Kant og Hegel og Frankfurterskolen og Marcuse og Piketty, men som har langt større virkelighetskontakt enn de langtidsutdannede.

Men tilbake til Trump: han fikk flere stemmer enn noen Republikaner har fått før ham. Dette forteller at han til tross for sine mange feil har betydelig oppslutning og at de som stemmer på ham ikke setter pris på de venstreorienterte som står bak Biden.

Trump fikk også overraskende mange stemmer fra minoriteter: «Donald J. Trump Massively Exceeded Expectations With Minority Voters....» (dailywire).

Ja, Biden fikk enda flere stemmer, ca 7 millioner flere, og det vister at det også var mange som ikke bare støttet Biden, men at det var mange som bare ville bli kvitt Trump. Og at man vil bli kvitt Trump er lett å forstå. I vår forrige kommentar 2/11-20* nevnte vi noen gode argumenter mot Trump: har er svak overfor diktatorer, han er ikke en gentleman, han kommer med ufine personangrep, han har ikke et intimt og nært forhold til sannheten, mm. Men det er mye mer ved ham som er helt feil, og selv om vi har omtalt noen av disse tingene i tidligere artikler her på Gullstandard, vil vi her kort gjenta noen av disse poengene

Han sviktet mht. Corona-viruset
Trump sa først at dette viruset ikke var farlig, at det snart ville forsvinne og at få ville dø av det. Antall smittede i USA pr idag er mer enn 10 000 000, og ca 250 000 er døde. Ja, det er mye mer man kan si om dette; mye av ansvaret ligger på delstatsmyndighetene, statistikkene er kanskje ikke å stole på (dør man av Corona eller med Corona?, er de fleste av de som dør i en slik helsetilstand at de ville ha dødd om kort tid uansett?, etc.). På den annen side var han raskt ute med å stanse flyvinger fra Kina, et tiltak som raskt ble sterkt kritisert av ledende Demokrater som rasistisk.

Land som Sør-Korea og Taiwan hadde en respons som raskt begrenset spredning og antall døde, og det er enkelte ting man kan lære fra disse landenes håndtering. (Se link nedenfor.)

Han økte statsgjelden
Før han ble president kritiserte Trump altså den voksende statsgjelden under Obama, men når han selv kom til makten gjorde han akkurat det

---

* Denne artikkelen er å finne i denne boken på side 99.

samme som Obama, han økte gjelden. Da Trump tok over var den $19 trillioner (amerikansk tellemåte). Nå er den $27 trillioner (amerikansk tellemåte). Vi nevner også at det samme skjedde med Obama: før han ble president kritiserte Obama den voksende statsgjelden som skjedde under hans forgjenger George Bush, men da Obama ble president økte også han statsgjelden. Dette – økende statsgjeld – er en utvikling som må skje i enhver velferdsstat, og økt statsgjeld er intet annet enn fremtidige skatter og avgifter, inflasjon og nedskjæringer som vil ramme kommende generasjoner.

Han erklærte handelskrig

Trump gikk imot økt frihandel, «handelskriger er lette å vinne» sa han, og bekreftet dermed at hans innsikt i korrekt sosialøkonomi er svært liten.

Noen firmaer tjente på kort sikt på Trumps «beskyttende» tollbarrierer, mens andre tapte. New York Times: «U.S. Manufacturing Slumps as Trade War Damage Lingers». (Link til New York Times nedenfor.)

Et annet eksempel: «In 2017, President Donald Trump and the Wisconsin GOP struck a deal with Foxconn that promised to turn Southeastern Wisconsin into a tech manufacturing powerhouse. In exchange for billions in tax subsidies, Foxconn was supposed to build an enormous LCD factory in the tiny village of Mount Pleasant, creating 13,000 jobs. Three years later, the factory — and the jobs — don't exist, and they probably never will...» (The Verge).

Han forsvarte ikke ytringsfriheten – tvert imot

Trumps kritikk av mainstreammedias vinkling av en rekke nyhetssaker var ofte ganske treffende, men det som ikke er akseptabelt er hans trusler om å trekke tilbake tillatelser og løyver dersom de ikke la om den linjen de førte: «Trump suggests challenging TV network licenses over 'fake news'» (reuters).

Trump på Twitter: «We have made tremendous progress with the China Virus, but the Fake News refuses to talk about it this close to the Election. COVID, COVID, COVID is being used by them, in total coordination, in order to change our great early

election numbers. *Should be an election law violation!*»
(Uthevet her).
«The True Danger of the Trump Campaign's Defamation
Lawsuits. The president will likely lose his cases against The
New York Times, The Washington Post, and CNN. But he may
inflict extraordinary damage nevertheless.» (The Atlantic).

Han angrep på mainstreampressens omfattende løgnaktighet førte dog
til at tilliten til de store nyhetsorganene – CNN, New York Times, m.fl.
– sank ytterligere.

Han fremstår ikke som en seriøs aktør
En president bør fremstå som en seriøs, myndig, voksen person som er
hevet over vanlig kjekling og krangling. Men Trump var her nesten så
ille som det er mulig å bli (selv om mange av hans kritikere var enda
verre i sin omtale av ham). Han oppførte seg ikke sjelden som om hans
rette miljø ville være Jerry Springers vulgære TV-show.

Litt av hvert
Det Republikanske partiet var ansett som tilhenger av et fritt marked og
frihandel. Trump har gått imot dette, han er mot frihandel og for
reguleringer (selv om han også har deregulert noe). Trump har også vist
seg som en motstander av Big Business. Utrolig? Ett eksempel: Trump-
tilhengeren Tucker Carlson uttalte følgende: «Elizabeth Warren's
"Economic Patriotism" Plan "Sounds Like Donald Trump At His Best"»
(realclearpolitics). (Elizabeth Warren er en sterk venstreorientert
senator.)
    Det Republikanske partiet var ansett som en hauk i
utenrikspolitikken. Trump derimot har inngått avtaler med Taliban.
    Det ser ut som om det viktigste for Trump er å «make a deal»,
nesten uansett hva denne «dealen» innebærer og med hvem; for Trump
er også terrorister og tyranner legitime avtalepartnere.
    Det Republikanske partiet skulle oppheve Obamacare, men selv
etter at Republikanerne fikk mulighet til å gjøre dette gjorde de det
allikevel ikke. (Obamacare fører til at alle får et helsetilbud, men det
blir dyrere for de som betaler og det blir mer byråkratisk for alle, og på
lang sikt vil det skade hele helsevesenet.)

90

Det Republikanske partiet har i mange år lagt stor vekt på det de kalte «family values», det vil si en familie-etikk som ligger nær opp til kristendommen. Trumps livsførsel (han har vært gift flere ganger, han har hatt et betydelig antall affærer med tvilsomme kvinner, etc.) har åpenbar ligget langt borte fra denne etikken. Kan et parti som står for «family values» ha en person som Trump som frontfigur?

Lyspunktet

Lyspunktet er dog dette: det ser ut som om Republikanerne får flertall i Senatet (selv om det gjenstår et suppleringsvalg i Georgia [Oppdatering april 2021: Demokratene gikk seirende ut av dette valget og fikk de to plassene i Senatet som var på valg.]). Republikanerne gikk også frem i antall medlemmer i Representantenes hus. Kanskje er man kommet nærmere en «gridlock»? En slik situasjon – gridlock – er det beste man kan få: gridlock har man når presidenten og flertallet i Kongressen kommer fra ulike partier. Siden de fleste forslag som kommer fra politikere er skadelige, vil en slik gridlock stoppe mange skadelige tiltak.

Det var dette man hadde i mesteparten av den perioden Bil Clinton var president. Det henvises ofte til at økonomien gikk bra under Clinton, et argument som brukes for å si at de venstreorienterte kan styre økonomien godt. Ja, på et vis gikk det bra mens Clinton var president, men mange av hans reguleringsforslag ble blokkert av det Republikanske flertallet i Kongressen – derfor ble det få endringer, det ble stabilitet og næringslivet kunne innovere og produsere i fred med liten innblanding fra politikere og byråkrater. Dette ga økonomisk vekst, en vekst som altså ikke kom på grunn av Clinton, den kom til tross for Clinton. (Noe mer om dette: Clinton ble innsatt i 1993 og satt til 2001. Republikanerne ved Newt Gingrich gikk i 1994 til valg på noe de kalte «Contract with America», et dokument som i hovedsak besto av gode konservative standpunkter. Ved kongressvalget i 1994 fikk Republikanerne 54 flere representanter og 9 flere senatorer, noe som ga dem flertall i begge hus. Dette ga gridlock!)

Så, med en Demokratisk president Biden og en Republikansk kongress blir det forhåpentligvis gridlock, og det er det beste valgresultat man kan få.

Vi håper også at dette kan flytte det Republikanske partiet nærmere en frihandels- og frimarkedslinje.

Man bør også huske på at med Biden som president vil alle aktører i pressen, i akademia, i underholdningsindustrien, i Big Tech, i skolen reelt sett fungere som pressetalsmenn for Biden. Udugelighet, feil og korrupsjon vil bli dekket over, og det som måtte være positivt vil bli sterkt overdrevet. Kritikk og opposisjon vil man da bare kunne finne på nettsteder som man ikke snakker om i dannet selskap.

(Vi vil ikke si noe om påstandene om valgfusk, og at valget ble «stjålet», annet enn å konstatere at det ikke er uvanlig at slike påstander blir fremmet etter et valg. Om fusk: president Trump har hatt innpå fire år på seg til å få på plass et system som gjorde valgfusk umulig, noe han åpenbart ikke gjorde. Om at valget ble stjålet: se George Goodings artikkel linket til nedenfor.)

https://www.nytimes.com/2020/01/03/business/manufacturing-trump-trade-war.html

https://www.dailywire.com/news/walsh-trump-massively-exceeded-expectations-with-minority-voters-heres-how-he-did-it%20
https://www.theatlantic.com/ideas/archive/2020/05/whats-south-koreas-secret/611215/

https://www.aier.org/article/the-mystery-of-taiwan/

https://www.theverge.com/21507966/foxconn-empty-factories-wisconsin-jobs-loophole-trump

https://www.theatlantic.com/ideas/archive/2020/03/true-danger-trump-campaigns-libel-lawsuits/607753/

https://www.realclearpolitics.com/video/2019/06/06/tucker_carlson_elizabeth_warrens_economic_patriotism_plan_sounds_like_donald_trump_at_his_best.html

https://www.nettavisen.no/nyheter/trump-hermer-etter-demokratene-med-ubeviste-pastander-om-valgjuks/s/12-95-3424042790

Trump som utenrikspolitiker

Publisert 19. juni 2018

Vi må tilstå at vi hele tiden hare vært svært skeptiske til Donald Trump som politiker. I en rekke kommentarer på DLFs nettside ga vi uttrykk for dette, helt fra han annonserte sitt kandidatur og til han ble innsatt som president i januar 2017. Etter at han ble valgt er det blitt klart at hans innsikt i politisk økonomi er svært liten, noe som betyr at han antagelig er noe bedre på dette område enn profesjonelle politikere flest. Etter at han ble innsatt har arbeidsløsheten gått ned, den økonomiske veksten er på vei opp, og det ser ut til at stemningen innen næringslivet er optimistisk. Men innføringer av tollmurer er svært ille, og vil føre til negative virkninger for hele verdensøkonomien på sikt.

Men det vi skal se på nå er hans utenrikspolitikk. Vi fryktet at han har villet vise seg enda mer udugelig enn mht. innerikspolitikken. Men hva har skjedd? La oss se på noen av de tingene som har skjedd i det halvannet året som er gått siden han ble innsatt.

Han har styrket USAs forhold til Israel, bla. ved å flytte USAs ambassade fra Tel Aviv til Jerusalem. USA har styrket den militære innsatsen mot Islamsk Stat (IS), som ser ut til å ha blitt kraftig svekket. Alliansene i Midt-Østen ser ut til å ha blitt endret slik at flere land nå er negative til Iran og mer positivt innstilt til USA og Israel.

Han har svekket frihandelsordninger med Canada og Mexico, og latt være å underskrive TPP-avtalen (Wikipedia: «The Trans-Pacific Partnership (TPP) is a trade agreement between Australia, Brunei, Canada, Chile, Japan, Malaysia, Mexico, New Zealand, Peru, Singapore, Vietnam, and United States signed on 4 February 2016, which was not ratified as required and did not take effect. After the United States withdrew its signature, the agreement could not enter into force».)

Han har nærmest vendt ryggen til G7, og ønsket at Russland skulle bli med slik at G7 ble G8. Redusert innsats fra USAs side overfor G7 innbærer at andre lands fordeler av å ha USA med, blir mindre.

Han har trukket USA fra de ikke bare helt unyttige, men svært skadelige klimaavtalene.

Han har trukket USA ut av atomavtalen med Iran, og signaliserer til opposisjonen i Iran at USA vil støtte dem dersom de forsøker å bli kvitt de tyranniske mullaene og deres islamistiske diktatur.

Mye av dette er positivt, og tyder på at Trump er villig og i stand til å kjøre sin egen linje til tross for hva etablerte politiske miljøer, inkludert pressen, ønsker. Men vi gjentar at de ytterligere begrensningene i frihandelen er svært skadelig.

Men den store saken, i hvert fall hvis vi dømmer etter mengden presseomtale, er muligens det som har skjedd mht. Nord-Korea. Trump har møtt Nord-Koreas diktator, Kim Jung Il, og de har inngått en avtale hvor Kim har lovet å avvikle sitt atomvåpenprogram.

Før vi kommenterer dette punktet må vi nevne at Trump fikk løslatt tre amerikanere som satt fanget i Nord-Korea; disse ble sluppet fri uten at USA (så vidt vi vet) måtte gjøre noe som helst. Dette var en god ting. Nord-Korea har også visstnok avviklet et anlegg for å teste atomvåpen.

Men i forbindelse med dette kan man ane noe svært kritikkverdig som Trump representerer. Før møtet med Kim uttalte han bla. følgende: «No one has shown more contempt for other nations and for the well-being of their own people than the depraved regime in North Korea ... It is responsible for the starvation and death of millions of North Koreans, and for the imprisonment, torture, killing, and oppression of countless more».

En rapport fra International Bar Association i 2017 fastslår at det i Nord-Korea foregår «systematic murder (including infanticide), torture, persecution of Christians, rape, forced abortions, starvation and overwork leading to countless deaths ...». Den samme rapporten sier at Kims regime har «designed and perpetuated a brutal, totalitarian regime, a signature feature of which is a network of political prisons that has no parallel in the world today».

Dette er sant. Men etter møtet med Kim uttalte president Trump allikevel følgende: «[Kim has a] great personality and [is] very smart. Good combination ... His country does love him. His people, you see the fervor. They have a great fervor ... They're gonna put it together, and I think they're going to end up with a very strong country, and a country which has people — that they're so hard-working, so

94

industrious. I think if you look at South Korea, someday, maybe in the not-too-distant future, it [North-Korea] will be something like that».

La oss gjengi litt mer om forholdene i landet: «North Korea ranks 167 out of 167 countries in the Economist's Democracy Index, 174 out of 176 in Transparency International's corruption rankings, and 180 out of 180 in the Heritage Foundation's index of economic freedom. Human Rights Watch says it "remains one of the most repressive authoritarian states in the world", with inhumane detention and forced labor imposed on its people by the Kim regime».

Og la oss gjenta det: den avtalen som er inngått med Nord-Korea garanterer ingen ting – annet enn at den åpner for fremtidige forhandlinger. Men slike avtaler har Nord-Korea inngått en rekke ganger tidligere, uten at at det er blitt realiteter av noe som helst. Nord-Korea gjør (på dette området) lite annet enn å inngå avtaler som de så aldri overholder.

En kommentator, Robert Tracinski, brukte følgende overskrift da han skrev om denne avtalen: «Trump's Diplomacy Is Just Bad Theater», og han skrev bla. følgende:

> «In their "unprecedented" one-on-one summit in Singapore, US President Donald Trump announced that he would suspend joint military operations with South Korea. In return, North Korean dictator Kim Jong-Un agreed to … um, er, let me check. OK, nothing. He agreed to do nothing in return. Read the "agreement" signed by Trump and Kim as the result of their meeting. What did they agree to do? To hold further talks. Here is the essence of the statement: "The United States and the DPRK [North-Korea] commit to hold follow-up negotiations". Yes, that's right. After a lot of bluster about Trump disrupting the diplomatic status quo, we got the ultimate bit of status quo diplomacy: a meeting to agree to hold meetings … » (link nedenfor).

Nord-Korea har inngått en rekke avtaler av denne typen, helt siden 1985, om å ikke utvikle atomvåpen – avtaler om å ikke teste slike våpen, om å ikke teste raketter, om å avvikle baser, etc. – og de har brutt absolutt alle avtalene (se linken til Bloomberg nedenfor). Så hvorfor tror Trump at hans avtale er annerledes?

Trump tror at Nord-Korea vil holde denne avtalen fordi USA nå har å gjøre med en president som er annerledes: «a different president». Som Trump sa det på pressekonferanse etter møtet: «I just feel very strongly, my instinct, my ability or talent, they want to make a deal ... That's what I do. My whole life has been deals. I've done great at it. That's what I do».

Men som forretningsmann har han nok aldri forhandlet med folk av samme type som tyrannen Kim Jong Il.

Trump har hatt for vane å snakke positivt om diktatorer og tyranner. Her er et lite utvalg eksempler: I mars 2018 sa han at Kinas diktator Xi Jinping «is a great gentleman», og at «He's now president for life. President for life! No, he's great. And look, he was able to do that. I think it's great. Maybe we'll have to give that a shot some day. He's the most powerful president in 100 years—you know, person in 100 years—in China. And he treated us tremendously well when I went over there».

I 2014 sa han dette om Russlands sterke mann Vladimir Putin (formelt sett er han valgt, men reelt sett er han en diktator): «Well, he's done an amazing job of taking the mantle.... And so smart. When you see the riots in a country because they're hurting the Russians, OK, "We'll go and take it over". And he really goes step by step by step, and you have to give him a lot of credit. Interestingly, I own the Miss Universe Pageant. We just left Moscow. He could not have been nicer. He was so nice and so everything. But you have to give him credit that what he's doing for that country in terms of their world prestige is very strong».

Når en intervjuer konfronterte Trump med det faktum at Putins regime har sørget for å få likvidert en rekke opposisjonelle og journalister, sa Trump følgende: «There are a lot of killers. Do you think our country [USA] is so innocent?» – Trump sammenligner Russland under Putin, hvor regimet altså likviderer opposisjonelle politikere og plagsomme journalister, med USA, som i krig eller i krigslignende situasjoner likviderer fiendtlige krigere, hvilket er en vanvittig sammenligning.

Det ser ut til at Trump har en forkjærlighet for sterke menn/ diktatorer/tyranner, og han har snakket positivt ikke bare som nevnt om Putin og Kim, men også om Duterte, Assad, Erdogan, al-Sisi (for mer om dette, se linken til NPR nedenfor).

Kommentatoren Craig Biddle beskriver Trumps utsagn og holdning til tyranner slik: «This is a low point in American history and Western civilization». Det er vanskelig å være uenig.

Skal man trekke en konklusjon av alt dette? Vi trekker følgende: Trump har gjort enkelt bra ting, isolert sett, men i det store og hele er han svært ille. Han hyller diktatorer, han beundrer sterke menn, han behandler tomme avtaler som store triumfer, og han begrenser frihandelen og har startet en ny handelskrig.

Vi vil til slutt også nevne at mye av den kritikken som fremmes mot ham av MSM er totalt forfeilet, og også at den hyllest som han får av enkelte miljøer, ikke bare i USA men også i Norge, er like forfeilet.

Vårt syn er at på sikt vil Trumps innsats, til tross for enkelte positive ting han gjør, ha en negativ effekt på fred, frihet og velstand for hele verden.

https://www.frontpagemag.com/fpm/270456/trumps-5-rules-ruling-world-daniel-greenfield

https://www.thesun.co.uk/news/6523705/donald-trump-tweet-lands-usa-kim-jong-un-meeting/

https://www.thesun.co.uk/news/6523705/donald-trump-tweet-lands-usa-kim-jong-un-meeting/

https://www.vox.com/policy-and-politics/2018/6/15/17467644/trump-kim-summit-fox-news

https://www.vox.com/world/2018/6/12/17452810/trump-kim-summit-north-korea-great-fervor

https://www.bloomberg.com/news/articles/2018-06-11/a-rough-guide-to-north-korea-s-many-promises-to-abandon-nukes

https://www.ibanet.org/Article/NewDetail.aspx?ArticleUid=8ae0f29d-4283-4151-a573-a66b2c1ab480

https://www.npr.org/2017/05/02/526520042/6-strongmen-trumps-praised-and-the-conflicts-it-presents

https://www.theobjectivestandard.com/2018/06/donald-trump-and-kim-jong-un-enemies-of-human-life/?utm_source=The+Objective+Standard

https://thefederalist.com/2018/06/14/trumps-north-korea-meeting-just-bad-theater/

Hvem skal man stemme mot – Trump eller Biden?

Publisert 2. november 2020

Om et par dager er det presidentvalg i USA, og sjelden har kandidatene vært så frastøtende som disse to, Trump og Biden. (Ja, det finnes en rekke andre kandidater, men det er en av disse som vil bli valgt.) Så det viktige spørsmålet er: hvem av disse to er verst? Hvem skal man stemme imot?

Aviser over hele verden har de siste årene brukt utallige spaltekilometer på dette valget, og før vi kommer med vår vurdering skal vi kun gjengi et meget lite utvalg av noen av de fakta og de argumentene som har vært fremmet for og imot kandidatene. Spørsmålet er, som vi antydet i overskriften: hvem bør man stemme imot – det er ingen man med god samvittighet kan stemme for.

Biden

Demokratenes Joe Biden, visepresident under Obama, er 78 år, og sterkt svekket. Politisk sett står han noenlunde i midten; han har en korrupt forhistorie; er kjent for å tafse på meget unge damer (linker til videoer nedenfor), en oppførsel som ville ha ødelagt alle karrieremuligheter for enhver konservativ politiker. Biden er langt fra å være det som omtales som «presidential material», men grunnen til Demokratene allikevel nominerte ham var at de andre kandidatene som deltok i nominasjons-prosessen var enda verre. Selv om Biden står nokså nært sentrum, politisk sett, har hans parti beveget seg svært langt til venstre de siste årene, og dette kommer til sterkt å prege den politikk som hans administrasjon vil føre hvis han blir valgt.

Hvis han blir valgt (og holder sine løfter) vil han blant annet bruke 2000 mrd dollar på å bekjempe klimaendringer de neste fire år, og dette vil være penger som er fullstendig bortkastet; det er ingen ting vi kan gjøre for å påvirke de helt naturlige klimaendringene. Han vil fase ut fossil energi, det vil si han vil fase ut den eneste energiformen (bortsett fra atomkraft) som gir en pålitelig og stabil energiforsyning over tid. Han vil også muligens forby fracking, hans mange uttalelser

99

om dette motstridene; og han vil doble minimumslønnen, noe som vil kaste millioner av arbeidstagere ut i arbeidsledighet. Han vil også øke skattene og øke offentlige tilbud, noe som også vil være skadelig for økonomien, det vil si for velstanden. Han har ikke villet si hva han mener om «court packing» – «court packing» består i å øke antall dommere i høyesterett slik at presidenten og Kongressen kan få flertall der for de grunnlovsstridige lover de ønsker å innføre. Dette er i strid med intensjonen i USAs grunnleggende dokumenter, og det er i strid med maktfordelingsprinsippet. Vi vil tro at Biden er såpass klok at han ikke vil gå inn for dette, men vi tror også at han som president vil være for svak til å kunne hindre at dette blir gjennomført dersom partiet ønsker dette; hans sterkt venstreorienterte partifeller har ingen respekt for hverken konstitusjonen eller maktfordelingsprinsippet – og heller ikke for valgresultater.

Biden vil også gi statsborgerskap til ulovlige innvandrere, som det er anslagsvis 11 millioner av i USA. Dette er å belønne ulovlige handlinger. Også her viser de venstreorienterte manglende respekt for gjeldende lover.

Etter flere tilfeller hvor politifolk har kommet til å drepe svarte arrestanter eller mistenkte brøt det tidligere i år ut store demonstasjoner i mange storbyer i USA (byer som i hovedsak var styrt av det Demokratiske partiet, og det er lokalmyndighetene politiet sorterer under), og noen av disse demonstrasjonene utviklet seg til sabotasje, vandalisme og plyndring. Det så lenge ut som om ledende Demokratiske politikere støttet dette, men Biden kom etter hvert med en forsiktig avstandtagen. Mange ledende Demokrater mente at politiet var problemet, og støttet kampanjer som skulle «defund the police». Slike tiltak førte enkelte steder til en kraftig reduksjon av politiinnsatsen og til at kriminaliteten eksploderte – med store ødeleggelser og mange drepte som resultat.

Demokratene har også allerede planlagt å få vedtatt en lov som gjør det enkelt å skifte ut en sittende president, en lov som åpenbart har som formål å bytte president Biden ut med hans visepresident Kamala Harris, dette fordi Harris politisk sett er langt mer i tråd med den sterkt venstreorienterte kurs som det Demokratiske partiet nå har, men som

Biden ikke følger. Biden er så mentalt svekket at dette vil være enkelt å få til.

At Harris er sterkt venstreorientert er velkjent: «In 2019, GovTrack, a non-partisan organization that tracks bills in Congress, ranked Harris as the "most liberal compared to All Senators"» (Kilde: CNN, lenke nedenfor.) Vi vil også nevne at den korrekte oversettelse av det amerikanske «liberal» er «venstreorientert». (Enkelte norske skribenter oversetter det amerikanske «liberal» til det norske «liberal», noe som bare viser enten deres inkompetanse eller deres løgnaktighet; de vil ikke plassere skylden for den meningsløse politikken som amerikanske «liberals» fører der hvor den hører hjemme: den hører hjemme på venstresiden.)

Det er også kommet troverdige beskyldninger om omfattende korrupsjon i Bidens nære familie, og mye tyder på at Biden selv på en eller annen måte er involvert. Mainstreampressen ignorerer dette omfattende materialet.

Kort oppsummert: Demokratene har nominert den eneste kandidaten som har en mulighet til å slå Trump, og har planer om enten å styre ham langt til venstre, eller å skifte ham ut kort tid etter han er valgt og å erstatte ham med en som vil føre en sterkt venstreorientert linje, en linje langt til venstre for den som Biden selv ville ha fulgt dersom han hadde vært ved sine fulle fem. Med Demokratene i Det Hvite Hus vil de føre en politikk som vil bringe USA stadig nærmere den foreløpig siste sosialistiske suksessen: Venezuela.

Trump

Den andre kandidaten er på mange områder enda verre – men han har også noen gode sider. Donald Trump var i eiendomsbransjen, og han var TV-stjerne, før han ble politisk kandidat. Han var opprinnelig Demokrat, men støttet de Republikanske kandidatene ved valgene i 2008 og 2012 (McCain og Romney), og siden de tapte bestemte han seg for selv å stille i 2016.

Trump er ingen intellektuell politiker, han er populist på sin hals. Trump er fullstendig prinsippløs og uideologisk, han har ingen faste standpunkter og kan når som helst snu 180 grader på ethvert spørsmål. Han er en folkelig konservativ, han er imot frihandel, men han har gjennomført noen skattelettelser og dereguleringer. Han har også sterkt begrenset innføringen av nye reguleringer, noe som har ført til at næringslivsfolk ikke har måttet bruke mye tid på å sette seg inn i nye bestemmelser som legger restriksjoner på deres virksomhet. Dette har økt produktiviteten. Trumps økonomiske politikk ga derfor økonomien en betydelig økonomisk vekst, og slik vekst er det samme som velstandsøkning. Denne veksten varte frem til tiltakene som ble satt i verk når Corona-epidemien slo til, og disse tiltakene påførte økonomien/velstanden store skader.

Trump er ingen gentleman mht. å omtale andre aktører på den politiske arena, og eksempler på hans som regel ufine men ofte treffende karakteristikker er å finne i mainstreampressen, så vi gjengir her kun et lite utvalg: «Sleepy Joe» (om Biden), «Low-energy Bush» (om den ikke spesielt energiske Jeb Bush), «Crooked Hillary» om Hillary Clinton, «Fat Pig» (om Rosie O'Donnell). Senator Elizabeth Warren, som løy om at hun hadde indiansk avstamning for å bli kvotert inn i stillinger, fikk navnet «Pocahontas» (som konnoterer «bortskjemt indianerjente»), Nancy Pelosi var «High Tax, High Crime Nancy» og Nord-Koreas Kim Jong Un, som truet med å angripe USA med raketter, var «Rocket Man».

Trump har også sagt en rekke ganger at hele mainstreampressen bedriver «fake news» i et kolossalt omfang for å sverte ham og andre konservative, og det er vanskelig å hevde at han tar feil i dette.

En av de mange ting man kan kritisere Trump for er hans positive omtale av og forhold til diktatorer. Her er noen eksempler:

«Trump ... described [North Korea´s dicator] Kim as a "character" ... "And he's a real personality and he's very smart. He's sharp as you can be, and he's a real leader, and he's pretty mercurial. I don't say that necessarily in a bad way, but he's a pretty mercurial guy." [Trump] said that, despite the breakdown of the talks, his chemistry with Kim remained strong. "Again, the relationship is very good. He likes me. I like him. Some people say, 'Oh, you shouldn't like him.' I said, 'Why shouldn't I like him?'". "I like him. We get along great. We'll see what happens." Trump has made no secret of his admiration for

strongman leaders since taking office, most notoriously
Russian President Vladimir Putin, but also Turkey's Recep
Tayyip Erdogan, and Philippines' Rodrigo Duterte» (kilde:
Businessinsider, link nedenfor)

Trump kan også spøke på måter som ikke er helt passende: «[Kim Jong Un] speaks and his people sit up at attention. I want my people to do the same» (kilde: CNBC).

Til gjengjeld er Trump blitt utsatt for en hetsing og trakassering som aldri er blitt noen annen politiker til del. Her er det bokstavlig talt tusenvis av eksempler å hente, og de er langt verre enn ting som Trump har sagt – på den annen side bør man med all rett kunne forvente en høyere standard fra presidenten enn fra andre. Vi gjengir bare noen få av disse angrepene på Trump.

Kort tid etter at Trump var innsatt poserte komikeren Kathy Griffin for et bilde hvor hun holdt noe som skulle være en modell av Trumps avhuggede hode. Griffin kom etter hvert med en lite troverdig unnskyldning.

I 2017 brukte VG en forside på et bilde hvor Trump var påført en Hitler-bart. Så vidt vi har sett har VGs redaktør ikke bedt om unnskylding, tvert imot har han forsvart det som riktig å trekke en parallell mellom Hitler og Trump, noe som bare er enda et eksempel som bekrefter at VG ikke har noen ambisjoner om å fremstå som en seriøs avis.

Etter Trumps State-of-the-Union-tale til Kongressen i 2020 tok Nancy Pelosi sitt eksemplar av Trumps manus og rev det demonstrativt i stykker. I seg selv er dette nokså uskyldig, men når Pelosi, som sitter rett bak presidenten og er Demokratenes fremste representant i Kongressen (hun er «Speaker»), gjør dette har det en sterk symbolsk betydning: hun viser ingen respekt for hverken Trump eller for presidentembetet.

Høsten 2020 ble Trump smittet av Corona, og svært mange kommentatorer sende en hilsen som direkte sa «Jeg håper at han dør». (Twitter stengte kontoer til de som sendte slike meldinger.) Til manges overraskelse ser det ut til at Trump kom igjennom dette på kort tid og ble helt frisk.

I tillegg kommer de vanlige påstandene, påstander som alle politikere over et visst nivå utsettes for, om at Trump er rasist, idiot, inkompetent, etc. Nå har det som regel vært slik at denne type påstander har kommet fra folk i periferien av de politiske miljøer, men denne gangen er de kommet fra sentrale aktører; de er kommet fra kjente politikere og journalister og akademikere. Under den andre president-kandidatdebatten beskrev Biden Trump til og med som en klovn. Hvorfor? Vi kommer til dette om litt.

Før vi kommer dit må vi også nevne at også det formelle poliske miljøet har trakassert Trump: beskyldinger om «Russia collusion» og «Ukraine collusion», og Trump ble til og med stilt for riksrett! Men de som etterforsket kom ingen vei, det var ingen ting å finne som kunne gi et saklig grunnlag for disse angrepene.

I praktisk politikk har Trump gjort mye av det han har lovet: han trakk USA ut av Paris-avtalen om klima, han har utnevnt klimarealister til organer som EPA, og han vil tillate fracking. Han flyttet USAs ambassade i Israel til Jerusalem, han intensiverte angrepene mot IS og mange hevder at IS etter dette er kraftig svekket, han har åpnet for at en rekke arabiske land er blitt mer vennlig innstilt til Israel (Aftenposten omtalte 29/10 dette som «Donald Trumps store seier»), han har avslørt mainstreampressen som et sosialistisk løgnpropagandaapparat, han har utnevnt konservative dommere til høyesterett (noe som på flere området er et gode, men som dessverre på sikt kan føre til innskrenkinger i kvinners rett til selvbestemt abort). Men med muren mot Mexico er han ikke kommet så langt som han lovet.

Han har også forsøkt å gjøre noe med kriminaliteten, han har tatt oppgjør med det vanstyret som Demokratiske politikere har stått for i en årrekke i flere store byer (Baltimore, Seattle, Chicago, Detroit, mfl. – i alle disse byene er det enorme problemer med forfall og kriminalitet og fraflytting og høye skatter og store underskudd på grunn av den sosialistiske politikken som Demokratene har ført). Han har også forsøkt å gjøre noe med ulovlig innvandring. Det er svært mye mer vi kunne ha sagt ... .

Det er to viktige spørsmål som står igjen.

Hvorfor så sterkt motstand fra mainstream?

Som nevnt over er Trump blitt møtt mer enorm ikke bare motstand, men også med ren hetsing, trakassering, latterliggjøring, rettsforfølgelse og rene trusler fra alle etablerte miljøer.

Nå er Trump ingen forfinet og klok gentleman; med sin oppførsel og sine uttalelser stiller han seg lagelig til for hugg. Og som vi tidligere har sagt, han har ikke alltid et nært og intimt forhold til sannheten; her er han kanskje noe verre enn andre politikere. Men angrepene på ham er allikevel utenfor all proporsjon.

Før vi går videre minner vi om at Barack Obama og Hillary Clinton ikke var særlig forfinet i sine beskrivelser av Trumps velgere: de omtalte dem som mennesker som «get bitter, …cling to guns or religion or antipathy to people who aren't like them or anti-immigrant sentiment or anti-trade sentiment as a way to explain their frustrations», og «deplorables» som hadde synspunkter som var «racist, sexist, homophobic, xenophobic, Islamaphobic».

Spørsmålet er: hvordan ville kritikken – for å kalle den det – mot Trump ha vært dersom han hadde vært en forfinet gentleman som ikke hadde utsatt noen for slike angrep og personkarakteristikker som vi gjenga et lite utvalg av ovenfor? Ville kritikken da vært annerledes, ville han ikke bli sammenlignet med Hiter, ville ingen komikere posert med (en modell av) hans avkappede hode, ville ingen ønske ham død når han fikk Corona?

Jeg tror ikke det. Hvis Trump hadde være en gentleman, og stått for den samme politikken formulert på en dannet måte; hvis han hadde sagt at det ikke fines noen klimakrise, hvis han hadde sagt at mainstreampressen fungerer som et organ for sosialistisk løgn-propaganda, hvis han hadde sagt at WHO i stor grad styres av Kina, etc., så ville kritikken mot ham, og måten den var formulert på, ha vært omtrent den samme som den er i dag. Med andre ord, kritikken kommer ikke fordi Trump er vulgær, kritikken kommer fordi han er den eneste politiker som ikke har vært ettergivende overfor sosialistenes kjernesaker. Alle andre konservative politikere de siste 30 år har nærmest bedt om unnskyldning for at de ikke er åpne og tydelige sosialister, og de har i sin politikk bøyd seg for og rettet seg etter alle sosialistenes krav, kanskje i noe redusert omfang. Dette gjelder Bush sr.,

105

Dole, Bush jr., McCain, Romney, Cameron, Johnson, Merkel, Sarkozy, Solberg og Jensen. Trump har ikke gjort dette. Han har stått imot på en rekke punkter, og ikke veket en millimeter overfor mange av sosialistenes krav.

Grunnen til hetsingen av Trump og den enorme kritikken og motstanden er at han ikke er ettergivende overfor sosialismen. Sosialistene er sjokkert – sjokkert! – over at det finnes en viktig person som ikke er ettergivende overfor dem! Det er derfor de er så intenst imot Trump. Ja, de kan skjule sin motstand ved å henvise til alt det rare Trump sier og gi inntrykk av at det er derfor de er imot ham, man kjernen er allikevel denne: Trump danser ikke etter sosialistens pipe, og sosialister tåler ikke slikt!

(Vi er klar over at vi er litt for positive til Trump standhaftighet her. Han har ikke vært 100 % standhaftig, men han har vært langt langt mer standhaftig enn noen annen konservativ politiker de siste 30 år, og det er derfor hele mainstream hater ham.)

Hva blir minst ille?
Republikanerne burde føre en liberalistisk politikk (en politikk som innebærer reduksjon av offentlige utgifter koblet med skattelettelser, dereguleringer, privatiseringer, frihandel), noe som f.eks. Reagan til en viss grad gjorde (og som Republikanernes kandidat Barry Goldwater ville ha gjort hadde han blitt valgt i 1964). Trump er ikke på denne linjen over gode konservative, tvert imot har de offentlige utgifter økt enormt under Trump. Det har også statsgjelden gjort, og dette er svært farlig på sikt – gjelden må øke når skattelettelser ikke følges av kutt i offentlige utgifter.

Dersom Trump vinner vil dette føre til at det Republikanske partiet vil bevege seg i den retning som Trump har fulgt, det vil si det vil ikke bevege seg i en liberalistisk retning, det vil bevege seg i en nasjonalistisk og proteksjonistisk retning. Dette vil være svært ille.

Dersom Trump taper vil partiet muligens innse at Trumps kurs er feil og det vil forhåpentligvis legge over til en linje som ligger nærmere den som Reagan fulgte.

Så, på lang sikt vil det muligens være bedre dersom Trump taper.

106

Men hvis Biden vinner vil også statsapparatet tas over av sterkt venstreorienterte krefter. Disse sterkt venstreorienterte kreftene, ja de er rene sosialister, og som kjent behersker de alle viktige arenaer i USA: de behersker akademia, de behersker pressen, de behersker underholdningsindustrien, de behersker den offentlige skolen (som de aller fleste elevene går i), de behersker byråkratiet, de behersker miljøorganisasjonene, de behersker alle internasjonale organer som FN og WHO, og de behersker Big Tech (Facebook, Twitter, Google, m.fl.). Alle disse aktørene arbeider for en ytterligere venstredreining av alle felter i samfunnet, det vil si de vil bringe USA enda nærmere Venezuela. Hvis Biden vinner vil altså også statsapparatet tas over av sterkt venstreorienterte krefter.

Jeg er ikke noen fan av Trump (noe jeg tidligere har gitt uttrykk for en rekke ganger her på Gullstandard), men jeg tror alt i alt det blir mindre ille, i hvert fall på kort sikt, hvis Trump vinner. Derfor ville jeg, hvis jeg måtte velge mellom disse to kandidatene, ha stemt ikke for Trump, jeg ville ha stemt mot Biden. Og jeg tror også at Trump blir gjenvalgt.

Biden tafser:
https://www.youtube.com/watch?v=V4PLSPvJ9BY

https://www.youtube.com/watch?v=DAUOurZIVfI

Biden svekket:
https://www.youtube.com/watch?v=WqS4m-8B4IQ

https://www.youtube.com/watch?v=tRmSTb0NIJQ

https://www.youtube.com/watch?v=z_wlQZ5N_2k

President Biden*

Publisert 4. mars 2021

Joe Biden ble sertifisert som vinner av presidentvalget 2020, og han hadde da vært i politikken svært lenge; helt siden 1972. Først var han senator og deretter, fra 2009, var han Obamas visepresident. Han hadde aldri utmerket seg på noe vis, snarere tvert imot, men han var etter hvert blitt en veteran som kjente alle. Politisk sett var han moderat, og som person var han trivelig og omgjengelig og lett å like. Han forsøkte å bli nominert som presidentkandidat i 1987, men måtte trekke seg etter at det ble avslørt at han hadde plagiert en tale av Neil Kinnock (som på 80-tallet var leder for engelske Labour). Biden var også beryktet for å tafse på unge jenter, og han var ofte en klodrian når han uttalte seg. En gang (22/8-08) uttalte han at «When the stock market crashed, Franklin D. Roosevelt got on the television and didn't just talk about the, you know, the princes of greed ...». Men Roosevelt var ikke president under krakket i 1929, og TV-en var ennå ikke oppfunnet. Biden fortalte også en gang at han ble arrestert i Syd-Afrika under et forsøk på å besøke Nelson Mandela i fengselet, noe som ikke var sant. Det finnes mange flere eksempler av samme type, noe som under normale omstendigheter ville hindret en person i å komme helt til topps.

Joe Biden ble allikevel nominert som Demokratenes president-kandidat foran valget i november 2020, og han vant nominasjons-kampen fordi alle de andre Demokratiske kandidatene var enda mindre egnet til å ta opp kampen mot Donald Trump enn han. Biden var som nevnt betraktet som en moderat sentrumsorientert politiker, og en nokså hyggelig fyr, tross alt – dette i sterk motsetning til alle de andre kandidatene fra det Demokratiske partiet, de var alle sterkt venstreorienterte. En av de første som måtte trekke seg fra Demokratens nominasjonsprosess på grunn av manglende oppslutning og liten popularitet var den ikke spesielt sympatiske Kamala Harris, som Biden etter sin nominasjon valgte som sin visepresidentkandidat. Hun ble visepresidentkandidat fordi hun var en farvet kvinne; Biden hadde lovet

* Takk til Espen Hagen hammer for et par innspill til denne artikkelen.

at dersom han ble nominert ville han utnevne en farvet kvinne til sin «running mate», et trekk som utvilsomt ville øke antallet som ville stemme på Demokratene.

Under valgkampen fremsto Biden som stadig mer svekket, mentalt sett, han var tross alt 78 år gammel. Det finnes videoklipp hvor han glemmer hvem som intervjuer ham, hvor han sier «My name is Joe Biden and I am a Democratic candidate for the US Senate», «As president I will appoint the first black woman to the Senate», og «We cannot win this reelection... we can only reelect Donald Trump». Det finnes et stort antall klipp som viser den samme mentale svekkelse. Allikevel fikk denne kandidaten ifølge offisielle tall 81 millioner stemmer, 7 millioner flere enn den vitale og slagferdige Donald Trump.

I intervjuer etter at han ble innsatt kommer det tydelig frem at Biden ikke er helt med, og intervjuerne forsøker å overse Bidens manglende virkelighetskontakt. Ingen kommentatorer i mainstream-media som vi har sett nevner dette viktige faktum. I februar tok en gruppe på 30 Demokratiske politikere til orde for at muligheten til å avfyre atomvåpen skulle tas vekk fra presidenten – NYPost: «House Democrats ask Biden to give up sole power to launch nuclear bomb» – men Bidens svekkede mentale helse ble ikke nevnt i begrunnelsen for forslaget. Per dags dato har president Biden heller ikke avholdt noen pressekonferanse.

Allerede våren 2020 var det klart at Biden var dement. Allikevel ble han nominert, og grunnen til dette nevnte vi over: han var i motsetning til alle de andre kandidatene en likandes fyr, og derfor den eneste som var valgbar.

Men dette betyr at ledere i det Demokratiske partiet – med personer som Barack Obama og Hillary Clinton og Kamala Harris i spissen, og Bidens familie, inkludert hans hustru Jill, som forøvrig har en doktorgrad i pedagogikk, med viten og vilje plasserte en dement mann i verdens viktigste jobb, en jobb han opplagt ikke ville kunne utføre på en ansvarlig måte. Også Biden selv må ha visst at han ikke var helt med. Allikevel gikk han inn for å ta denne jobben. Som nevnt, det er skandaløst at ikke en eneste journalist eller kommentator i mainstream-pressen har kommentert dette på noe vis. Dette er et forræderi av verste sort. Det er et forræderi mot Biden, og det er et forræderi mot det amerikanske folk. Og de som står bak er ledende

110

politikere i det Demokratiske partiet, og Bidens nærmeste familie. Dette bare viser hvor hensynsløse og rett ut farlige disse menneskene er – visste man ikke bedre skulle man tro at de var gangstere.

Valget

At Biden vant valget kom for en stor del av at alle venstreorienterte krefter mobiliserte i et kolossalt omfang for å få Trump ut av Det Hvite Hus. Dette ble åpent innrømmet i en artikkel i Time Magazine 4/2-2021: «The Secret History of the Shadow Campaign That Saved the 2020 Election» – tittelen innrømmer at det foregikk en «skygge-kampanje» som «reddet» valget, og med «reddet» menes at Trump ikke ble gjenvalgt. I god tid før valget i november iverksette en rekke grupper – fagforeninger, firmaer, politiske grupper, miljøgrupper, studentforeninger – en omfattende kampanje for å få flest mulig til å stemme på Demokratenes kandidat. Enorme ressurser, både økonomiske og menneskelige, ble brukt på dette. Et viktig element var at store Big Tech-aktører på Internett vinklet sine tilbud og sine tjenester slik at de skulle favorisere Biden og sverte Trump – f.eks. ved at søk på politiske temaer vinklet søkeresultatene slik at de favoriserte Demokratene og svertet Trump og Republikanerne.

Artikkelen forteller i stor detalj om mange av disse tiltakene, men alle tiltak som beskrives er lovlige; ingen ulovligheter innrømmes. Trump har hele tiden hevdet at valgresultatet kom som følge av en konspirasjon, at valget var «rigged», at det ble «stjålet» fra ham. Vi siterer kun følgende fra artikkelen:

> «In a way, Trump was right. There was a conspiracy unfolding behind the scenes, one that both curtailed the protests and coordinated the resistance from CEOs. Both surprises were the result of an informal alliance between left-wing activists and business titans. The pact was formalized in a terse, little-noticed joint statement of the U.S. Chamber of Commerce and AFL-CIO published on Election Day. Both sides would come to see it as a sort of implicit bargain–inspired by the summer's massive, sometimes destructive racial-justice protests–in which the forces of labor came together with the forces of capital to keep the peace and oppose Trump's assault on democracy».

Som sagt, alt som artikkelen beskriver er lovlig, og ut i fra det som sies i artikkelen er det ingen ting som viser at valget ble stjålet: man kan si at det var rigget, men ikke at det var stjålet.

Men det er mer: med corona-epidemien som påskudd endret en rekke delstater sommeren 2020 sine regler for stemmegiving; i praksis reduserte de mulighetene for å kontrollere at poststemmer som var avgitt virkelig var avgitt av personer som hadde stemmerett. Disse endringene var i enkelte tilfeller i strid med delstatens gjeldende lover om hvordan slike regler skulle endres. Man kan da være i tvil om disse endringene var lovlige eller ikke. Det ble da altså vanskeligere å kontrollere at poststemmene virkelig kom fra personer som hadde stemmerett. I mange delstater ble stemmer avgitt via spesialkonstruerte datamaskiner, og slike maskiner etterlater intet «paper trail» som kan kontrolleres i etterkant. De som var ansvarlige for stemmemaskinene, både produsenter, politikere og funksjonærer, hevdet at det var umulig å hacke disse maskinene – noe som enhver med selv kun lite datakompetanse vet er feil.

Det skjedde også enkelte ting visse steder under stemme-opptellingen som ga grunnlag for mistanke om at det var foregått ulovligheter. Noen steder ble f.eks. opptellingen stanset i flere timer langt ut på natten: hele USA og hele verden sitter spent og venter på valgresultatet, og så blir opptellingen avbrutt – i seks delstater – fordi de som teller stemmer trenger en pause! Merkelig. Uansett, de offisielle tallene viser at Biden i enkelte kretser i noen vippestater fikk kolossalt mange flere stemmer enn det som man kunne forvente ut i fra fordelingen av stemmer ellers i landet.

Det er god grunn til å mistenke at det forekom juks ved opptellingen, og dette burde ført til en grundig etterforskning. Noen slik etterforskning ble ikke satt i gang; alle i mainstreampressen hevdet at påstandene om juks bare var «konspirasjonsteorier» som det ikke finnes bevis for. Ja, noen av disse sakene ble lagt frem for rettsapparatet, men ingen av disse førte til noen omfattende etterforskning; en stor andel av sakene ble bare avvist.

Delstaten Texas henvendte seg til Høyesterett for å få undersøkt de svært mistenkelige resultatene i visse «counties» i Pennsylvania, og en avis refererte resultatet av Høyesteretts behandling slik:

«U.S. Supreme Court throws out Texas lawsuit contesting 2020 election results in four battleground states. The lawsuit challenged election results in Georgia, Pennsylvania, Michigan and Wisconsin. The high court said Texas did not have standing to bring the case» (Texas Tribune 11/12-20).

Saken ble altså avvist fordi Texas manglet «standing».

At en sak avvises på grunn av «standing» betyr at saken avvises fordi saksøker juridisk sett ikke er involvert i saken. Hvis en sak avvises fordi det ikke er noen grunn til mistanke avslås den på grunn av «merit». Flere saker om juks ved valget ble avvist av rettsapparatet på grunn av «merit», også av dommere som var blitt utnevnt av Trump. Men som vi sa over, ingen saker ble grundig etterforsket, og at en dommer ble utnevnt av Trump betyr ikke at dommeren er sympatisk innstilt til Trump; vi vil tro at en stor overvekt av de langtidsutdannede, som inkluderer dommere og alle andre jurister i rettsapparatet, var svært lite sympatisk innstilt til Trump, og at dette også gjelder personer som ble utnevnt av Trump. Antagelig hadde de dommere som avviste søksmål en rimelig god juridisk begrunnelse for det de gjorde, men som vi sa over, ingen av disse sakene om påstått juks ble grundig etterforsket.

Dette endte med at svært mange amerikanere mener at Biden ikke er en legitim president. En slik holdning er farlig, og kan være ødeleggende; den betyr at staten ikke anses som å ha legitim makt. Dette reduserer respekten for staten og gjør det enklere å bryte gjeldende lover. En slik utvikling vil ikke gjøre det lettere å sørge for at det allerede urolige USA blir fredelig og harmonisk.

Sjette januar
Sjette januar skulle presidenten endelig velges i Kongressen (avstemningen i valgmannskollegiet, som hadde gitt Biden valgseieren, skulle da sertifiseres). Med ord som «fight and fight hard» oppfordret president Trump sine tilhengere til å demonstrere utenfor Kongressbygningen mot det valgresultatet han mente var kommet som resultat av juks. Men han sa også at demonstrasjonene måtte skje «peacefully and patriotically». Noen titalls av de om lag 200 000 demonstrantene stormet inn i Kongressbygningen og gjennomførte noe hærverk, ødela

noen møbler, og tok noen selfier. Fire personer mistet livet; en av dem var en ubevæpnet demonstrant som ble skutt av politiet; de andre døde som følge av «medical emergencies».

Kongressrepresentantene følte seg truet og noen ble brakt i dekning av politiet. Det gikk klart frem at disse som tok seg inn i Kongressbygningen ikke var typiske Trumptilhengere – selv om mainstreampressen fremstiller dem slik; f.eks. var hovedmannen utkledd som en geitebukk. Det var også bemerkelsesverdig lite politi til stede i og omkring Kongressbygningen denne dagen, dette selv om myndighetene var varslet om at det ville komme en stor demonstrasjon. Det finnes ting som kan tyde på at det var venstreorienterte grupper som til en viss grad sto bak denne stormingen, dette for å skade Trump.

Men på grunn av Trumps oppfordring om å «fight hard», et uttrykk som ofte brukes av amerikanske politikere uten at det derved oppfordrer til vold, tok flertallet i Kongressen ut en ny riksrettstiltale mot Trump; de påstod at Trump hadde oppfordret til angrepet på Kongressen og at dette var et forsøk på et kupp fra Trumps side. Enkelte jurister hevdet at visepresident Mike Pence, som endelig godkjente stemmene fra valgmannskollegiet, hadde rett til å avvise valgmanns-stemmene fra delstater hvor resultatet var omstridt, og noen Trump-tilhengere, og visstnok Trump selv, mente at Pence burde ha gjort dette og dermed utnevnt Trump til valgets vinner. Pence valgte ikke denne løsningen. Utad så det ut til at Trump tok denne beslutningen med fatning.

En av grunnene til at Pence ikke valgte denne løsningen kan være at en slik handling fra hans side – å ikke godta valgmanns-stemmene fra stater hvor resultatet var omstridt – ville ført til omfattende opptøyer. NRKs reporter fortalte følgende fra valgkampen: «Aktivistene ... lover opptøyer dersom Trump blir gjenvalgt» og en BLM-aktivist sier følgende: «Blir han gjenvalgt blir det opptøyer, plyndring, slåssing og bombing i hele USA» (Dagsrevyen 6/9-20, fra 23:30). Det ser ut som om mange av de på venstresiden bare er tilhengere av demokratiske prosesser når de får det resultatet de ønsker seg; blir resultatet et annet kan de ty til vold.

De som sto bak riksrettstiltalen visste at Trump ikke ville bli dømt (for dom kreves det 2/3s flertall i Senatet, og siden kun noen få Republikanske senatorer ville støtte en fellende dom ville Trump bli

114

frikjent også denne gangen). Formålet med en riksrettssak er normalt å få avsatt en sittende president, men denne gangen ble det anlagt en sak mot en president som allerede hadde gått av, noe som er merkelig. Saken begynte 9/2 og den frifinnende dommen falt fire dager senere; bla. viste Trumps advokater en rekke videoklipp hvor et stort antall Demokratiske politikere også hadde brukt uttrykk som «fight hard» i forkant av voldelige episoder utført av ekstreme venstreorienterte grupper som Antifa og BLM uten at de hadde fått rettslige konsekvenser for disse politikerne; disse politikerne hadde til og med støttet disse voldelige gruppene og deres aksjoner.

Enkelte Demokratiske politikere har satt det som skjedde 6. januar i samme kategori som det som skjedde 11. september 2001 – de sammenligner da en terrorhandling som drepte ca 3 000 mennesker og som førte til kolossale materielle ødeleggelser med en hendelse hvor en gruppe tullinger tok seg inn i Kongressbygningen og knuste noen møbler og hvor en politimann skjøt en ubevæpnet demonstrant: «US House of Representatives Speaker Nancy Pelosi has proposed a 9/11-type independent commission to investigate the storming of the Capitol by supporters of former president Donald Trump on January 6th» (National Herald). Disse Demokratene ønsker å gi inntrykk av at president Trump virkelig forsøkte å gjennomføre et statskupp 6. januar 2021. Vi vil si at den som foretar en slik sammenligning ikke har bakkekontakt.

Denne riksrettssaken var enda en farse som Demokratene hadde satt i gang, og dette var ikke deres første forsøk på å ramme president Trump. Fra den dag Trump ble valgt i november 2016 ble det sagt at han stjal valget, at han ikke var USAs legitime president, og at han burde stilles for riksrett.

Trump og hans støttespillere ble fra før innsettelsen i januar 2017 beskyldt for en rekke kriminelle forhold, og det ble brukt store ressurser på å etterforske dem. Den saken som fikk mest oppmerksomhet var påstandene om at Trump var en nikkedukke for Russland og at han var i lomma på Putin. Undersøkelser om dette varte i flere år og man fant ingen beviser for noe slikt, og den dokumentasjon som ble fremlagt viste seg å være forfalsket. Videre ble en rekke av Trumps medarbeidere utsatt for rettsprosesser som ikke hadde noe grunnlag i relevante fakta, blant dem var Roger Stone og Michal Flynn.

Begge disse ble benådet av Trump før han gikk av som president. (Det ble dog oppdaget at noen av Trumps nære allierte hadde forsøkt å unndra skatt på en ulovlig måte, og noen av disse endte opp i fengsel.)

Sterke krefter innen det politiske miljø, og innen FBI – også FBI ble altså brukt politisk for å svekke og helst fjerne en sittende president – hadde opplagt et ønske om å svekke Trump, og brukte store ressurser for å få han fjernet fra presidentembetet og fra politikken.

Etter at den andre riksrettssaken endte med frifinnelse ble det satt i gang en sak om skatteunndragelse mot Trump; formålet med alle disse kampanjene er å hindre at han igjen kan stille til valg: Trump er populær i store deler av folket, men alle sosialister og sosialist-sympatisører, som det er mange av blant de langtidsutdannede, mener at Trump er like ille som Hitler, og noen har til og med sagt det klart og tydelig: «Trump's denial of climate change represents worse threat to humanity than Hitler, says activist Noam Chomsky» (The Independent, 3/11-20), «CNN's 'Mental Health Expert': Trump Worse Than Hitler» (janglo, 3/11-20). «Spike Lee compares Donald Trump to Hitler» (The Guardian), «Jane Fonda Compares Donald Trump to 'Hitler and the Third Reich'». Topp-nivå-politikere har ikke sagt slike ting, men personer som Barack Obama og Hillary Clinton har beskrevet Trump-tilhengere som «deplorables» og som «racist, sexist, homophobic, xenophobic, Islamaphobic». Nancy Pelosi beskrev noen av Trumps Twitter-meldinger som rasistiske, og «Joe Biden calls Donald Trump America's 'first' racist president» (Kilde The Guardian 23/7-20). Også her hjemme så man slike absurde påstander; vi minner bare om at VG publiserte på sin forside et bilde av Trump påført Hitler-bart.

Slike sammenligninger er helt vanvittige, men det er krefter med slike holdninger som brukte enorme ressurser for å få Joe Biden valgt til president, og dette sier noe om hvilke krefter som styrer ham. La oss nå se på den politikken Biden er i ferd med å gjennomføre.

Tyvende januar

Som regel blir en ny president tatt i med 20. januar året etter at han er blitt valgt. Dette er en festlig anledning hvor hele den politiske elite og titusener av publikummere er tilstede for å hylle den nye presidenten. Det var annerledes i år. Avtroppende president var ikke tilstede, han mener som nevnt at valget var stjålet fra ham og ville ikke delta i det

116

han mener er en ulovlig maktovertagelse. En rekke andre toppolitikere fra det Republikanske partiet var allikevel tilstede. Men det var ikke bare president Trump som uteble, også folket manglet, det vil si det vanlige publikum manglet. Som regel er det noen titusener vanlige mennesker som er til stede for å overvære den nye presidentens edsavleggelse, men denne gangen var det ingen publikummere tilstede. Av frykt for en gjentagelse av de demonstrasjonene som skjedde 6/1 var det ingen publikummere som fikk komme i nærheten av seremonien, og området rundt Kongressbygningen, hvor edsavleggelsen foregikk, var avsperret med piggtråd og et stort antall soldater.

Noe av det første president Biden gjorde var å stanse byggingen av muren mot Mexico, og å oppheve innreiseforbudet fra et antall muslimske land, tiltak som Trump hadde satt i verk for å beskytte USAs befolkning mot terrorister og kriminelle. Bidens innsettelse ble da preget av en opphevelse av tiltak som skulle beskytte folket mot kriminelle og terrorister, og innføring av et tiltak som skulle beskytte den politiske maktelite mot demonstasjoner fra det amerikanske folk.

Grønt skifte

Biden vil innføre «The Green New Deal» (oppkalt etter Roosevelts «The New Deal», det program som på 30-tallet gjorde USA om til en velferdsstat). «The Green New Deal» har som hovedformål å redde klimaet, og vil koste et enormt antall milliarder dollar – selvsagt uten at dette vil ha noen innvirkning på klimaet; det oppfører seg i all hovedsak i samsvar med naturlige svingninger slik det alltid har gjort. Men de som er i miljøbransjen vil håve inn enorme fortjenester på dette programmet, og det er skattebetalerne som finansierer kalaset for miljøbaronene: de som driver vindmøller og solenergifarmer, de som driver CO_2-fangst, de som handler med CO_2-kvoter, de forskere som utreder alt dette, de som administrerer subsidieordningene som de grønne prosjektene må ha for å overleve, og de politikere og byråkrater som reiser verden rundt på første klasse eller i privatfly for å vedta disse programmene, og de politikere fra fattige land som mottar erstatninger fra de rike landene fordi klimaendringene visstnok øker fattigdommen i de fattige landene. Trump forsøke å stoppe alt dette, men nå er dette programmet tilbake på full gass, og Biden tråkker klampen i bånn.

Umiddelbart etter at Biden inntok Det Hvite Hus stoppet han all «fracking», all oljeleting og all oljeboring på statseid land, Han stanset også arbeidet med «the Keystone Pipeline», et tiltak som umiddelbart førte til at om lag 10 000 arbeidere mistet jobben (og som på sikt vil koste enda flere jobber).

Bidens miljøtiltak vil raskt redusere den økonomiske vekst, og derved redusere velstanden for alle amerikanere – og de vil ikke påvirke klimaet.

Innvandring

Det er mellom 11 og 30 millioner ulovlige innvandrere i USA, personer som har kommet til USA og som bor der fast uten å ha fulgt gjeldende regler for hvordan man får fast, lovlig opphold og etter hvert statsborgerskap. Mange av disse jobber i all hovedsak i den svarte økonomien. Biden vil at disse ikke skal måtte utstå noen konsekvenser for sine lovbrudd, han vil åpne for at disse raskt skal få statsborgerskap. Når de får statsborgerskap vil de også få full rett til «gratis» tilbud fra det offentlige innen helse, skole, pensjoner, etc. Noen delstater gir allerede per idag ulovlige innvandrere fulle rettigheter mht. å motta alle offentlige tilbud, endog reelt sett inkludert stemmerett ved president-valg! Mange av disse innvandrerne vil da også antagelig komme i fullt ut lovlig arbeid, og da begynne å betale inntektsskatt, men dette vil alt i alt føre til en enorm økning i offentlige utgifter – med skatteøkninger og økende gjeldsopptak og inflasjon som konsekvens. Vi nevner også at de som får statsborgerskap helt lovlig kan hente til USA alle sine slektninger fra andre land, så antallet som kommer til USA etter denne endringen kan bli langt større enn 30 millioner.

Vi er tilhengere av innvandring av lovlydige borgere, men vi kan ikke si at det er god politikk å belønne de som bryter lover, slik Bidens program innebærer*.

Det er en utbredt oppfatning at kriminelle er overrepresentert blant disse innvandrerne, og det har også vist seg at mange av de som blir tatt og som blir utvist enkelt kommer seg tilbake til USA. Trump

---

* Den korrekte måten å behandle disse ulovlige innvandrerne på er å gi de som ellers ikke er kriminelle en liten bot, og så gi dem lovlig opphold.

118

forsøkte å stoppe denne ulovlige innvandringen bla. ved bygge en mur mot grensen til Mexico, men Biden har stoppet disse planene.

Utenriks

Noe av det første Biden gjorde etter at han ble innsatt var å oppheve det innreiseforbud fra en rekke muslimske land hans forgjenger hadde innført; Trump hadde innført dette fordi en overvekt av terrorister kom fra disse landene. Nå kan reisende fra disse landene komme til USA på samme betingelser som alle andre. Biden vil også gjenoppta avtalen med Iran, en avtale som Trump sa opp; denne avtalen gjør det mulig for Iran å utvikle atomvåpen.

Trump satte hardt mot hardt mot diktaturer som Kina og Iran, men Biden har omgjort dette. Biden er så vennlig innstilt til Kina at han unnskylder Kinas undertrykking av uigurene (en i hovedsak muslimsk minoritet som holder til i nordvest-Kina). Om lag én million uigurer er plassert i leirer hvor de blir svært dårlig behandlet. Biden unnskyldte dette med kulturelle forskjeller; det han sa var følgende:

> «...the central principle of Xi Jinping is that there must be a united, tightly controlled China. And he uses his rationale for the things he does based on that. I point out to him, no American president can be sustained as a president if he doesn't reflect the values of the United States. And so the idea I'm not going to speak out against what he's doing in Hong Kong, what he's doing with the Uyghurs in western mountains of China, and Taiwan, trying to end the One-China policy by making it forceful, I said -- by the way, he said he gets it. *Culturally, there are different norms that each country and their leaders are expected to follow* [uthevet her]» (Biden på CNN Town Hall Meeting, kilde Newsweek).

Biden forsøker her åpenbart å si at «the idea that I´m not going to speak against it, is wrong». Det er allikevel all grunn til å tro at det bare vil være ord, og altså ingen handling fra USAs side som vil få negative konsekvenser for Kina. Dette bekreftes ved at Biden har fjernet en rekke straffetiltak som Trump innførte overfor Kina, f.eks. kineseres mulighet til å eie andeler i teknologibedrifter og energifirmaer i USA (disse restriksjonene var innført med «nasjonens sikkerhet» som begrunnelse). Ingen vi bli overrasket dersom Bidens administrasjon vil gå inn for å fjerne de restriksjoner på handel med Kina som var på plass under Trump. Når man skal vurdere Kina må man ikke glemme at landet er et kommunistdiktatur, og at alt kinesiske firmaer gjør i utlandet skjer med støtte fra kommunistpartiets ledelse og fungerer som støtte til Kinas utenrikspolitikk. Kinesiske aktører har også investert enorme beløp i en rekke forskjellige virksomheter i andre land: de har store eierandeler i viktige firmaer og de støtter universiteter og aviser i Storbritannia, i Australia, i USA, i Afrika, mfl., noe som kan sette en demper på disse aktørenes kritikk av Kina. Regimet i Beijing er også i ferd med å oppgradere sin militære styrke, noe som uroer naboland som India, Taiwan, Russland, Myanmar.

Vi nevner også at Kina har en omfattende sensur, at politisk opposisjon ikke er tillatt, og at regimet forsøker å slå ned alle pro-frihet-demonstrasjoner i Hongkong. Allikevel har Biden omtalte lederne i Kina som «not bad folks».

Kjønnspolitikk

En av venstresidens aller mest virkelighetsfjerne kjepphester for tiden er deres oppfatning om at kjønn ikke er medfødt. Kjønn er valgt, sier de: menn som føler seg som kvinner (og som har gjennomgått en viss medisinsk behandling) skal da ifølge dem fullt ut betraktes som kvinner, bla. skal de kunne delta i sportsarrangementer som kvinner dersom de føler for det.

Rett etter at Biden var innsatt påla han umiddelbar etterlevelse av en høyesterettsdom som innebærer at menn som føler seg som kvinner skal kunne konkurrere i idrettskonkurranser som kvinner. Menn er større og sterkere enn kvinner, så nå kan menn som ikke lykkes i konkurranse med andre menn si at de føler seg som kvinner og bli vinnere og få medaljer og stipender ved å konkurrere mot kvinner. Ja, de må kanskje passere en hormon-test, men de vil allikevel stort sett ha de samme fysiske forutsetningene som menn har.

Personen som Biden har nominert som assisterende helseminister heter Rachel Levine, men tidligere lød vedkommende navnet Richard Levine. (Levine er lege og har bakgrunn som «Pennsylvania's top health official».) Denne personen ble født som mann, men ønsker nå

120

å bli betraktet som kvinne. Dette er ikke noe problem, det som er problemet er følgende: under utspørringen av vedkommende i Senatet foran godkjenningen kom spørsmålet om hvordan han/hun ville stille seg til det problemet at mange av de svært unge som gjennomgår en slik kjønnskiftebehandling angrer etter operasjonen – mener dr. Levine at umyndige er i stand til å ta en beslutning som kjønnsskifte? Spørsmålsstilleren er senator Rand Paul, som forøvrig er lege:

«Genital mutilation has been nearly universally condemned. Genital mutilation has been condemned by the WHO, the United Nations Children's Fund, the United Nations Population Fund. According to the WHO, genital mutilation is recognized internationally as a violation of human rights. Genital mutilation is considered particularly egregious because, as the WHO notes, it is nearly always carried out on minors and is a violation of the rights of children. Most genital mutilation is not typically performed by force, but as WHO notes, that by social convention, social norm, the social pressure to conform, to do what others do and have been doing, as well as the need to be accepted socially and the fear of being rejected by the community. American culture is now normalizing the idea that minors can be given hormones to prevent their biological development of their secondary sexual characteristics. Dr. Levine, you have supported both allowing minors to be given hormone blockers, to prevent them from going through puberty, as well as surgical destruction of a minor's genitalia. Like surgical mutilation, hormonal interruption of puberty can permanently alter and prevent secondary sexual characteristics. The American College of Pediatricians reports that 80 to 95% of prepubertal children with gender dysphoria will experience resolution by late adolescence if not exposed to medical intervention and social affirmation. Dr. Levine, do you believe that minors are capable of making such a life-changing decision as changing one's sex?»

Dr. Levine svarer:

«Well, Senator thank you for your interest in this question. Transgender medicine is a very complex and nuanced field with robust research and standards of care that have been developed. And if I am fortunate enough to be confirmed as the Assistant Secretary of Health, I will look forward to working with you and your office and coming to your office and discussing the particulars of the standards of care for transgender medicine.»

Paul mente at Levine ikke besvarte spørsmålet og stiller det igjen, og Levine gir nøyaktig samme svar. Paul avslutter slik:

«Let it go into the record that the witness refused to answer the question. The question is a very specific one, should minors be making these momentous decisions? For most of the history of medicine, we wouldn't let you have a cut sewn up in the ER, but you're willing to let a minor take things that prevent their puberty and you think they get that back? You give a woman testosterone enough that she grows a beard, you think she's going to go back looking like a woman when you stop the testosterone? You have permanently changed them. Infertility is another problem.»

Det hører med til historien at senator Paul ble utsatt for sterk kritikk fra aktører i mainstream for sine spørsmål. Ett eksempel: «Rand Paul's ignorant questioning of Rachel Levine showed why we need her in government» (Monica Hesse i Washington Post, 26/2-21).

Erstatning til etterkommere av slaver
Biden vurderer å gi erstatning til etterkommere av slaver. Dette er en sak som ledere i organisasjoner for afroamerikanere har kjempet for i mange år. Slaveriet er en grusom skamplett på USAs historie, men man må ikke glemme at det ble ført en borgerkrig som hadde som mål å få slutt på slaveriet, en krig som endte med seier til den siden som ville avskaffe slaveriet. Dessverre var det betydelig diskriminering av svarte i innpå 100 år etter at borgerkrigen ble avsluttet. Bla. etter omfattende

demonstrasjoner på 60-tallet, og med en betydelig lederskikkelse som Martin Luther King i spissen, ble forholdene bedre utover 70- og 80-tallet. Men det som skjedde deretter var at kollektivistiske ideer, og derved rasistiske ideer, kom til å stå sterkere i USAs kultur, og dette førte til at integreringen – og USAs ideal som en smeltedigel – ble forlatt og at det ble lagt stadig større vekt på forskjeller og dermed motsetninger mellom rasene.

Det som skjer er at lederne i organisasjoner for afroamerikanere krever erstatning for slaveriet, et slaveri som altså opphørte for mer enn 150 år siden. Ingen som var slaver lever i dag, ingen som eide slaver lever i dag. Dette er altså et prosjekt som skal ta penger fra de produktive (det er her de penger som staten deler ut alltid kommer fra) og som skal deles ut til å drive organisasjoner som hevder å arbeide for å bedre afroamerikaneres livsforhold. Hvis dette blir en realitet vil så og si alle pengene gå til lønninger og frynsegoder for ansatte i disse organisasjonene, og deres totalt uproduktive, ja, endog skadelige, virksomhet. Dette vil da øke byrden på de produktive, det vil redusere levestandarden for så og si alle, og det vil styrke rasemotsetningene. President Biden vurderer altså å gå med på noe slikt.

Ny rasisme

Ledende Demokrater påstår at politiet og det militære i stor grad er infiltrert av folk som er tilhengere av «white supremacy», det vil si av hvite rasister, og de vil fjerne slike fra sine stillinger. Her fra en nettside (som er kritisk til Demokratene) 4/2:

> «Biden administration looks to root out 'white nationalism' from military over next 60 days. ... Democrats really have convinced themselves that America's real enemies are "within," as House Speaker Nancy Pelosi recently put it. And those enemies appear to be white Republicans» (kilde bizpac).

Vi minner om Joe Bidens utsagn i et intervju med en afroamerikansk intervjuer i mai 2020: «Biden tells voters 'you ain't black' if you're still deciding between him and Trump». Altså: ingen som virkelig er svarte kan stemme på Trump, det vil si ingen som virkelig er svarte kan ha et annet syn enn det som de venstreorienterte har.

Enda et eksempel: Colin Kahl, nominert av Biden til «Under Secretary of Defense for Policy», har på Twitter beskrevet det Republikanske partiet som «the party of ethnic cleansing» (kilde breitbart). Vi tar også med følgende: John Brennan, CIA-sjef under Obama, sier 2/3 at han stadig blir mer og mer flau over å være en hvit mann («'increasingly embarrassed' to be a white man»).

Demokratene definerer «rasisme» så bredt at så og si alle som er uenige med Demokratenes politikk er rasister. (Vi så over at Joe Biden beskrev Trump som en rasistisk president.) Det dette vil betyr i praksis, hvis det blir gjennomført, er at politiet og det militære og CIA og FBI kun vil bestå av personer som er sympatiske til Demokratenes politiske syn. Dette vil da bli en nærmest fullstendig politisk ensretting av statens maktapparat.

Men denne politikken legger avgjørende vekt på rase, og ser ut til å frikjenne alle ikke-hvite uansett hva de har gjort og hva de mener, og å fordømme alle hvite, uansett hva de har gjort og hva de mener.

De venstreorienterte hevder at de står for antirasisme. Men antirasisme innebærer at rase skal være irrelevant, det som skal være viktig er et individs karakter, dets handlinger og dets personlighet. Som Martin Luther King sa det: «I have a dream that my four little children will one day live in a nation where they will not be judged by the color of their skin but by the content of their character». Det som i dag skjer er det motsatte: hudfarve skal ha alt å si.

En korrupt familie?

StartUp Health, et nydannet firma som ga råd om investeringer i helseforetak, fikk en pangstart i juni 2011 da representanter for selskapet fikk et møte med president Obama og visepresident Biden i Det Ovale Kontor. Dagen etter møtet var det store oppslag i pressen om dette nystartede firmaet, og det vokste seg raskt til å bli et stort og viktig firma: forretningsideen var at det ga råd om alle typer drift av helseforetak, og til gjengjeld skulle det få en eierandel av firmaet de bisto, oftest mellom 2 og 10 %. StartUp Health har fortsatt gode forbindelse inn i maktsentrene i Washington, og benytter seg av dette i sin profilering og markedsføring. Hvorfor fikk de i oppstarten et møte med Obama og Biden? Ikke godt å si, man kanskje fordi mannen som var «chief medical officer» i StartUp Health var Joe Bidens svigersønn.

124

Frank Biden, bror av Joe, var inntil 2009 en ikke spesielt vellykket eiendomsmegler i Florida. I 2009 bestemte han seg for å gå inn i energibransjen. Tidlig i 2009 var visepresident Joe Biden på statsbesøk i Costa Rica, og noen måneder senere var også Frank Biden på besøk i Costa Rica, og der møtte han en rekke høytstående embedsmenn. Frank Bidens firma inngikk deretter en stor avtale med Costa Ricas nasjonale energiselskap om utvikling av grønn energi i landet. Franks firma Sun Funds America ble også involvert i grønne energiprosjekter i Jamaica, og firmaet har for dette prosjektet mottatt skattefinansierte lån fra myndighetene på 47 millioner dollar.

I november 2010 var det et møte på visepresidentens kontor mellom Biden og Kevin Justice, leder for det nystartede entreprenørfirmaet Hillsdale Construction. Tre uker senere utnevnte Justice Joe Bidens bror James Biden til ny «executive vice president» i Hillsdale, og et halvt år senere fikk dette firmaet i oppdrag å bygge 100 000 nye leiligheter i Irak, en kontrakt verd 1,5 milliarder dollar. Dette skjedde mens Joe Biden var hovedansvarlig for amerikanske tiltak i Irak.

Joes sønn Hunter Biden har vært involvert i en rekke firmaer i mange land, land som Kina, Russland, Kasakhstan, Ukraina, o.l. – men pussig nok ikke i noen firmaer som hører hjemme i Storbritannia eller Japan, og det er kanskje slik fordi land som de sistnevnte er lite korrupte og hvor firmaers aktiviteter i det store og hele må tåle dagslys, dette i motsetning til de landene Hunter Biden er involvert i. Vi kunne gitt svært mange eksempler på Hunters forretningsførsel, men gir kun følgende: Mens Joe Biden var visepresident ga USA tre milliarder dollar til Ukraina for å bistå landets oljebransje i å utvikle grønne prosjekter. Omtrent samtidig fikk Hunter Biden en lukrativ plass i styret i Burisma, et av Ukrainas viktigste energiselskaper. Hunter hadde ingen bakgrunn fra eller innsikt i energibransjen. Hunter var også involvert i Kina; mens hans far var visepresident var Hunter involvert i to avtaler som hadde rammer på milliarder av dollar.

Vi kan skyte inn her at Hunter Bidens PC («laptop») kom på avveie, og den inneholdt visstnok mengder av kompromitterende materiale. Amerikansk mainstreampressen forsøkte å dekke over dette før valget (en avis som allikevel skrev om dette ble kastet ut fra Twitter); det gikk endog så langt at 50 høytstående embedsmenn kom med en uttalelse som sa at påstandene om at det var materiale på denne laptopen som viste at Biden var korrupt «has all the classic hallmarks of a Russian [des]information operation» Blant underskriverne var Leon Panetta, Jim Clapper og John Brennan (kilde politico). Imidlertid ble det bekreftet at «... the FBI and Justice Department officials concur with an assessment from Director of National Intelligence John Ratcliffe that the laptop is not part of a Russian disinformation campaign targeting Democratic presidential nominee Joe Biden» (kilde foxnews).

Vi kunne gitt mange flere eksempler av samme type, men avslutter med dette (fra Peter Schweitzers *Profiles i Corruption,* hvor også eksemplene over er hentet fra).

«The Bidens started out in blue-collar Scranton, Pennsylvania, but in the face of financial hardship, moved to Delaware when he [Joe] was still young. After first attending the University of Delaware and then law school at Syracuse University, he jumped almost immediately into politics. By the age of twenty-seven, Joe was running for New Castle County Council in Delaware. From that beginning, Joe´s political career was a family affair. His younger brothers James and Frank "organized a volunteer army of young people who worked the strong Democratic precincts." When he ran for the U.S. Senate just two years later, James, then just twenty-two years old, was his finance chairman. His sister Valerie was his campaign manager. She would go on to lead every one of his political campaigns over the next three decades until his vice presidential run with Barack Obama. From his earliest foray into politics to the present day, Biden's political life has been fused with his family. From the beginning, the Biden family, as one admiring biographer puts it, "formed the nucleus for [Joe Biden's] political operations."The notion of family was deeply embedded in the Biden psyche at an early age. "The single best thing [I learned from my father] is," Joe's son Hunter once said, "family comes first. Over everything."This otherwise admirable character quality crosses the line into corruption when political position and vested power become the locomotive of the family money train. Love of family is not a legitimate excuse for the abuse of power» (s. 48-49).

Vi sier ikke mer om Biden-familiens mulige korrupsjon, men tar med følgende om Bidens visepresident, Kamala Harris:

> «Harris paints herself as a gritty lawyer who is climbing the ladder of power by her own strength and determination. She has also positioned herself as "smart on crime," even publishing a book by that same title. The reality of her rise to prominence is far more complicated—and how she has leveraged her power along the way is troubling. Harris's elevation to national politics is closely tied to one of California's most allegedly corrupt political machines and investigations into her tenure as a prosecutor raise disturbing questions about her use of criminal statutes in a highly selective manner, presumably to protect her friends, financial partners, and supporters. Most disturbing, she has covered up information concerning major allegations of criminal conduct, including some involving child molestation» (Schweitzer, s.14).

Helt til slutt nevner vi at det var Barack Obama som rekrutterte Harris til politikken, og man kan med stor rett betrakte Obama som Harris´ gudfar. Hvis den uerfarne Harris blir president er det all grunn til å spekulere på om Bidens/Harris´ presidentperiode egentlig blir Obamas tredje periode.

Vi avslutter her, men regner med at det ikke er umulig at vi om kort tid vil komme tilbake med flere kommentarer om president Harris.

Så, Bidens, og evt, Harris´, presidentperiode kommer til å skape enorme problemer for USA og for amerikanere flest: konkurser, arbeidsløshet, synkende velstand/økende fattigdom, økede skatter og avgifter, flere reguleringer, mer kriminalitet, innskrenket ytringsrom (opposisjonelle stemmer vil bli kastet ut av de store plattformene), mer kvotering av mindre kompetente fra favoriserte grupper inn i viktige posisjoner, kjønnskifteoperasjoner på barn, osv. Og det vil bli mer rasisme fra alle hold. Kanskje kommer det et omfattende voldelig svar på den økende undertrykkelsen. Bidens kurs vil kunne gjøre USA om til en blanding av en bananrepublikk, en politistat og et anarki.

Men Bidens – og Harris` – kurs har allikevel støtte fra mer enn 80 millioner amerikanere, og fra så og si alle innen den langtidsutdannede elite. Et folk får de politikere de fortjener.

https://www.newsweek.com/joe-biden-cnn-town-hall-transcript-full-trump-vaccines-1569872

https://www.rev.com/blog/transcripts/rand-paul-questions-health-nominee-rachel-levine-on-gender-reassignment-for-minors-transcript

https://www.washingtonpost.com/lifestyle/style/rachel-levine-assistant-health-secretary-biden/2021/02/26/26370822-7791-11eb-8115-9ad5e9c02117_story.html

https://www.bizpacreview.com/2021/02/04/biden-administration-looks-to-root-out-white-nationalism-from-military-over-next-60-days-1025580/

https://www.politico.com/f/?id=00000175-4393-d7aa-af77-579f9b330000

https://www.foxnews.com/politics/fbi-purported-hunter-biden-laptop-sources

https://www.breitbart.com/politics/2021/03/04/joe-biden-pentagon-nominee-colin-kahl-republicans-the-party-of-ethnic-cleansing/?utm_source=newsletter&utm_medium=email&utm_term=daily&utm_campaign=20210304

USA på bena igjen?

Publisert 31. mai 2021

På en av nyhetskanalene på TV finnes det nå en dokumentarfilm som har fått tittelen «USA på bena igjen»*. Dokumentarens budskap er at USA nå, etter at president Trump ble avsatt og Joe Biden nå har inntatt Det Hvite Hus, er på rett kjøl igjen, det vil si at nå går alt så meget bedre. La oss gjøre det som norske journalister sjelden gjør: la oss sjekke et utvalg av relevante fakta som burde vært med i en slik artikkel.

(Vi minner om at det vi bedriver her på Gullstandard ikke er journalistikk, det vi skriver er kommentarer. Det vi skriver er ment som et supplement til det man kan lese i mainstreammedia. Hvis vi skulle skrive en journalistisk artikkel ville vi hatt en større bredde av eksempler enn vi vanligvis tar med; de eksemplene vi som regel tar med er ment å supplere det man finner i mainstream, det vil si de burde ha vært med i artikler i mainstreammedia, men av en eller annen grunn blir de altfor ofte utelatt. Hvis slike fakta blir tatt med blir de sjelden eller aldri satt i riktig kontekst. Dersom man da ser det vi skriver alene, uten å betrakte det som et supplement til det man kan lese i mainstream, kan det se ut som om vårt utvalg av fakta er skjevt fordelt, men som sagt, det vi skriver er ment som et supplement til det som finnes i mainstream.

Hvis man sammenligner med kosthold kan man betrakte det vi skriver som et ytterst nødvendig kosttilskudd. Svært mange har et kosthold som er slik at det de får i seg mangler enkelte viktige næringsstoffer. Dette kan på sikt føre til at helsen blir dårlig. Men dersom man inntar et riktig kosttilskudd i tillegg til det daglige brød vil man få de stoffene kroppen trenger og man vil holde seg frisk. Tilsvarende, de som skriver i mainstreammedia utelater som regel viktige fakta. Artiklene som står her på Gullstandard kan man da betrakte som et slags mentalt kosttilskudd; her får man nødvendige

---

* Dokumentarfilmen ble fjernet etter kort tid.

fakta og vurderinger som man ikke får i seg dersom man bare leser mainstreammedia.)

Eksempler

Vi siterer noen overskrifter fra ulike nyhetskilder de siste dagene:

VG: 12 masseskytinger i USA i helgen: Barn og unge blant de drepte og skadede

Dagbladet: Ny masseskyting i USA. - Hva i helvete foregår i USA?

Resett: Sjokkvideo ryster USA: Kvinne slått til blods og trampet på i ansiktet

Frontpagemag: Biden Administration Ramps Up IRS Enforcement [IRS er det amerikanske ligningsvesenet]. While encouraging massive immigration law violations. [Det som fortelles her er at Bidens administrasjon intensiverer innsatsen for å få inn mere skatt fra den produktive delen av befolkningen, mens den samtidig oppfordrer til ulovlig innvandring, noe som bla. innebærer at flere vil få rett til å motta gratisgoder fra den amerikanske staten, goder som er finansiert av skattebetalerne.]

Frontpagemag: Daniel Greenfield Video: California is Leaving. No children, no middle class, and no future. [California er blant de mest venstreorienterte delstatene i USA, noe som betyr at den har høye skatter og avgifter, massevis av offentlige reguleringer, en mengde offentlige gratistilbud, og milde straffer for kriminelle. Det som fortelles i sitatet er at stadig flere personer bedrifter og virksomheter flytter fra California til andre delstater, delstater som per idag fører en politisk kurs som ikke ligger så langt til venstre.]

Resett: Joe Biden gir tillatelse til å heise [terroristorganisasjonen] Black Lives Matter-flagg/banner på amerikanske ambassader [over hele verden].

Frontpagemag: Biden Brings in Islamic Activists to Investigate U.S. Military for 'Extremism'.

Dispatch: Can America Be America When Jews Are Beaten in the Streets?

VG: Opp til 25 personer skal være skutt og to skal være bekreftet døde i en masseskyting ved et konsertlokale i Miami i Florida.

Seattle Times: 50 people died from homicidal violence in Seattle in 2020, the largest number in a quarter century, police chief says.

Kent reporter: King County gun violence keeps soaring in 2021. 69 shooting victims in first three months, 16 of them fatal.

Breitbart: Report: Joe Biden Budget Calls for $8.2 Trillion in Spending per Year by 2031 — Twice the Size of Pre-Pandemic Budget.

Nypost: Biden preps $6T budget that would raise spending to highest level since WWII.

Epoch Times: Texas Ranchers Live in Fear as Encounters With Illegal Aliens Increase.

Breitbart: HuffPo Reporter: January 6 Riot '1000 Percent Worse' than 9/11.

Document: Amerikanske spesialsoldater skal få opplæring i mangfold, inkludering og kritisk raseteori.

Frontpagemag: St. Louis Mayor Guts the Police. Tishaura Jones faithfully fulfills the leftist agenda.

Fromtpagemag: ... Immigration Crisis On Southern Border

Zerohedge: Here Comes The Hangover: Soaring Prices Result In Record Crash In Home, Appliance Buying Plans.

(Linker til de fleste av disse sitatene finnes nedenfor; vi gjenga ikke alle, det er for mange av dem. Men alle sitatene, og artiklene hvor det som fortelles i sitatene utdypes, skulle være enkle å finne ved hjelp av en søkemotor.)

Hvorfor skjer dette?

Det finnes to dominerende politiske ideologier: sosialisme og kapitalisme. Disse begrepene beskriver i utgangspunktet samfunns-systemer, men de kan også benyttes om de ideologiene som legitimerer, begrunner og forklarer disse samfunnssystemene.

Kapitalismen er en ideologi som går inn for at all omgang mellom mennesker skal være frivillig, den muliggjør verdiskapning, frihandel, rettsstat, velstand. For å sikre dette sier kapitalismen at eiendomsretten må gjelde. Statens oppgave skal kun være å beskytte borgernes frihet.

I motsetning til denne ideologien står sosialismen, og den legger vekt på likhet uavhengig av innsats, og står for det syn at all ulikhet er urettferdig – for sosialister er «rettferdighet» og «likhet» i de fleste sammenhenger synonyme. Dette ser man i uttrykk som «rettferdig fordeling», en formulering som innebærer at det er moralsk riktig å ta fra de som jobber/produserer og gi til de som ikke jobber. Tilhengere av sosialismen vil altså kjempe imot alt de oppfatter som uttrykk for urettferdighet. For dem trumfer dette alt; sosialismen er ikke for velstand, den er ikke for frivillighet – og derfor er denne ideologiens tilhengere villige til å støtte eller utøve tvang og vold og ødeleggelse og hærverk dersom målet er å oppfylle det de oppfatter som likhet/rettferdighet. Det samme gjelder handlinger som har som mål å påføre de ansvarlige for den påståtte urettferdigheten et nederlag.

Tilhengere av sosialismen betrakter sine motstandere som tilhengere av urettferdighet, som fiender, som personer som ikke fortjener respekt, som personer som ikke fortjener å bli hørt, som personer som ikke fortjener å kunne ha en plattform hvor de kan ytre sine meninger. (Eksempler på dette siste er det mengdevis av i dag, alt fra å bli fjernet fra YouTube til å bli nektet å leie lokaler og til å bli utsatt for oppfordringer om annonseboikott.) Som kontrast; det som er urettferdig og som skal ha politiske konsekvenser under kapitalismen er kun initiering av tvang og alt som følger av dette.

132

I de siste tiår er sosialismen blitt stadig sterkere. Alle som har tilbrakt lang tid i utdannelsessystemet (som inkluderer barnehager, grunnskole, videregående skole, universiteter, høyskoler) er blitt foret med sosialistisk propaganda, og derfor er nå praktisk talt alle stillinger som krever lang utdannelse besatt av sosialister. Det er derfor alle som slipper til i mainstream-organer støtter sosialismen; de som gir adgang til mediene slipper til sine meningsfeller og slipper ikke til de som de mener er tilhengere av urettferdighet. Disse preker da et budskap til folk flest om at de er urettferdig behandlet: svarte er urettferdig behandlet av hvite, muslimer er urettferdig behandlet av kristne, homofile er urettferdig behandlet av heterofile, arabere er urettferdig behandlet av jøder, kvinner er urettferdig behandlet av menn, kriminelle er urettferdig behandlet av samfunnet, osv.

Dessverre er det slik i Vesten i dag at praktisk talt alle innflytelsesrike aktører i større eller mindre grad støtte sosialismen, og at det ikke finnes noen betydelig aktører, hverken intellektuelle med et stort publikum, eller partier eller aviser, som støtter kapitalismen. De konservative støtter bare en noe mindre tydelig variant av sosialismen enn det sosialistene gjør. Dette går tydelig frem av de konservatives egne programmer; de støtter alle omfattende reguleringer av nærings-livet, de ønsker en stor offentlig sektor, og de vil ha en politikk som styrker utjamning ved å ta fra de produktive og gi til de mindre produktive.

Nå lever vi i en tid hvor rasjonaliteten står svakt, og dette innebærer at for mange i for liten grad tenker igjennom hva de mener, hvorfor de mener det og hvorfor noen kan mene noe annet enn det de selv mener. Rasjonalitet innbærer at man tenker grundig igjennom årsak, virkning, kontekst og hierarki i begrunnelsen for alt man mener og alt man gjør. Rasjonalitet innebærer samtale og diskusjon, mens fravær av rasjonalitet innebærer at man kun kan basere seg på sine følelser, og at man ikke tenker langsiktig: «We want it and we want it now!» er et typisk uttrykk for de som utviser liten grad av rasjonalitet. Mangel på rasjonalitet innebærer også f.eks. at man ikke tenker igjennom hva som skjer med en plyndret butikk – vil de som eier den bygge den opp igjen eller vil de bare legge den ned fordi nabolaget ikke er trygt? Det er ikke et gode at butikker blir borte fra ens nabolag, det er jo i butikken man kan kjøpe det man trenger og/eller vil ha.

De som har plyndret og ødelagt og revet ned statuer har gjort dette fordi de er blitt fortalt at disse tingene – butikker, kafeer, statuer – representerer personer og institusjoner som har behandlet dem urettferdig. Ja, noen er med på ødeleggelsene fordi de synes det er uskyldig moro, men hvorfor synes de at slike ting er moro, og hvorfor er det «uskyldig», det vil si hvorfor er det liten risiko for å bli straffet for noe slikt? Det er fordi en rekke mainstreamaktører mener at det bør være slik, det vil si de mener at det er urettferdig at kriminelle blir idømt strenge straffer.

Et viktig poeng er også følgende: sosialister betrakter også (det de oppfatter som) rettferdighet, det vil si likhet, som langt viktigere enn velstand, og at de derfor ødelegger velstand (og det som gjør velstand mulig) for å markere sitt syn om hva som er rettferdig burde ikke overraske noen.

Og hvorfor møter disse vandalene liten eller ingen motstand? Hva er dagens dominerende etikk? «Sett dere ikke imot den som gjør ondt mot dere. Om noen slår deg på høyre kinn, så vend også det andre til. Vil noen saksøke deg og ta skjorten din, la ham få kappen også. Tvinger noen deg til å følge med en mil, så gå to med ham. .. Elsk dine fiender ... Den som er syndfri kan kaste den første sten... Det er vanskeligere for en rik mann å komme inn i himmelen enn for en kamel å komme gjennom et nåløye». Når et slik moralsk ideal – altruisme – dominerer i kulturen er det ikke mulig å effektivt bekjempe kriminelle og vandaler.

Det var mye utsette på Trumps politikk (og det har vi gjort i en rekke artikler her på Gullstandard). Men å si at USA nå, etter at Trump er gått av og at den kandidaten som de fleste innen mainstream støttet er blitt president, er på bena igjen, å si at nå kommer alt til å gå rimelig bra, det er helt feil. Det som skjer er at venstreorienterte krefter nå har fått så stor makt og så stor støtte og så stor oppslutning at noen av de venstreorienterte praktiserer det som den venstreorienterte ideologien oppfordrer til. De sitatene vi gjenga ovenfor er bare noe få konkrete eksempler fra de siste ukers USA på dette, og de viser at de sterkt venstreorienterte finnes over alt: de finnes blant kriminelle, de finnes blant akademikere, de finnes i statsadministrasjonen, de finnes i politiet, de finnes i det militære, de finnes i etterretningstjenestene, de finnes i pressen, osv.

Hvilket element av venstresidens credo er det disse praktiserer i den type eksempler vi har gjengitt sitater om ovenfor? I Norge heter venstresidens avis Klassekampen – legg merke til ordet «kamp» i tittelen. 1. mai er i mainstreamkilder omtalt som arbeiderklassens internasjonale kampdag (se f.eks. Wikipedias artikkel om 1. mai) – legg merke til ordet «kamp» i betegnelsen. De sitatene vi en gjenga over fra det som skjer i USA viser bare at mange på venstresiden har tatt opp kampen – bokstavelig talt en voldelig kamp – på flere og flere områder, og de som rammes er venstresidens tradisjonelle motstandere, de som rammes er de produktive, de anstendige, de fredelige, de som i praksis i det store og hele er kapitalisme-tilhengere. Vi kan også bemerke at en av sosialismens ideologiske forløpere direkte oppfordrer til drap på meningsmotstandere (denne forløperen er islam, og i Koranen oppfordres muslimer til å «drepe de vantro hvor dere enn måtte finne dem».)

Vi sier selvsagt ikke at alle muslimer og alle sosialister er voldelige. Det vi sier er at de to nær beslektede ideologiene disse gruppene bygger på, de oppfordrer til og forsvarer vold mot meningsmotstandere. Imidlertid er det opplagt at noen av de som tilhører disse ideologiene er voldelige, og man ser tydelig at de ikke-voldelige tilhengerne av disse ideologiene sjelden tar avstand fra den volden som deres mer ekstreme meningsfeller utøver. Som regel betrakter disse fredelige tilhengerne av disse ideologiene de voldelige som personer som gir uttrykk for en rettferdig harme, eller som om de reagerer på en grov urettferdighet de er blitt utsatt for.

Men tilbake til USA: å si som pressen i det store og hele gjør at USA nå er på bena igjen er bare latterlig og viser en total mangel på forståelse på det som egentlig skjer i USA.

Vi tar dette litt videre. Det ser ut som om mainstreamkildenes holdning til USA nå under Biden ligner på Rødts og SVs holdning til Venezuela da Chavez var president (og før det ble åpenbart for alle og enhver at hans sosialistiske politikk førte Venezuela inn i en katastrofe). Vi siterer her fra et par hyllningsartikler fra Rødt og SV til støtte for Chavez'politikk. Dette er en uttalelse fra SVs landsstyre i 2004: «Til MVR – Movimento Quinta Republica (den femte republikkens bevegelse, det viktigste regjeringspartiet i Venezuela). Kjære kamerater, Sosialistisk Venstreparti har med glede lagt merke til Nei-sidens seier i

135

folkeavstemninga i Venezuela. Vi gratulerer med President Chavez og Den Bolivarianske Revolusjonens fortsatte mandat fra det venezuelanske folk! SV har sterke bånd til venstrekrefter i Latin-Amerika, og vi håper å kunne styrke båndene også til Venezuela Med hilsen SV. (Saksbehandler: Astrid Thomassen)».

Også Rødt så naturlig nok med positive øyne på det som skjedde i Venezuela, og her er en uttalelse fra februar 2009: «Rødt har gratulert Venezuela og president Chavéz med resultatet av folkeavstemningen 15 februar. Ja-flertallet var en seier for videreføringen av den bolivarske revolusjonen i Venezuela og for den anti-imperialistiske kampen både i hele Latin-Amerika og globalt. Ja-flertallet var en seier for videreføringen av den bolivarske revolusjonen i Venezuela og for den anti-imperialistiske kampen både i hele Latin-Amerika og globalt. Resultatet gir det venezuelanske folket rett til å velge den presidenten de ønsker i det neste valget. Det er folket som får det siste ord. Fiendene av den bolivarske revolusjonen ønsket å eliminere den mest sannsynlige lederen for revolusjonen fra valget i 2012. Klassekampen i Venezuela er voldsom og har internasjonale følger. Partiet Rødt vil gjøre vårt beste for å øke solidariteten med den bolivarske revolusjonen blant folk i Norge.»

Som nevnt endte Chavez´ og hans etterfølger Maduros politikk med en total katastrofe for Venezuela – noe en sosialistisk politikk alltid gjør.

Vil dette snu?

Vi har sett enkelte kommentarer gi uttrykk for oppfatninger om at det som nå skjer i USA er så ekstremt og farlig og til dels latterlig at det vil komme en reaksjon, en reaksjon som vil føre til at kursen legges om og at den ikke vil fortsette i den samme ekstreme venstreorienterte retningen som den har i dag. For bare å ta et konkret eksempel: Svært mange har sett at politikken som innebar «defund the police» har ført til så mye økt kriminalitet at en ny bevegelse ønsker å «refund the police», den ønsker altså å gi mer penger til politiet, og den har fått noe gjennomslag enkelte steder.

Men man må huske på at det er forskjell på lang sikt og kort sikt. Man kan ha bølger med kort bølgelengde (det vil si raske svingninger) på kort sikt, men allikevel kan man ha en trend i en

136

bestemt retning på lang sikt. Mitt syn her er at det vil muligens komme en reaksjon på de mest ekstreme utslagene i de nærmeste månedene og kanskje årene, slik at vi vil få ordninger som «refund the police» (og for å ta med et punkt som ikke er nevnt over: Vi vil tro at den statspålagte likestillingen mellom kvinner og menn som føler seg som kvinner nok også vil bli møtt med betydelig motstand i tiden fremover, og vil bli noe rullet tilbake.)

Så, på kort sikt vil det muligens komme noen mindre forbedringer på noen av disse områdene nevnt over, men på lang sikt er dessverre trenden svært negativ. De eksemplene vi har gitt over er alle hentet fra USA; USA er fortsatt verdens sterkeste makt, og dit USA går vil resten av Vesten følge etter. Det som skjer i USA nå vil om ikke lenge skje i Europa. Så fremtidsutsiktene er ikke spesielt optimistiske, dessverre.

Det er ikke grunnlag for å si at USA nå er på bena igjen, tvert imot. USAs ferd mot ødeleggelsen går bare raskere og raskere.

Sitatene fra Rødt og SV har vi tidligere kommentert her: https://www.gullstandard.no/2018/04/03/venezuela-enda-et-eksempel-pa-sosialismens-sanne-ansikt/

https://www.dagbladet.no/nyheter/hva-i-helvete-foregar-i-usa/73817867
https://www.vg.no/nyheter/utenriks/i/x3aeJV/12-masseskytinger-i-usa-i-helgen-barn-og-unge-blant-de-dreptc-og-skadede

https://resett.no/2021/05/22/sjokkvideo-ryster-usa-kvinne-slatt-til-blods-og-trampet-pa-i-ansiktet/

https://www.frontpagemag.com/fpm/2021/05/biden-administration-ramps-irs-enforcement-while-michael-cutler/

https://www.frontpagemag.com/fpm/2021/05/daniel-greenfield-interview-california-leaving-fr/

https://www.frontpagemag.com/fpm/2021/05/biden-brings-islamic-activists-investigate-us-daniel-greenfield/

https://frenchpress.thedispatch.com/p/can-america-be-america-when-jews?token=eyJ1c2VyX2lkIjozNTA0NjIwOSwicG9zdF9pZCI6MzY3NDI5NzQsIl8iOiJzTzBlVSIsImlhdCI6MTYyMTkyMjQ3NiwiZXhwIjoxNjIxOTI2MDc2LCJpc3MiOiJwdWItMjE3NjUiLCJzdWIiOiJwb3N0LXJlYWN0aW9uIn0.sgJZZVO_m8KnLNFpU_dtWE6jrev5i2PfgMv_AVl37Gk

https://www.seattletimes.com/seattle-news/crime/50-people-died-from-homicidal-violence-in-seattle-in-2020-the-largest-number-in-a-quarter-century-police-chief-says/

Hvor lenge kan president Biden bli sittende?

Publisert 7. august 2023

Første gang jeg ble oppmerksom på Joe Biden var etter at han måtte trekke seg fra kampen om å bli nominert som Demokratenes presidentkandidat i 1987 da det ble avslørt at store deler av et innlegg han hadde holdt var plagiert fra Neil Kinnock (Kinnock var en kjent britisk politiker på 80-tallet).

Biden var blitt valgt som senator i 1973, og hadde ikke markert seg på noe spesielt vis. Hvis man skal tillegge ham en politisk profil så kan man si at han var nogenlunde sentrumsorientert.

Da Barack Obama skulle ha en visepresidentkandidat var det ikke unaturlig for ham å velge den erfarne og altså nokså moderate Joe Biden som sin medkandidat: Obama var ung, Biden var gammel; Obama var fersk, Biden var erfaren; Obama var venstreorientert, Biden var sentrumsorientert; Obama fremstod som seriøs, Biden fremstod som er noenlunde løs kanon; Obama var sjarmerende, Biden var sleip; Obama virket kompetent, Biden var en kløne; Obama fremsto som aristokratisk, Biden fremsto som en snåling; Obama var svart, Biden var hvit – Obama/Biden var med andre ord et perfekt par som kunne appellere til en rekke forskjellige velgergrupper.

Biden gjorde ikke noe nummer av seg som visepresident, og han var ikke en naturlig etterfølger etter Obama da han måtte gå av etter to perioder. Ofte, men ikke alltid, blir visepresidenten partiets kandidat når sittende president ikke kan ta gjenvalg: dette skjedde med Nixon (1960), Humphrey (1968), Bush senior (1988), Al Gore (2000). Noen visepresidenter ble ikke betraktet som egnet til å stille som presidentkandidat etter at deres periode gikk ut; blant dem finner vi Dick Cheney (2008) – og Joe Biden (2016). Demokratene nominerte i 2016 Hillary Clinton for å etterfølge Obama, men hun tapte mot Donald Trump.

Men i 2020 var situasjonen så spesiell at Demokratene febrilsk lette etter en kandidat som kunne hamle opp med Donald Trump. De fant ingen egnet kandidat, og måtte ty til Joe Biden. I valgnattens siste timer strømmet det inn stemmer på Biden, og han ble meget raskt erklært som vinner av valget.

Denne artikkelen er ikke ment å være en biografi over Joe Biden, men vi skal fokusere på en del fakta som mainstreamkilder som regel ignorerer – dette er med andre ord et supplement til det man finner i mainstreammedier. Vi har delt det som kommer inn i flere delkapitler, men det er ingen skarpe skiller mellom dem; poengene går over i hverandre.

Politikeren Biden
Noe av det første Biden gjorde etter at han ble president var å stoppe Keystone-rørledningen, som skulle føre råolje fra Alberta (i Canada) til Nebraska. Dette var ett av mange tiltak som gjorde energisituasjonen i USA vanskelig, med raskt stigende energipriser. En periode etter at Biden hadde tatt over var prisstigningen i USA svært høy, men den ser nå ut til å ha blitt kraftig redusert. Hvor lang tid det vil gå før de store problemene viser seg er vanskelig å forutse. Vi bør også nevne at nå, sommeren 2023, er arbeidsløsheten i USA svært lav.

Biden støttet aktivt såkalte trans-kvinners mulighet til å konkurrere i kvinneklasser i en rekke sportsgrener.

USAs tilbaketrekning fra Afghanistan og overlatelse av all makt til den islamistiske terroristgruppen Taliban, var et kolossalt nederlag for USA og Vesten. Dette var dog en videreføring av en avtale som var inngått under Donald Trump, så man kan ikke alene klandre Biden for dette. (Vi har skrevet utførlig om dette tidligere her på Gullstandard, så gjentar ikke noe om dette her.)

Bidens administrasjon tok kontakt med visse Internett-plattformer, som f.eks. Facebook, for å overtale dem til å ikke publisere visse typer innhold.

Biden har alltid kommet med noen merkelige uttalelser og formuleringer. Her er noen få eksempler: I samtale med en afroamerikansk velger som vurderte å stemme på Trump i 2020 sa Biden følgende: «If you have a problem figuring out whether you're for me or Trump, then you ain't black.» På et valgkampmøte til et publikum som i hovedsak besto av afroamerikanere sa han om Republikanerne at «They will put you all back in chains». Han sa også før han ble visepresidentkandidat at Obama var «the first mainstream African-
140

American who is articulate and bright and clean and a nice-looking guy».

Løgneren Biden
Biden fremstilte sine akademiske resultater som langt bedre enn de var. Han sa at han fikk stipend, han sa at han fullførte blant den beste halvdel i sin klasse, at han fikk tre akademiske grader, og at han ble kåret som en «outstanding student». Senere innrømmet han at dette ikke var sant (video nedenfor), han sa at hans «memory had failed him». Dette var lenge før han ble visepresident.

Før valget i 2020 ble det kjent at en PC tilhørende Hunter Biden, Joe Bidens sønn, var kommet i hendene på både FBI og enkelte journalister. Denne PC-en inneholdt en enorm mengde kompromitterende materiale om Hunter Bidens profesjonelle og personlige liv. Den inneholdt dokumentasjon av et utsvevende sexliv, omfattende narkotikabruk og forretningstransaksjoner som sterkt tyder på at både Hunter Biden og hans far Joe Biden var involvert i korrupt forretningsvirksomhet.

FBIs etterforskning av innholdet på denne PCen gikk svært tregt, muligens for å forhindre at opplysningene på den skulle svekke Bidens sjanser ved presidentvalget i 2020. Ingen av de store avisene eller TV-kanalene ville skrive om denne saken, og hvis man forsøkte å publisere den på Facebook ble innleggene slettet. Det kom en uttalelse fra om lag 50 høytstående tjenestemenn innen etterretningen som hevdet at PC-en var falsk, at den var plassert av russisk etterretning for å skade Bidens sjanser i valget. I en debatt med Trump før valget sto Biden fast på at dette var noe som var plantet av russerne for å påvirke valget.

Kort tid etter valget var det blitt klinkende klart at denne PC-en virkelig hadde tilhørt Hunter, og at det materiale som fantes på den viste ikke bare Hunters utsvevende liv, men også omfattende korrupt forretningsvirksomhet.

Den korrupte Biden
Joe Biden har en rekke ganger uttalt at han aldri blandet seg inn i og aldri visste noe om sin sønn Hunters forretningsvirksomhet, men nå er det komet for en dag at «Transcripts … Leave Little Room for Doubt

That Biden Knew Details About Son Hunter's Foreign Business Dealings...» (nysun). Det er offentliggjort lydopptak som viser at mens Hunter Biden holdt viktige møter med sine forretningsforbindelser, forekom det telefonsamtaler mellom Hunter og hans far, visepresidenten.

Hunter har inngått en rekke forretningsavtaler og fått en rekke lukrative verv i styrer rundt omkring, selv om han er totalt uegnet til alle slike jobber. Grunnen til at han har fått disse jobbene er selvfølgelig at de som har engasjert ham derved får tilgang – eller tror de får tilgang til – til visepresidenten/presidenten, og dermed lettere kan få innvilget søknader om løyver og tillatelser fra de som regulerer all nærings-virksomhet, eller får kontrakter med det offentlige. (Svært mange i toppolitikeres nære familie får denne type jobber, dette er ikke noe spesielt ved Biden og hans familie, det som er spesielt er at Biden så åpent lyver om disse tingene).

Vi nevner her også at det finnes en video hvor visepresident Joe Biden skryter av at han fikk en «prosecutor» i Ukraina avsatt, dette for å hindre at han etterforsket korrupsjon i energiselskapet Burisma, et firma fra hvilket Hunter Biden fikk store inntekter (video nedenfor). Dette var mens Biden var visepresident, så den som virkelig trykket på knappen her var Bidens sjef, Barack Obama.

Den demente Biden

Joe Biden viste tegn på demens allerede i valgkampen mot Donald Trump (altså i 2020). Etter dette har Bidens demens utviklet seg, og de som har fulgt ham (for de fleste av oss gjelder dette gjennom opptak sett på TV eller på ulike plattformer på Internett) er det enkelt å se at den kvikke Joe Biden, som han var frem til valgkampen i 2020, er en helt annen person, mentalt sett, enn den personen vi har sett i presidentrollen de siste årene.

Biden har alltid kommet med en del merkverdige utsagn og utspill, men det som har skjedd de siste årene er allikevel noe helt annet enn en og annen pussig formulering.

Alle kan forveksle Ukraina med Irak og snakke om krigen i Irak når man mener krigen i Ukraina, alle kan si et under et møte med en utenlandsk statsminister at «jeg har solgt statshemmeligheter», alle kan reise seg midt under under et intervju og tro at intervjuet er ferdig og

142

gå, alle kan glemme at en kollega har dødd og lure høylytt på hvor vedkommende er («Where is Jackie?»), alle kan lese fra en teleprompter og inkludere teksten som sier «pause» eller «hev stemmen», alle kan glemme hvor de er og spørre «hvor er jeg hen?», alle kan avslutte en tale med «God save the Queen», alle kan røpe militære hemmeligheter under et intervju, alle kan komme til å kalle visepresident Kamala Harris for president Kamala Harris, alle kan nekte å svare på spørsmål som er ikke er forhåndsgodkjent, alle kan kalle Englands statsminister Mr. President, alle kan si at Amerika kan defineres i et ord: «asufutimaehaehfutbw», alle kan si fra en talerstol at de har hårete ben, alle kan falle i søvn under et viktig møte, alle kan snuble i en trapp eller på flatmark. (At Biden har prestert alt dette er dokumentert på videoopptak.)

Men når en gammel mann gjør slike ting oftere og oftere og oftere, da er han dement.

At personer som er sterkt involvert i Demokratene ønsker å dekke over Bidens demens, er kritikkverdig, men på et vis forståelig. At uavhengige kommentatorer, som f.eks. journalister, også dekker over dette, det er en skam, og dette bekrefter enda en gang at det er svært god grunn til å tvile på det bilde som mainstreammedia viser oss.

Vi har tidligere her på Gullstandard sagt at Joe Biden har gjort én klok ting, og det var å utnevne den usympatiske og udugelige Kamala Harris som sin visepresident. Hadde visepresidenten vært en likandes og dyktig person, ville vedkommende ha erstattet president Biden for lenge siden. Men Kamala Harris er så udugelig og usympatisk at ingen vil ha henne som president. Man kan komme langt ved å være dyktig, men usympatisk; man kan også komme langt hvis man er udugelig, men sympatisk; men hvis man er både usympatisk og udugelig er det vanskelig å nå toppen.

Hva som vil skje nå er derfor svært uforutsigbart. Kanskje blir Kamala Harris presset til å trekke seg slik at det kan komme en ny visepresident, og så må Biden gå av helsegrunner. Kanskje de klarer å få det til å se ut som om Joe Biden fortsatt er oppegående slik at han klarer å stå perioden ut (i et scenario som ikke ligger så langt fra det man ser i filmen *Weekend at Bernie's,* slik at det kan komme en ny visepresidentkandidat til valgkampen i ´24 – og den som allerede nå peker seg ut her er Californias guvernør Gavin Newsom.

At Biden er korrupt, løgnaktig og udugelig begynner nå å gå opp for flere og flere, og dette er en av grunnene til at Republikanerne ligger så godt an på meningsmålingene foran neste års presidentvalg. Men den som ser ut til å ligge best an blant Republikanere er den totalt uspiselige og useriøse Donald Trump.

Hvordan dette skal gå i det lange løp er umulig å si, men det er svært liten grunn til å være optimistisk.

[Oppdatering: Våren 2024 var Bidens demens blitt så åpenbar at mainstream-journalister og -kommentatorer ikke lenger kunne fornekte eller ignorere den. Allikevel, når denne boken går i trykken i mars 2024, sitter Biden fortsatt som USAs president.]

https://www.youtube.com/watch?v=DvA-Vf0MomM&t=16s

https://www.nysun.com/article/transcripts-of-devon-archers-testimony-leave-little-room-for-doubt-that-biden-knew-details-about-son-hunters-foreign-business-dealings-could-fuel-impeachment-drive

https://www.frontpagemag.com/biden-regime-pressured-facebook-to-ban-jokes/

https://www.youtube.com/watch?v=8J6WjzdPBCo&t=466s

https://www.youtube.com/shorts/iXZSj-ttYpU

https://www.youtube.com/watch?v=UXA--dj2-CY

https://www.youtube.com/watch?v=Jkj4s3DirJE

https://www.youtube.com/watch?v=lpAR3bjcfEk

https://www.youtube.com/watch?v=YAjbMgm1oC0

https://www.youtube.com/watch?v=EAlRWhWfW18

De andre Republikanske kandidatene

Publisert 19. juni 2023

Det er snart presidentvalg i USA, det er bare cirka halvannet år til, og norske medier og kommentatorer følger intenst med i det som skjer i de innledende rundene. På Demokratenes side har den sittende presidenten, Joe Biden, sagt at han ønsker å stille. Biden er 80 år gammel og senil, og har ført en katastrofal politikk i den perioden han har sittet – han ble innsatt 20. januar 2021 – men Demokratene ser ikke ut til å hverken ønske eller å være i stand til å finne en bedre kandidat. Vi er dog ikke sikre på at han virkelig kommer til å stille, og dette er et spørsmål vi vil komme tilbake til nærmere valget, som altså er i november ´24.

På den Republikanske siden, derimot, er det noe mer interessant. Den kandidaten som har størst oppslutning per i dag, er dessverre tidligere president Donald Trump. Vi skrev en rekke kommentar om Trump før han ble valgt som president og mens han var president, og en av de siste kommentarene vi skrev ga vi tittelen «Siste kommentar om president Trump»; den var uttrykk for et håp om at vi skulle slippe å forholde oss mer til Trump.

Trump er en håpløs person, han er prinsippløs, han har ikke et nært forhold til sannheten, han fører politikk etter innfallsmetoden, og kan snu 180 grader hvis han tror han kan tjene på det. Han har kommet med en lang rekke helt horrible uttalelser, og han har snakket pent om en rekke diktatorer. Men Trump er svært god på en ting: Han er god til å markedsføre seg selv, og han har en personlighet og en slagferdighet som gjør at han har en stor tilhengerskare. For hans tilhengere ser det ut til at hans sjarm, karisma og slagferdighet, trumfer alle andre egenskaper.

Dessverre er det blitt slik i USA at det er en stor kristen velgergruppe. Religion var praktisk talt helt ute av amerikansk politikk frem til legpredikanten Jimmy Carter ble valgt i 1976. Også hans etterfølger, Ronald Reagan, appellerte bevisst til kristne velgere, og fra den tid har kristne verdier, iblant kalt «family values», hatt stor betydning i amerikanske valg. Den kanskje mest tragiske effekten av dette er den sterke motstanden mot kvinners rett til selvbestemt abort; et forbud som Republikanerne nå er i ferd med å gjennomføre i en rekke delstater i USA.

Som regel støtter de kristne Republikanske kandidater, og Donald Trump, til tross for hans meget turbulente privatliv, er en stor favoritt hos de kristne. Vi vet ikke hvor ofte det følgende har skjedd, men det har hendt at noen av Trumps kristne tilhengere har bedt ham signere Bibelen, og, kanskje enda verre enn dette, Trump har signert! Man skal ha et svært oppblåst selvbilde for å signere Bibelen. [Rett før vi går i trykken får vi vite at Trump har publisert sin egen utgave av Bibelen. Formålet er antakelig å skaffe Trump inntekter; boken selges til en meget høy pris. Boken markedsføres under slagordet: «Dette er den eneste Bibel-utgaven som er godkjent av Donald Trump».]

Men det er slik demokratiet er: de som blir valgt til å styre er de som har velgertekke. Som en liten en passant kan vi her trekke frem det mye brukte sitatet om Winston Churchills syn på demokrati: «Demokrati er en dårlig styreform, men det er den beste vi har». Churchill tar feil her: den beste måten å organisere et samfunn på er ikke demokrati, den beste måten er frihet. (Frihet innebærer at den enkelte skal ha rett til å bestemme over seg og sitt, og at staten kun skal beskytte borgernes frihet. Dette innebærer at staten ikke skal ta seg av det enorme antallet oppgaver den gjør i alle land i dag.)

Demokratene fører også en kampanje mot Trump, en kampanje som er så feilslått at den kun fører til at Trumps oppslutning bare øker.

Trump er nå i ferd med å bli stilt for retten for å ha oppbevart hemmelige dokumenter, og dette er noe som visstnok er lovstridig, men det er ikke annerledes enn hva en rekke andre toppolitikere tidligere har gjort. Ingen av de andre er blitt stilt for retten for dette, men Trump blir nå altså stilt for retten. Rettsapparatet behandler derved Trump helt annerledes enn hvordan det har behandlet andre politikere, og Trump fremstiller da dette naturlig nok som om han er en forfulgt uskyldighet, en som er så farlig for makthaverne at de benytter enhver mulighet til å bli kvitt ham. Rettsapparatet er fylt opp av personer som er sterke motstandere av president Trump, og det er ikke umulig at han kan bli straffet, det vil si bli satt i fengsel, hvis han blir dømt.

Hvis Trump blir dømt vil dette bare føre til at hans oppslutning øker enda mer, og en spøkefugl har sagt at hvis han blir satt i fengsel kan han allikevel bli valgt til president, og da kan han benåde seg selv.

Men det vi skulle si noe om i dag er de andre kandidatene på Republikansk side. Er det noen håp om at en annen enn Trump kan bli nominert? Er det noen gode Republikanere, er det noen blant de som nå har kastet seg inn i nominasjonsprosessen som kan føre en politikk i en liberalistisk retning?

Den mest fremtredende av de andre kandidatene er Floridas guvernør Ron DeSantis. Han er av enkelte blitt fremstilt som «a sane version of Trump», og det kan være noe i dette. Hvis man setter seg inn i en oversikt over DeSantis´ politikk, ser den rimelig grei ut. Vi skal ikke gå inn på dette her, vi skal bare nevne enkelte ting som virker noe merkelig. En av de merkelige tingene er at han vil gå inn for å forby TikTok. (TikTok er en Internett-tjeneste hvor man kan legge ut alle mulige typer videoer, og den har flere titalls millioner abonnenter i USA. Det som påstås å være problemet er at siden eierne er kinesiske, og siden Kina er et kommunistdiktatur, innebærer dette at kinesiske myndigheter gjennom den appen som TikTok-brukerne har lastet ned kan hacke brukernes mobiltelefoner og skaffe seg alle mulige opplysninger om brukerne: kort sagt appen kan brukes til å spionere på amerikanere.) Slik vi ser det er et slikt forbud fullstendig meningsløst: det er også i strid med ytringsfriheten.

Konservative i USA er også svært opptatt av ulovlig innvandring, og det sies at DeSantis har vært så effektiv i sin kamp mot ulovlig innvandring i Florida at det er stor mangel på arbeidskraft både i byggebransjen og i landbruket.

De Santis ønsker selvfølgelig også å regulere næringslivet. Vi kom også over dette avisoppslaget: «It's a good day for auto dealers in the Sunshine State, and not so great for motorists who'd prefer a more direct route for buying a new coupe, sedan or SUV. Gov. Ron DeSantis signed a measure (HB 637) Tuesday banning most direct-to-consumer vehicle sales, solidifying the future viability of car-selling operations across the Sunshine State … That restriction, which goes into effect July 1, was considered a direct threat to the business model of Tesla, an electric vehicle (EV) manufacturer that — unlike other car companies — sells its vehicles online and through retail locations rather than third-party dealers.» (link nedenfor). Dette ser ikke ut til å være et tiltak som går i retning av større næringsfrihet, det ser ut til at formålet er å beskytte tradisjonelle, det vil si gammeldagse, måter å selge biler på mot konkurranse fra nye salgskanaler. De tradisjonelle bilforretningene er også blant de betydelige økonomiske støttespillerne for de politiske partiene i Florida (Selvfølgelig støtter de nærings-drivende begge de politiske partiene; de må jo holde seg inne med det partiet som får den politiske makten etter valget.)

Men kanskje viktigst er at DeSantis fremstår som en ukarismatisk, usjarmerende og en nærmest kjedelig person, og personer som fremstår slikt har iblant problemer med å bli valgt til de viktigste vervene, spesielt hvis det er blant alternativene finnes noen som er svært karismatiske – og Trump er svært karismatisk.

En annen som har kastet seg inn i nominasjonsprosessen er Mike Pence. Hvis Pence har som mål å bli nominert, viser dette bare en total mangel på dømmekraft. Han vil ikke appellere til Trumps motstandere, han var jo Trump visepresident. Han vil heller ikke appellere til Trumps tilhengere: slik de ser det forrådte han Trump i forbindelse med godkjennelsen av valgresultatet i januar 2021. Dessuten fremstår han som en kjedelig gammel mann. Vi tok det forbehold at han har som mål å bli nominert til presidentkandidat; det kan jo hende at hans mål er et annet, han kan for eksempel sikte på et annet verv, eller kanskje er kampanjen en del av hans egen markedsføringsprosess i forbindelse med utgivelsen av en bok. Vårt syn er dog at hans sjanse til å bli nominert som Republikanernes presidentkandidat er null.

Tidligere CIA-sjef og utenriksminister Mike Pompeo har også antydet at han vurderer å stille som kandidat. Han gir uttrykk for en sterk antikommunisme, noe som er bra, men han virker altfor krigersk: Han har uttalt at USA bør gå inn for regimeskifte i Nord-Korea, og bør gjennomføre dette med militære midler. Han har også sagt noe tilsvarende om Iran. Slik vi ser det er dette en ekstremt uklok politikk.

Et annet navn som er blitt nevnt som en mulig kandidat er John Bolton, som en periode var president Trumps nasjonale sikkerhets-rådgiver. Men også han har gått inn for et militært forkjøpsangrep på Nord-Korea. Slik vi ser det er derfor han diskvalifisert for enhver høy stilling.

148

Mange som har en liberalistisk innstilling har hatt forhåpninger til Vivek Ramaswamy, og han høres enkelte ganger ut som en god klassisk liberalist. Men han er mot ytterligere amerikansk hjelp til Ukraina, og han ønsker også at USA skal gå militært til verks for å få tatt knekken på narko-kartellene i Mexico. Narkotikapolitikken er en enorm katastrofe, men enhver liberalistisk innstilt person forstår at det eneste som kan ta knekken på narkokartellene er en legalisering av narkotika.

Den som kanskje virker mest seriøs er tidligere FN-ambassadør Nikki Haley. Hun fremstår som pro amerikansk, pro Israel, og en sterk motstander av terrorisme. Hun har også gitt uttrykk for standpunkter som tyder på at hun er tilhenger av kapitalisme og markedsøkonomi. Det virker som om hun står ganske nær tidligere president Reagans ideologi.

Det ser dessverre ut til at Republikanerne i meget stor grad er motstandere av kvinners rett til selvbestemt abort. I en rekke delstater som er styrt av Republikanerne, er det som nevnt i gang prosesser som innebærer at kvinners rett til selvbestemt abort blir innskrenket. Dette fører til at en stor andel av de velgere som hverken er Republikanere eller Demokrater, ikke vil stemme på Republikanske kandidater. Dette gjør det svært vanskelig for Republikanere å kunne vinne valg.

Nikki Haley, som virker mest lovende av de kandidatene vi har omtalt over, sier om sitt standpunkt til abortspørsmålet at hun er «unapologetically pro-life» (å være «pro-life» er ment å være det motsatte av «pro-choice»: å være «pro-choice» er å være tilhenger av gravide kvinners rett til selv å velge hvorvidt hun skal få utført en abort eller ikke). Haley er altså motstander av kvinners rett til selvbestemt abort. Enkelte amerikanske politikere har hevdet at både de som utfører en abort (altså legene), og de som får utført en abort (den gravide), bør straffes strengt. Nikki Hailey har uttalt seg om dette, og en kritisk kommentator formulere hennes standpunkt på følgende måte: «Nikki Haley Generously Declares She Wouldn't Have Women Executed for Getting an Abortion».

Vi støtter selvfølgelig fullt ut kvinners rett til selvbestemt abort, og kan ikke anbefale støtte til noen politiker som vil innskrenke denne fundamentale retten for kvinner til å bestemme over sin egen kropp.

Det er halvannet år igjen til valget, og mye kan skje. Men slik vi ser det per i dag er det ingen kandidater vi kan gi uttrykk for støtte til.

Vi nevnte tidligere at DeSantis er fremstilt som en «sane version of Trump», men det vi skulle ønske var at vi kunne finne en kandidat som man kan feste merkelappen «sane» på.

Alle de vi har nevnt over virker helt håpløse.

$ $ $

Etter at denne artikkelen ble publisert på Foreningen Gullstandards nettside kom det en kommentar som mente at den var altfor kritisk til Donald Trump, og som nevnte enkelte gode ting Trump hadde gjort. Som svar la vi inn følgende kommentar:

Selvfølgelig har Trump gjort enkelte gode ting, som M... nevner, og selvfølgelig har hans motstandere i stor stil løyet om ham.

Men det er svært svært mye å kritisere Trump for. Vi nevner i en mer eller mindre tilfeldig rekkefølge noen få av de utallige eksempler som finnes.

Han har uttalt seg beundrende om sterke menn og diktatorer som Vladimir Putin og Kim Jong-un. Han uttalte en gang at «I could stand in the middle of 5th Avenue and shoot somebody and I wouldn't lose voters».

Politikken hans innebar blant annet at han ikke ville foreta endringer (kutt, privatiseringer) i Medicare, Medicaid og Social Security, budsjettene/utgiftene ble ikke redusert i den tiden han satt i Det hvite hus.

Trump er proteksjonistisk, han er nasjonalkonservativ, han er tilhenger av store statlige programmer og dermed store statlige utgifter, og han er tilhenger av store låneopptak. Da Trump tok over var statsgjelden $19 trillioner (amerikansk tellemåte), da han gikk av var den $27 trillioner (amerikansk tellemåte).

Trump proteksjonisme innebar at han gikk imot økt frihandel, «handelskriger er lette å vinne» sa han, og bekreftet dermed at hans innsikt i korrekt sosialøkonomi er svært nær null.

150

Trumps kritikk av mainstreammedias vinkling av en rekke nyhetssaker var ofte ganske treffende, men det som ikke er akseptabelt er hans trusler om å trekke tilbake tillatelser og løyver dersom de ikke la om den linjen de førte: «Trump suggests challenging TV network licenses over 'fake news'».

Han gikk inn i avtaler med Taliban. Han sviktet kurderne (som i lang tid hadde vært en støttespiller for USA) og ga støtte til Erdogans kamp mot kurderne. Han vurderte å forby TikTok. Han satte klengenavn på en rekke av sine politiske motstandere (LowEnergyBush, Little Marco, Crooked Hillary). Om Rosie O`Donnel sa han følgende: «We're all a little chubby, but Rosie is just worse than most of us. But it's not the chubbiness. Rosie is a very unattractive person, both inside and out». Når en kvinnelig reporter ble noe kritisk i siden spørsmålsstilling til Trump antydet han at hun hadde mensen. Ikke en veldig president-aktig måte å oppføre seg på.

Han sa i valgkampen i 2016 at Hillary Clinton «belonged in JAIL», etter valget takket han henne for hennes store innsats for USA.

Dette er ikke en person man kan gi aktiv støtte til. Jeg kan forstå at noen kan stemme på Trump fordi alternativet er så ille, men å støtte Trump er uakseptabelt.

https://floridapolitics.com/archives/618230-gov-desantis-signs-car-dealership-protection-bill-banning-most-direct-to-consumer-auto-sales/

https://www.cbsnews.com/news/nikki-haley-abortion-gop-presidential-candidate-china-russia-transgender/

https://www.vanityfair.com/news/2023/06/nikki-haley-abortion-death-penalty

Det Demokratiske partiets kandidater

Publisert 26. juni 2023

For en ukes tid siden skrev en kommentar om noen av de kandidatene som har entret kampen for å bli nominert som det Republikanske partiets kandidater. I dag skal vi kort se på kandidatene på den andre siden.

Dersom den sittende presidenten ønsker gjenvalg, er det helt vanlig at han blir renominert av partiet. Slik det ser ut per i dag, er det også dette som er tilfelle denne gangen. President Joe Biden ønsker gjenvalg, og derfor er det ikke kommet noen seriøse utfordrere.

Men president Biden er mer enn 80 år gammel, og han er opplagt dement. Dette går klart og tydelig frem av en rekke uttalelser har kommet med de siste årene. Det finnes utallige filmklipp som klart og tydelig bekrefter dette; alle kan gjøre en og annen tabbe, alle kan komme med en klønete formulering, men hvis man gjør dette så ofte som Biden har gjort de siste årene, er det noe som er alvorlig galt. Personer som blir demente får ofte også problemer med å koordinere kroppsbevegelser, og Biden har snublet og falt en rekke ganger de siste årene. Nå er det ikke Biden som bør kritiseres for den posisjonen han er plassert i, de som må kritiseres er både de som står ham personlig nær og hans nærmeste politiske rådgivere.

Den som står ham nærmest er hans hustru, Jill Biden, som forøvrig har en doktorgrad i pedagogikk og som har undervist på et sykehus for personer med psykiske lidelser («.... she received a Doctor of Education (Ed.D.) in educational leadership from the University of Delaware; she was teaching history to emotionally disabled students. She taught in the adolescent program at the Rockford Center psychiatric hospital for five years in the 1980s», sitater fra Wikipedia). At hun har plassert sin ektemann i den posisjonen Biden nå er i, er en grov forbrytelse. At en mann i den tilstanden som Joe Biden er i er plassert i en viktig stilling er intet annet enn det som på engelsk heter «elder abuse», eller, på norsk: eldremishandling.

Biden vet ofte ikke hvor han er, hva han skal, hvilken rolle han har, og det å da plassere ham i en viktig stilling er grov mishandling. Som sagt, kritikken gjelder ikke Biden, det gjelder de som står ham nær: at hans hustru og hans rådgivere har plassert ham i en slik rolle er en forbrytelse av historiske dimensjoner. Nå er det politiske grunner til at personene i disse rollene gjør som de gjør, og til at mainstream-pressen dekker over denne forbrytelsen, men man kan bare undre seg om hva objektive historikere om noen år vil skrive om denne perioden i amerikansk historie – både om Biden, om hans nærmeste, og om pressens tildekking av det som egentlig skjer.

Biden er plassert i denne rollen fordi de som står ham nær både personlig og politisk, bruker ham for å skaffe seg selv makt og posisjon. Dette betyr at alle som står Biden nær i det Demokratiske partiet er forbrytere.

Vi skal ikke si så mye om politikken som Biden har ført, men det ser ut til at på kort sikt går økonomien bra: det har vært betydelig økonomisk vekst, og arbeidsløsheten er lav. Prisstigningen var i en periode svært høy, men ser nå ut til å ha blitt noe lavere. Statsgjelden har økt kolossalt, noe som er meget illevarslende på sikt. Utenrikspolitisk sett er Bidens politikk en katastrofe, og statsapparatet inkludert slike organer som FBI, har vist seg å være både udugelige og korrupte. På alle felter pushes også en politikk som innebærer at menn som gir seg ut for å være kvinner blir akseptert som kvinner – dette er et ønske som står sterkt i eliten i USA, men som det ser ut som folk flest er sterkt imot.

Nå har Biden som sagt opplyst at han stiller til gjenvalg, og da finnes det ikke seriøse alternative kandidater. Hvis en seriøs kandidat skulle dukke opp vil vedkommende direkte utfordre maktapparatet i det Demokratiske partiet, og han vil da bli *persona non grata* og ikke ha noen mulighet for å gjøre en politisk karriere.

Den eneste kandidaten blant Demokratene som har valgt å utfordre president Biden og som har fått noe oppmerksomhet er Robert F. Kennedy jr. Han er sønn av Robert F. Kennedy, som var justis-minister under sin bror president John F. Kennedy. Robert Kennedy senior ble for øvrig skutt og drept i 1968, under sitt forsøk på å bli nominert som Demokratenes presidentkandidat. John Kennedy ble som kjent drept av Lee Harvey Oswald i Dallas i 1963.

154

Robert Kennedy jr har ingen politiske verv, men de siste årene er han blitt godt kjent for sin motstand mot vaksiner – dette ga ham en rekke oppslag i visse miljøer under og etter corona-epidemien. Kort fortalt mener han at vaksinene ikke bare er unyttige, de er farlige, og de et ledd i en plan ..... Vi kan best oppsummere ideen i denne planen ved å gjengi undertittelen på hans siste bok: ... *Big Pharma and the Global War on Democracy and Public Health.*

Kennedy mener altså at corona-epidemien og vaksine-kampanjen som fulgte er en del av en plan utført av onde aktører som ønsker å få enda sterkere kontroll over verden. Det virker som om Kennedy har fått sin innsikt i storpolitikken ene og alene ved å se James Bond-filmer.

(Dette er dog ikke til hinder for at Kennedy kan ha et og annet poeng i sin kritikk av vaksinene. Kennedy er blitt utestengt fra platt-former som Facebook og YouTube, noe vi mener ikke er en riktig holdning. Men dette er på et vis forståelig i og med at Kennedy på så mange punkter har ekstremt eksentriske synspunkter, noe vi går inn på nedenfor, og å ha eksentriske synspunkter på noen punkter vil føre til at man heller ikke blir tatt alvorlig på punkter hvor man kan ha noe seriøst å fare med.)

Kennedy er altså en konspirasjonsteoretiker. Og ikke bare på dette punktet, han mener også at både hans onkel president John F. Kennedy og hans far Robert F. Kennedy ble drept av CIA.

I fullt samsvar med sin konspirasjonsteoretiske mentalitet er han en sterk tilhenger av miljøbevegelsen. Han mener virkelig at vi står foran en katastrofe på grunn av menneskeskapt global oppvarming, og han ønsker at de aktørene og vitenskapsmennene og institusjonene som benekter dette bør straffes.

Fra Climatedepot:

«Environmental activist Robert F. Kennedy Jr. lamented that there were no current laws on the books to punish global warming skeptics. "I wish there were a law you could punish them with. I don't think there is a law that you can punish those politicians under," Kennedy told Climate Depot in a one-on-one interview during the People's Climate March. The interview was conducted for the upcoming documentary Climate Hustle.

Kennedy Jr. accused skeptical politicians of "selling out the public trust." "Those guys are doing the Koch Brothers bidding and are against all the evidence of the rational mind, saying global warming does not exit. They are contemptible human beings. I wish there were a law you could punish them with. I don't think there is a law that you can punish those politicians under."» (link nedenfor).

Kennedy er også en sterk motstander av atomkraft og av fracking. Hvis vi beveger oss inn på det med generelle politiske området finner vi ut at han mot fritt skolevalg, han er for gratis, det vil si statlig, helsetilbud til alle (men vil ikke forby private alternativer), og han mener at skole-skytinger er forårsaket av Prozac (Prozac er en medisin som gis for å berolige overaktive barn). Men han har også enkelte positive stand-punkter: han er pro-Israel, han er for at homofile skal få lov til å gifte seg og kunne adoptere, og han er tilhenger av ytringsfrihet (dette siste ser dog ikke ut til å gjelde de som mener at klimavariasjonene er naturlige).

Har Kennedy noen mulighet til å bli nominert foran den sittende presidenten? En fersk artikkel i Newsweek forteller følgende:

«A recent poll with good news for Democratic presidential candidate Robert F. Kennedy Jr.raises questions about whether President Joe Biden should be worried about his reelection chances. Last Wednesday, *The Economist* and YouGov released a survey that showed Kennedy with the highest favorability rating of all the current 2024 presidential candidates. Forty-nine percent of respondents said they saw him favorably, and 30 percent viewed him unfavorably.».

Denne gang skal vi si rett ut hva vi mener om Kennedy, uten å prøve å finne diplomatiske formuleringer. Han er en skrulling. Dette går tydelig frem av en betydelig del av hans standpunkter som vi kort har referert over. At en slik person kan bli vurdert som seriøs av nesten halvparten av amerikanske velgere sier mye om tilstanden i og forfallet i det amerikanske samfunnet.

Hvis vi ser på de ledende kandidatene fra de to store partiene – det er kun kandidater fra disse to partiene som kan bli valgt til president – ser vi at en av kandidatene er opplagt dement, en annen kandidat er en skrulling, og den fremste kandidaten for opposisjonspartiet er en vulgær bajas (det skulle være unødvendig å nevne at her tenker vi på Donald Trump).

Denne situasjonen forteller svært mye om hvor råtten den amerikanske kulturen er blitt.

For de som lurer på hvorfor det er blitt slik kan vi anbefale en serie artikler om USA historie vi har skrevet her på Gullstandard [de fleste av dem er å finne også i denne boken]. Den av disse som mest konkret går inn på årsaken heter «Den fundamentale årsaken til det som skjer i USA» (link nedenfor).

https://www.climatedepot.com/2014/09/21/robert-f-kennedy-jr-wants-to-jail-his-political-opponents-accuses-koch-brothers-of-treason-they-ought-to-be-serving-time-for-it/

https://www.amazon.com/Real-Anthony-Fauci-Democracy-Childrens-ebook/dp/B08X5YWRRP/ref=sr_1_2?crid=37CXE0AAVPJCP&keywords=Robert+F.+Kennedy+Jr.&qid=1687413001&sprefix=robert+f.+kennedy+jr.%2Caps%2C153&sr=8-2

https://www.newsweek.com/robert-f-kennedy-jr-beating-joe-biden-2024-polls-1807647

https://www.gullstandard.no/2020/07/20/den-fundamantale-arsaken-til-det-som-skjer-i-usa/

https://www.youtube.com/watch?v=9ssNav3MnBg

https://www.youtube.com/watch?v=H6uingtAWbk

Én debatt, to vinnere og én taper

Publisert 27. august 2023

For noen få dager siden ble det arrangert en debatt hvor innpå et dusin av de politikere som forsøker å bli nominert som Republikanernes kandidat ved neste års presidentvalg, deltok. Alle kandidater var der bortsett fra den som leder klart i oppslutning: Donald Trump.

Tre av deltagerne i debatten var verdt å merke seg, de andre viste tydelig at de ikke har noen som helst sjans til å kunne bli nominert. Ron DeSantis, Floridaguvernøren som mange har betraktet som favoritt til å bli nominert, gjorde en dårlig figur. Han fremstod som kjedelig og ukarismatisk og fullstendig uten velgertrekke, noe man må ha for å bli nominert og for å bli valgt.

Hvis man skal basere en vurdering på dyktighet, saklighet og erfaring var det Nikki Haley som klart var den beste. Hun våget til og med å si at man må gjøre noe med de store offentlige utgiftene, spesielt med hensyn til pensjonsordningene, Social Security. Ingen andre politikere våger å ta tak i dette spørsmålet, og dette er et problem man må gjøre noe med hvis ikke USA raskt skal gå fullstendig bankerott: utgiftene er altfor store til at systemet vil kunne overleve. Nikki Haley, som har vært USAs FN-ambassadør, viste også innsikt i utenriks-politiske spørsmål.

Den klare vinner av debatten var Vivek Ramaswamy. Han fremstår som ung – han er 38 år gammel, han er dynamisk, karismatisk, ivrig, veltalende, og gir uttrykk for en rekke standpunkter som kan vekke gjenklang hos mange amerikanere. Ramaswamy går inn for skattelettelser, dereguleringer og privatisering, men han er også dessverre, som alle andre Republikanske kandidater i dag, motstander av kvinners rett til selvbestemt abort. Vi vil dog si at han er en helt uakseptabel kandidat. Han vil gå til krig mot Mexico for å få eliminert narkokartellene, og han ser ikke ut til å støtte Ukraina i deres forsvar mot Russlands angrepskrig. Her er Ramaswamy om krigen i Ukraina:

«I do trust Putin to follow his self-interest. I don't think he enjoys being the little brother in with the relationship with Xi Jinping. So what I think we need to do is end the Ukraine war on peaceful terms that, yes, **do make some major concessions to Russia,** [uthevet her] including freezing the current lines of control in a Korean war-style armistice agreement." Raddatz noted the proposal to be something Ukraine "really wouldn't want to do." Ramaswamy added that this would also mean Ukraine being permanently banned from NATO, but in exchange — according to his proposal — Russia's agreements with China would be called off» (mediaite, link nedenfor).

Han har også uttalt at han er opptatt av at forskjellene i samfunnet ikke må bli for store, fordi «I think it fuels a social hierarchy in our country that rejects the premise that we're all coequal citizens». Det han burde være opptatt av er individuell frihet, og så må man bare akseptere det som blir resultatet av dette, altså det som blir resultatet av individers frie valg. At vi nå har den situasjonen at de som står lavest på rangstigen har en mindre god velstandsutvikling enn de som står lenger opp på rangstigen kommer av at man har en regulert og dermed rigid økonomi. Den økte produksjonen som har funnet sted de siste årene har ikke kommet folk flest til gode i den grad den burde, og dette er fordi mye av den verdiskapning som er kommet som resultat av økt produksjon er gått til slike ting som for eksempel klimatiltak, og til å bygge opp et enda større offentlig byråkrati. At forskjellene blitt større kommer altså av at økonomien er regulert og rigid; forskjellene er blitt større på grunn av av manglende frihet.

Vivek Ramaswamy var dog den som klart vant debatten. Men i overskriften nevnte vi at det var to vinnere. Den andre vinneren var Donald Trump.

Trump deltok ikke i debatten, han så ingen grunn til det siden han på meningsmålingene ligger langt foran de andre kandidatene.

Et opptak av et intervju som Tucker Carlson hadde med Donald Trump ble gjort tilgjengelig samtidig med at debatten mellom de andre kandidatene ble sendt på TV. Grunnen til at vi kan si at også Trump vant var at hans intervju med Carlson fikk langt flere seere en debatten, 150 millioner serie vs.12,8 millioner seere. (Vi er klar over at slike tall er svært usikre, men disse to tallene gir likevel en indikasjon på at langt flere ville se Trump enn DeSantis & co.)

Det vil være svært tragisk om Donald Trump blir nominert som Republikanernes kandidat. Han er svært upopulær i store deler av eliten, men svært populær blant de som ofte kalles vanlige folk. Grunnen til hans popularitet er at han på et vis er sjarmerende, at han er slagferdig, og at han sier ting som er svært upopulære hos eliten. Dette er tydeligvis tilstrekkelig til at svært mange støtter ham.

Det er også slik at rettsapparatet gjør sitt beste for å fremstille Trump på en måte som gjør at hans tilhengere kan fremstille ham som en forfulgt uskyldighet (selv om «uskyldighet» er langt fra å være det rette ordet å bruke om Trump). Han er blitt stilt for riksrett to ganger ganger, han er blitt arrestert visstnok fire ganger, og alt dette gjør bare at han blir enda mer populær hos sine velgergrupper. Så vidt jeg har forstått er det reelt grunnlag for disse tiltalene, men andre politikere har gjort nokså tilsvarende ting uten at rettsapparatet har reagert. Det Trump er best på er antakelig markedsføring, og nå ser det ut til at han har fått rettsapparatet til å bli en del av sitt valgkampapparat: Jo mer han blir forfulgt av rettsapparatet, jo større forsprang får han på menings-målingene*.

Om politikken hans har vi skrevet svært mye i løpet av de siste årene, og vi vil ikke komme inn så mye på den her annet enn å nevne hans overbevisning om at man kan inngå en avtale med Taliban og at de ville respektere avtalen, hans respektfulle og nærmest beundrende omtale av tyranner og diktatorer, hans overbevisning om at toll på importvarer betales av produsent og ikke av kjøper, og hans fikse idé om at han skulle få Mexico til å betale for en grensemur mellom USA og Mexico. Dette viser en total mangel på forståelse på hvordan verden fungerer. Hans omtale av andre mennesker er uttrykk for den mentaliteten som man finner under barnehavenivå: å si om Rosie O`Donald at hun er «en feit gris», å spørre en noe aggressiv kvinnelig intervjuer om hun har mensen, å omtale politikerkolleger som «little

---

* I februar 2024 ble Trump idømt en bot på 354,9 millioner USD av en rett i New York. Trump ble dømt for i sin forretningsvirksomhet å ha oppgitt for høye verdier på egne eiendommer, noe som er forbudt i New York. I tillegg fikk Trump forbud mot å drive forretningsvirksomhet i New York i tre år.

Marco» (Marco Rubio), «low energy Bush» (Jeb Bush), å omtale justisminster Bill Barr som «a gutless pig», sin stabssjef John Kelley som en som er «born with a very small brain», sin visestabssjef Mitch Mulvany som «a born loser», å påstå at hans egen utenriksminister Rex Tillerson er «dumb as a rock», og at general James N. Mattis er «the world´s most overrated general», etc. er bare infantilt. (Men å omtale Nord-Koreas diktator Kim Jong Un, etter at han truet med å bruke atomvåpen, som «Rocket Man», var litt morsomt.) I utgangspunktet bør man omtale andre mennesker på en vennlig og verdig måte, hvis det da ikke er svært gode grunner til å gjøre noe annet.

Jeg vil ikke ha Trump i noe politisk verv, jeg vil ikke ha ham i noe verv i det hele tatt: Jeg ville ikke engang ha foreslått Trump til å bli varamedlem i valgkomitéen i styret i et borettslag.

Så hvordan vil dette gå? Det er altfor tidlig å si, men slik vi ser det nå er det mest sannsynlig nå at enten Trump eller Ramaswamy vil bli nominert. DeSantis vil vi tro ikke har noen sjans til å bli nominert, og de andre deltagerne i debatten – Chris Christie, Mike Pence, m.fl. – burde trekke seg med en gang; de har ingen mulighet til å bli nominert. Det kan dog være andre grunner til at de deltar, de kan bruke nominasjonsprosessen som en markedsføring av seg selv, noe som innebærer at de egentlig sikter på en annen stilling enn president i den administrasjonen som kommer etter valget. Av de som er mulige kandidater vil nok vi støtte Nikki Haley, men vi tror ikke at hun har noen mulighet til å bli presidentkandidat. Men det er mulig at hun kan bli utenriksminister for en ny Republikansk president, og det er en jobb hun er svært kvalifisert til å kunne håndtere.

Uansett, det som skjer viser bare klart og tydelig at USA er inne i en dypt tragisk utvikling, en utvikling som det er vanskelig å si kan ende med annet enn forferdelse. Det republikanske partiet har tidligere hatt presidenter som Abraham Lincoln, Calvin Coolidge, Ronald Reagan – og nå er partiets fremste kandidater den fullstendig useriøse Donald Trump og lettvekteren Vivek Ramaswamy.

USA har vært i et nærmest kontinuerlig forfall de siste 100 årene, og den kommende valgkampen bare bekrefter at dette forfallet går stadig raskere.

Vinnerne var Donald Trump og Vivek Ramaswamy, taperen er USA.

162

https://www.youtube.com/watch?v=sL6T7P1O26I

https://www.pbs.org/newshour/politics/fox-news-reaches-12-8-million-viewers-for-gop-presidential-debate-despite-trumps-absence

https://www.mediaite.com/tv/vivek-ramaswamy-proposes-major-concessions-to-russia-in-contentious-interview-with-abcs-martha-raddatz/

https://www.forbes.com/sites/alisondurkee/2023/08/24/trumps-interview-with-tucker-carlson-has-more-than-150-million-views-on-x--heres-why-thats-misleading/

https://www.youtube.com/results?search_query=highlights+GOP+debate+

Reaksjonene på Bidens innsats i debatten

Publisert 4. juli 2024

President Joe Biden gjorde en svært dårlig innsats i presidentdebatten torsdag 27. juni. Alle kommentatorer innen mainstreammediene er sjokkert og overrasket over dette. Dagbladets forside hadde følgende tekst dagen etter debatten: «Eksperter måper. Hva har vi gjort [ved å nominere Biden som kandidat]? [Biden] går fullstendig i ball». Vi linker nedenfor til noen flere avisoverskrifter som viser at mange kommentatorer var overrasket. Men de burde ikke blitt overrasket.

Joe Biden er nå 81 år gammel, og det har vært tydelig at han har hatt demens i hvert fall siden sommeren 2020. At han har vært dement har gått tydelig frem av et meget stort antall videoopptak som naturlig nok ikke har vært vist på NRK og TV2; disse opptakene er dog tilgjengelige på YouTube. Antagelig har redaktørene i TV2 og Dagsrevyen med vilje klippet vekk deler av opptak som tydelig har vist at Biden ikke er helt med, dette for ikke å svekke egne sympatier og standpunkter med plagsomme fakta. (De fleste store aktører i amerikansk presse har opptrådt på samme måte, mens for eksempel noen australske nyhetskanaler har rapportert objektivt om Bidens tilstand.)

Biden har vært lenge med i amerikansk politikk, og han har vært oppegående og kvikk og på et vis sjarmerende på en sleip og litt ekkel politiker-måte. Han var visepresident under Barack Obama, og fungerte da helt greit. Han ble ikke ansett som god nok til å bli Demokratenes kandidat etter at Obama hadde fullført sin andre presidentperiode i 2016; Demokratenes kandidat ble da Hillary Clinton. Men Clinton tapte mot Donald Trump, og Demokratene måtte da finne en annen kandidat til valget i 2020 – en som har tapt presidentvalg får sjelden sjansen en gang til. (Et unntak fra dette er Richard Nixon, som tapte i 1960, men som vant valget i 1968.) Den som var minst ille av de kandidatene Demokratene kunne velge mellom var Joe Biden. En av grunnene til at han fikk så mange stemmer som fikk var at så mange velgere – med god grunn – misliker Donald Trump.

Men allerede i valgkampen 2020 ble det klart at Biden viste de første tegnene på demens. Forskjellen mellom Biden før 2016 og den Biden man så fra sommeren 2020 viser klart at han var betydelig redusert.

At Biden var dement ble først nevnt av enkelte av Bidens politiske motstandere, og svært mange av de som da ikke sympatiserte med Donald Trump og hans nasjonalkonservative meningsfeller gikk automatisk i forsvarsposisjon. I stedet for å undersøke påstandene om Bidens demens var basert på fakta, bare benekte de at Biden var dement. Dette er feil måte å forholde seg til en problemstilling på. Riktig måte å danne meninger på er å basere dem på fakta, men det svært mange politisk interesserte gjorde her var å innta et standpunkt som ikke fremstilte Biden på en svekket eller uheldig måte uansett hva fakta var. Dette er en vanlig måte å danne meninger på, men ved å basere sine meninger på noe annet enn fakta får man før eller virkeligheten midt i ansiktet – og man blir overrasket, eller later som om man blir overrasket.

Demens
Demens er en sykdom som rammer personer som kommer litt opp i åra, men i enkelte tilfeller kan den også ramme personer mens de er 45-50 år gamle. Demens begynner som regel med at man glemmer ting, at man ikke finner ord når man snakker, at man mister tråden når man snakker, at man blir desorientert og ikke finner veien, at man ikke er helt sikker på hvor man er, at man mister kontroll over kroppen og snubler og faller. En som har demens vil bli rammet av slike ting oftere og oftere, men – og dette er et svært viktig poeng – innimellom kan man fungere helt som en normal og oppegående person. En som er dement kan altså i perioder være like oppegående som han var før han ble rammet. Dette gjelder også Biden; dagen etter den katastrofale TV-debatten gjorde han en svært god figur på et folkemøte hvor han snakket til et stort publikum.

Som sagt, i en rekke videoopptak ble det tydeligere og tydeligere at Biden er dement, og enhver ærlig, oppegående person som følger med har vært klar over dette siden før Biden ble valgt i 2020.

Det som skjedde i presidentdebatten torsdag 27. juni var dog umulig for aktører som NRK og TV2 (og store TV-selskaper i USA) å klippe bort, og derfor ble Bidens demens nå vist frem for all verden.

Og det alle kunne se, det sjokkerte et stort antall seere og kommentatorer og journalister. Men som sagt, det som skjedde sjokkerte ikke de som hadde fulgt med og som hele tiden har vært ærlige. De journalister og kommentatorer som blir sjokkert over dette har med viten og vilje ignorert viktige fakta. Som vi tidligere har sagt om størsteparten av norske pressefolk: hadde de jobbet i helsevesenet ville de blitt karakterisert som kvakksalvere. Man kan si det samme om de som har tilsvarende jobber i amerikanske medier.

Jeg nevnte at det var klart at fra valgkampen i 2020 at Biden var dement. Det var en forståelse hos enkelte at grunnen til at Demokratene hentet frem Joe Biden fra loftet var at han som den eneste hadde en mulighet til å vinne over Donald Trump i valget, men at etter at han ble valgt skulle han tre til side og la en yngre politiker overta. Dette ble bekreftet av den TV2-ansatte Fredrik Græsvik i en kommentar på TV2s nyhetssending klokken 08:00 morgenen etter presidentdebatten. Den som skulle overta var da visepresidenten, men Joe Biden gjorde her et sjakktrekk, han valgte Kamala Harris som sin visepresidentkandidat. Harris er så udugelig og usympatisk at ingen vil fjerne Biden for å få henne inn i øverste posisjon – hvis de da ikke blir helt nødt til å velge denne løsningen.

Det Demokratene – vi snakker her om ledelsen i partiet – gjorde var med viten og vilje å nominere en person som de visste var mentalt svekket, ene og alene fordi han var den eneste som de trodde kunne hindre Donald Trump i å bli gjenvalgt ved valget i 2020.

Hvem har skylden?

Hvem kunne ha hindret dette? Hvem har skylden? Enkelte har sagt at Joe Biden selv er medskyldig i dette. En av de som sier dette er Aftenpostens Christina Pletten. I en artikkel publisert 3. juli med overskriften «Det er ikke synd på Joe Biden» skriver hun følgende: «Presidenten har selv valgt å ta på seg verdens tyngste ansvar en svært høy alder. Det innebar en stor risiko, ikke bare for Biden selv, men for hele nasjonen. Da det må presidenten og hans familie har forstått allerede for fire år siden.»

Ja, familien må ha forstått det, men Biden selv er unnskyldt. En som er dement er ofte ikke i stand til å forstå utfordringer han kommer ut for. En av de tingene som skjer når man blir dement er at man mister evnen til å forstå sin egen situasjon. Joe Biden selv har flere ganger sagt at han er i god nok form til å klare presidentjobben. Han tar feil i dette, men på grunn av av hans demens kan man ikke klandre ham for å mene dette. (Hvis Bidens utallige tabber og enorme glemsomhet bare hadde vært forårsaket av svekkelse på grunn av alder, ville han ha forstått at han ikke fungerte i jobben, og han ville ha trukket seg eller ikke stilt som presidentkandidat. At han ikke gjorde dette bare bekrefter at hans problemer ikke bare skyldes høy alder.) Et norsk ord som brukes i denne sammenhengen «samtykkekompetanse»: den som blir dement kan miste det som heter «samtykkekompetanse». I Norge blir det da utnevnt en verge som får juridisk rett til å foreta alle disposisjoner for den personen det er snakk om. Denne personen er da gjerne en i den dementes nære familie.

De som har skylden er da Bidens nærmeste familie. Hans hustru og hans barn burde påtatt seg den oppgaven det er å si ifra til Joe Biden at «Dessverre kjære pappa/ektemann, du er ikke i stand til å ha en jobb med ansvar». Det vil antagelig kreve noe mot å si dette til en nær slektning, men livet er iblant slik at det krever vanskelige valg. Her har Bidens nærmeste familie sviktet totalt. Det som har skjedd er at Bidens nære familie har utsatt ham for det som på engelsk heter «elder abuse», det er ikke noe annet enn mishandling av en gammel person. Samme kritikk kan man rette mot ledelsen i det Demokratiske partiet; de må ha vist at de nominerte en dement person som sin presidentkandidat. Men de som hadde hovedansvaret for å hindre dette var familien.

Men hva skjer nå med hensyn til valget i USA? Slik det ser ut på meningsmålingene nå vil Trump klart vinne over Biden. Men hva med å finne en annen kandidat istedenfor Biden? For å bli en valgbar kandidat må man bygge opp sin posisjon hos velgerne over lang tid, og en ny kandidat vil neppe få mulighet til dette. Det er derfor sannsynlig at en annen kandidat vil gå på et nederlag. Et nederlag er en stor ripe i lakken, og en kandidat som nå tar over vil sannsynligvis tape og neppe få mulighet til å stille i 2028. Antagelig vil derfor en rekke brukbare kandidater ikke si Ja til å bli den kandidaten som erstatter Biden.

Det er derfor mulig at Demokratene bare vil la Biden stille slik at ingen av deres brukbare kandidater vil gå på et nederlag. En annen mulighet er at de lar Kamala Harris ta støyten. Eller ....?

Republikanerne har foran dette valget gjort seg svært upopulære i store deler av befolkningen ved å innskrenke kvinners rett til selvbestemt abort. Dette vil føre til at Republikanerne vil miste mange stemmer. Kamala Harris er en svart kvinne som ser bra ut, og hvis hun blir holdt i stramme tøyler er det absolutt en mulighet for at hun kan bli valgt. Ja, hun ble kvotert inn i stillingen som visepresident, og ja hun er usympatisk og ja, udugelig, men det er svært mange personer som har stilt til valg og som har oppfylt disse kriteriene, men som allikevel er blitt valgt.

Kamala
Og allerede nå har hun journalistene på sin side; for bare å nevne ett eksempel: TV2s Øystein Bogen sa i en nyhetssending TV2 3. juli klokken 17:00 at Kamala Harris «er god til å snakke for seg». Dette er stikk i strid med sannheten. Når hun ikke leser en teleprompter er hun beryktet for å komme med analyser som en 15 åring ville skamme seg over, og hun er også beryktet for å komme med lange intetsigende ordsalater. Vi linker til noen slike nedenfor.

Harris er også en lite dyktig leder. Svært mange av hennes nærmeste medarbeidere har sluttet. Daily Mail: «SEVENTH aide since Kamala Harris's disastrous June border trip announces he is leaving in staff exodus: Press director Peter Velz heads to the State Department after allegations of turmoil and 'bullying' in her office ... Comes in the midst of a staff exodus from Harris' office following several reports of a toxic work environment and 'bully' mentality from the vice president» (link nedenfor).

Hvorfor har Demokratene så vanskelig med å finne valgbare kandidater? Det er fordi eliten i partiet har kjørt en svært venstre-orientert politikk, en politikk som amerikanere flest per i dag ikke vil ha. Det betyr at de fleste prominente personene i partiet er så uvalgbare at de ikke vil klare å vinne presidentvalget.

Skulle Demokratene allikevel finne en alternativ kandidat til Joe Biden, må dette være en person som er godt kjent og respektert i brede lag av befolkningen. Det er svært få personer blant Demokratene som oppfyller disse kravene. En som oppfyller disse kravene er Michelle Obama, men hun har gang på gang sagt at hun ikke er villig til å stille; hun er ikke spesielt interessert i politikk.

Den som har fulgt Gullstandard over tid er ikke overrasket over noe av det som har skjedd i USA i det siste. (Flere av disse artiklene er å finne i denne boken.) Til slutt: det er ikke umulig at Kamala Harris vil vinne over Donald Trump i presidentvalget i november.

https://www.aftenposten.no/meninger/kommentar/i/pPQpWw/det-er-ikke-synd-paa-joe-biden

https://www.dailymail.co.uk/news/article-10375085/SEVENTH-aide-Harriss-disastrous-June-border-trip-announces-leaving-staff-exodus.html

https://rumble.com/v5f5zvh-916-kamala-interview.html

https://www.dagsavisen.no/nyheter/verden/2024/06/28/usa-ekspert-om-nattens-debatt-tror-det-gar-mot-en-ny-kandidat/

Joe Biden Shocked America
https://nationalinterest.org/blog/reboot/joe-biden-shocked-america-211647

Presidentdebatt har skapt sjokk og uro: Dette er Bidens innbytterbytterbenk: https://www.dn.no/politikk/politikk/usa/presidentvalget-i-usa-2024/presidentdebatt-har-skapt-sjokk-og-uro-dette-er-bidens-innbytterbenk/2-1-1667927

Fullstendig kaos etter debatten: – Er mannen frisk?
https://www.vg.no/nyheter/utenriks/i/MnLx7J/kaos-etter-debatten-mellom-trump-og-biden-er-mannen-frisk

Biden trekker seg

Publisert 21. juli 2024

I dag 21. juli gjorde president Biden det klart at han trekker seg fra valgkampen. For oppegående og ærlige observatører har det vært klart i lang tid at noe slikt ville komme til å skje.

Men når vi setter som krav at observatørene må være ærlige og oppegående, så blir dette en svært liten gruppe det er snakk om. Praktisk talt alle mainstreamkommentatorer har inntil nylig fremstilt Biden som en normalt oppegående person, riktignok litt oppi åra, men ikke spesielt redusert. Noen har dog nevnt at han har gjort en del tabber, men de har ikke tolket dette som et uttrykk for en tydelig redusert kognitiv tilstand.

Vi her på Gullstandard så det annerledes enn de aller fleste mainstreamkommentatorer. I mars 2021, to måneder etter at Biden var innsatt som president, skrev vi følgende:

«Allerede våren 2020 var det klart at Biden var dement. Allikevel ble han nominert, og grunnen til dette nevnte vi over: han var i motsetning til alle de andre kandidatene en likandes fyr, og derfor den eneste som var valgbar. Men dette betyr at ledere i det Demokratiske partiet – med personer som Barack Obama og Hillary Clinton og Kamala Harris i spissen, og Bidens familie, inkludert hans hustru Jill, som forøvrig har en doktorgrad i pedagogikk – med viten og vilje plasserte en dement mann i verdens viktigste jobb, en jobb han opplagt ikke ville kunne utføre på en ansvarlig måte. Også Biden selv må ha visst at han ikke var helt med. Allikevel gikk han inn for å ta denne jobben. Vi har ikke sett en eneste journalist eller kommentator i mainstream-pressen som har kommentert dette på noe vis. .... Vi avslutter her, men regner med at det ikke er umulig at vi om kort tid vil komme tilbake med flere kommentarer om president Harris....» (link nedenfor).

Vi skrev «kort tid», men der var vi altså noe for optimistiske. Vi undervurderte i hvilken grad Bidens stab og mainstreampressen var villig til å lyve for å dekke over Bidens mentale forfall. Det tok mer enn tre år før manistreamkommentatorer ikke lenger kunne lyve om den tilstand Biden var i, og da ble presset på Biden så stort at hans familie og stab ikke hadde noe annet valg enn å få ham til å trekke seg.

Men han har foreløpig kun trukket seg som kandidat, han har ikke trukket seg fra presidentembedet. Han er altså ikke i god nok form til å være kandidat til å bli valgt som president, men han skal altså visstnok være i god nok form til å være president i et halvt år til. Ok .....

Pressen

Mainstream-pressen har systematisk dekket over Bidens demens fra før han ble innsatt. Dette foregikk inntil debatten mot Trump 27. juni viste for all verden at Biden ikke var helt oppegående.

Før debatten gikk ledende kommentatorer ut og sa at slike ting som at «den Biden vi har nå er den beste Biden vi noen gang har hatt». De hevdet også at påstander om at Biden var redusert eller endog dement bare var løgnpropaganda fra Bidens politiske motstandere. Etter debatten ble det umulig å opprettholde slike løgner, presset ble større og større, og ikke bare journalister med et stort publikum, men også ledende aktør i det Demokratiske partiet, gikk ut og sa at Biden ikke kunne fortsette.

De aller fleste aktørene i mainstreampressen hadde inntil debatten 27. juni oppført seg som komiske Ali. Her er en kort notis fra om Ali fra Dagbladet (siden dette er fra Dagbladet finner vi det nødvendig å eksplisitt bekrefte at det er korrekt): «Komiske Ali [var]... Iraks informasjonsminister Muhammad Saeed al-Sahhaf som under Irak-krigen hver dag kunne fortelle hvor bra de irakiske styrkene gjorde det - samtidig som USA hadde inntatt Bagdad» (link nedenfor). Man kunne se ham på TV eksplisitt benekte at det var amerikanske styrker i nærheten samtidig som man i bakgrunnen kunne høre skudd fra amerikanske militære enheter.

Tirsdag 11. juli – to uker etter den famøse debatten hvor Bidens demens ble avslørt for all verden – brukte Dagbladet hele tre sider på å fortelle sine lesere om «Trumps groteske løgner». Her kunne Dagbladet skrevet noe om Trumps virkelige løgner, som det er svært mange av, men de benyttet plassen til å si at Trumps påstander om at Biden kom til å trekke seg var løgn. Vi siterer:

«Donald Trumps valgkampapparat har sendt ut en rekke e-poster der det insinuerer at Joe Biden kommer til å gi seg. Trump lurer sine egne velgere, mener ekspert.»

Dagbladet hentet altså en såkalt ekspert som siteres på følgende:

«Det er grotesk hvordan Trump kampanjen lyver sine egne velgere opp i ansiktet, for Biden fortsetter valgkampen. Men Trumps team vet de kan snurre fansen rundt lillefingeren».

Den akademikeren som sa dette ti dager før Biden trakk seg var Hilmar Mjelde, som Dagbladet beskriver USA-ekspert og professor ved høgskolen på Vestlandet.

I artikkelen omtaler professoren Trumps påstander om at Biden kom til å trekke seg som desinformasjon: «Det Trump kampanjen sender ut her, er jo desinformasjon».

Men det som var desinformasjon her er jo det Dagbladet skrev, og slik vi ser det burde alle som er ansatt i Dagbladet slå følge med Biden og trekke seg.

Det Trump sa var bare noe som alle visste ville skje – eller burde vite ville skje– i løpet av noen få dager, men Dagbladet presenterer dette som desinformasjon og groteske løgner.

Dagbladets fremstilling av denne saken er representativ for hvordan mainstreampressen har behandlet dette før presidentdebatten 27. juni. Men det som er spesielt med Dagbladet at de fortsetter akkurat samme kurs etter debatten, altså etter at det ble klart for alle – og altså ikke bare for ærlige og oppegående personer – at Biden var sterkt redusert.

Det er mulig å finne bokstavelig talt hundrevis av kommentatorer som frem til debatten 27. juni hevdet at Biden var helt oppegående, og at han bare var ubetydelig redusert pga. høy alder, og at det ikke var noe alvorlig galt med ham.

En kommentator som burde vite bedre skrev følgende i juli 2023:

«Jeg husker påstandene om senilitet og demens fra primærvalgene i 2019. Jeg så et av Townhallmøtene og påstandene var åpenbart feil den gang. Det er de samme politiske kreftene som påstår det samme nå. Det man gjorde var å ta videoklipp ut fra sin kontekst....».

Denne kommentatoren så altså ett opptak, henviser til hvor påstandene kom fra, og hevdet feilaktig at videoklipp som viste at Biden var klart redusert var tatt ut av kontekst – og slutter fra dette at påstandene om demens var «åpenbart feil». (Hans eksempel er dog fra 2019, så han kan ha et poeng her.) Det er et velkjent faktum at en person som er dement allikevel i perioder kan virke helt normal og fullstendig oppegående. Og med hensyn til videoklipp «ut fra kontekst»: det som virkelig skjedde var at mainstreammedier klippet vekk alle episoder som viste at Biden var bortreist. Det denne kommentatoren baserte seg på var det stikk motsatte av sannheten.

Det ser ut til at mange har dannet sine meninger på basis av følgende prinsipp: «hvis min motstander mener én ting så skal jeg mene det stikk motsatte. Alt hva mine meningsfeller sier er korrekt, alt mine meningsmotstandere sier er feil». Dette er en gal metode; den riktige metode er å basere seg på fakta, og ikke på andres meninger.

Jeg vil også bare si at jeg har ingen respekt for noen av de andre såkalte USA-eksperter som mainstreampressen trekker frem for å kommentere det som skjer i USA; enten er de svært dårlig orientert eller så lyver de helt åpent. Det er også en tredje mulighet, men den vil jeg ikke nevne eksplisitt.

Ti dager etter Dagbladets oppslag (21/7) kunne man i VG lese en artikkel som ga det stikk motsatte bilde av det Dagbladet ga uttrykk for. I et intervju forteller norskamerikaneren Thomas Selzer at det er en «–"No-brainer" at han trekker seg. Thomas Seltzer fikk gåsehud da en "150 år gammel" Joe Biden ble geleidet ned fra scenen. Nå tror han at presidenten kaster inn håndkleet» (link nedenfor).

Staben
På direkte spørsmål har president Biden selv, og hans pressesekretærer, eksplisitt benektet at han er mentalt redusert.

Vi har også sett videoopptak hvor utenriksminister Blinken under en kongresshøring bli spurt om hvem det er som egentlig styrer president Biden. Den som spør er senator John Kennedy, og han

174

henviser til at det har skjedd en rekke ganger at videooverføringen av Bidens pressekonferanser plutselig blir stoppet uten at det ser ut til at det er Biden som gir ordre om dette eller at han gir inntrykk av at pressekonferansen er avsluttet. Blinken bare avviser at dette skjer; Blinken sier at Biden styrer seg selv og at alle som kjenner Biden vet at han ikke lar seg styre av andre. Dette videoopptaket, som vi altså har sett, er ikke lenger tilgjengelig, men nedenfor linker vi til et videoopptak hvor Bidens forestilling plutselig bare blir avbrutt av hans stab.

Bidens nærmeste medarbeidere har altså fullt ut benektet at det er noe alvorlig galt med hans mentale tilstand. Vi kan på en måte sette pris på at en stab er lojal mot sin leder, men det er allikevel visse grenser. Nå i de siste dager er det også kommet frem at personer i Bidens stab i lang tid har vært klar over at Biden har vært redusert – og at de utad har benektet dette.

En artikkel i Wall Street Journal begynner slik: «How Bidens Inner Circle Worked to Keep Signs of Aging Under Wraps. Aides kept a tight rein on the president's travel plans, news, conferences, public, appearances, and meetings with donors, while Bidens stumbles became increasingly obvious». Videre:

> «Senior White House advisers for more than a year have aggressively stage-managed President Biden's schedule, movements and personal interactions, as they sought to minimize signs of how age has taken a toll on the oldest president in U.S. history. The White House has limited Biden´s daily itinerary and shielded him from impromptu exchanges. Advisers have restricted news conferences and media appearances.....» (lik nedenfor).

En annen artikkel samme sted inneholder blant annet dette:

> «Biden's Frailty and the Political Price of Insincerity. When people said he seemed unwell, Democrats called it a Republican ploy. That was a costly mistake. The question remains unanswered: How did they let it get this far? How did Democratic power brokers and progressive media personalities

—groups not known for their indifference to winning elections —wait until July 2024 to urge President Biden not to run for re-election?

Any mildly observant person could see four years ago that Mr. Biden had declined further than a commander in chief should. **These pages noted Mr. Biden's diminished state during and after his 2020 campaign** [uthevet her]. In the 2012 debate with Paul Ryan, the editorial board remarked on Nov. 19, 2020, Mr. Biden "was aggressive and confident. In 2020, in the rare times he speaks off the cuff without a teleprompter, he looks more tentative, as if grasping for an argument or words that he knows are around here somewhere."

Democrats disregarded this and 10,000 similar observations because they took them to be insincere, and the political left has **become so accustomed to insincerity as not to recognize its opposite.** [uthevet her] On the left—particularly in the New York Times and other elite outlets—substantive complaints are routinely presented as procedural or ethical ones. Rather than make a straightforward argument that a person or policy is wrong on the merits, elected Democrats, following the media's lead, typically raise technical or otherwise secondary objections they plainly don't care about.» (link nedenfor).

De journalister og kommentatorer som har dekket over Bidens mentale tilstand fra, som Wall Street Journal sa det, valgkampen 2020, har gjort noe som er om ikke juridisk så i hvert fall moralsk sett er kriminelt. Det er også gode grunner til å hevde at det de i Bidens nære familie og hans nærmeste stab har gjort, virkelig er kriminelt.

Bidens nære familie

«If I have to be the only one to stand up for Joe Biden here, to protect him from the cruelest form of elder abuse I've ever been forced to watch, well then that's what I'll do».

Den som sa dette var den sterkt venstreorienterte filmskaperen Michael Moore, og det samme har vi sagt flere ganger. Vi siterer fra Gullstandard for noen dager siden: «Enkelte har sagt at Joe Biden selv er medskyldig i dette [at han påtok seg presidentembedet til tross for at han ikke var mentalt i stand til å utføre den jobben dette innebærer]. En av de som sier dette er Aftenpostens Christina Pletten. I en artikkel publisert 3. juli med overskriften "Det er ikke synd på Joe Biden" skriver hun følgende: "Presidenten har selv valgt å ta på seg verdens tyngste ansvar en svært høy alder. Det innebar en stor risiko, ikke bare for Biden selv, men for hele nasjonen. Det må presidenten og hans familie har forstått allerede for fire år siden.»

Ja, familien må ha forstått det, men Biden selv er i stor grad unnskyldt. En som er dement er ofte ikke i stand til å forstå utfordringer han kommer ut for. En av de tingene som skjer når man blir dement er at man mister evnen til å forstå sin egen situasjon. Joe Biden selv har flere ganger sagt at han er i god nok form til å klare presidentjobben. Han tar feil i dette, men på grunn av av hans demens kan man ikke klandre ham for å mene dette. Et norsk ord som brukes i denne sammenhengen «samtykkekompetanse»: den som blir dement kan miste det som heter «samtykkekompetanse». I Norge blir det da utnevnt en verge som får juridisk rett til å foreta alle disposisjoner for den personen det er snakk om. Denne personen er da gjerne en i den dementes nære familie.

De som har skylden er da Bidens nærmeste familie. Hans barn og hans hustru burde påtatt seg den oppgaven det er å si ifra til Joe Biden at «Dessverre kjære pappa/ektemann, du er ikke i stand til å ha en jobb med ansvar». Det vil antagelig kreve noe mot å si dette til en nær slektning, men livet er iblant slik at det krever vanskelige valg. Her har Bidens nærmeste familie sviktet totalt. Det som har skjedd er at Bidens nære familie har utsatt ham for det som på engelsk altså heter «elder abuse», det er ikke noe annet enn mishandling av en gammel person. Samme kritikk kan man rette mot ledelsen i det Demokratiske partiet; de må ha visst at de i 2020 nominerte en dement person som sin presidentkandidat. Men de som hadde hovedansvaret for å hindre dette var familien. Hvorfor gjorde de ikke dette? Kanskje fordi de gjerne vil nyte godt av de «perks» som presidentembetet innebærer for presidentens nære familie. Bidens hustru Jill har virkelig nydt godt av
177

den kolossale kjendisstatus hun har hatt som «first lady», og Bidens bror og sønn er, antagelig med svært god grunn, mistenkt for å ha hatt svært betydelige økonomiske fordeler av det faktum at Joe Biden har vært president.

Demokratene valgte å se bort fra fakta når det gjaldt Bidens mentale tilstand. Å se bort fra fakta kan og ofte vil føre til katastrofale konsekvenser. Dette gjelder ikke bare valget av Biden som kandidat i 2020, men også at partiet har ført en politisk kurs som ligger så langt til venstre at de fleste av de fremtredende personene i partiet er så lite populære i befolkningen at de ikke er valgbare.

Valget

Det ser ut til at presidentvalget til i november vil stå mellom Donald Trump og Kamala Harris. Det er ikke umulig at Harris kan vinne dette valget – hun vil sterkt øke sine sjanse til å vinne hvis hun velger en god visepresidentkandidat.

Men det kan hende at Demokratenes konvent velger en annen kandidat enn Harris.

Joe Biden har gitt inntrykk av at han ikke vil anbefale at Kamala Harris erstatter ham som Demokratenes kandidat. Også dette er grotesk (vi føyer til at på dette punktet har Biden ikke tatt beslutninger alene): Her har man da hatt en visepresident som de ledende aktører i det Demokratiske partiet mener ikke er kvalifisert til å bli president.

Dersom Demokratene på konventet velger en annen toppkandidat enn Harris kan utløse store problemer fordi de enorme bidragsbeløp som er gått inn i Demokratenes presidentvalgkamp kan kun gå til en «ticket» med Biden og/eller Harris på stemmeseddelen. Kommer det andre kandidater enn Biden/Harris er det mulig at disse pengene ikke vil være tilgjengelig i valgkampen.

Biden uttalt en gang for ikke for lenge siden at det var minst 50 kandidater fra det Demokratiske partiet som kunne slå Trump i valget i november, men den klare favoritten er Michelle Obama. Hun har sagt klart og tydelig at hun ikke er interessert i politikk og absolutt ikke vil stille som kandidat, så på nåværende tidspunkt er det eneste man kan si at det er lite sannsynlig at hun blir kandidat.

Slik det ser ut på meningsmålingene nå ligger Trump godt foran, men de som har en stor del av skylden for dette er at Demokratene i forrige runde valgte en dement mann som sin kandidat, dette fordi de kandidatene som var mer mentalt oppegående var for langt til venstre til å være valgbare, og som visepresident valgte de å kvotere inn farvet kvinne selv om hun var udugelig.

Hvis Trump vinner kommer det til å ha forferdelige konsekvenser på svært mange områder. Han ønsker å innføre omfattende toll på all import USA, han ønsker å deportere hundretusener, eller kanskje millioner, mennesker som oppholder seg i USA etter å ha kommet ulovlig inn i landet, og han vil antakelig presse Ukraina til å inngå en fredsavtale med Russland, en avtale som innebærer at Russland og Putin om noen få år vil få enda større lyst til å fortsette sine aggressive kriger i Øst-Europa. Dette vil også gi Kina blod på tann overfor Taiwan. Han har også uttalt at dersom han blir valgt forventer han at alle amerikanske gisler som holdes av ulike terroristgruppe rundt om i verden må være tilbake i USA før han ble innsatt som president i januar neste år – hvis ikke vil gisseltakerne angre bittert på at de ikke gjorde som Trump sa. Når det gjelder innenrikspolitikken er det mulig at kongressen vil stoppe noen av de mest ødeleggende planene, men presidenten har svært mye å si når det gjelder utenrikspolitikk så det er rimelig sikkert at dersom Trump blir valgt vil det være en katastrofe for Ukraina og derved for Europa. Når det gjelder innenrikspolitikk har Trump sagt en del gode ting, blant annet om klima og energi og deregulering, men alle som kjenner Trump vet at hans uttalelser og meninger kan snu 180 grader fra dag til dag.

Presidentvalget vil altså stå mellom Donald Trump og en person som man per i dag ikke vet hvem er. Dette er lite annet enn en farse, og dette skjer altså i verdens mektigste og rikeste land. Noe er alvorlig galt. USA er ganske nær ved å være en bananrepublikk.

Bananrepublikk?

Er det for sterkt å bruke uttrykket bananrepublikk om dagens USA? La oss gi en kort oppsummering av noe av det som har skjedd de siste årene. Etter at en småkriminell ble drept av en politimann under en arrestasjon var det opptøyer, hærverk, ødeleggelser og drap i flere storbyer i USA. 6. januar 2021 ble kongressen stormet av personer som mente at valgresultatet ikke var korrekt, og en av de ubevæpnede demonstrantene (en kvinne som var tidligere soldat) ble drept av en politimann. Den fremste politiske motstanderne til den sittende presidenten ble utsatt for en rekke rettssaker basert på tynt grunnlag, og han er blitt dømt for en regnskapsfeil. Han ble utsatt for et attentat og var bokstavelig talt millimeter fra å bli drept. En annen fremtredende kandidat ble nektet Secret Service-beskyttelse av den sittende presidenten, dette til tross for at denne kandidatens onkel John F Kennedy ble drept i et attentat mens han var sittende president, og at hans far, tidligere justisminister Robert F Kennedy ble drept i et attentat men han forsøkte å bli nominert som Demokratenes presidentkandidat i 1968.

Det er kommet svært mange ulovlige innvandrere inn i USA, det er omfattende kriminalitet av typen tyveri og nasking, svært mange amerikanere dør av overdoser av narkotika, overvekt er en epidemi, og .... nei vi slutter her....

https://www.vg.no/nyheter/i/1MMGeW/joe-biden-trekker-seg

https://www.vg.no/nyheter/utenriks/i/kwwPRk/norske-amerikanere-om-biden-no-brainer-at-han-trekker-seg

https://www.wsj.com/politics/policy/joe-biden-age-public-election-campaign-343a47bf

https://www.wsj.com/articles/bidens-frailty-and-the-political-price-of-insincerity-2024-election-age-nyt-9f2187ea?mod=WTRN_pos7&cx_testId=3&cx_testVariant=cx_168&cx_artPos=6

https://www.tiktok.com/@thesun/video/7277563683352464672?_r=1&_t=8nxOKuGaplJ

Visepresident (?) JD Vance

Publisert 25. juli 2024

Som sin visepresidentkandidat nominerte Donald Trump senator JD Vance. Selv om Vance bare er 39 år gammel har han en lang, imponerende og variert CV. Hans barndom var nok ikke spesielt god; han vokste opp i fattigdom i Ohio med en enslig rusmisbrukende mor. Moren kunne ikke ta seg godt av ham, og han ble oppdratt av sine besteforeldre. Senere skiftet han navn fra James Donald Bowman til James David Vance, dette for å distansere seg fra sin biologiske far; Vance er hans morfars etternavn. Han vervet seg til US Marines, og etablerte etter hvert en karriere som forretningsmann og familiefar etter juss-studier ved prestisjeinstitusjonen Yale. Om sin oppvekst og tidlige voksenliv skrev han boken *Hillbilly Elegy* (2016), som ble en bestselger som også ble filmatisert. Budskapet i boken er klokt, og for en bok som er skrevet i vår tid i vår kan man kanskje kunne si at det er originalt: man bør være ambisiøs, ha pågangsmot og gjøre det beste ut av det livet man har, og samtidig bør man ikke ha noen form for beundring for de som bare velger å resignere og å leve et kjedelig liv på trygd, og hvor det eneste som kan motvirke kjedsomheten er ulike former for rus. (Jeg har ikke lest boken, men jeg så første halvpart av filmen for noen måneder siden.)

Etter først å ha vært svært negativ overfor Donald Trump (han skrev en privat melding i 2016 at han var ikke sikker på om Trump bare bare var et «asshole» eller kunne bli Amerikas Hitler), snudde han 180 grader. Det kan være flere forklaringer til dette. Det er mulig at han virkelig har skiftet syn; det er jo ofte slik at etterhvert som man blir eldre og klokere og lærer mer så tar man avstand fra ting man mente når man var, som det heter, ung og dum. Men det kan også hende at han skiftet mening bare fordi han ville bli populær eller ville innynde seg i de riktige kretsene. Hvis det var dette siste som skjedde så er Vance rett mann for Trump: Trump selv er en mann uten prinsipper, og han vil antageligvis at hans nærmeste medarbeidere skal være av samme type. Etter Vances kursomlegging fikk han, når han kastet seg inn i politikken, Trumps velsignelse før han stilte til valg til senatet fra Ohio i 2022. Han tiltrådte som senator i januar 2023.

Vance er helt åpenbart en svært intelligent og ambisiøs person, han er enormt kunnskapsrik og klarer seg svært godt i debatter. Det vil bli svært underholdende å se debatter mellom ham og Demokratenes visepresidentkandidat, hvem nå det enn blir.

Før vi går videre vil vi nevne følgende punkter: vanligvis velger presidentkandidaten en visepresidentkandidat som skal supplere presidentkandidaten, det vil si appellere til andre velgergrupper enn de velgergrupper som presidentkandidaten selv appellerer til. Vi tror det er derfor ville vært klokest dersom Trump hadde valgt en kvinne eller en afroamerikaner – for eksempel Tulsi Gabbard eller Byron Donalds; dette ville ført til at flere ville stemt på Trump. Mitt syn er at valget av Vance var lite klokt fra Trumps side, men på den annen side er dette ikke spesielt overraskende i og med at Trump ikke er en veldig smart person. Det går rykter om at valget falt på Vance etter at Trump sønn Donald jr. insisterte på det, men denne sønnen er til og med mindre smart enn Trump selv. Det går også rykter om at Trump, etter at Biden trakk seg fra presidentvalgkampen, egentlig ønsker å skifte ut sin visepresidentkandidat, men dette er antagelig for sent nå.

Trump regnet antakelig med at han ville få en lett valgseier over Biden, og at han derfor ikke trengte en visepresidentkandidat som ville sanke ekstra stemmer. Men med Kamala Harris som motstander er bildet blitt et annet. Men tilbake til Vance.

Ikke frimarkedstilhenger

Vance er ikke en frimarkedstilhenger. En gang uttalte han at «People on the left, who´s politics I am open to....». Han er altså åpen for å støtte en venstreorientert næringspolitikk. Vance sier at økonomer ikke har særlig greie på toll; Vance menet at toll kan være en god ting. Vance har rett i at mange økonomer kan svært lite om viktige elementer innen økonomifaget, men så og si alle økonomer er enige om at toll og handelsbegrensninger mellom land er skadelig for begge land. Toll gjør varer dyrere, og de reduserer mulighetene for internasjonal arbeidsdeling, det vil si mulighetene til å utnytte komparative fordeler. Toll gjør importerte varer dyrere, og det er spesielt masseproduserte ting produsert i utlandet (ofte Kina) som blir dyrere, og det er folk som har dårlig råd som i størst grad kjøper slike produkter. Innføringen av toll vil derfor føre til redusert levestandard for amerikanere flest.

Han sier også at økonomer ikke kan mye om slike ting som statlige krav om minstelønn, og han støtter statlige krav om høyere minstelønn. Også her er praktisk talt alle økonomer enige om at slike tiltak er skadelige, de mener at høyere minstelønn vil stenge flere arbeidstagere ute fra arbeidsmarkedet, dette fordi enkelte arbeidstageres produksjon er mindre verd enn det som minstelønnsreglene krever at arbeidsgivere må betale dem. (Dersom en persons arbeidsinnsats er verdt 100 kr. timen, vil han ikke bli ansatt dersom regler om minstelønn sier at han må betales 150 kr. timen.) Krav om minstelønn fører til at enkelte ikke kommer inn i arbeidslivet, men å komme inn i arbeidslivet er en forutsetning for å kunne lære seg ferdigheter som er nyttige i alle arbeidsforhold, for deretter å avansere innen en bedrift eller i arbeidsmarkedet som helhet.

Innvandring

Vance vil ha begrensinger på innvandring, og han og hans mange meningsfeller i det Republikanske partiet begrunner dette med at det vil redusere arbeidsløshet blant amerikanere. Også dette er feil, nyankomne innvandrere tar som regel jobber som landets egen befolkning ikke vil ha. Statistikker viser også at det ikke er høyere arbeidsløshet i land som fører en liberal innvandringspolitikk enn i land som fører en restriktiv innvandringspolitikk.

De siste årene har det kommet et svært stort antall innvandrere til USA, mange av dem er ulovlige innvandrere, men arbeidsløsheten i USA er per i dag ca 4 %, som er et lavt tall (selv om det egentlig burde vært en god del lavere, noe det ville vært hvis man hadde ført en fullstendig frimarkedspolitikk). Bortsett fra perioden med coronatiltak har arbeidsløsheten i USA sunket jevnt og trutt fra slutten av 2009, da arbeidsløsheten var ca 9 %.

Innvandring fører til at det blir flere som arbeider, det vil si flere som produserer, og dette øker velstanden for alle.

Et stort antall delegater på Republikanernes konvent holdt opp masseproduserte plakater med teksten «Mass Deportation Now». Dette er forferdelig ille. En slik politikk innebærer at personer som har oppholdt seg i USA i lang tid, kanskje i flere år, rett og slett blir

183

kidnappet av politiet og sendt tilbake til et land de forlot for kanskje to eller fem eller ti år siden. Det er også sterk grunn til å tro at de aller fleste av disse er i produktivt arbeid. Ja, de skulle ikke ha blitt fått anledning til å komme ulovlig inn i landet, men dette problemet bør løses på annen måte enn å sende folk tilbake til et land de kom fra for mange år siden. Det bør løses ved at det innføres en ordning hvor de kan få lovlig opphold; dette gjelder de som er i jobb og som ikke har begått kriminalitet.

Det som er svært kritikkverdig, og som så mange med god grunn reagerer på, er at mange innvandrere, selv ulovlige innvandrere, automatisk får rett til å nyte godt av offentlige tilbud, for eksempel skole, trygder, helsevesen. Men den riktige reaksjonen på dette er å gå inn for at innvandrere ikke har rett til å nyte godt av de offentlige tilbudene, ikke å stoppe innvandringen. På lengre sikt er det også riktig å gå inn for at det ikke skal finnes slike offentlige tilbud. Men Republikanerne ønsker overhodet ikke å gå i den retningen, de vil bare stoppe innvandringen.

Og hva er så forferdelig med immigrasjon? Kriminalitet? Statistikken viser at de aller fleste som kommer ikke er kriminelle, de kommer for å jobbe, og at de er underrepresentert i kriminalstatistikkene.

Fremmed religion? De fleste som kommer er kristne. Fremmed kultur? Ja, de har vel med seg sine egne matvaner og spiser kanskje ikke erkeamerikanske retter som pizza og tacos.

Reguleringer
Vance har et blandet syn på reguleringer av næringslivet; han er mot noen reguleringer, men for andre reguleringer. Han er altså ikke en prinsipiell tilhenger av fritt næringsliv. En avisoverskrift fra juli 2023 omtaler «The new Washington DC power couple taking on Wall Street». Dette nye maktparet – to politikere som samarbeider for å innføre ytterligere reguleringer av spesielt Big Banks – består av to personer som samarbeider godt og som i stor grad deler syn på næringslivet, og disse to er den sterkt venstreorienterte senatoren Elisabeth Warren og JD Vance.

Nettavisen har fått med seg dette. En artikkel 18. juli hadde følgende overskrift og ingress: «Wall Street grøsser over Trumps visepresident», og «JD Vance angrep Wall Street fra scenen i Milwaukee. Administrerende direktører opplever ham som fiendtlig mot bedrifter.»

Etter at Donald Trump nominerte senator Vance som sin visepresidentkandidat brukte Newsletteret The Dispatch Følgende treffende overskrift «Vance Is In, Reaganism Is Out». Poenget er at Ronald Reagan i sin retorikk var tilhenger av en mindre stat, friere marked, frihandel, deregulering, privatisering, skattelettelser. Senator Vance står for en helt annen politikk enn den Reagans retorikk impliserte.

Reagan gjorde allikevel noe som gikk i den retningen som gikk i retning av mer markedsøkonomi, en politikk som for øvrig startet for alvor under Reagans forgjenger Jimmy Carter. Denne ikke spesielt store dreiningen i retning av mer markedsøkonomi førte til en velstandsvekst som varte til godt ut på 2000-tallet. Denne velstandsveksten fortsatte under Reagans etterfølger George Bush senior, og under hans etterfølger, Demokraten Bill Clinton. Bill Clinton uttalte til og med at «The era of big government is over». Etter Clinton, under Bush junior, ble politikken en annen – hans slagord var «compassionate conservatism», en politikk som innebar flere støtteordninger og flere reguleringer, og dette førte blant annet til finanskrisen i 2007/08.

Det ser ut til at Trump og Vance har forskjellig syn angående beskatning av «corporations»: Trump vil ha lavere skatt, Vance vil ha høyere skatt. Hvis det blir et strid mellom disse to på dette punktet vil vi tippe at det er Vance som går av med seieren.

Utenriks

Vi bør også nevne at Vance er sterk tilhenger av amerikansk støtte til Israel, men han er sterk motstander av støtte til Ukraina. Angående Ukraina mener han at det bør bli fred nå og at Russland bør få beholde de områdene av Ukraina de har erobret hittil. En nyhetssending på en amerikansk TV kanal gjenga nylig følgende sitat fra Vance: «I gotta be honest with you, I don't really care what happens to Ukraine one way or the other». Dette gjelder et land som kjemper for sin frihet mot et aggressivt diktatur, et diktatur som under varierende regimer i

185

hundrevis av år har hatt for vane å invadere sine naboland. At Vance ikke bryr seg om hva som skjer der er en skremmende holdning.

Vances syn på Ukraina har ført til at han har fått en anbefaling fra Russlands utenriksminister Sergej Lavrov: «He's in favor of peace, he's in favor of ending the assistance that's being provided, and we can only welcome that because that's what we need—to stop pumping Ukraine full of weapons and then the war will end». Vi vil si at krigen vil avsluttes så snart Russland trekker sine styrker tilbake fra Ukraina, og da vil også Ukrainas borgere nyte godt av en langt større frihet enn de vil ha under russisk okkupasjon eller overherredømme. Vesten bør absolutt støtte Ukraina, hvis Ukraina helt eller delvis faller, vil dette gi Putin og andre tyranner og diktatorer blod på tann og de vil intensivere sine angrep mot Vesten.

Religion

Vance er kristen – han var opprinnelig ateist, men konverterte i voksen alder til å bli katolikk, og ikke nok med det, han er assosiert med noe som kalles integralisme. Et Google-søk på «integralist» gir følgende forklaring: «In politics, integralism, integrationism or integrism (French: intégrisme) is an interpretation of Catholic social teaching that argues the principle that the Catholic faith should be the basis of public law and public policy within civil society, wherever the preponderance of Catholics within that society makes this possible.» (wikipedia).

Vance er influert av tenkere som René Girard og Augustin. Franskmannen Rene Girard (1923-2015) hevder at mennesket i altfor stor grad er opptatt av materielle ting og å gjøre unyttige og/eller skadelige ting for å bli sett eller respektert av andre. Augustins (354-430) livssyn kan oppsummeres slik: Uten Guds nåde er mennesket råttent, dets tenkeevne er hjelpeløs, kroppen er full av synd og lyst, og livet er en eneste lidelse. Man må gi opp alle forsøk på å oppnå egne verdier, man må tilstå sin uverdighet og være ydmyk. Det eneste formål med livet er å tjene Gud, og for å få til dette må man gi opp fornuften og ha full tillit til tro og åpenbaring. Man må gi opp all søken etter jordiske gleder og bare tjene Gud (og de trengende). Man oppnår ikke frelse ved egen innsats, men må kun stole på Guds nåde.

186

(Nedenfor linker vi til en artikkel i Politico som omtaler tenkere som har influert Vance, og til Yaron Brooks show, hvor temaet er tenkere som har influert Vance.)

Som katolikk er han antagelig sterk motstander av kvinners rett til selvbestemt abort. Nå har Trump forstått at sterk motstand mot abort er svært skadelig for Republikanerne, så det han og antageligvis også Vance nå vil gå inn for er at dette spørsmålet skal avgjøres av delstatene slik det er i dag (etter at Høyesterett for et par års tid siden opphevet den kjennelsen som innebar at kvinner over hele USA hadde rett til å få utført selvbestemt abort). Men det er mulig at når de krefter som Vance representerer får større makt vil de innskrenke ytterligere kvinners rett til selvbestemt abort også i delstater hvor abort nå er tillatt. Restriksjoner på kvinners rett til selvbestemt abort er et kolossalt inngrep i individets frihet.

Vi nevner også at Vance under valgkampen for å bli valgt til senator fra Ohio kom med en spesielt ufin karakterisering av visepresident Kamala Harris og andre i hennes kategori: «"we are effectively run in this country via the Democrats," and referred to them as "a bunch of childless cat ladies who are miserable at their own lives and the choices that they've made and so they want to make the rest of the country miserable, too." He said that included Harris, U.S. Transportation Secretary Pete Buttigieg and U.S. Rep. Alexandria Ocasio-Cortez, a New York Democrat» (apnews, link nedenfor).

Valget

Dersom Trump blir valgt, noe som ser sannsynlig ut vil skje per i dag, vil dette antageligvis innlede en utvikling i USA med stadig mindre individuell frihet, og hvor religion får en stadig større plass i hele kulturen. Dette er en sterk negativ utvikling, dette er en sterk innskrenkningen av individuell frihet, og det vil ikke føre til noe annet enn økende fattigdom og et økende generelt forfall.

Det Demokratiske partiet har spilt sine kort så dårlig som det er mulig å gjøre, de valgte for det første i 2020 en dement mann som sin kandidat, og når de skulle velge denne kandidatens innbytter, la de vekt ikke på kvalifikasjoner eller dyktighet, de valgte å kvotere inn en farvet kvinne, og hun ble nominert til tross for at hun var både usympatisk, upopulær og udugelig.

Men i det kommende valget i november er det svært mange som primært ikke stemmer *for* en kandidat de liker, de stemmer *mot* en kandidat de misliker. Det er svært mange som misliker Trump, og da er det fortsatt mulig at Demokratene kan vinne presidentvalget i november. Demokratenes valgkampanje har fått en skikkelig vitamininnsprøytning i og med at den senile Joe Biden er erstattet med den unge, vakre og dynamiske Kamala Harris. (Ung? Ja, hun er omtrent 20 år yngre enn sin motkandidat Donald Trump.) Er Harris kvalifisert til å bli president? Overhodet ikke, men kvalifikasjoner og egnethet spiller som regel liten rolle når folket skal velge mellom kandidater i demokratiske valg.

https://www.bls.gov/charts/employment-situation/civilian-unemployment-rate.htm

https://apnews.com/article/jd-vance-kamala-harris-childless-trump-0a37e991097b66c52bff5bf7ecf8de7b

https://www.vg.no/nyheter/utenriks/i/Rzz4vA/vance-til-landsmoetet-i-natt-harde-angrep-mot-biden

https://www.nettavisen.no/nyheter/wall-street-grosser-over-trumps-visepresident/s/5-95-1920610

https://en.wikipedia.org/wiki/Integralism

https://thedispatch.com/newsletter/dispatch-politics/vance-is-in-reaganism-is-out/

https://www.youtube.com/watch?time_continue=11&v=ZES5vohEnHo&embeds_referring_euri=https%3A%2F%2Fwww.gullstandard.no%2F&source_ve_path=Mjg2NjY

Vil USA velge et fjols som president?

Publisert 11. august 2024

Det er redaktør Helge Lurås som stiller dette spørsmålet i en artikkel som har tittelen «– Kan USA virkelig komme til å velge et regelrett fjols til sin neste president?» (link nedenfor). Vi skal gi et 100 % korrekt svar på dette spørsmålet nedenfor, men først vil vi si at vi er i tvil om bruken av ordet «fjols» her. Et fjols er en tåpelig person, men ordet konnoterer en person som man ikke behøver å ta på alvor. Men hvem som blir president i USA er et spørsmål som man virkelig må ta på alvor; vi er altså ikke helt tilfreds med ordet fjols, men vi benytter det allikevel som en utgangspunkt for denne kommentaren.

Da Joe Biden tiltrådte som president i 2021, hadde han valgt senator Kamala Harris som sin visepresident. Hun ble kvotert inn i stillingen; Biden hadde sagt i forkant før hun ble nominert at han skulle velge en svart kvinne som sin visepresidentkandidat. I sine år som først senator og så visepresident har Harris aldri utmerket seg på grunn av sin faglig dyktighet, snarere tvert imot: hun ble betraktet som en av de minst populære visepresidentene noensinne, og hun ble kåret til den nest mest venstreorienterte senatoren i dette århundret: «Harris is the second-most liberal Democratic senator to serve in the Senate in the 21st century» (vi føyer til at den korrekte oversettelsen av det amerikanske «liberal» er «venstreorientert»). Her skal vi allikevel ikke konsentrere oss om den politikken hun står for, en politikk som slik vi ser det inneholder i hvert fall et par gode punkter, vårt poeng her er å fastslå at ved et stort antall anledninger har Harris fremstått som nokså lite kompetent.

Uten teleprompter er hun så vidt vi kan bedømme ut i fra det vi har sett ikke i stand til å fremføre et eneste innsiktsfullt resonnement. (Det sies at hun gir et inntrykk av å være intelligent når hun snakker til små grupper, men at hun fryser til når hun har et stort publikum foran seg. Det er vanskelig for oss å vite om dette er korrekt eller ikke.) Det finnes et stort antall eksempler som bekrefter dette, men det kanskje mest kjente eksemplet er følgende om krigen mellom Russland og Ukraina:

> «Ukraine is a country in Europe. It exists next to another country called Russia. Russia is a bigger country. Russia is a powerful country. Russia decided to invade a smaller country called Ukraine. So basically that's wrong.»

Dette kom riktignok som et svar på et spørsmål hvor hun ble bedt om å forklare situasjonen «in layman's terms», altså på en måte som folk flest ville forstå, men allikevel: det viser en mangel på innsiktsfullhet som en tiåring ville vært flau over å fremføre.

Enkelte tidligere presidenter har vært svært intelligente, opplagte eksempler er Bill Clinton og Barack Obama, og hvis de hadde blitt bedt om å forklare situasjonen i Ukraina ville de sagt noe helt annet enn det Kamala Harris fremførte; de ville aldri brukt en så infantil forklaring som den Harris brukte.

Et annet typisk element ved Harris´ retorikk er at når hun har fått en fiks formulering fra sin taleskriver så bruker hun den om igjen og om igjen og om igjen. Vi siterer fra independent:

> «Kamala Harris repeats same expression four times in speech loop. "The governor and I and we were all doing a tour of the library here and talking about the significance of the passage of time. Right? The significance of the passage of time," Ms Harris said. ..."So, when you think about it, there is great significance to the passage of time in terms of what we need to do to lay these wires, what we need to do to create these jobs," she told an audience in a speech about expanding broadband coverage. ... "And there is such great significance to the passage of time when we think about a day in the life of our children and what that means to the future of our nation," said Ms Harris, "depending on whether or not they have the resources they need to achieve their God-given talent."» (independent, link nedenfor).

Det finnes en rekke andre uttalelser fra Kamala Harris av samme type, og det er ikke nødvendig for oss er å gjengi flere her.

Det er altså vanskelig å se at det mye galt med Lurås´ antydning om at Kamala Harris er «et regelrett fjols». Men hvem er det som stiller som motkandidat til Kamal Harris? Jo det er Donald Trump, og hvordan står det til med ham?

Han tror at toll på import til USA vil være bra for amerikansk økonomi, noe som er helt feil. Han vil sette opp en mur for å hindre migrasjon fra Mexico, noe som også vil være skadelig for amerikansk økonomi. Han vil ikke privatisere eller deregulere offentlige ordninger som reelt sett er konkurs: Medicare, Medicaid, Social Security.

Hans eneste prinsipp, om man kan kalle det det, er at alle problemer skal løses ved å «make a deal». Hans ghostwriter har til og med skrevet en bok med tittelen *The Art of the Deal*. Han har inngått avtaler med tyranner og diktatorer, uten å forstå at tyranner og diktatorer overhodet ikke bryr seg om avtaler. Det var han som inngikk en avtale med Taliban, en avtale som etterhvert førte til at USA under president Biden måtte trekke alle amerikanske styrker ut fra Afghani- stan med halen mellom bena. Dette skjedde etter at USA hadde brukt enorme ressurser på å forsøke å gjøre Afghanistan til et sivilisert land, et land hvor islamistisk ideologi ikke lenger var den styrende ideologien.

Trump har også snakket pent om diktatorer og tyranner, mens han samtidig har gitt svært ufine karakteristikker både av partifeller, politiske motstandere, filmstjerner og andre. Han har også sagt slike ting som at dersom han skulle skyte noen på Fifth Avenue så ville ingen bry seg om det.

Hvis man skal finne et ord som karakteriserer en slik person, hvilket ord er det? Jo, vi synes at ordet fjols også passer på Donald Trump.

Per i dag er det slik at Demokratenes kandidat er et fjols, og Republikanernes kandidat er et fjols. Dette betyr at hvis det er disse to som stiller til valg i begynnelsen av november, så kommer USA til å velge et fjols som president uansett hvem som blir valgt.

Ja, det finnes en kandidat til. Robert Kennedy junior. Vi går ikke inn på hans meninger her, det har vi gjort tidligere her på Gullstandard, men spørsmålet nå er om også han kan kalles et fjols. Og svaret på det er et utvilsomt Ja, absolutt.

Lurås spør om USA virkelig er i stand til å velge et fjols som president. Svaret på dette spørsmålet er Ja.

Men det interessante spørsmålet er ikke hvorvidt USA kommer til å velge et fjols som president, det interessante spørsmålet er hvordan har USA havnet i en slik situasjon.

Dette har å gjøre med utviklingen blant de intellektuelle i USA. Det heter at politikk er nedstrøms fra kultur, det vil si de ideer som dominerer i akademia vil etter hvert prege kulturen, og så vil de trenge inn i politikken.

Etter borgerkrigen, som sluttet i 1865, begynte en utvikling som innebar at visse typer ideer ble stadig mer dominerende i de amerikanske universitetene. Disse idéene var stikk i strid med de ideer som USA opprinnelig var grunnlagt på; disse nye ideene var i hovedsak hentet fra tysk filosofi, og disse idéene støttet opp om kollektivisme, ufrihet, relativisme; de var imot individuell frihet og støttet politisk styring. Fra tidlig på 1900-tallet ble politikken i stadig sterkere grad preget av disse idéene.

Disse idéene fører altså til at mer og mer ble makt blir konsentrert i politikernes hender, og dette innebærer også at partiene blir maktsentre for de som klarer å komme seg til topps i partiene. For å gjøre karriere i et parti må man være på lag med de som sitter i ledelsen i partiet, og dette betyr at partiene blir apparater som har som funksjon å styrke makten til de som allerede er i ledelsen i partiet. Det kan være forskjellige klaner som kjemper om makten – for eksempel var Obama og Biden ikke helt på lag – men disse klanene fører omtrent samme politikk. Demokratenes maktsenter består nå av folk som Obama, Pelosi og Clinton, og det var disse som sørget for at Biden ble presset ut etter at hans sterkt svekkede kognitive evner ikke lenger var mulig å skjule etter debatten mot Trump i slutten av juni.

Blant Republikanerne har det siden tidlig på 1900-tallet kun vært tre presidenter som i betydelig grad har støttet økt individuell frihet (Harding, Coolidge, Reagan). Alle andre har vært svært tilfreds med å øke statens makt, og den som nå har all makt i det Republikanske partiet er Donald Trump. Alle betydelig aktører i det Republikanske partiet nå har erklært sin lojalitet mot Trump selv om de tidligere var sterkt kritiske; men kanskje viktigst av disse er Nikki Haley.

Det finnes allikevel en gruppe Republikanere som har erklært at det er sterkt imot Trump, blant disse finner man en rekke personer som var med i Trumps forrige administrasjon (John Bolton, William Barr), og folk som George Bush jr, Dick Cheney (Bush jrs visepresident), Liz Cheney, Mike Pence (Trumps visepresident), men disse er ikke sentrale i det Republikanske partiet i dag.

At amerikanerne nå må velge mellom Kamala Harris og Donald Trump er lite annet enn en farse. Men utviklingen er helt logisk ut i fra de ideer som har infisert amerikanske eliteinstitusjoner de siste 100 - 150 år.

Hvem av disse to vil bli valgt? Begge kan bli valgt. Harris er god på kvinners rett til selvbestemt abort, men hun er svært dårlig på ting som energi, klima, individuell frihet. Trump er god på energi og klima, men svært dårlig på generell økonomisk politikk.

Det beste man kan håpe på er at man får «deadlock», det vil si at det ene partiet får presidenten og at det andre partier får flertall i kongressen. Da vil en rekke skadelig forslag bli stoppet før de blir gjennomført. Det verste som kan skje er at samme parti får både presidenten og flertallet i kongressen. Da er vi virkelig ille ute – og jeg sier «vi»: USA er verdens sterkeste makt og verdens sterkeste økonomi, og det som skjer i USA preget resten av verden. Går det dårlig i USA går det også dårlig for resten av Vesten.

https://thehill.com/opinion/campaign/4816859-kamala-harris-is-extremely-liberal-and-the-numbers-prove-it/

https://inyheter.no/07/08/2024/luras-kan-usa-virkelig-komme-til-a-velge-et-regelrett-fjols-til-sin-neste-president/

https://www.independent.co.uk/news/world/americas/kamala-harris-speech-loop-repeat-b2041329.html

Visepresidentkandidat Tim Waltz

Publisert 19. august 2024

Som sin visepresidentkandidat valgte Kamala Harris Minnesotas guvernør Tim Walz. De fleste kommentatorer holdt en knapp på at hun ville velge Josh Shapiro, og valget av Walz kom som en stor overraskelse på de fleste. Men Shapiro er jøde og er ikke en sterk motstander av Israel, og en mulig grunn til at han ikke ble valgt var at Harris ikke ville å skremme anti-jødiske velgere fra å stemme på Demokratene.

I motsetning til de fleste andre politikere på toppnivå er Walz ikke jurist. Han har en relativt bred erfaringsbakgrunn, han har vært lærer og han har vært fotballtrener. Når Harris valgte ham var han guvernør i Minnesota, og før det var han medlem av Kongressen. De aller fleste har oppfattet ham som en trivelig kar.

Han har også tjenestegjort i det militære, men det ser ut som om han har fremstilt sine meritter der noe mer ærefullt enn det er grunnlag for. Vårt inntrykk er dog at dersom politikere lyver om viktige ting så spiller det ingen rolle for velgerne; dersom de derimot lyver om mindre viktige ting (utroskap, bostedsadresse, unøyaktigheter i regnskaper, etc.) så kan det ha store konsekvenser.

Walz er smart, men på en litt annen måte enn Republikanernes visepresidentkandidat JD Vance; Vances form er mer akademisk, Walz´ form er mer folkelig. Det skal bli meget underholdende å se disse to i en duell.

Som politiker er nok Walz svært venstreorientert. Den kanskje mest venstreorienterte guvernøren i USA er Californias Gavin Newsom som har ført en politikk som har vært en katastrofe for California, og Walz, som enkelte hevder er Newsoms politiske, men mer folkelige, tvilling, kan vise til et tilsvarende rulleblad for Minnesota. Walz har i stor grad støttet woke-hysteriet; han har motarbeidet fossilt brensel (olje, bensin, diesel); han har gått inn for store offentlige utgifter, men det offentlige tilbudet har ikke vært spesielt godt; og under hans lederskap har kriminaliteten vært stor.

Walz viste seg å være svært tolerant overfor de svært ødeleggende opptøyene som fulgte i kjølvannet av drapet på George Floyd i 2020. Han burde ha innkalt Nasjonalgarden for å stanse opptøyene umiddelbart etter at de begynte, men han somlet og det gikk flere dager før situasjonen roet seg og ødeleggelsene opphørte.

Men det er mer. En kommentator skrive følgende om utviklingen i Minnesota etter at Walz ble gjenvalgt i 2022: Walz har «established Minnesota as a mecca for abortion and a home for "trans refuge." Minnesota "prohibits enforcing of out-of-state subpoenas, arrest warrants and extradition requests" and "bars complying with court orders elsewhere to remove children from their parents' custody for getting gender affirming care."» (frontpagemag, link nedenfor).

Vi presiserer det siste punktet: Walz′ syn er at barn skal ha rett til å få utført såkalt kjønnkorrigerende operasjoner også i tilfeller hvor bare én av foreldrene samtykker i dette.

Newsweek skriver om dette at Walz

«has a legislative history of supporting the rights of transgender minors and gender-affirming care, ...
In April 2023, Walz, who has been the state's governor since 2019, signed a Minnesota law aimed at protecting the rights of the LGBTQ+ community to access and receive gender-affirming health care—which can include a range of medical procedures and care such as surgery and puberty blockers—without intervention of out-of-state laws. ...
The law says court orders "for the removal of a child issued in another state solely because the child's parent or guardian assisted the child in receiving gender-affirming care in this state must not be enforced in this state," with many referring to this as a "Trans Refuge" law. It prohibits the extradition of out-of-state individuals for receiving legal case in Minnesota.
It also states if a child has been abandoned or their safety is at risk, or they are unable to obtain gender-affirming care, the "court of this state has temporary emergency jurisdiction." ...

In addition, Walz banned conversion therapy for children and vulnerable adults.» (link nedenfor)

(Vi skyter dog inn at vi støtter Walz´ syn når det gjelder kvinners rett til selvbestemt abort.)

Walz er imot ytringsfrihet; han sier at man ikke har noen rett til å spre misinformasjon:

«... There is no guranatee to free speech on misinformation or hate speech and especially around our democracy...». (link til rumble nedenfor).

Et svært viktig poeng er at Walz er Kina-venn. Etter at han var ferdig med college tok han en lærerjobb i Kina, og senere startet han et firma som arrangerte studieopphold i Kina for amerikanske studenter: Educational Travel Adventures, Inc. Firmaet var virksomt i om lag 20 år. Etter at Walz giftet seg dro han og fruen på bryllupsreise til Kina, og frem til 2003 tilbrakte paret hver sommer i Kina; han har uttalt at han aldri er blitt så godt behandlet noe sted som han ble behandlet i der. Walz hadde også jevnlige møter med tjenestemenn i Kina også etter at han ble valgt inn i Kongressen i 2007. De som sørget for at han ble så godt behandlet var selvfølgelig de kinesiske myndigheter; kommunist-diktaturer har for vane å finne unge politiske talenter, gjøre stas på dem og dyrke dem i håp om at de en gang senere i livet får en viktig stilling.

Walz uttalte i 2016 at

«I've lived in China, and as I've said, I've been there about 30 times ... I don't fall into the category that China necessarily needs to be an adversarial relationship. I totally disagree.»

Walz er altså sterkt venstreorientert, og som vi ser har han et godt forhold til kommunistdiktaturet Kina. Hvordan dette vil slå ut under visepresident Walz dersom Kina gjør alvor av sin sabelrasling overfor Taiwan kan man bare lure på.

Politisk sett virker Walz, som også Republikanernes visepresidentkandidat, som et meget tvilsom kort. Begge er ille, men på litt forskjellige måter: Vance er svært religiøs og er en sterk tilhenger av statlig styring, Walz er svært sympatisk innstilt overfor et kommunistdiktatur og er en sterk tilhenger av statlig styring.

Kandidatene er Trump, Vance, Harris, Walz. To av dem er ikke spesielt smarte, to av dem er nokså intelligente, men på forskjellige måter, og begge de to som er nokså smarte er sterkt imot individuell frihet; Vance på et religiøst grunnlag og Walz på et sosialistisk grunnlag.

Her er det absolutt ingen kandidater vi på noe som helst vis kan støtte.

https://rumble.com/v5a3dg5-tim-walz-says-theres-no-guarantee-to-free-speech-in-our-democracy.html

https://rumble.com/v5a2hnf-tim-walz-theres-no-guarantee-to-free-speech.html

https://www.frontpagemag.com/walzing-with-kamala/

https://www.newsweek.com/tim-walz-policy-transgender-minors-explained-1937598

Demokratenes vellykkede maskeradeball

Publisert 26. august 2024

Demokratene arrangerte sitt konvent/landsmøte i Chicago i forrige uke, og partiets strateger hadde klart å skape en forestilling som innebar at partiet fremstod som nokså seriøst, sentrumsorientert og ja, rett ut sagt, normalt. Det var en bragd!

Her var det intet snakk om å redusere bevilgningene til politiet, det var ingen støtte til Black Lives Matter, det var lite snakk om klimaendringer, det var ingen støtte til ekstreme «woke»-tiltak, det var ingen støtte til Hamas. Det var altså ingen støtte til de saker som en stor andel av partiets ledende representanter hadde engasjert seg i de siste årene.

Presidentkandidat Kamala Harris fremstod som en svært dyktig og populær kandidat selv om om hun bare for noen måneder siden hadde vært ansett som svært lite dyktig og som USAs minst populære og ubetydelige visepresident noensinne.

Dette er egentlig ikke overraskende. I et års tid hadde Demokratene gruet seg til å gå inn i valgkampen med en senil presidentkandidat, og når han ble presset til å trekke seg for å bli erstattet av en ung, vakker og dynamisk kvinne, førte dette ført til en entusiasme hos Demokratene man sjelden eller aldri har sett maken til. Denne entusiasmen hos Demokratene er til og med større enn den som ble Republikanerne til del da John McCain valgte Sarah Palin som sin visepresidentkandidat i 2008.

En rekke kjente personer holdt taler på landsmøtet – Bill Clinton, Hillary Clinton, Barack Obama, Michelle Obama, Oprah Winfrey, Bernie Sanders, Alexandra Ocasio-Cortez – og de fleste av dem (altså talene) ble svært godt fremført. Også sittende president Joe Biden, som ble presset ut som partiets kandidat etter at det var blitt helt umulig å benekte at han var dement, fikk lov til å holde en tale, men strategene hadde vært smarte nok til å gi ham det minste prestisjefulle tidspunktet: etter prime time på konventets aller første dag. Denne talens form og innhold var typisk for hvordan president Biden har fremstått de siste årene.

Naturlig nok snakket ingen av partiets ledende figurer om hva de har oppnådd de siste årene. Partiet har hatt presidenten i 12 av de sist 16 årene, men absolutt alle problemer som USA har nå skyldes ifølge dem Donald Trump, som satt som president fra 2017 til 2021. Eller kanskje mer korrekt, det vil bli enorme problemer fremover hvis Donald Trump blir valgt i november.

Michelle Obama snakket om hvordan hennes mor og hennes familie hadde mislikt rike folk, dette selv om hun selv har en formue på flere titalls millioner dollar. Bernie Sanders snakket om hvor forferdelige milliardær er, men den taleren som fulgte rett etter ham var selv milliardær. Sanders selv er blitt millionær etter mange år i politikken, så det å være millionær er vel akseptabelt for ham.

Alexandra Ocasio-Cortez gjorde en ganske god figur; hun sa blant annet at Donald Trump ville solgt Amerika for en dollar hvis bare han selv og hans rike venner kunne bli enda rikere ved å gjøre noe slikt. Sannsynligvis tror hun selv på dette sprøytet, og denslags går rett hjem hos velgerne. Ocasio-Cortez er en mulig presidentkandidat noen år frem i tid. (En artikkel vil skrive om henne i 2019 er å finne i denne boken.)

Barack Obama snakket blant annet om hvor ille det var at Donald Trump brukte ufine karakteristikker om andre politikere, både Demokrater og Republikanere (Crooked Joe, Little Marco, Low Energy Bush), men satte dette ikke i sammenheng med at Donald Trump, etter at han erklærte sitt kandidatur, er blitt beskyldt for å være rasist, fascist, nazist, potensiell diktator, og at Republikanerne egentlig ønsker å innføre slaveri for afroamerikanere: Biden: «They will put you all back in chains». (Dette var dog ikke rettet mot Trump, det var rettet mot Mitt Romney, link nedenfor). Men Joe Biden hevdet at Trump var USAs første rasistiske president. Vi kan også ta med at Barack Obama uttalte følgende om sin motkandidats «running mate» i 2008, Sarah Palin: «If you put lipstick on a pig, it is still a pig». Og selv om pressen har glemt slike uttalelser er det noen som husker at Barack Obama og Hillary Clinton beskrev Trumps velgerbase som «deplorables» og som «racist, sexist, homophobic, xenophobic, Islamaphobic».

Ja, ja. Se gjerne også Jon Stewarts kommentar til konventet, linket til nedenfor.

200

Kamala Harris´ tale var som sagt svært god i form, men det var naturlig nok lite innhold. Hun brukte mesteparten av tiden på å advare mot Donald Trump (noe det for øvrig er svært god grunn til å gjøre). Harris snakket ikke om forholdet til Kina, hun snakket ikke om fracking eller andre elementer av energipolitikken, hun snakket ikke om Russland og Ukraina, hun snakket ikke om at president Biden trakk alle militære styrker ut av Afghanistan og overlot befolkningen til barbarene i Taliban, hun nevnte ikke noe om at det er under hennes periode, unnskyld under president Bidens periode, hadde vært en stor prisstigning som hadde ført til at svært mange amerikanere fikk dårlig råd.

Hun snakket om å redusere inflasjonen, men ingenting av det hun sa tyder på at hun har den minste forståelse av hvordan man skal gjøre dette. Hun antydet at prisstigning/inflasjon skyldes at de store firmaene er grådige, og at måten å hindre prisstigning på er å innføre priskontroll. For å løse problemet med at det er vanskelig å kjøpe ny bolig vil hun innføre et tilskudd som innebar at unge som skal sette bo for første gang skal få et tilskudd på 25.000 $. Hun vil også sterkt øke skattebyrden for firmaer; men skatt på firmaer vil føre til at produktene de selger til kundene vil bli dyrere, og til at det blir vanskeligere for firmaene å legge opp kapital, noe som gjør det vanskeligere å investere i fremtidige prosjekter, og dette vil redusere velstanden for alle.

Den type tiltak som Harris foreslår tyder på en total mangel på innsikt i hvordan en økonomi fungerer – man det ser faktisk ut som om det å spille på slike ting er en forutsetning for å bli valgt til viktige politiske verv. Vi skyter også inn at Donald Trumps innsikter mht. korrekt sosialøkonomi er omtrent like dårlige som Kamala Harris`.

Men Kamala Harris har nydt godt av en entusiastisk presse, og da snakker vi om mainstreampressen, som ser ut til å fungere som en del av Demokratenes valgkampapparat. Hun har sjelden eller aldri fått kritiske spørsmål fra journalister, og hun har ikke stilt opp i pressekonferanser eller debatter. Når hun har svart på spørsmål som er kommet sånn i forbifarten, virker hun ofte like lite talefør som president Biden har fremstått de siste årene.

Vi får se hvordan det går hvis det blir en debatt mellom henne og Donald Trump, men foreløpig ser det ut til at hver av dem beskylder den andre for ikke å våge å stille opp til en debatt.

Amerikanerne ser ut til å måtte velge mellom Donald Trump og Kamala Harris, og sjelden har uttrykket «å måtte velge mellom pest og kolera» vært mer treffende enn det er nå.

Tross alt, Demokratene fremsto som et normalt og nokså sentrumsorientert parti, så man kan si at Demokratenes strateger hadde gjort en svært god jobb. Alle Demokratenes ledende politikere er sterkt venstreorienterte; Harris var, ut fra hennes stemmegivning i Senatet før hun ble visepresident å dømme, en av de mest venstreorienterte senatorene noensinne, og visepresidentkandidat Waltz har også gitt uttrykk for sterkt venstreorienterte synspunkter (Walz har også en soft spot for Kina). Den økonomiske politikken som ble lagt frem på landsmøtet var altså sterkt venstreorientert, men det må vel en økonomisk politikk være i dag for at den skal få oppslutning blant velgerne; også Republikanerne har en sterkt venstreorientert økonomisk politikk. Men Demokratenes strateger hadde altså åpenbart klart å maskere partiets egentlige profil slik at den ikke sto klart frem for velgerne.

USA er verdens viktigste og rikeste land, det som skjer der har en kolossal innflytelse på det som skjer i resten av verden, og når man da har to så elendige alternativer har vi vanskelig for å finne på noe annet å si enn «Gud hjelpe oss!»

https://www.mediaite.com/tv/daily-shows-jon-stewart-roasts-democrats-for-dnc-hypocrisy-and-lack-of-palestinian-american-speakers/

https://www.youtube.com/shorts/psWAgEsAxyY

https://www.vg.no/nyheter/utenriks/i/LM3r9Q/politikerkometen-alexandria-ocasio-cortez-slik-kom-hun-inn-i-varmen

https://www.youtube.com/watch?v=5gII8D-lzbA

Er USA blitt bakvendtland?

Publisert 9. september 2024

La oss med en gang si at svaret på spørsmålet i overskriften er Nei. Grunnen til at vi allikevel stiller spørsmålet er at det har skjedd enkelte merkelige ting i amerikansk politikk de siste ukene. Ja, merkelige ting har skjedd i amerikansk politikk helt siden starten i 1789, men det som har skjedd nå er, ifølge enkelte, allikevel i en klasse for seg. På en måte er det kanskje viktig å beskrive dem som relativt små ting, men, hvis de blir gjennomført, vil de har store positive konsekvenser for USAs befolkning.

For ikke mange tiår siden var det slik at Demokratene var tilhengere av statlig styring og kontroll, og mindre individuell frihet, mens Republikanerne i større grad var tilhengere av markedsøkonomi og frihandel.

Nå er det enkelte tegn som tyder på at det kanskje er blitt litt annerledes.

Prøv å gjette hvem som sa dette:

> «If we want to make it easier for young people to buy a home,
> we need to build more units and clear away some of the
> outdated laws and regulations that have made it harder to build
> homes for working people in this country.»

Frimarkedstilhengere har sagt dette i alle år, men den som har sagt det nå er en politiker som absolutt ikke er en frimarkedstilhenger: Barack Obama. (Vel, ekte frihetmarkedstilhengere har ikke sagt at de vil fjerne «outdated ... regulations», ekte frimarkedstilhengere vil fjerne ALLE reguleringer, men vi lar dette poenget ligge.)

Tidligere har Obama ikke gjort seg til talsmann for å redusere offentlig makt, men nå sier han dette klart og tydelig, i hvert fall på et bestemt (og ganske snevert) område.

En som følger opp Obamas poeng er kongressmedlem Robert Garcia – som også er Demokrat; han har planer om å lansere et program som har fått navnet YIMBY; programmet skal gjøre det lettere å bygge nye boliger ved å fjerne reguleringer. YIMB, er en forkortelse for Yes, In My Backyard, et slagord som han har lansert for å erstatte de mer kjente NIMBY: Not In My Backyard.

En kommentator skriver på Politico:

> «Garcia, the former mayor of Long Beach, has championed legislation that would make it easier to build housing in urban areas by reducing minimum parking requirements. He said Congress needs to get more ambitious with proposals to speed up housing production, including by offering more financial incentives for states and local governments that welcome new construction» (link nedenfor).

Garcia forteller at

> «There's a real movement happening around a pro-housing agenda ... It's a huge way of bringing in all types of new voters, younger people as well.»

Han mener altså at dette vil bringe nye velgere til det Demokratiske partiet. Blant de Demokratiske politikere som støtter dette initiativet finner man senator Brian Schatz, New York, og Kongress-medlemmmene Maxwell Frost og Alexandria Ocasio-Cortez. Ja, tro det eller ei, den sterkt venstreorienterte AOC ser ut til å støtte dereguleringer. Eller kanskje de bare vil erstatte gamle og trege reguleringer med nye og moderne og effektive reguleringer – men i såfall vil det ikke bli noen forbedring overhodet, ja, da vil det kanskje bli enda verre enn det er nå.

Hvordan stiller Republikanerne seg til dette? Republikaneren Tucker Carlson, som dog ikke er politiker, han er journalist, ser ut til å være motstander av forsøkene på å gjøre det lettere å bygge tomannsboliger og firemannsboliger i områder som tidligere var forbeholdt eneboliger. Han har omtalt denne liberaliseringen som et forsøk på å «avskaffe forstedene» – «abolish the suburbs» (link nedenfor). Å gjøre områder som tidligere har vært regulert kun til eneboliger mer åpne for andre type boliger, er altså i følge Tucker Carlson å forsøke å avskaffe forstedene.

204

Demokratenes visepresidentkandidat, Tim Walz, forsøker å fremstille seg seg som en vanlig amerikansk pappa, tidligere soldat, fotballtrener og lærer. Denne fokuseringen på vanlig familie ser nå ut til å være et viktig markedsføringspoeng for Demokratene i dem pågående valgkampen. Men tidligere var det i stor grad Republikanerne som fokuserte på viktigheten av familien og såkalte «family values».

Kamala Harris ser ut til å legge vekt på optimisme og fremtidstro: «Amerika er stort og godt og viktig, og fremover skal vi bygge bedre tider». Donald Trump legger vekt på at Amerika er ødelagt og at bare han kan «Make America Great Again». Det ser ut til at det er Demokraten Kamala Harris som har tatt opp tråden fra Republikaneren Ronald Reagans optimisme og fremtidstro.

Så, Demokratene satser på å fjerne reguleringer, de har fokus på familien, de har fremtidsoptimisme – elementer som i tidligere tider var viktige deler av Republikanernes politikk.

Vi har tidligere også sett antydning til dette nye fokuset for Republikanerne; ledende politikere og sympatisører har snakket om å forby TikTok og å forby førerløse biler. Hvorfor kan noen ønske å forby førerløse biler? Det er fordi hvis biler ikke trenger sjåfører vil det føre til at mange nåværende sjåfører mister jobben: tidligere var det sosialister og fagforeninger som kjempet mot innføring av maskiner fordi de tok jobber fra arbeidere; nå er det de konservative som står for en slik politikk.

Men hva er da de viktige elementene i dagens politikk for det Republikanske partiet?

Det ser ut til at det viktigste for dem er å legge restriksjoner på innvandring, og å innføre toll på import. Dette var ikke blant de saker som var viktig for Republikanerne bare for kort tid siden (men selvsagt, Republikanerne har aldri vært konsekvente frihandelstilhengere).

Videre det ser ut til at Republikanerne vil sterkt innskrenke kvinners rett til selvbestemt abort, men Donald Trump har flere ganger snudd 180 ° på dette punktet så hva slags politikk han vil gå inn for som president er det umulig å si. Allikevel, velgerbasen for Republikanerne ser ut til å være sterkt imot kvinners rett til å bestemme over egen kropp, og Trumps siste kursomlegging kan føre til at han mister en del velgere i det kommende presidentvalget. Men det er lenge igjen til valget, det er hele to måneder, og Trump, slik vi kjenner ham, kan rekke å snu 180 ° flere ganger i løpet av denne perioden.

Men Demokratene er fortsatt sterkt venstreorienterte og vil ha statlig styring og kontroll av det meste, de vil beskatte og regulere, og redusere næringsfrihet og individuell frihet. Vi gjengir kun ett av utallige sitater som bekrefter dette. Demokratenes visepresidentkandidat Tim Walz uttalte følgende i sin tale på konventet:

> «That's how we'll build a country where workers come first, health care and housing are human rights, and the government stays the hell out of your bedroom.»

Men hvis man har rett til helsetjenester og bolig, betyr dette at andres rettigheter må krenkes for at staten skal sørge for at alle kan få slike goder. Så det Walz sier her er selvmotsigende, men det er jo slik praktisk av alle politikere snakker hele tiden. Men at han vil at «the government stays the hell out of your bedroom», er en god ting, det han sier betyr at han vil likestille homofile og heterofile forhold.

Nå har Demokratene ført en såpass velregissert valgkamp at de har klart å få det til å se ut som om de har lagt woke-hysteriet, som har dominert partiet de siste årene, bak seg. Dersom de får stor makt etter valget i november er det allikevel sannsynlig at de vil dytte denne svært skadelige politikken ned over hodene på USAs befolkning, noe som vil ha katastrofale følger.

Det klokeste Demokratene har gjort er antakelig å ikke la Kamala Harris stille opp i intervjuer. Hun har riktignok stilt i ett intervju, men der våget hun ikke å stille alene, hun hadde hun selskap av sin støttekontakt Tim Walz. Intervjuet ble utført av en meget vennligsinnet journalist, og det ble heller ikke sendt direkte; den versjonen som havnet på skjermen var sterkt redigert i forhold til råopptaket. Den rappkjefta Donald Trump derimot har ingen problemer å stille opp til intervju, han har stilt i om lag 40 intervjuet i samme periode som Harris har stilt i sitt ene intervju. (Akkurat dette avsnittet har ingenting med hovedpoenget i denne artikkelen å gjøre.)

Men er USA blitt bakvendtland? Som vi antydet innledningsvis er svaret på spørsmålet Nei. Det er ikke slik at Demokratene og Republikanerne har byttet plass på det politiske spektrum.

Det som har skjedd er bare at partienes utviklingen i retning av mindre ideologisk forankring og en sterkt økende prinsippløshet bare er kommet til uttrykk i enda tydeligere grad. De pro-frihetlige tiltakene som Demokratene snakker om nå i valgkampen kommer høyst sannsynlig til ikke å bli gjennomført i det hele tatt; Demokratene som sitter i valgte posisjoner er for sterkt forankret i pro-styrings-ideologier til å ville gå med på å redusere sin egen makt og overlate de beslutningene de nå fatter til de aktørene som er involvert i handlingene på markedet.

Blant de slagord som er blitt brukt i denne valgkampen finner vi MAGA, YIMBY; og «We won´t go back» – men det alle burde slutte opp om er MYOB: «Mind Your Own Business».

Men inntil dette skjer, inntil oppslutningen om individuell frihet, næringsfrihet, og frihandel blir så sterk at den virkelig fører til at statens engasjement og omfang blir redusert, vil den politiske situasjonen bare blir mer og mer og mer kaotisk: Begge de store partiene støtter ytterligere restriksjoner på individuell frihet. Og problemene for amerikanere flest – dårligere råd, svakere utdannelsesnivå, mer kriminalitet, mer korrupsjon, mindre ytringsfrihet, synkende velstand – vil bare bli større og større og større.

https://www.mediamatters.org/tucker-carlson/tucker-carlson-democrats-want-abolish-suburbs?utm_source=substack&utm_medium=email

https://www.politico.com/newsletters/california-playbook/2024/08/27/steve-hilton-eyes-the-horseshoe-001763952?utm_source=substack&utm_medium=email

Et meget illevarslende trekk ved presidentvalgkampen i USA

Publisert 23. september 2024

Vi hadde håpet, og også regnet med, at vi ikke skulle skrive flere kommentarer om presidentvalgkampen i USA. Vi er lei. Begge de to kandidatene er fullstendig håpløse. Sjelden har uttrykket å velge mellom pest eller kolera vært mer treffende enn om det valget som de som skal stemme ved presidentvalget i november må foreta. Dette har vi skrevet om her på Gullstandard et stort antall ganger, og vi hadde håpet at vi skulle slippe å skrive mer om dette.

Men hver gang vi tror at nå er bunnen nådd, går saklighetsnivået enda noen hakk lenger ned. Begge kandidatene har en håpløs politikk, men det kommer stadig utsagn fra begge kandidatene, utsagn som viser at de begge er helt uspiselige.

Donald Trump har påstått at ulovlige innvandrere spiser folks kjæledyr, altså katter og hunder; at han klarer å samle større publikum enn Elvis, og at han til og med klarer det uten gitar; og at han hater Taylor Swift. Han har også begynt å røre når han snakker, men dette er ikke uvanlig hos en person som er såpass gammel som Trump er; han er 78. Han er blitt merkbart eldre enn var da han satte igang sin første valgkamp for å bli president for 8 år siden.

Kamala Harris, derimot, bare bekrefter det inntrykk alle hadde av henne før hun ble utnevnt til presidentkandidat i strid med alle demokratiske prosesser. (I det Demokratiske partiets nominasjons-prosess ga 14 millioner partimedlemmer uttrykk for at de ville ha Joe Biden som partiets presidentkandidat.) Hun forsøkte å bli nominert som presidentkandidat i 2020, men trakk seg etter at hun fikk null opp-slutning; hun ble kvotert inn som visepresident og bemerket seg ikke i denne stillingen; det var til og med snakk om at hun var en så dårlig kandidat at hun burde skiftes ut slik at Biden kunne stille med en kompetent visepresidentkandidat i årets valg.

Etter at det ble umulig å benekte at Biden var sterkt redusert ble Kamala Harris skjøvet frem i rampelyset, og store deler av pressen, som

reelt sett fungerer som Demokratenes valgkampapparat, fremstilte henne fra da av nesten som om hun var Jesus som var kommet tilbake.
Hun har ikke stilt til intervju med vanlige journalister; men hun stilte til ett intervju sammen med sin støttekontakt Tim Walz, og i dette intervjuet var det opplagt at hun bare skulle få myke spørsmål. Det andre intervjuet hun stilte til var med Oprah Winfrey.

Oprah Winfrey har vært en sterk støttespiller for Demokratene, men man kunne se under showet at hun (Oprah) fikk kalde føtter når hun hørte hva slags svar Harris ga; vi gjengir kun ett: En velger klaget over hvor dyrt alt var blitt, og hun spurte Harris om hva hun skulle gjøre med de høye matvareprisene. Harris svarte:

«Yours is a story I hear around the country as I travel. In terms of both rightly having the right to have aspirations and dreams and ambitions for your family and working hard and finding that the American dream is for this generation and recently far more illusive than it's been. And we need to deal with that. And there are a number of ways, one is bringing down the cost of everyday necessities, including groceries ….» (link nedenfor).

Det er bare innholdsløst prat, og det tyder på at Harris ikke har den minste peiling på hvorfor prisene har gått opp og hva man kan gjøre med det.

Så, amerikanerne må velge mellom to fullstendig håpløse kandidater. Vårt hovedpunkt i dag er dog et annet. Per i dag er Trump blitt utsatt for to attentatforsøk. Vi påstår overhodet ikke at det er en konspirasjon bak disse to attentat forsøkene, det er ingenting vi har sett som tyder på noe annet enn at disse to gjerningsmennene er «lone nuts»; de handlet alene og det er ikke noe apparat bak dem. Men en nylig publisert meningsmåling sier at 28 % av Demokratene svarte Ja på følgende spørsmål: «... would America be better off if Donald Trump had been killed ...?» 28 % svarte altså Ja på dette. (47 % svarte Nei).

Så, nesten en tredjedel av Demokratene mener det ville vært å foretrekke at deres partis motkandidat ville ha blitt drept. (Ja, meningsmålinger er usikre, og her var det bare 1000 personer som ble spurt. Men de gir allikevel en pekepinn.)

Hvis man ser dette i lys av den retorikken som ledende Demokratiske parti har benyttet overfor Trump, så er dette kanskje ikke overraskende. Han er blitt beskyldt for å være rasist, han er blitt beskyldt for å ønske å bli diktator, han er blitt beskyldt for å være en fare for demokratiet, han er beskyldt for å ønske å gjøre slutt på demokratiet, han er blitt beskyldt for å være nazist – og han er blitt sammenlignet med Hitler. (Vi kan også hente et slikt eksempel fra Norge: VG publiserte på sin forside et stort bilde av Trump påført Hitler-bart.)

Vi kan ikke motstå fristelsen til å skyte inn her at en av de som for noen år siden var nær ved omtale Trump som en ny Hitler var Trumps nåværende visepresidentkandidat J.D. Vance.

Nå har Trump og hans folk heller ikke brukt silkehansker når de omtalt ledende Demokrater, de snakker om «crooked Hillary», de sier om henne at «you belong in jail», de snakker om «the Biden crime family», etc., men allikevel er det en forskjell mellom dette og den retorikken som ledende Demokrater har brukt overfor Trump.

Iblant ser man i diverse publikasjoner diskusjoner om tidsreiser, og ofte blir de potensielle tidsreisende stilt følgende spørsmål: «Hvis du kunne reise tilbake i historien og utføre en handling som ville endre historiens gang, hva ville du gjort da?» Og det er de fleste svare på dette spørsmålet er følgende: «jeg vil drept Hitler før han fikk makt».

Hitler er med stor rett beskrevet som historiens verste menneske, og hvis man kunne drept ham før han fikk makten i Tyskland kunne 30- og 40-tallet blitt helt annerledes enn det ble: Annen verdenskrig førte blant annet til at 50 millioner mennesker mistet livet og til enorme materielle ødeleggelser. Hadde annen verdenskrig ikke inntruffet ville tiden etter 1945 blitt helt annerledes enn den ble.

Når prominente aktører fremstiller Trump som en ny Hitler, da er det ikke overraskende at enkelte «lone nuts» vil føle seg kallet til å gjøre det som de fleste tidsreisende ønsker å gjøre dersom de kunne reise tilbake til tidlig på 1900 tallet.

Så, det å bruke den retorikken som prominente Demokratiske politikere har gjort, og det som redaktøren av VG har gjort, er å oppildne «lone nuts» til å skyte på en ledende politiker.

Vi vil igjen presisere for hundrede gang at vi ikke er tilhengere av Donald Trump, han er en forferdelig person og en forferdelig politiker, men måten å bekjempe ham på er ikke å fremstille ham som slik som enkelte gjør, måten er å argumentere saklig og rolig og vennlig mot alt han står for.

Men altså, enkelte aktører har nærmest direkte oppfordrer til drap på Trump. Hvis Trump hadde blitt drept, ville USA antagelig opplevd noe som var langt verre enn de opptøyene som skjedde etter drapet på George Floyd for noen år siden. Noen har brukt ordet borgerkrig, men det som vil skje blir helt annerledes enn det som USA ble rammet av i perioden 1861-65.

Det er ikke bare noen få som har nærmest direkte oppfordret til drap på Trump, 28 % av Demokratene ser ut til å støtte et slikt attentat, det ser ut som om de mener at det er en god ting at opposisjonskandidaten blir drept i et attentat. Hva kan man si om tilstanden i et land hvor den fremste politiske opposisjonskandidaten blir drept i et attentat?

Vi sier ikke mer om dette annet enn å konstatere at USA har forfalt; når den politiske retorikken er blitt slik som vi har gitt eksempler på over, da er USA svært nær det som enkelte observante observatører har karakterisert som en bananrepublikk.

Utviklingen i USA er svært tragisk, og den bok som best beskriver denne utviklingen er Leonard Peikoffs *The Ominous Parallells*. Selv om denne boken utkom for mer enn 40 år siden gir den korrekt beskrivelse ikke bare av utviklingen frem til 1980, men også av det som ville komme til å skje i årene etter at boken ble utgitt.

https://www.dailymail.co.uk/news/article-13873619/MAGA-kamala-harris-word-salad-oprah-winfrey.html

https://napolitaninstitute.org/wp-content/uploads/2024/09/GCM24-0917-Mini-Crosstabs-Assassination-Attempt.pdf

Trump

Publisert 28. oktober 2024

Vi var nok for optimistiske da vi for nesten fire år siden - 9/11-20 - skrev en artikkel med tittelen «Siste kommentar om president Trump» (artikkelen er å finne i denne boken). Trump er fortsatt med i politikken, og slik det ser ut nå har han store muligheter for enda en gang å bli valgt til president i USA ved valget 5. november. (Det kan dog gå noen dager, kanskje endog noen uker, før valgresultatet er endelig avgjort. Hvis det blir et «close race» vil det komme et stort antall rettssaker for å avgjøre hvilke avgitte stemmer som var lovlige/gyldige og hvilke som ikke var gyldige. Det vil i så fall ikke bli første gang noe slikt skjer. Etter valget i år 2000 mellom George Bush og Al Gore tok det mer enn en måned før resultatet i Florida var klart, og da var det blitt så ille at Høyesterett måtte sette sluttstrek for stadig gjentatte krav om nye om- og fintellinger.)

Trump har en viss sjarm og karisma, han er slagferdig, og på en overfladisk måte går han imot de mest ekstreme standpunkter som venstresiden har. Han er god på markedsføring. Derfor er det blitt slik at svært mange såkalt vanlige folk føler at han representerer dem, noe den langtidsutdannede eliten som dominerer i det man i mangel av et bedre ord må kalle intellektuelle miljøer (presse, akademia, byråkrati, kunst, etc.) ikke gjør.

Men Trump er en forferdelig person og han er en forferdelig politiker. Han vil muligens føre en bedre energipolitikk enn den politikken Demokratenes kandidat Kamala Harris vil føre dersom hun blir valgt. Trump vil også, i motsetning til Harris, muligens gjennomføre dereguleringer og skattelettelser (i et egentlig nokså ubetydelig omfang). Det er også mulig at Trump er en sterkere støttespiller for Israel enn Harris vil bli.

Men på alle andre områder er Trumps politikk svært skadelig. Han vil innføre omfattende toll på mesteparten av det som USA importerer, han vil deportere kanskje så mange som 10 millioner ulovlige innvandrere, han har truet med å innføre begrensninger på ytringsfriheten overfor aviser og Internett-plattformer som han mener omtaler ham på en negativ måte.

Trump er også åpen for å sette inn militære styrker mot politiske motstandere. I en artikkel etter et intervju med Fox News kan man lese følgende:

«Earlier this month, Trump ominously told Fox News' Maria Bartiromo that members of the "radical left" represent "an enemy within" America that he said should be met by force. ... "We have some very bad people," Trump continued. "We have some sick people, radical left lunatics. And I think they're the— and it should be easily handled by, if necessary, by National Guard, or if really necessary, by the military, because they can't let that happen."» (sitert fra Yahoo, link nedenfor).

Trump tror han er en smart person, men han er ikke spesielt intelligent. Praktisk talt alle som arbeidet nært ham i hans første administrasjon har sagt dette. En rekke av disse personene har også sagt at de aldri vil stemme på ham; dette gjelder folk som William Barr, John Kelly, Rex Tillerson, John Bolton, James Mattis, H.R. McMasters, personer som under Trump tjenestegjorde som justisministere, sikkerhetsrådgivere, forsvarsministre, utenriksministre, etc. Også hans visepresident Mike Pence har sagt at han ikke støtter Trump.

Man kan se av dette at Trump i sin (første?) administrasjon benyttet enkelte dyktige folk, og det var muligens derfor at han oppnådde en del gode resultater. Men alle disse dyktige folkene tar nå avstand fra Trump, og nå har han omgitt seg med Ja-menn. Det er derfor liten grunn til å tro at en ny administrasjon under president Trump vil få til like gode resultater som han fikk til i sin første periode.

Trump tror har kan løse ethvert problem ved å «make a deal». Vi nevner bare et eksempel på at dette er en feil tilnærmingsmåte: det var han som inngikk en avtale med Taliban, en avtale som førte til at hans etterfølger Joe Biden trakk alle styrker ut av Afghanistan og overlot landet til det grusomme Taliban-regimet – det samme regimet som hadde makten i landet før krigen som fulgte etter Al Qaidas angrep på USA 11. september 2001. (Grunnen til at USA invaderte Afghanistan var at Al Qaida hadde baser i Afghanistan og at Taliban valgte å

214

beskytte disse. Invasjonen av Afghanistan hadde full støtte både av NATO og FN.)

Som nevnt, Trump tror han er smart, men egentlig kan utspekulerte tyranner som Putin snurre ham rundt lillefingeren.

Trump sier at han dersom han blir valgt vil skape fred i Ukraina, og han sier til og med at han vil klare dette før han blir innsatt som president (hvis han blir valgt 5. november skal innsettelsen skje 20. januar 2025). Hvis han forsøker på noe slikt vil det skje på bekostning av Ukraina. Dette vil ha som resultat at Russland har oppnådd noe med sin aggressive invasjonskrig, og etter en fredsavtale initiert av Trump vil Russland kunne slikke sine sår, ruste opp igjen og bli en ny trussel for landene i Europa om noen år.

Trumps politikk overfor Ukraina er spesielt kritikkverdig. Vi nevner bare at han sørget for at Republikanerne i kongressen fikk utsatt støtten til Ukraina, dette ved å forsøke å koble støtte til Ukraina til vedtak om å intensivere kontrollen ved grensen mot Mexico. Dessuten: «Trump threatens to cut US aid to Ukraine quickly if reelected ... » (politico).

For kort tid siden kom det frem at Trump etter at han gikk av som president har hatt en rekke samtaler med Putin, og Trump har flere ganger sagt at han har et svært godt forhold til Putin. Det lover ikke godt for Ukraina dersom Trump blir president.

Trump visepresidentkandidat J.D.Vance kanskje enda verre enn Trump på dette punktet. Han har sagt at han «don't really care what happens to Ukraine one way or another», og også at «I won't even take calls from Ukraine.» (washington post).

Det er også slik i USA at presidenten har relativt liten kontroll på innenrikspolitikken, der må mye av det han ønsker å gjøre godkjennes av Kongressen. Men presidenten har stor kontroll på utenrikspolitikken.

Enkelte har forsøkt å koble merkelappen fascisme til Donald Trump, og det er ikke bare hvemsomhelst:

> «Thirteen former Trump White House officials signed an open letter backing up former Trump chief of staff John Kelly, who told the New York Times that Trump fits the definition of a fascist.» (nbc, link nedenfor).

Slik vi ser det er dette feil. Trump er fullstendig uideologisk; han styrer etter innfallsmetoden og kan snu 180 ° fra en dag til den neste. Med andre ord: Man kan ikke knytte Trump til noen som helst ideologi; hvis man skal koble ham opp mot en ideologi må det være den fullstendige prinsippløse og egentlig anti-ideologiske pragmatismen.

Enkelte definerer fascisme som det å ha en beundring for sterke menn og en forakt for svakhet, og det er korrekt at Trump i betydelig grad oppfyller disse to kriteriene. Det er velkjent at han har snakket pent om påstått sterke menn som Vladimir Putin, Kim Jong Il og Viktor Orban, og han har også ved flere anledninger uttrykt seg negativt om personer han har omtalt som «losers» – for eksempel personer som deltok som soldater i krig og ble tatt til fange av fienden (!). Dette er bare et av svært mange ekle trekk ved Trumps personlighet, men å koble dette til fascisme viser kun en meget overfladisk forståelse av hva fascisme er. Slik jeg ser det er Trump ikke mer fascistisk enn andre ledende amerikanske politikere: Barack Obama, Michelle Obama, Hillary Clinton, Nancy Pelosi, Elisabeth Warren, Joe Biden og Kamala Harris. Men Trump viser i langt større grad enn disse sin ekle og lite fine personlighet.

Joda, disse har flere ganger vist hvor lite fine personligheter de har. Barack Obama omtalte Sarah Palin på følgende måte: «If you put lipstick on a pig, it is still a pig». Barack Obama og Hillary Clinton beskrev Trumps velgerbase som «deplorables» og som «racist, sexist, homophobic, xenophobic, Islamaphobic». Biden om Republikanerne: «They will put you all back in chains»» - Biden sier her at det Republikanerne egentlig vil er å gjeninnføre slaveriet. Michelle Obama sier at de som ikke stemmer på Harris stemmer «against women» (Michelle tenker her primært på abortspørsmålet, og selv om hun har et poeng så bruker hun en altfor sterk formulering.)

Men den som er virkelig farlig i dette løpet er Trumps visepresidentkandidat, J. D. Vance. Vance er i motsetning til Trump en meget intelligent person. Vance er også svært religiøs, og han er langt fra å være en tilhenger av frihet og kapitalisme. Slik det er mulig å se det nå er det mye som tyder på at Vance vil bli Republikanernes kandidat ved neste presidentvalg, og han kan føre USA langt nærmere et totalitært regime. Slik jeg ser det nå er det én ting som kan redusere Vances sjanser til å bli president, og det er hvis Trump blir valgt og

216

sitter perioden ut. Vances sjanser til å bli valgt som president i 2028 vil da være små fordi Trumps periode vil ha ført til negative resultater for USAs velstand og posisjon, og da vil velgerne foretrekke opposisjonens kandidat ved valget i 2028.

Da Trump ble valgt til president i 2016 var han 70 år gammel, nå er han 78, og man kan se tegn på at han er blitt gammel. De fleste blir mentalt svekket når de kommer litt opp i åra; dette var tydelig hos Joe Biden (som nå er 82) allerede før valgkampen startet i 2020, men nå er det også kommet slike tegn hos Donald Trump.

Det er altså ikke usannsynlig at Trump kan bli valgt. Utviklingen under Biden har vært negativ, både i USA og på den internasjonale scene: mange oppfatter den store ulovlige innvandringen til USA som et problem, mange oppfatter det som om kriminaliteten har steget, prisstigning var høy, rentene ble høyere, det kom pålegg om å gå over til elektriske biler, «woke» (=ekstremt venstreorienterte standpunkter) ble svært påtrengende, personer født som menn kunne konkurrerte i kvinneklassene i diverse sportsgrener. Det ble krig både i Øst-Europa og i Midtøsten, og Kina rasler med sablene overfor Taiwan. På alle disse punktene var det langt bedre under Trump.

Allikevel, vårt syn er at det Republikanske alternativet ved valget 5. november er svært ille. Det som er tragisk er at det Demokratiske alternativet er omtrent like ille.

USA er da kommet i en situasjon hvor befolkningen må velge mellom to presidentkandidater som begge er forferdelig ille. Hvor ille er Kamala Harris? Vi vil muligens komme tilbake med en tilsvarende artikkel som denne om Demokratenes kandidat Kamala Harris om noen få dager.

Hvorfor og hvordan er USA kommet i denne situasjonen? Vi har skrevet om denne utviklingen her på Gullstandard flere ganger tidligere, og mesteparten av det materialet, sammen med en god del nytt materiale, er å finne i denne boken.

.

.

.

https://www.washingtonpost.com/nation/2022/02/25/how-republicans-moved-reagans-evil-empire-trumps-praise-putin/?utm_source=substack&utm_medium=email

https://www.politico.eu/article/donald-trump-ukraine-russia-war-threatens-cut-aid-election-2024/?utm_source=substack&utm_medium=email

https://www.nbcnews.com/politics/2024-election/13-former-trump-administration-officials-sign-open-letter-backing-john-rcna177227?utm_source=ActiveCampaign&utm_medium=email&utm_content=The%20Fascist%20Lie&utm_campaign=The%20G-File_Free%20Subscribers%20Only_The%20Fascist%20Lie

https://www.yahoo.com/news/trump-goes-full-dictator-threat-134419639.html

https://www.bokkilden.no/amerikansk-historie/usa-vegard-martinsen/produkt.do?produktId=127338631

Kamala Harris

Publisert 4. november 2024

I morgen 5. november kan Kamala Harris bli valgt til president i USA. I så fall har hennes vei til verdens viktigste jobb vært den mest uvanlige noensinne, og i tillegg til dette er hun kanskje den minst kvalifiserte personen som noen gang har fått toppjobben i Det hvite hus.

Hun forsøkte å bli presidentkandidat i 2020, men måtte trekke seg idet hennes oppslutning var noe nær null. Hun ble kvotert inn i stillingen som visepresident, og gjorde en svært dårlig jobb. Nå er det enkelte som sier at å være visepresident i USA er den minst viktige jobben som finnes, men nesten hver gang visepresident Harris uttalte seg offentlig fikk man inntrykk av at hun til tross for dette ikke var kvalifisert for stillingen. Gang på gang har hun vist at hun ikke er i stand til å svare på spørsmål som enhver politiker burde klare å si noe om; se for eksempel hvordan hun besvarer et spørsmål om inflasjon på en link nedenfor.

Før valgkampen i 2024 startet for alvor var det snakk om å skifte henne ut fordi hun var et dårlig kort. Ja, det var faktisk enkelte som hevdet at Biden burde ha en bedre parhest enn den sittende visepresidenten.

Joe Biden var 78 år da valgkampen i 2020 begynte, og allerede da var det tydelige tegn på at han var svekket, mentalt sett. Dette forverret seg utover perioden, men til tross for dette sa hele hans stab, inkludert visepresident Harris, og hele mainstreampressen, at Biden var like oppegående som han hadde vært i sine beste år. En kommentator på et populært morgenshow på TV uttalte til og med at «Now, Biden is better than he has ever been ... Start your tape right now because I'm going to tell you the truth: This version of Biden ... is the best Biden ever». Ja, dette ble sagt i fullt alvor på programmet Morning Joe i mars 2024. Det er kanskje vanskelig å tro på dette i dag, men se gjerne selv opptaket på linken nedenfor. Utsagnet kommer cirka 2 minutter inn i opptaket.

Kamala Harris hadde kontakt med Joe Biden omtrent hver dag, og også hun var med på å dekke over Bidens kognitive forfall. Det var ikke bare Bidens medarbeidere som dekket over Bidens forfall, også pressen gjorde dette. Den respekterte journalisten Mark Halperin omtalte dette som en av de største presseskandalene noensinne: «I think this is the worst scandal in journalism history. The public knew what was happening, and yet the cover-up continued .... And when it became no choice that they had to get rid of him ... They turn against him, they never acknowledged their participation as co-conspirators in a seven-year long cover up and the same people get to cover the new candidate...   » (link nedenfor). Det er tydelig at mainstreampressen spiller på lag med Harris/Demokratene.

Til tross for at alle kunne se at Biden ble stadig mer redusert, ble han med stor entusiasme nominert av det Demokratiske partiet som kandidat ved presidentvalget i år.

Etter en TV-debatt med Donald Trump i slutten av juni var det ikke lenger mulig å benekte at Biden ikke lenger var helt oppegående, og på bakrommet i det Demokratiske partiet (hvor folk som Nancy Pelosi, Barack Obama og Hillary Clinton er de sterkeste aktørene) lette man febrilsk etter en erstatning.

Den nye kandidaten måtte bli Kamala Harris, dette fordi parhestene Biden/Harris hadde samlet inn store beløp for å finansiere valgkampen, og dersom partiet valgte en kandidat som ikke var blant disse to, ville valgkampen miste de enorme donasjonene som hadde kommet inn. På bakrommet ble det bestemt at Harris måtte bli kandidaten.

Partiet og mainstreampressen skiftet da fra å betrakte Harris som en dårlig kandidat til å betrakte henne som nesten den perfekte kandidaten. Oppsummert: Harris ble betraktet som udugelig og uten velgertekke, hun blir kvotert inn i reservestillingen for å appellere til velgergrupper som ellers kunne være vanskelig å nå, hun ble kandidat fordi det er ikke lenger var mulig å skjule at den som ble nominert til å stille til valg var dement.

Men dette i seg selv er ikke til hinder for at hun allikevel kan være en god kandidat og bli en god president.

I tidligere tider var Kamala Harris sterk venstreorientert, men som de fleste som forsøker å nå høye politiske stillinger har hun moderert seg og inntatt standpunkter som ligger nærmere sentrum.

Blant de standpunktene hun i det siste har gitt uttrykk for finner vi f.eks. at hun mener at prisstigning/inflasjon skyldes at butikker/varehus/butikkjeder tar for høye priser. Hun har også sagt at hun vil gå inn for priskontroll for å holde prisene nede. Før vi går videre nevner vi at det var en periode under president Biden at det var en sterk prisstigning: alle typer varer ble dyrere, men det ser ut som om dette problemet er mindre nå enn det var for et par år siden. Hvis man ser på amerikansk økonomi akkurat nå så ser den ut til å gå veldig godt (hvis man ser bort fra statsgjelden .....).

Ja, i en lang periode var økonomien under president Biden betydelig dårligere enn den var under president Trump. En av de som har innrømmet dette nylig var tidligere president Bill Clinton, som under under et kampanjemøte for Harris uttalte følgende: «Trump's economy 'was better'» (yahoo).

Harris har også forsøkt å skissere en løsning til det problemet som består i at unge mennesker har vanskelig for å komme inn på boligmarkedet, forslaget går ut på at alle som for første gang kjøper bolig skal få et bidrag på 25.000 $: «Harris Promises $25,000 Down Payment Aid for First-Generation Homebuyers» (boundless).

Bare disse to forslagene innebærer at hennes forståelse for hvordan en økonomi fungerer er noe nær null.

Meget kort forklart: Inflasjon skyldes at den som har utstedt pengene reduserer pengenes verdi, og dette har ikke noe å gjøre med at butikkene tar høyere priser; at butikkene tar høyere priser er en virkning av inflasjon, det er ikke årsaken til inflasjon. At hus/boliger er dyre kommer av at det er hindringer for produksjon av hus/boliger. Dette kan løses ved at hindringer for produksjon av hus fjernes – for å nevne to konkrete eksempler: arbeidsmarkedet må dereguleres slik at det blir lettere for de som ønsker å jobbe med å bygge hus kan komme i arbeid, og offentlige reguleringer på eiendommer som hindrer etablering av boligfelt må fjernes. Å gi et tilskudd på 25.000 $ til nye boligkjøpere vil bare føre til at prisene på de boligene som nå tilbys på markedet øker med 25.000 $.

For bare noen måneder siden var også Kamala Harris tilhenger av å beskatte tips til personer som jobber i serviceyrker, og hun var motstander av fracking. Donald Trump var for å frita tips for beskatning og han var tilhenger av fracking, og Harris overtok disse standpunktene fra ham.

Men Harris er tilhenger av kvinners rett til selvbestemt abort, noe som er bra, og hun er muligens bedre på Ukraina enn Trump – men hun er kanskje dårligere på Israel enn Trump.

Men det som kanskje er mest urovekkende ved Harris er at hun ikke fremstår som en selvsikker, kunnskapsrik og bestemt person. Etter at hun ble nominert har hun stilt opp i svært få intervjuer med kritiske journalister, og de gangene hun har gjort det har hun klart seg svært dårlig. De fleste intervjuene hun har stilt opp på har vært lite annet enn forsiktig koseprat.

Hun har også et rykte på å være svært vanskelig å samarbeide med; hennes stab som visepresident har hatt et stort gjennomtrekk: folk har sluttet tidlig fordi hun var vanskelig å ha med å gjøre.

Hvis hun blir valgt til president vil hun antagelig ha en stab med rimelig oppegående folk rundt seg, så hvor ille disse tingene vi har nevnt kommer til å bli er det vanskelig å si.

Men hun er en svært dårlig kandidat, og det som er hennes største fordel er antagelig at hennes motkandidat er enda verre. Dette kommer også tydelig frem i hennes valgkamptaler, hun legger ikke stor vekt på hva hun kommer til å gjøre, hun bruker mest tid og krefter og ord på å fortelle hvor forferdelig Donald Trump er. På VGs forside 31/10 kunne man lese følgende overskrift: «VGs kommentator etter Harris-tale: alt handler om Trump». Men at det kommer til å bli forferdelig under Trump er en vurdering vi slutter oss til.

Amerikanere må velge mellom to håpløse kandidater, og hvis vi kunne stemme vil vi ikke stemt på noen av dem.

Vi slutter oss til følgende fra en kommentator vi kjenner: Donald Trump vil bli en dårlig president, og Kamala Harris vil bli en dårlig president. Forskjellen mellom dem er at Harris vil bli dårlig innenfor normale parametre, mens det er umulig å si hvordan en ny presidentperiode med Donald Trump vil arte seg.

Den som antagelig er farligst av de som nå er på valg – Harris, Waltz, Trump, Vance – er Vance. (Se gjerne vår artikkel om Vance i denne boken.) Det er store muligheter for at Vance vil bli Republikanernes presidentkandidat i 2028, og sannsynligheten for at han vil bli valgt er kanskje minst hvis Trump blir valgt som president denne gangen.

Vi bare minner om at politikk er ikke er det primære, det som skjer i politikken er et utslag av det som foregår i kulturen. Når kulturen forfaller vil også politikken forfalle, og forfall i politikken vil man se på kvaliteten på kandidater og i hvilken grad de følger rasjonelle prinsipper eller ikke følger rasjonelle prinsipper.

Vi vil si at en politikk basert på rasjonelle prinsipper innebærer individuell frihet, frihandel, begrenset stat, rettssikkerhet, skille kirke/stat. På alle disse punktene går alle land i Vesten, inkludert USA, i feil retning.

Når temaer som hvorvidt innvandrere spiser katter og hunder og om hvorvidt Kamala Harris er svart eller ikke og hvorvidt man liker Taylor Swift er blitt temaer i valgkampen, da er det noe alvorlig galt med kulturen og politikken. At den enorme og stadig voksende statsgjelden (se link nedenfor) ikke er tema i valgkampen, er også et tegn på at det er noe alvorlig galt med USA.

Uansett, USA er i en noe nær håpløs situasjon, og vi ser ingen tegn på at det vil komme en positiv utvikling i årene fremover.

For den som vil lese mer grundig om årsakene til USAs negative utvikling vil vi anbefale to bøker av Leonard Peikoff: *The Ominous Parallells: The End of Freedom in America* og *The DIM Hypothesis: Why the Lights of the West Are Going Out.*

Harris om inflasjon:

https://www.tiktok.com/@teamtrump/video/7432835776129387822?_r=1&_t=8r5LR2bGspK

Morning Joe:

https://www.youtube.com/watch?v=0pb6xXuU5wM

Mark Halperin:

https://vm.tiktok.com/ZGdLLNk5p/

VG om debatten:

https://www.vg.no/nyheter/i/JbxP7b/biden-og-trump-i-debatt-katastrofe-for-presidenten

Clinton om økonomien under Trump:

https://www.yahoo.com/news/bill-clinton-says-ok-vote-193649994.html

https://www.boundless.com/blog/harris-promises-25000-down-payment-aid-for-first-generation-homebuyers/

USAs gjeld per nå (denne siden blir oppdatert kontinuerlig)

https://www.usdebtclock.org

Presidentvalget

Publisert 11. november 2024

Før valg vil kommentatorer som regel si at de ikke vet hvordan resultatet kommer til å bli, eller de spår med varierende sikkerhet et resultat. Etter valg derimot sier de som regel at det resultatet som kom var helt opplagt. Denne gangen spådde de fleste kommentatorer at det ville bli et jevnt valg, men noen spådde seier til Kamala Harris – ja, til og med den personen som hadde spådd riktig resultat i åtte av de ni siste presidentvalgene, Alan Lichtman, spådde Harris-seier: «Allan Lichtman, a historian and American University professor, who has correctly predicted nearly every presidential race since 1984 using a formula of 13 true-or-false questions, predicted Harris would win...»). Men det var også noen som spådde at Trump ville vinne.

Før valget kritiserte vi sterkt begge kandidatene, men la oss her oppsummere hvorfor det gikk så galt for Demokratene.

Demokratene tapte stort; Kamala Harris fikk langt færre stemmer enn Joe Biden gjorde for fire år siden. Joe Biden fikk cirka 81 millioner stemmer i 2020, Kamala Harris fikk nå cirka 75 millioner stemmer. Donald Trump fikk cirka 77 millioner stemmer (i 2020 fikk han 74 millioner stemmer). Republikanerne gjorde også store fremskritt i valgene til Kongressen. Vi vil ikke kommentere valgene til Kongressen annet enn å si at det ser ut til at med Republikanernes fremgang vil president Trump sannsynligvis møte liten motstand der; dersom Demo-kratene hadde hatt flertall i Kongressen ville den kunne hindret mye av det presidenten kunne gjøre med hensyn til innenrikspolitikk; en slik situasjon – «gridlock» – er det beste man kan ha: da blir det vanskelig å foreta endringer, og endringer har som oftest negative konsekvenser.

Demokratenes store feil

Den store feilen Demokratene gjorde var at de nominerte Joe Biden som sin kandidat. Vanligvis er det slik at dersom en sittende president ønsker gjenvalg, blir han nominert som partiets kandidat. Det er svært få unntak fra dette prinsippet.

Men alle visste at Biden var sterkt redusert og alle burde forstått at Biden ikke var i stand til å gjennomføre en valgkamp. Allikevel ble Biden med stor entusiasme nominert av partiets medlemmer – 14 million Demokrater stemte på ham i nominasjonsprosessen. Og ikke bare det, andre kandidater som forsøkte å bli nominert ble av partiledelsen aktivt stengt ute fra nominasjonsprosessen. En av de som ble stengt ute var Robert Kennedy junior, og han, som kjent, gikk over til å støtte Donald Trump.

Det virker som at partiets ledelse absolutt ikke ville ha noen annen kandidat enn Biden, og at de forsto at dersom det ble en kamp mellom Demokratiske kandidater om å bli nominert ville Biden ikke klare å vinne en slik nominasjonsprosess.

Biden, sammen med sittende visepresident Kamala Harris. ble nominert. Men når Biden måtte stille opp i en debatt mot Donald Trump var det ikke lenger mulig å skjule at han var dement.

For å beholde pengene som hadde kommet inn til valgkampen hadde Demokratenes ledelse ikke noe annet valg enn å nominere Harris som sin kandidat.

Er Biden å klandre?
Flere aviser skriver nå i dagene etter valget at det er Bidens skyld at Demokratene tapte valget. Kilder i det Demokratiske partiet mener at Biden burde ha trukket seg tidligere slik at man kunne funnet en bedre kandidat. Nettavisen hadde 7/11 følgende overskrift: «Joe Biden slaktes: – En spesiell type inkompetanse», og ingressen lyder slik: «Flere plasserer skylden hos Joe Biden etter at demokratene tapte valget. ... Nå mener kritikerne at Joe Bidens store ego, kan ha vært årsaken til at Det demokratiske partiet tapte. – Det krever en spesiell type inkompetanse fra demokratene for at Trump skulle vinne, skriver kommentator Dace Potas i USA Today» (link nedenfor).

På sin forside 8/11 skriver Aftenposten følgende ved siden av et bilde av Biden: «Utpekes som syndebukk etter tapet. Oppvasken i det demokratiske partiet er i full gang. -Hadde Biden trukket seg tidligere, kunne vi fått et annet resultat, mener førsteamanuensis Sofie Høgestøl».

226

Dagbladet 8/11: «Var Biden for sein til å trekke seg? Bommet Kamala Harris på strategien? Burde demokratene hatt et primærvalg? Teoriene er mange, og svarene er få for demokratene etter Donald Trumps knusende seier tirsdag. - Vi ble slått ned og banket opp. Så folk er sinte, og det burde de være, sier CNN-kommentator Van Jones i en sending natt til fredag. - Vi brukte en milliard dollar og Trump vant likevel. De som er på toppen må ta ansvar. Det er mange som er sinte på dem fordi de hadde forslag og stilte spørsmål om hvorfor man gjorde det ene og det andre, men svaret man fikk var at de på toppen hadde kontroll, fortsetter CNNs Jones.» (link nedenfor).

VG 9/11: «Nancy Pelosi kritiserer Joe Biden etter valgneder-laget. Den tidligere lederen for Representantenes hus mener den sittende presidenten gjorde det umulig for demokratene å velge hvem som skulle stille mot Donald Trump. – Hadde presidenten trukket seg tidligere, ville det kanskje ha vært andre kandidater med i kampen. Det sier den innflytelsesrike demokraten Nancy Pelosi.»

Vi skyter inn her at før debatten mellom Biden og Trump i juni var det ingen mainstreamkommentatorer som på noe som helst vis var villig til å innse det faktum at Biden var dement.

Ja, som vi har gitt uttrykk for flere ganger tidligere ville enhver normal kandidat fra det Demokratiske partiet ha vunnet over Trump.

Dersom Biden hadde trukket seg før nominasjonsprosessen begynte ville partiet antagelig klart å finne en normal kandidat. Men det gjorde han altså ikke. Hvorfor? Allerede før valget i 2020 var det klart at Biden var begynt å bli dement, og en person som er dement mister vurderingsevnen. Det er da denne personens nærmeste familie som må sikre at denne personen ikke kommer i situasjoner hvor han må foreta valg som kan være ødeleggende for vedkommende selv eller for hans nærmeste omgivelser. Den som var nærmest til å si ifra om dette var Bidens hustru, dr. Jill Biden. Men det gjorde hun ikke. Den som har størst skyld i at Biden ble kandidat er Jill Biden.

Men alle som var i nærheten av Biden fra tidlig i 2020 må ha merket at han var dement, og de som er de sterkeste spillere i det Demokratiske partiet burde ha overtalt ham til å ikke stille til gjenvalg. Disse personene er Barack Obama, Hillary Clinton og Nancy Pelosi. De sa ikke fra. Disse personene var først villige til utad å erkjenne det faktum at Biden var dement etter hans katastrofale innsats i debatten mot Trump i juni.

Så de som har skylden for at Demokratene gikk på dette kolossale nederlaget er Jill Biden, og Obama, Clinton og Pelosi. Joe Biden selv har ingen skyld i dette nederlaget.

Som en filosof sa det: man kan godt ignorere viktige fakta, men man vil ikke klare å ignorere konsekvensene av å ignorere viktige fakta. Disse personene ignorerte Bidens demens, og partiet fikk derfor det dårligste valgresultatet på mange mange år.

Harris

Kamala Harris er en lite dyktig politiker, hun er kunnskapsløs, hun er lite sjarmerende, og hun mangler den tyngde man må ha for å være «presidential material». Hun var også sterk venstreorientert, noe som ikke slår godt an blant de store befolkningsgruppene i USA. Hun og Demokratene gikk derfor på et historisk stort tap.

Det eneste som kunne hjelpe henne var at Donald Trump var en svært dårlig kandidat, men det ser ut til at svært mange velgere betraktet Harris som en enda dårligere kandidat.

Trumps seier er i hovedsak en protest mot en elite

Før corona-tiltakene ble innført var økonomien i USA (slik den fungerte overfor folk flest) relativt god. Corona-tiltakene hadde sterkt negative konsekvenser for hele økonomien, og disse slo sterkt ut i de første årene av Bidens periode. Kanskje viktigst var den store prisstigningen som rammet alle forbruksvarer, og som regel er det den sittende presidenten som får skylden for det som skjer. Mange velgere husket at økonomien var bedre under Trump, dette førte antagelig til at Trump fikk en del stemmer han ellers ikke ville ha fått.

Men Trumps valgseier er fundamentalt sett et uttrykk for et berettiget folkelig opprør mot en elite som har ønsket å presse en venstreorienterter, frihetsfiendtlig politikk ned over hodet på en altså uvillig befolkning. Denne eliten dominerer i alle yrker som krever en lang utdannelse, og den dominerer i ledelsen i det Demokratiske partiet. Denne elitens politiske prinsipper i utvannet form har også en viss oppslutning hos en betydelig del av det amerikanske folk.

Denne eliten fungerer som en slags adel, den består av personer som mener seg bedre enn folk flest, og de ser ned på den vanlige mann og kvinne, og de ser ned på politikere som forsøker å representere dem. Vi gjengir et lite utvalg sitater som viser holdninger enkelte ledende politikere i det Demokratiske partiet har overfor folk flest.

*Barack Obama og Hillary Clinton brukte uttrykk som «deplorables» og som «racist, sexist, homophobic, xenophobic, Islamaphobic» når de beskrev Trumps velgerbase.
*Kamala Harris beskrev Donald Trump som fascist.
*Donald Trump ble omtalt som USAs første rasistiske president.
*Biden om Republikanerne til afroamerikanske velgere: «They will put you all back in chains»» – Biden sier her at det Republikanerne egentlig vil er å gjeninnføre slaveriet. Biden uttalte dette mens han var visepresident under valgkampen i 2012 hvor Mitt Romney ved Obamas motkandidat. .
*Biden uttalte også en gang til en afroamerikansk velger som vurderte å stemme på Trump: «If you have a problem figuring out whether you're for me or Trump, then you ain't black».
*Barack Obama omtalte Sarah Palin – som var John McCains vise-presidentkandidat ved valget i 2008 – på følgende måte: «If you put lipstick on a pig, it is still a pig». Obama har et image som en forfinet gentleman, men dette er et godt stykke fra sannheten. Han klarer dog ganske godt å skjule sin egentlige personlighet, det er bare en gang i blant at hans sanne ansikt kommer frem – noe den gjorde når han skulle kommentere Sarah Palin, som før hun ble visepresidentkandidat var guvernør i Alaska.
*Michelle Obama sier at de som ikke stemmer på Harris stemmer «against women» (Michelle tenker her primært på abortspørsmålet, og selv om hun har et poeng så bruker hun en altfor sterk formulering.)
*President Joe Biden omtalte rett før valgdagen Donald Trumps tilhengere som «garbage». Dette skjedde etter at en lite morsom komiker på et Trump-rally omtalte Puerto Rico som en «floating island of garbage». Biden kommentert dette på følgende måte: «"Just the other day, a speaker at his rally called Puerto Rico a floating island of garbage. Well, let me tell you something, I don't, I don't know the Puerto Rican that I know, the Puerto Rico where I'm fr -- in my home

state of Delaware. They're good, decent honorable people ... The only garbage I see floating out there is his supporters. His demonization of Latinos is unconscionable, and it's un-American. It's totally contrary to everything we've done, everything we've been». Det komikeren sa var meget ufint, men at presidenten reagere på denne måten er fullstendig upassende.

Trumps formuleringer

Men er Trump mindre ille? Trump har brukt sterke uttrykk om sine politiske motstandere. Han omtaler konsekvent Biden som «crooked Joe Biden», om Hillary Clinton har han sagt at hun «belongs in jail», og Kamala Harris han han beskrevet som lite intelligent. Han har også brukt sterke uttrykk om tidligere medarbeidere. Her er et lite utvalg av slike formuleringer:

Han sa om Rosie O`Donnell at hun er «en feit gris», han antydet at en noe aggressiv kvinnelig intervjuer hadde mensen, han omtalte politikerkolleger som «little Marco» (Marco Rubio), «low energy Bush» (Jeb Bush), han omtalte justisminsterer Bill Barr som «a gutless pig», han omtalte sin stabssjef John Kelley som en som er «born with a very small brain», sin visestabssjef Mitch Mulvany omtalte han som «a born loser», han påstod at hans egen utenrikminister Rex Tillerson er «dumb as a rock», og han sa at general James Mattis er «the world´s most overrated general».

Men så vidt jeg kan se snakker Trump her om bestemte personer, han snakker ikke om folk flest. Det er det de Demokratene vi har sitert ovenfor, gjør. (At vi i det hele tatt ser oss nødt til å kommentere slike ting viser bare hvor enormt forfallet i amerikansk kultur er.)

For balansens skyld må vi her ta med at også Donald Trump har kommet med en rekke ekle uttalelser («ekkel» er kanskje ikke riktig ord å bruke, men vi vet ikke hvilket ord som passer på denne type groteske uttalelser). I januar 2016 uttalte han at «I could stand in the middle of Fifth Avenue and shoot somebody, and I wouldn't lose any voters, OK».

Under en tale mot slutten av årets valgkamp kommenterte han det poeng at han står bak beskyttelsesglass og formulerte seg slik: «I have a piece of glass over here, and I don't have a piece of glass there.

230

And I have this piece of glass here, but all we have really over here is the fake news [og så pekte han over dit hvor journalistene var plassert, altså utenfor denne glassbeskyttelsen, og fortsatte] ... And to get me somebody would have to shoot through the fake news. And I don't mind that so much. I don't mind that.»

Hvis man tolker ham på den mest velvillige måten så fleiper han med at folk blir drept. Man må ha en virkelig råtten karakter for å kunne gjøre noe slikt. De to siste formuleringene vi har sitert har kommet med åtte års mellomrom, og det finnes en rekke andre formuleringer av samme type som Trump har kommet i årene mellom 2016 og 2024.

Hvorfor Trump allikevel vinner

Donald Trump får stor oppslutning fordi mange vanlige folk betrakter han som deres talsmann, som den som på vegne av dem kjemper mot en råtten elite.

Og det her det er viktige poenget er. Eliten har andre synspunkter og andre meninger og andre idealer enn folk flest. Men dessverre er det slik at denne befolkningen, de som protesterer mot eliten, ikke ønsker frihet, den ønsket bare en annen type frihetsinnskrenkninger enn den som eliten ville presse ned over dem.

Eliten ville gi store skattefinansierte fordeler til ulovlige innvandrere, de ville i for liten grad straffe kriminelle, de ville ha kvotering på alle mulige områder, de ville la menn konkurrere i kvinneklasser i endel idretter, de ville bekjempe de fiktive problemet global oppvarming med store begrensninger på aktiviteter og fornøyelser som benyttes av folk flest mens disse tiltakene i langt mindre grad skulle ramme eliten, de ville ha flere reguleringer og høyere skatter – og flere offentlige tilbud og støtteordninger.

Men de som stemte på Trump ser altså ut til å foretrekke toll på import, sterke begrensninger på innvandring, å sende ulovlige inn-vandrere ut av landet. Videre, mange vil ha forbud mot kvinners rett til selvbestemt abort, mange vil redusere USAs støtte til Ukraina. (Flere delstater hadde samtidig med presidentvalget folkeavstemninger om hvorvidt abort skulle være tillatt i delstaten, og de fleste delstater stemte imot et abortforbud.)

En stor del av den amerikanske befolkningen stemmer på det Demokratiske partiet og en stor del stemmer på det Republikanske

231

partiet nesten uansett hvem kandidaten er. Men det er en gruppe som kan gå begge veier, og denne gruppen avgjør hvem som blir valgt.

Med en normal kandidat ville det Demokratiske partiet antagelig ha vunnet presidentvalget. Men Demokratene endte opp med en svak kandidat og da tapte de. (Demokratene kjørte også en sterkt venstreorientert kandidat i 1972, George McGovern, og han gikk på et kolossalt nederlag; motkandidaten Richard Nixon vant alle delstatene unntatt en: Massachusetts. Massachusetts er vel den delstaten som har flest langtidsutdannede velgere, og som regel er det slik at jo mer tid man tilbringer i utdannelsessystemet jo mer hjernevasket og venstre-orientert blir man.)

Også i år valgte Demokratene en sterkt venstreorientert kandidat, og partiet gikk på et stort nederlag. Men eliten i det Demokratiske partiet er sterkt venstreorientert, og da faller det dem ganske naturlig å foreta slike ukloke valg.

Det er altså ingen store krefter i USA som står for individuell frihet, frihandel, markedsøkonomi, ytringsfrihet, begrenset stat, privatisering og deregulering. Det var visse elementer av slike verdier i det Republikanske partiet i tidligere tider, og blant de mest kjente kandidatene som sto for disse verdiene finner man Barry Goldwater og til en viss grad Ronald Reagan. Nå har Trumps nasjonalkonservatisme og proteksjonisme overtatt hele det Republikanske partiet; frihetsidéer er ikke lenger å finne i det Republikanske partiet.

Hvis Trump i stor grad fører den politikken han i valgkampen sa at han skulle føre, vil dette vil ha svært negative effekter for USA og for verden. Trump sier at USA nå vil gå inn i en ny gullalder, men vi er overbevist om at dette ikke kommer til å skje.

Vårt syn er at det ikke kommer til å gå bra med USA i årene fremover. Og går det dårlig med USA går det dårlig med Vesten, og da går det også dårlig med resten av verden.

https://www.nettavisen.no/nyheter/joe-bidens-ego-far-ansvaret-for-donald-trump-seieren-uansvarlig/s/5-95-2114669

https://www.dagbladet.no/nyheter/folk-er-sinte/82204422

Biden

Publisert 20. januar 2025

I dag, 20. januar 2025, går Joe Biden av som USAs president. Vi har skrevet om ham en rekke ganger tidligere, men her skal vi kun meget kort oppsummere hans presidentperiode. Før han var president var han mangeårig senator, og visepresident for Obama. Han ble dog ikke funnet verdig til å bli Obamas etterfølger; som Demokratenes kandidat da Obama måtte gå av etter to perioder ble den svært usympatiske Hillary Clinton valgt. Ved valget i 2016 tapte hun mot outsideren Donald Trump, som i etablerte politiske miljøer var svært upopulær. Demokratene hadde store problemer med å finne en egnet motkandidat ved valget i 2020, de fant ingen som var egnet, men den som var minst uegnet var altså Joe Biden.

Valget 2020

Til tross for at han praktisk talt ikke drev valgkamp (dette var i den perioden hvor det var nærmest forbudt å arrangere møter på grunn av corona-hysteriet) fikk Joe Biden et rekordstort antall stemmer. (Her er tall for vinnerne i presidentvalgene fra og med år 2000 i millioner stemmer: Bush: 50,5; Bush 62,0; Obama: 69,5; Obama: 66,0; Trump: 63,0; Biden: 81,2, Trump: 77,3 – Biden fikk altså i 2020 15 millioner flere stemmer enn da Obama ble gjenvalgt åtte år før).

Til tross for at han var sterkt svekket på grunn av alder allerede før han ble innsatt som president i 2020 og at han viste stadig sterkere tegn på demens i hele presidentperioden, bestemte han seg for å søke gjenvalg i 2024. Hele partiapparat sluttet opp om dette, og i nominasjonsprosessene i det Demokratiske partiet fikk han mer enn 14 millioner stemmer. I juni ´24 var det ikke lenger mulig for noen å benekte at Biden åpenbart var dement, og han ble presset til å trekke seg fra valgkampen. Partiet hadde da ingen annen mulighet enn å la den ikke spesielt dyktige og ikke spesielt sympatiske visepresidenten Kamala Harris bli det Demokratiske partiets kandidat. Selv om hun fikk cirka 74 millioner stemmer ved valget tapte hun altså klart mot Republikanernes Donald Trump.

Bidens beslutning om å stille til gjenvalg var åpenbart en avgjørende årsak til at Demokratene ikke stilte med en brukbar kandidat ved valget. Hadde Biden innsett at han ikke ville blitt gjenvalgt, eller hadde hans nærmeste fortalt ham at han ikke var i stand til å stille til valg, ville partiet hatt tid til å finne en egnet kandidat. Å stille til gjenvalg var en av Bidens mange dårlige beslutninger.

Dårlige presidenter

Historikere har nærmest latt det gå sport i å kåre USAs dårligste president, og en nokså kjent bok – *Star-Spangled Men* – har plassert Jimmy Carter på øverst på denne ikke spesielt ærefulle seierspallen. Men denne boken kom i 1999. Hvis jeg skulle skrevet en slik bok nå ville jeg nok plassert en gruppe øverst på seierspallen sammen med Carter: Nixon, Obama og – Biden (hvis vi holder oss til perioden etter Roosevelt).

Vi har skrevet et stort antall artikler om amerikanske presidenter her på Gullstandard, og et par av dem er linket til nedenfor, men det vi skal kort se på nå er noe av det Biden har gjort i sin presidentperiode.

Økonomi

La oss først kort se på økonomien. Bill Clinton er kjent for flere ting, men en av dem er uttrykket «It´s the economy, stupid», et uttrykk som er ment å si at de som har størst innflytelse på velgerne når de skal stemme er tilstanden i økonomien.

Det er noe sannhet i dette uttrykket, men kun den første fasen av Bidens fire år var preget av den dårlige økonomien, noe som først og fremst kom til uttrykk i en betydelig prisstigning. Økonomien var altså nokså dårlig, men det korrigerte seg etterhvert. De siste par årene har økonomien i USA vært relativt god: lav arbeidsløshet, liten prisstigning. Allikevel tapte Demokratene: Folk husket det som hadde skjedd de første årene under Biden, og ville derfor ikke stemme på han parti igjen: Folk flest liker ikke at prisene stiger, og den som er president når dette skjer blir sjelden gjenvalgt. Det var noe slikt som skjedde med Carter: på slutten av 70-tallet var det stor prisstigning og stor arbeidsløshet i USA, og han ble ikke gjenvalgt i 1980. Etter dette burde både Biden og

234

hans nærmeste rådgivere forstått at sannsynligheten for gjenvalgt var liten.

Biden har også en rekke ganger foreslått å ettergi studielån. Dette innebærer at personer som har søkt og fått studielån, og som er forskjellige grunner ikke har betalt tilbake, får sine studielån betalt av skattebetalerne. Dette er et kolossalt støttebeløp som da gis til personer som har oppført seg uansvarlig; de som selv har betalt ned sine studielån vil ikke nyte godt av denne støtteordningen. Dette er enda et eksempel på at støtteordninger belønner de uansvarlige og straffer de ansvarlige. Dette var ikke populært hos de som hadde betalt ned sine studielån, og heller ikke hos de som har en sans for rettferdighet i den økonomiske politikken. Biden forsøkte å gjennomføre dette ved en såkalt «executive order», men han hadde ikke myndighet til å gjøre dette, og forslaget ble stoppet i Høyesterett.

Biden var heller ingen frihandelstilhenger; stort sett beholdt han de tollsatser som hans forgjenger Donald Trump har innført. Biden var også imot at utenlandske aktører skulle få kjøpe amerikanske selskaper; det mest kjente eksemplet er antagelig at japanske Nippon Steel ikke fikk anledning til å kjøpe US Steel. Begrunnelsen for disse stand-punktene var å henvise til USAs strategiske interesser, men verdens viktigste produsent av datachips er Taiwan, og Nippon er japansk, og både Taiwan og Japan er nære alliert av USA. Det er all grunn til å anta at den reelle begrunnelsen var annerledes enn det som var den formelle begrunnelsen, dvs. ulike former for direkte statsstøtte til amerikanske bedrifter.

Utenriks

Etter at president Trump hadde inngått en avtale med Taliban om å trekke amerikanske styrker ut Afghanistan, ble den gjennomført under president Biden. Men tilbaketrekningen var så totalt inkompetent utført at Taliban ble sittende igjen med enorme mengder amerikansk militært utstyr inkludert våpen og ammunisjon, og 13 amerikanske tjenestemenn mistet livet. Du også all grunn til å regne med at afghanere som hadde samarbeidet med amerikanerne ble tatt av dage på grusomme måter. Aftenposten oppsummerte dette slik en overskrift: «Alt gikk galt da USA trakk seg ut av Afghanistan.»

Denne tilbaketrekning viste også USAs svakhet, og var åpenbart en sterkt medvirkende til at tyranner og terrorister fikk blod på tann. Etter dette ble det kraftige opptrapping av krigene mot Israel og Ukraina. Bidens svakhet og inkompetanse førte altså til at kriger ble utløst.

Biden har også forsøkt å presse Israel til å være mer ettergivende overfor terroristgrupper som Hamas og Hezbolla, men Israels statsminister Netanyahu har etter det som skjedde 7. oktober 2023 vært villig til å stå imot presset. (Men når Donald Trump kom på banen i januar '25 la han ytterligere press på Israel for å få dem til å oppgi krigen før Hamas var knust. Når Israels myndigheter ble presset både av president Biden og av president Trump, ble presset så stort at de inngikk våpenhvileforhandlinger med Hamas. En rekke Hamas-sympatisører, blant dem Norges utenriksminister, var svært tilfredse med at denne våpenhvileavtalen ble inngått.)

Biden har også vært alt for ettergivende overfor Iran.

Biden har heller ikke støttet Ukraina i den grad han burde; Ukraina har fått verbal støtte og en god del våpen og en god del penger, men det har vært sterke restriksjoner fra USAs side på hvordan Ukraina kunne bruke de våpnene de har fått fra USA. Dette har dessverre gjort det vanskeligere for Ukraina å bekjempe Russlands invasjon.

Den militante islamistiske gruppen som går inn navnet Houtiene (og som holder til vest i Yemen) har fra november 2023 angrepet skipsfarten som passerte Adenbukten. Dette førte til at en rekke rederier endret rutene for sine skip, noe som innebar at transportene tok svært mye lenger tid. USA kunne ha eliminert Houtienes angrepsmuligheter etter en meget kort militær aksjon, men det har Biden valgt å ikke gjøre. Houtienes motivasjon var å delta i krigen mot Israel; de hevdet innledningsvis at de kun angrep israelske skip, noe som ikke var korrekt. (Etterhvert valgte Israel å iverksette kraftige angrep mot Houtiene.)

Transer
Tunge aktører i det Demokratiske partiet presset Biden til å være ettergivende overfor det mest ytterliggående venstreorienterte woke-hysteriet. (Biden selv var antagelig nokså moderat på dette punktet, men han var svak og lot seg presse.) Blant annet innebar dette for det amerikanske forsvaret at kvinner og transer og personer som hører inn i

236

lignende kategorier skulle anses som likeverdige mht. rekruttering som soldater i hæren. Dette førte naturlig nok til at rekrutteringen til hæren sank drastisk. (En annet grunn som kan nevnes her er at mange lot være å verve seg pga. pålegget om å bli vaksinert mot corona, et pålegg som også førte til at mange måtte slutte i det militære.)

Biden støttet også at transer, menn som gjennomgikk såkalte kjønnsskifteprosesser, skulle få stille i kvinneklassen i ulike idrettsgrener.

Ytringsfrihet

Bidens administrasjon presset aktører som Facebook til å ikke publisere visse opplysninger om corona-epidemien og corona-vaksinene. Lederen for Facebook, Mark Zuckerberg, innrømmet dette for noen få dager siden.

Under størstedelen av Bidens presidentperiode har det vært snakk om å forby TikTok. TikTok har et langt større ytringsrom enn plattformer som Facebook og YouTube, men den formelle begrunnelsen for et forbud har vært at kinesiskeide TikTok kunne brukes til å overvåke amerikanske brukere. Sterke aktører i USA har krevd at TikTok enten må forbys eller selges til amerikanske eiere. Nå, helt mot slutten av Bidens periode, er det ikke avklart hva situasjonen vil bli med hensyn til TikTok, men som man kunne forvente har Donald Trump snudd 180 grader på dette spørsmålet: han var opprinnelig for et forbud, men nå ser han ut til å mene at TikTok skal få fortsette å operere slik de har gjort.

Et av de viktigste prinsippene i USAs konstitusjon er vernet om ytringsfriheten («Congress shall make no law ... abridging the freedom of speech, or of the press», fra Bill of Rights), og at Bidens regime har krenket ytringsfriheten så grovt som de har gjort her er enda et tegn på at det er noe alvorlig galt med Bidens politikk.

Rettsapparatet

Under Biden har både FBI, CIA og politiet trakassert enkelte av Bidens politiske motstandere, og dette inkluderer ikke bare politiske motstandere som Donald Trump og noen av hans allierte, men også kristne menigheter og abortmotstandere. Dette er en skandale. Det er ikke uvanlig at IRS - Det amerikanske ligningsvesenet - viser stor interesse for aktører som tilhører den politiske opposisjonen, og dette har vært vanlig både under Republikanske og Demokratiske presidenter. Men at FBI, CIA, politiet og rettsapparatet har operert på den måten de har gjort under Biden, er, så vidt vi kan se, unikt i amerikansk historie. (Det er ventet at et meget stort antall dømte og fengslede personer vil bli benådet av president Trump umiddelbart etter hans innsettelse.)

Det er vanlig at presidenter, spesielt mot slutten av sine presidentperioder, benåder utvalgte personer som sitter i fengsel eller som kan dømmes til ulike type straff. På Wikipedia finnes det en liste over antall benådninger som ulike presidenter har gjennomført, og vi gjengir tallene for de seks siste:

Bush sr: 77,
Clinton: 459,
Bush jr: 200,
Obama: 1927,
Trump: 237,
Biden: 8064.

En av de som ble benådet av Biden var hans sønn Hunter Biden. Vi skal ikke gå inn på Biden jr.s forbrytelser, men Biden og hans pressesekretær ble gjentatte ganger spurt om Biden kom til å benåde sin sønn, og svaret var hver gang at han ikke kom til å gjøre dette. Men i desember 2024 snudde Biden 180 grader på dette spørsmålet. [Senere kom det frem at de aller fleste av disse benådningene var signert med autopenn, og da er det tvil om hvorvidt de er gyldige. Benådningen av Hunter Biden ble derimot signert av Biden selv.] En annen av de som ble benådet var Anthony Fauci. Hvorfor man skulle benåde en person som kun var ansvarlig for å legge opp planene for å bekjempe spredningen av coronaviruset kan man lure på.

Grensen mot Mexico
Det finnes et omfattende lovverk som legger hindringer i veien for de som vil komme til USA for å skape seg et bedre liv ved å jobbe og leve som et normalt, fritt menneske. Men dette lovverket blir liten grad overholdt, og det er beregninger som tyder på at det finnes om lag 10 til 11 millioner ulovlige innvandrere i USA. De siste årene er det også

238

kommet et stort antall ulovlige innvandrere over grensen fra Mexico, det er bare kommet inn uten å følge noen som helst av de lover og bestemmelser som gjelder. (Enkelte delstater har allikevel gitt ulovlige innvandrere full rett til slike ting som skolegang og helsetjenester på skattebetalernes regning.) Dette har opprørt svært mange i USA.

Donald Trump lovet å sette en stopper for denne ulovlige innvandringen, og han fikk et betydelig antall stemmer bare på grunn av dette. Det kan være legitime grunner til å protestere mot ulovlig innvandring, men det er all grunn til å tro at mye av motstanden skyldes utbredt fremmedfrykt og rasisme i USAs befolkning. Dessverre er USAs kultur, spesielt de siste 20-25 årene, blitt mer og mer kollektiv-istisk, og kollektivisme resulterer i rasisme og fremmedfrykt.

Det er dog sant at enkelte ulovlige innvandrere har begått forbrytelser, i enkelt tilfeller svært grove forbrytelser, men de fleste ulovlige innvandrere er i normale jobber og lever normale liv. Totalt sett er det også slik at voldskriminaliteten har gått ned de siste årene.

Energi

«On his first day in office, President Biden canceled a presidential permit for the Keystone XL pipeline...». Like rask som dette reverserte Biden Trumps klimapolitikk – Trump ønsket ikke å prioritere meningsløse og kostbare forsøk på å forhindre global oppvarming/ klimaendringer ved å legge restriksjoner og avgifter på bruk av fossilt brennstoff. Biden har altså kjørt klimahysteriet for fullt, og har lagt store restriksjoner på produksjon av pålitelig energi. En overskrift sier følgende: «Biden cancels last oil and gas leases in Alaska's Arctic Refuge, overturns sales held by Trump».

Bidens energipolitikk førte bla. til at bensin steg kraftig i pris. I juni 2022 var prisen over 5 dollar per gallon, men etterhvert landet den på ca 3,5 dollar. Hvis vi går tilbake til cirka år 2000 var prisen ca 2 dollar per gallon. Under Trump lå prisen på 2,5 dollar. (Langt mer info om dette er å finne på en link fra Forbes nedenfor.) Men dollaren har altså også sunket noe i verdi....

Flere delstater fikk også problemer med strømforsyningen; årsakene var slike ting som satsing på sol- og vindenergi, og at strømnettet ikke ble vedlikeholdt i den grad som det burde. (Ansvar for strømforsyningen i ligger på delstatene, men mange delstater fører en politikk som er i samsvar med den president Biden står for.)

Det siste
Noen få dager før han skulle gå av som president holdt Biden en siste tale, og VG oppsummerte hovedpoenget slik: «Joe Biden med avskjedstale: Advarer mot oligarki i USA. Kort tid før Donald Trump tar over som president, advarer Biden mot for mye makt i hendene på noen få, superrike personer.»

Men det er slik det blir – må bli – når økonomien blir mer og mer regulert. Jo flere reguleringer som blir presset ned over en økonomi, jo mer rigid blir den, jo mindre fleksibel blir den, og jo vanskeligere blir det å komme seg opp og jo vanskeligere blir det også å bevege seg ned på velstandsstigen (for å kalle det det).

(Reguleringer er statlige begrensninger på hva private kan gjøre med det de eier. Reguleringer går på alt fra hva man kan bygge, hvor man kan bygge, hvilke arbeidsbetingelser man kan ha for sine ansatte, hvilke lønninger de ansatte skal ha, hvilke tilbud de ansatte skal få fra arbeidsgiveren, hvilke aktører som kan selge og produsere hva og hvor, hvilke firmaer som kan transportere hva mellom hvilke områder, hvilke betingelser banker må sette for å låne ut penger, hvilken sammensetning styret kan ha, og så videre. Jo flere det reguleringer der, jo vanskeligere blir det å drive virksomheter, og det er virksomheter som bedriver verdiskapning).

I en regulert økonomi vil mer og mer makt blir samlet på færre og færre hender, og de rike vil forbli rike og de mindre rike vil ha stadig større vanskeligheter med å bli rike.

Presidentene Carter og Reagan lettet noen på de utallige reguleringer som fantes, men etter at Reagan gikk av i 1989 er den amerikanske økonomien blitt mer og mer og mer regulert – noe som altså har ført til at den økonomiske veksten er blitt svak, til at samfunnet er blitt mer og mer rigid, og til at vanlige folk har hatt en langt dårligere velstandsutvikling enn de kunne og burde ha hatt. Og selvsagt også til at de som er kommet høyt opp på den økonomiske rangstigen i stor grad forblir der.

Biden påpeker et reelt problem, men løsningen er å frislippe økonomien – en politikk som er stikk i strid med den som Biden – og også Trump – står for.

Demens

Og som nevnt innledningsvis: Biden var åpenbart sterkt mentalt redusert allerede før han ble innsatt som president, og hans nærmeste stab og nærmeste medarbeidere og nærmeste familie gjorde sitt beste for å dekke over dette.

Daily Mail 19/12-24: «White House Biden health cover-up blown wide open in bombshell report: Joe was senile from day one of presidency».

Daily Mail 20/12-24: «The Biden Administration launched an extensive, deliberate and years-long cover-upin attempt to hide his ailing mental state, a new explosive investigation by The Wall Street Journal has exposed. The bombshell report revealed how Biden's team hired a vocal coach, put other officials into roles usually occupied by the president, scrapped meetings on his 'bad days', and kept him at arm's length from his own Cabinet members.» (link nedenfor).

Det er vanskelig å si hvilken innflytelse på fiendtlige aktører det har hatt at Biden gang på gang viste seg som en meget forvirret person ved en rekke anledninger der statsledere møttes.

Har dette hatt en betydning for politikken som er blitt ført? «Speaker» Mike Johnson forteller følgende: Selv om land i Europa ønsket å kjøpe LNG fra USA (noe de ville gjøre heller enn å kjøpe energi fra Russland), hadde Biden iverksatt en «executive order» som forbød bygging av nye terminaler for slik eksport fra USA. Johnson forsøkte å få til et møte med Biden hvor han ville diskutere dette, men Bidens stab gjorde sitt beste for å hindre at et slikt møte kom i stand («Beklager Mr Speaker, presidenten har ikke tid til å treffe deg»). Når Johnson omsider fikk arrangert et møte med Biden om dette spurte han hvorfor presidenten hadde forbudt slik eksport, og da benektet Biden at han hadde gjort dette; Biden hevdet at han ikke hadde forbudt eksport av LNG, kun at han hadde utstedt en «executive order» om å studere effekter av bruk av LNG. Johnson sier at han er overbevist om at Biden ikke løy, Johnson mener at Biden virkelig trodde at han kun hadde utstedt en ordre om å studere effekter ev LNG. (Johnsen forteller om dette på en link nedenfor.)

At et betydelig apparat dekket over Bidens demens er en skandale og en forbrytelse av historiske dimensjoner. Man kan diskutere hvorvidt Biden selv er ansvarlig for dette – en person som er dement mister forståelsen av sin egen situasjon, men uansett er det Biden selv som er formelt ansvarlig for det hans stab gjør.

Trump

Dette er sannsynligvis – forhåpentligvis? – det siste vi skriver om president Biden. Fra og med i dag skal altså Donald Trump igjen være USAs president og det mest optimistiske vi kan håpe på er at han i svært liten grad vil gjennomføre det han har sagt han skal gjøre.

Vi er svært lei av Donald Trump; vi har svært liten respekt for han som person og som politiker, og vi har skrevet svært mange artikler om ham. Han er god på energipolitikk, men er forferdelig dårlig på alt annet.

Vi holder det som mest sannsynlig at det kommer til å bli svært vanskelig for både verden og USA med Trump som president.

https://www.vg.no/nyheter/i/nyXndB/joe-biden-med-avskjedstale-advarer-mot-oligarki-i-usa

https://www.forbes.com/sites/rrapier/2023/03/08/average-gasoline-prices-under-the-past-four-presidents/

https://www.dailymail.co.uk/news/article-14210053/white-house-conceal-joe-biden-decline-hired-voice-coach.html?fbclid=IwY2xjawH0RKdleHRuA2FlbQIxMQABHdxhvwV0oKP-iuTUrymLUthjIK3mMNfLHNEqtFI5ceEgaZHFi_lMrdgwDw_aem_UH9iiw0f0VDjrEqmCcB6tg

https://www.dailymail.co.uk/news/article-14213159/joe-biden-senile-presidency-gaffes-stumbles-mental-decline-scandal.html

https://www.dailymail.co.uk/news/article-14211289/Joe-Biden-health-Jill-exposed-MAUREEN-CALLAHAN.html

https://www.aftenposten.no/verden/i/eJk7og/alt-gikk-galt-da-usa-trakk-seg-ut-av-afghanistan-naa-kommer-oppgjoeret

https://en.wikipedia.org/wiki/

List_of_people_pardoned_or_granted_clemency_by_the_president_of_t

he_United_States

Trump 47

Publisert 27. januar 2025

For noen få dager siden ble Donald Trump igjen innsatt som USAs president, den 47. i rekken.

At han ble valgt til president, og reaksjonene på ham i mainstream-media, illustrerer tydelig det kolossale forfall som Vesten nå er dypt inne i.

I dag skal vi ikke skrive noe om Trumps politikk, det har vi gjort utallige ganger tidligere her på Gullstandard, det vi skal gjøre er kun å gjengi et par av hans Twitter-meldinger (vi kaller dem twittermeldinger selv om de ikke er publisert på Twitter, de er publisert på hans egen plattform TruthSocial), vi skal gi en etter vårt syn treffende karakteristikk, og vi skal sitere et markant poeng fra en kronikk nylig publisert i Aftenposten.

Det eneste vi skal si om hans politikk er at jo mindre han får gjennomført av den (innføring av toll, deportering av ulovlige innvandrere, mm.), jo bedre kommer det til å gå. Unntatt fra dette er hans energipolitikk, som ser ut til å være nokså bra.

Her er han melding han skrev 10. oktober i fjor – den er som så mange slike fra Trump i «all caps»:

I WON THE LAST TWO DEBATES, ONE WITH CROOKED JOE, THE OTHER WITH LYIN' KAMALA. I ACCEPTED THE FOX-NEWS INVITATION TO DEBATE KAMALA ON SEPTEMBER 4TH, BUT SHE TURNED IT DOWN. JD VANCE EASILY WON HIS DEBATE WITH TAMPON TIM WALZ, WHO CALLED HIMSELF A KNUCKLEHEAD! I AM ALSO LEADING IN THE POLLS, WITH THE LEAD GETTING BIGGER BY THE DAY - AND LEADING IN ALL SWING STATES. THE FIRST THING A PRIZEFIGHTER DOES WHEN HE LOSES A FIGHT IS SAY THAT HE "DEMANDS A REMATCH." IT IS VERY LATE IN THE PROCESS, VOTING HAS ALREADY BEGUN - THERE WILL BE NO REMATCH! BESIDES, KAMALA STATED CLEARLY, YESTERDAY, THAT SHE WOULD

NOT DO ANYTHING DIFFERENT THAN JOE BIDEN, SO THERE IS NOTHING TO DEBATE. THANK YOU FOR YOUR ATTENTION TO THIS MATTER! DONALD J. TRUMP

Her er en fra 16. januar i år:

«As of today, the incoming Trump Administration has hired over 1,000 people for The United States Government. They are outstanding in every way, and you will see the fruits of their labor over the coming years. We will MAKE AMERICA GREAT AGAIN, and it will happen very quickly! In order to save time, money, and effort, it would be helpful if you would not send, or recommend to us, people who worked with, or are endorsed by, Americans for No Prosperity (headed by Charles Koch), "Dumb as a Rock" John Bolton, "Birdbrain" Nikki Haley, Mike Pence, disloyal Warmongers Dick Cheney, and his Psycho daughter, Liz, Mitt Romney, Paul Ryan, General(?) Mark Milley, James Mattis, Mark Yesper, or any of the other people suffering from Trump Derangement Syndrome, more commonly known as TDS. Thank you for your attention to this matter!»

En man kunne forvente ville ordlegge seg på denne måten er en umoden, bøllete tenåring.

Vi vil bare forklare en formulering som Trump har brukt: «Americans for No Prosperity (headed by Charles Koch)». Dette refererer til Americans for Prosperity, en organisasjon assosiert med brødrene Koch. Brødrene Koch har svært mye penger, og har gjennom mange år gitt enorme beløp til ulike konservative og liberalistiske organisasjoner. Inntil nylig var de også relativt populære i deler av det Republikanske partiet. På sitt vanlige infantile vis omtaler Trump denne organisasjonen som «Americans for No Prosperity».

Når dette er sagt om Trump må vi også si at hans motkandidat ved valget i fjor var ganske dårlig, og at mesteparten av den kritikken mot Trump som kommer i mainstreammedia ofte er på et like infantilt nivå som mye av det Trump selv presterer.

En av de tingene Trump har gjort etter innsettelsen er å fjerne den statlige beskyttelsen som enkelte tidligere tjenestemenn på høyt nivå har mottatt. En av dem er John Bolton, som i en kort periode var

246

Trumps sikkerhetsrådgiver forrige gang han var president. Bolton har uttalt seg meget kritisk om Trump, og nå har altså Trump fjernet den beskyttelsen Bolton har hatt inntil nå, en beskyttelse som har vært og er nødvendig fordi han er utsatt for trusler fra regimet i Iran. Også dette tyder på at Trump er en hevngjerrig, primitiv, smålig og umoden person. Helt til slutt vil vi nevne at professor Bernt Hagtvet hadde en rekke gode poenger i en kronikk publisert i Aftenposten 19/1 (link nedenfor). Han avslutter dog kronikken på denne måten: «USA minner mer og mer om en mellomamerikansk bananrepublikk. Hvem skulle trodd det?»

Ja, hvem skulle trodd det? For de som har satt seg godt inn i USAs utvikling etter borgerkrigen (1861-65), og som forstår hvilke krefter som virkelig styrer historien, er denne utviklingen ikke overraskende i det hele tatt.

https://www.aftenposten.no/meninger/kronikk/i/lwXjb9/trump-blir-president-usa-minner-mer-og-mer-om-en-bananrepublikk

Trumps svik overfor Ukraina: Trump er vår tids Chamberlain

Publisert 17. februar 2025

De standpunktet vi gir uttrykk for her på Gullstandard er så og si alltid helt forskjellig fra de standpunkter som kommer til uttrykk i mainstreammedia. Men denne gangen ser det ut til at mainstream-kommentatorene har truffet blinken: De hevder om Trump's Ukrainaplan at den «-Lyder vakkert for Moskva», at «Brått har Trump trukket Putin inn i varmen, uten å snakke med hverken Ukrainas president Volodymyr Zelenskyj eller med allierte i Europa på forhånd» og at «Trump viser kortene». (Dette er ferske overskrifter fra VG og Dagbladet.) En amerikansk kommentator vi har stor respekt for, John Bolton, sier at «Trump Has Effectively Surrendered to Putin». Hva er det dette handler om?

I et utspill nylig ga den amerikanske forsvarsministeren Pete Hegseth uttrykk for at USAs syn var at krigen umiddelbart må avsluttes med en forhandlet løsning, og at «Ukraine cannot expect return to old borders, [and] NATO membership [is out of the question]» (reuters).

Trump har hatt samtaler med Putin og sagt at «nå må du komme i gang med forhandlinger for å få slutt på den forferdelige krigen i Ukraina». Hegseth sa som nevnt over at Ukraina må gi avkall på områder som nå er okkupert av Russland, og at det ikke er snakk om noe medlemskap i NATO for Ukraina. Det som ligger under her er at dersom dette ikke blir løsningen vil USA ikke fortsette å gi støtte til Ukraina.

Men det Hegseth sier er akkurat det Russland vil. Dersom Russland oppnår det Hegseth sier har Putin vunnet krigen. Det Trump har gjort er å starte forhandlingene med det som vil være et svært godt resultat for Russland.

Vi vil tro at når man skal starte forhandlinger så ber man om mer enn man forventer å få, og så fører forhandlingene til at man inngår et kompromiss som innebærer at man gir mer eller får mindre enn man hadde ønsket seg. Nå begynner disse forhandlingene med et utgangspunkt som er slik at Russland med stor tilfredshet umiddelbart kan si «Ja takk».

Slik vi i utgangspunktet ser det er dette å sammenligne med Neville Chamberlains avtale med Hitler inngått i München i 1938: SNL: «Münchenavtalen var en traktat som ble inngått i München 30. september 1938 mellom Frankrike, Italia, Storbrittania og Tyskland, i forkant av andre verdenskrig. ... Avtalen slo fast at Sudetenland i Tsjekkoslovakia, som var befolket av en stor majoritet etniske tyskere, skulle avstås til Tyskland. ....»*.

Chamberlain trodde at dette vil føre til fred i Europa, og han kom hjem til Storbritannia og viftet med avtaledokumentet som han hevdet ville gi «fred i vår tid». Men Hitler var selvsagt ikke fornøyd med det han fikk i denne avtalen, så kort tid etter fortsatte Hitler sin aggressive politikk, og det som senere ble kalt annen verdenskrig brøt ut høsten 1939.

Det Trump via Hegseth ga uttrykk for er svært likt det som Chamberlain gjorde ovenfor Hitler i 1939. En fredsavtale etter de føringer som Hegseth ga vil kun innebære en midlertidig fred, og dette vil bli en periode hvor Putin kan ruste opp og fortsette sin gamle plan om å gjenopprette Sovjetunionen.

Som kjent var nesten hele Øst-Europa lydriker under Sovjetunionen fra 1945 til cirka 1990. Putin har betraktet Sovjetunionens oppløsning som en av verdenshistoriens store katastrofer, og hans mål har vært å gjøre Russland til en supermakt, noe som innebærer at Russland igjen skal få kontroll over Øst-Europa.

Russland og Putin bør tape Ukraina-krigen militært, det er som regel bare klare militære seire som gir varig fred.

Enkelte har hevdet at Trump er i lomma på Putin, og Trumps holdning på dette punktet tyder ikke på at de har tatt feil. Mitt syn er dog at de ikke har rett dersom de mener at Trump presses av Putin til å handle mot sin overbevisning, det Trump gjør er et uttrykk for hans fundamentale overbevisning om hva som er rett og galt: Det som er rett for ham er å inngå en avtale her og nå, en avtale som ser ut som om den har god effekt. Fundamentale årsaker og langsiktige virkninger har

---

* Hatlehol, Gunnar D.: Münchenavtalen i Store norske leksikon på snl.no. Hentet 8. juni 2025 fra https://snl.no/M%C3%BCnchenavtalen

ingen betydning; Trump er den ultimate pragmatiker. (Vi kommer tilbake til dette poenget nedenfor.)

USA som alliert

USA er verdens og verdenshistorien sterkeste makt, både kulturelt, økonomisk og militært. USA vant klart annen verdenskrig ved å knuse aggressive diktaturer som Tyskland og Japan; etter 1945 var disse to landene okkupert i lang tid, og de ble etter hvert relativt frie derfor også svært velstående. Selvsagt kjempet ikke USA alene mot Tyskland, USA var alliert med Storbritannia, Frankrike og Russland. Krigen mot Japan ble dog ført av USA alene.

Etter annen verdenskrig har de fleste land i Vesten vært alliert med USA, spesielt ble det militære samarbeidet mellom USA og Vest-Europa sterkt i og med opprettelsen av NATO (opprettelsen skjedde etter at Russland/Sovjetunionen okkuperte nærmest hele Øst- Europa etter annen verdenskrigs avslutning). Dette førte til at landene i Vest-Europa la altfor liten vekt på selv å ha en god forsvarsevne; de regnet med at USA ville beskytte dem hvis det ble nødvendig. Dette var et kolossalt svik av Europas ledende politikere – men dette sviket var et svik mot prinsipper som fred og frihet og sikkerhet, det var ikke et svik mot Europas befolkninger, de støttet fullt ut denne politikken. De europeiske landene forsvarsevne var svært dårlig, ihvertfall inntil Russland angrep Ukraina; da fikk pipen en annen lyd. (Som det heter: et folk får de politikere og den politikk de fortjener.)

Men hvordan har det gått med land som trodde de var alliert med USA etter annen verdenskrig?

Det kommunistiske Nord-Korea invaderte Sør-Korea i 1950, og med hjelp fra USA klarte Sør-Korea slå tilbake invasjonen.

Det kommunistiske Nord-Vietnam invaderte det vestlig orienterte Syd-Vietnam etter annen verdenskrig (hele den historiske bakgrunnen er for komplisert å gå inn på her og nå). Det ble en betydelig krig med stor innsats fra USA for å hindre kommunistenes ekspansjon, men president Nixon trakk de amerikanske styrkene ut i 1974/75, kommunistene vant, og Syd-Vietnam ble kommunistisk.

På slutten av 70-tallet trakk president Carter støtten til sjahen i Iran, og resultatet ble at Iran ble et islamistisk diktatur. Sjahens regime var nokså ille, men det var langt mindre ille enn det islamistiske diktaturet som fulgte.

Etter et angrep på en amerikansk militærbase i Beirut i oktober 1983 trakk president Reagan de amerikanske styrkene ut av dette området. Dette ga aggressive islamistiske grupper blod på tann.

Irak angrep Kuwait i 1990, Kuwait var alliert med USA, og USA under president Bush senior mobiliserte og kastet irakske styrker ut av Kuwait. Denne krigen fikk en midlertidig pause med en våpenhvileavtale, en våpenhvileavtale som stadig ble brutt av Irak. Etter angrepene på USA 11. september 2001, angrep utført av Al Qaida, gikk USA til krig mot Afghanistan som var Al Qaida hovedbase og som var styrt av islamistiske Taliban. I 2003 fortsatte USA krigen mot Irak, den krigen som var satt på pause noen år tidligere.

USA under president Bush jr. gikk altså til krig mot Irak i 2003 og Iraks diktator Saddam Hussein ble avsatt og noe senere henrettet. USA forsøkte å innføre demokrati i landet, men en slik ordning vil kreve en ikke ubetydelig tilstedeværelse av amerikanske styrker – og en oppslutning om demokrati i folket, en oppslutning som ikke eksisterte. (I 1945 var amerikanske ledere kloke nok til ikke å forsøke å innføre demokrati i Tyskland og Japan. Hadde de innført demokrati i disse landene i 1945 ville nazismen igjen fått makt i Tyskland, og den keiserdyrkende selvoppofringsideologien som dominerte Japan ville fått makten i Japan.) President Obama trakk de amerikanske styrkene ut av Irak i 2009, og landet ble da etter en nokså kaotisk periode et slags lydrike for Iran.

Under president Bush junior ble det inngått avtaler mellom USA og en rekke land i Øst-Europa om at landene skulle få utplassert amerikansk rakettforsvar. Da Obama ble president i 2009 kansellerte han denne avtalen.

Flere presidenter, men kanskje mest Obama, har vært svært ettergivende overfor Iran og gitt dem enorme beløp i bytte for (selvsagt helt tomme) løfter om at de ikke skal utvikle atomvåpen.

President Biden trakk amerikanske styrker ut av Afghanistan, og landet ble igjen et islamistisk tyranni under ledelse av Taliban. USA hadde forsøkt å gjøre Afghanistan til et sivilisert land, og de mange afghanere som samarbeidet med USA om dette led en grusom skjebne når Talibans skrekkregime overtok etter at USA hadde trukket seg ut.

252

Flere presidenter, men kanskje mest Biden, har presset Israel til å være tilbakeholdne i sin forsvarskrig mot Hamas og Hizbolla.

President Biden la også sterke restriksjoner på hvordan Ukraina kunne føre sin forsvarskrig mot Russland; for eksempel kunne visse type amerikanske raketter ikke benyttes mot mål inne i Russland. Hvis man kort skal oppsummere dette kan man si følgende: USA som alliert er helt upålitelig.

Dette har å gjøre med den totale prinsippløshet som preger amerikansk politikk, noe som igjen er et resultat av den fullstendige pragmatisme som altfor sterkt dominerer det man vel må kalle intellektuelt liv i USA.

Pragmatismen

Pragmatismen er en filosofi av amerikansk opprinnelse (fremtredende navn er John Dewey, Charles Pierce og William James), og den hevder at det ikke finnes en objektiv uavhengig virkelighet, at det derfor ikke finnes objektive sannheter, og at det derfor ikke finnes prinsipper. SNL: «felles for pragmatistene er deres benektelse av at kunnskap kan ha et absolutt sikkert grunnlag». (Selvsagt er det ingen som aksepterer dette fullt ut, men det preger allikevel til en viss grad det man kanskje må kalle intellektuelt liv i USA.)

De som er påvirket av denne filosofien vil derfor sjelden ha problemer med å lyve, de vil sjelden tenke langsiktig, de vil sjelden la erfaringer fra historien prege hva man må gjøre her og nå, de som er påvirket av denne filosofien vil ha en svært kort tidshorisont, det de ønsker er å «make a deal» her og nå.

Skal man ha en alliert som er å stole på, må man ha felles verdier og man må ha en langsiktig tidshorisont. En som er påvirket av pragmatismen har ingen av delene.

Grunnen til at USA ikke er å stole på som alliert er at svært mange av de som fatter politiske beslutninger er preget av pragmatismen: En som er sterkt preget av pragmatismen kan derfor når som helst snu 180 grader i enhver sak. Dette har preget amerikanske politikere i en årrekke, men den politiker som kanskje i størst grad er preget av dette er Donald Trump.

Men er dette et spill fra Trump side?

Enkelte hevder at Trump er en briljant spiller, og at han spiller et så avansert og komplisert spill at vi vanlig dødelige ikke forstår hva som foregår. De hevder også at Trump vil gå ut av enhver konflikt som en vinner.

En som hevder dette ble slik gjengitt i WSJ: «Vance Wields Threat of Sanctions, Military Action to Push Putin Into Ukraine Deal... Vice President JD Vance said Thursday that the U.S. would hit Moscow with sanctions and potentially military action if Russian President Vladimir Putin won't agree to a peace deal with Ukraine that guarantees Kyiv's long-term independence.» (link nedenfor).

Det som hevdes her er at Putin må gå med på at Ukraina får «long term independence».

Vi vil dog hevde at en slik avtale, en avtale som garanterer Ukrainas uavhengighet på lang sikt, en avtale med Putins underskrift, vil være like mye eller like lite lite verdt som den avtalen Chamberlain inngikk med Hitler i 1938.

Vi tror ikke Trump spiller et avansert spill, vårt syn er at Trump bare er prinsippløs og kortsiktig. Hans utallige uttalelser hvor han snakker beundrende om diktatorer som Putin og Xi Jinping og Kim Jong Il støtter opp om dette synet.

Krig og fred

Vårt syn er at hvis denne krigen ikke avsluttes med en klar militær seier til Ukraina og Vesten, vil dette føre til at russerne betrakter denne (foreløpige) avslutningen på krigen som en seier. Putin vil så bruke noen års fred til å gjenreise russisk økonomi, deretter vil han ruste opp, og han vil fortsette å presse mot og eventuelt invadere de tidligere russiske/sovjetiske lydrikene i øst Europa.

Som avslutning på denne kommentaren siterer vi hva filosofen Leonard Peikoff (i boken *Objectivism: The Philosophy of Ayn Rand*) skrev om Chamberlains avtale med Hitler i 1938.

«...consider Neville Chamberlain's argument in favor of appeasing Hitler after the Munich conference of 1938. «Hitler,» he said in effect, "demands Czechoslovakia. If we give in, his demand will be satisfied. The result will be peace in our time."

Mr. Chamberlain treated Hitler's demand as an isolated fact to be dealt with by an isolated response; to do this, he had to drop an immense amount of knowledge. He did not relate Hitler's demand to the knowledge already gained about the nature of Nazism; he did not ask for causes. He did not relate the demand to his knowledge of similar demands voiced by aggressor nations and even local bullies throughout history; he did not ask for principles. He did not relate his own policy to mankind's knowledge of the results of appeasement; despite ample indications, he did not ask whether his capitulation, besides satisfying Hitler, would also embolden him, in crease his resources, hearten his allies, undermine his opponents, and thus achieve the opposite of its stated purpose. Chamberlain was not concerned with any aspect of a complex situation beyond the single point he chose to consider in Isolation: that he would be removing Hitler's immediate frustration.

Deeper issues are involved in this example. Chamberlain was proposing a course of action while ignoring the field that defines the principles of proper action, ethics. He did not ask whether his course comported with the virtues of honor, courage, integrity—and, if not, what consequences this portended. He dropped the fact that foreign-policy decisions, like all human actions, fall within a wider context defined by moral philosophy (and by several other subjects as well). The prime minister wanted "peace at any price." The price included the evasion of political philosophy, history, psychology, ethics, and more. The result was war.»

Det Peikoff skriver om Chamberlain passer også perfekt på Donald Trump. Det burde være lett å konstatere at Donald Trump er vår tids Neville Chamberlain. Peikoff skriver at resultatet av Chamberlains ettergivenhet overfor Hitler måtte bli krig. Vi frykter at det er også dette som vil bli resultatet av Trumps ettergivenhet overfor Putin.

Og det er ikke bare Europa som er blitt farligere. Trumps svik overfor Ukraina vil styrke Nord-Korea, Kina, Iran, Hamas – og hele verden blir da et langt farligere sted.

.

https://www.reuters.com/world/europe/us-defense-chief-hegseth-says-return-ukraines-pre-2014-borders-not-realistic-2025-02-12/

https://www.wsj.com/world/europe/vance-wields-threat-of-sanctions-military-action-to-push-putin-into-ukraine-deal-da9c18ac?mod=hp_lead_pos1

Det siste om Trump

Publisert 17. mars 2025

Donald Trump har bare vært president i et par måneder, men allikevel har han kommet med utallige utspill, mange av dem meget eksentriske. Vi skal gi noen få eksempler nedenfor, men vi vil først gjenta noe vi har sagt tidligere: Donald Trump er ikke spesielt intelligent, han er kunnskapsløs om det meste – inkludert historie og politikk – han er prinsippløs, kortsiktig, og han beundrer sterke menn/diktatorer. Han har ingen respekt for lov og rett, han har ingen forståelse for hva som er sant og hva som er usant. Det eneste han ønsker er å inngå avtaler som på en ekstremt kort sikt gir det han betrakter som positive resultater – og en vesentlig del av et positivt resultat er at avtalen er inngått, han legger mindre vekt på hva den inneholder.

Han er også en dårlig politisk spiller. Mye av det han gjør som president utfører han gjennom såkalte «executive orders», men dette er kun midlertidig bestemmelser som enkelt kan endres av en senere president. En dyktig politisk spiller ville ha arbeidet med Kongressen og sørget for å få endret lover på en slik måte at politikken som ble ført ble bedre. Lover er vanskelige å endre, det krever en del arbeid, og når endringer er vedtatt i lovs form er det en betydelig jobb for en senere president å endre dem. Men som sagt, Trump er ikke dyktig til å beherske Kongressen, han utfører sine ting gjennom enkle bestemmelser som er lette å endre på et senere tidspunkt.

Vi skal nedenfor og komme tilbake til hvorfor en slik person er blitt valgt til president i USA – hele to ganger.

Utspill

Donald Trump har sagt at han vil at Canada skal bli USAs 51. stat, at USA vil overta Grønland - han har til og med uttalt at Danmark ikke har noen spesiell rett til Grønland. Han har sagt at Volodymyr Zelenskyj er en diktator, og at det var Ukraina som startet krigen mot Russland. Han har innført toll på rekke varer som importeres til USA, og reagerer med vantro når disse landene (meget uklokt) svarer med å innføre toll på varer som de importerer fra USA. Når enkelte har oppfordret til boikott av Tesla (som eies av Trumps våpendrager Elon Musk) har Trump beskrevet slike aksjoner som ulovlige.

Trump har også gått inn for at enkelte advokatfirmaer skal miste retten til å føre en viss type saker (dette handler om saker hvor firmaet trenger en statlig sikkerhetsklarering). Dette gjelder firmaer som tidligere har ført saker mot ham, og dette er uten tvil en form for hevn. At den sittende presidenten blander seg inn i rettsapparatet på denne måten er fullstendig uhørt og uakseptabelt.

Vi kunne gitt langt flere slike eksempler, men vi gjengir nå kun et lite utvalg meldingene som Trump har publisert på sin plattform truthsocial.

> The European Union, one of the most hostile and abusive taxing and tariffing authorities in the World, which was formed for the sole purpose of taking advantage of the United States, has just put a nasty 50% Tariff on Whisky. If this Tariff is not removed immediately, the U.S. will shortly place a 200% Tariff on all WINES, CHAMPAGNES, & ALCOHOLIC PRODUCTS COMING OUT OF FRANCE AND OTHER E.U. REPRESENTED COUNTRIES. This will be great for the Wine and Champagne businesses in the U.S.

Tweetene nedenfor (vi kaller disse innleggene «tweets» selv om de ikke er publisert på Twitter) handler om at deler av USA er forsynt av strøm fra Canada:

> Why would our Country allow another Country to supply us with electricity, even for a small area? Who made these decisions, and why? And can you imagine Canada stooping so low as to use ELECTRICITY, that so affects the life of innocent people, as a bargaining chip and threat? They will pay a financial price for this so big that it will be read about in History Books for many years to come!
> Based on Ontario, Canada, placing a 25% Tariff on "Electricity" coming into the United States, I have instructed my Secretary of

258

Commerce to add an ADDITIONAL 25% Tariff, to 50%, on all STEEL and ALUMINUM COMING INTO THE UNITED STATES FROM CANADA, ONE OF THE HIGHEST TARIFFING NATIONS ANYWHERE IN THE WORLD. This will go into effect TOMORROW MORNING, March 12th. Also, Canada must immediately drop their Anti-American Farmer Tariff of 250% to 390% on various U.S. dairy products, which has long been considered outrageous. I will shortly be declaring a National Emergency on Electricity within the threatened area. This will allow the U.S to quickly do what has to be done to alleviate this abusive threat from Canada. If other egregious, long time Tariffs are not likewise dropped by Canada, I will substantially increase, on April 2nd, the Tariffs on Cars coming into the U.S. which will, essentially, permanently shut down the automobile manufacturing business in Canada. Those cars can easily be made in the USA! Also, Canada pays very little for National Security, relying on the United States for military protection. We are subsidizing Canada to the tune of more than 200 Billion Dollars a year. WHY??? This cannot continue. The only thing that makes sense is for Canada to become our cherished Fifty First State. This would make all Tariffs, and everything else, totally disappear. Canadians' taxes will be very substantially reduced, they will be more secure, militarily and otherwise, than ever before, there would no longer be a Northern Border problem, and the greatest and most powerful nation in the World will be bigger, better and stronger than ever — And Canada will be a big part of that. The artificial line of separation drawn many years ago will finally disappear, and we will have the safest and most beautiful Nation anywhere in the World - - And your brilliant anthem, "O Canada," will continue to play, but now representing a GREAT and POWERFUL STATE within the greatest Nation that the World has ever seen!

Etter at hans proteksjonistiske politikk ble kritisert i Wall Street journal publiserte han følgende tweet:

The Globalist Wall Street Journal has no idea what they are doing or saying. They are owned by the polluted thinking of the European Union, which was formed for the primary purpose of 'screwing' the United States of America. Their (WSJ!) thinking is antiquated and weak, and very bad for the USA. But have no fear, we will WIN on everything!!! Egg prices are down, oil is down, interest rates are down, and TARIFF RELATED MONEY IS POURING INTO THE UNITED STATES. 'The only thing you have to fear, is fear itself!'

Vi vil dog si at enkelte av hans politiske tiltak er gode. Han vil deregulere energibransjen og han vil redusere byråkratiet, men selv om hans tiltak bærer preg av å fare hurtig over stokk og stein, kan noen av effektene være positive. Hans tilsynelatende kraftige militære aksjon mot Houtiene (som har angrepet skipsfarten i Rødehavet og dermed lagt store hindringer i veien for verdenshandelen) midt i mars kan også være det riktige å gjøre hvis det gjøres kraftig nok. Men Trump har flere ganger satt røde linjer uten å følge dem opp i praksis (blant annet overfor Hamas), noe som er meget uklokt.

Trumps syn på uavhengighetserklæringen
Kort tid etter at han ble innsatt stilte en journalist Donald Trump følgende spørsmål «What does the declaration of Independence mean to you?», og han svarte: «It means exactly what it says, it's a declaration of unity and love and respect. And it's means a lot, and it's very special to our country.»

Hvordan kunne han bli valgt?
Trump har en viss sjarm, han er slagferdig og han er god på markedsføring. Han har også sagt enkelte sannheter, for eksempel at det var uklokt av Tyskland å legge ned sine kjernekraftverk og å basere seg på energiforsyning fra Russland, og at NATO-landene brukte for lite penger på sitt eget forsvar. Han har også klart og tydelig gått imot de mest absurde utslag av venstresidens kulturforståelse (klimahysteri, forestillingen om at kjønn ikke er medfødt, gratis offentlige tilbud til ulovlige innvandrere, milde straffer for reell kriminalitet).

En viktig grunn til at Trump kunne bli valgt var også at det Demokratiske partiet fra og med Obamas presidentperiode (som begynte i 2009) har ført en stadig mer ekstrem venstreorientert politikk. Man kan dog også si at under presidentene Lyndon Johnson, Richard Nixon og George Bush jr ble kursen lagt stadig mer til venstre. Hvis man går enda lenger tilbake i historien kan man også ta med Franklin Roosevelt på denne listen.

Vi har dekket dette i langt større detalj i utallige tidligere artikler her på Gullstandard, så nå nevner vi bare noen stikkord: Obamacare, som essensielt sett var en statlig overtakelse av helsevesenet, store restriksjoner på næringsliv og spesielt energiproduksjon med påstander om en kommende klimakatastrofe som begrunnelse, åpning for at menn som fremstiller seg som kvinner kan stille i kvinneklassen i diverse sportsgrener, ettergivenhet overfor islamistiske regimer som Iran, avtaler med Iran som innebar at regimet skulle få enorme pengebeløp for løfter om ikke å utvikle atomvåpen, Obamas tilbaketrekking av tropper fra Irak (som kastet Irak ut i kaos og som gjorde det mulig for IS å vokse frem), Bidens tilbaketrekking av tropper fra Afghanistan, ettergivenhet overfor det som må kalles innenlandske terroristgrupper som Black Lives Matter. Vi kan også nevne at president Obama gikk bort fra en avtale fremforhandlet av Bush jr, en avtale om utplassering av raketter i land i Øst-Europa som tidligere lå under Sovjetunionen. Disse rakettene var ment å være en del av forsvaret mot et stadig mer aggressivt Russland - Obama gikk altså aktivt inn for å bedre forholdet til Russland ved å svekke Vestens militære forsvar: «Barack Obama has abandoned the controversial Pentagon plan to build a missile defence system in Europe that had long soured relations with Russia.» (The Guardian september 2009, link nedenfor).

Trump ble oppfattet som en som sto imot alt dette (selv om det var han som forhandlet frem avtalen som innebar at USA trakk seg ut av Afghanistan og overlot landet til Taliban).

De ledende Demokratiske politikere
Barack Obama, som var og er en intelligent mann og en dyktig politisk spiller, er sterkt venstreorientert, men klarte å gi inntrykk av at han var en samlende figur. Han var også sjarmerende og lett å like. Obama kunne ikke stille til valg i 2016, og det som er vanlig da er at sittende

visepresident blir partiets kandidat. Men Obamas visepresident, Joe Biden, ble veiet og funnet alt for lett. Demokratene klarte ikke å finne en god kandidat til valget i 2016, og landet på den usympatiske og etter en alminnelig oppfatning ganske korrupte Hillary Clinton.

Hillary Clinton var tidligere presidentfrue, tidligere senator, og hun var en tid utenriksminister under Obama. Men hennes rulleblad er ikke spesielt positivt. Hun bagatelliserte terrorangrepet mot den amerikanske ambassaden i Benghazi 11. september 2012 (merk datoen) hvor en av de som ble drept var den amerikanske ambassadøren. Videre, hun var en ivrig forkjemper for å bedre forholdet til Russland, et forhold som hadde kjølnet betraktelig under president Bush (i dag har mange valgt å glemme bildene av en smilende Hillary Clinton sammen med en smilende Sergej Lavrov der de holder opp en boks med en rød knapp, en knapp de skulle trykke på for å starte et nytt og bedre forhold mellom USA og Russland.) Hillary Clinton var også en ivrig forkjemper for USA/NATOs innblanding i borgerkrigen i Libya. I ettertid er det ikke vanskelig å forstå at hun tapte valget i 2016 mot outsideren Donald Trump.

Heller ikke i 2020 var Demokratene i stand til å finne en god kandidat, og nominasjonen havnet hos den allerede da sterkt alderssvekkede Joe Biden. Han fortsatte den venstreorienterte politikken som ble innledet under Obama (noen elementer av denne politikken er nevnt ovenfor).

Bidens stab forsøkte å dekke over at han var dement, men i valgkampen sommeren 2024 var det ikke lenger mulig å benekte dette. (Se gjerne intervjuet med insideren Lindy Li om Bidens tid i Det Hvite Hus linket til nedenfor). Demokratene fikk panikk og hadde ingen annen mulig kandidat å stille opp mot Donald Trump enn den ikke spesielt dyktige Kamala Harris.

Kamala Harris hadde vært senator (2017-21) og hun ble med all rett betegnet som en av de mest venstreorienterte senatorene i Kongressen. Hun var tilhenger av tvangsmessig bussing av skoleelever for å utjevne fordelingen mellom svarte og hvite elever, og hun var tilhenger av å beslaglegge amerikanernes våpen (dvs. «assault guns»). Hun støttet terrorister i bevegelser som Black Lives Matter, og hun gikk også inn for å samle inn penger for å betale bøter for aktivister/ terrorister tilknyttet BLM. (Etterhvert som hun steg i gradene modererte

262

hun noen av disse standpunktene.) Harris var som nevnt ikke spesielt dyktig, og hun ble kvotert inn i stillingen som visepresident. For å motvirke den inflasjon/prisstigning som hadde skjedd under Biden, gikk presidentkandidat Harris inn for å gi 25.000 $ til alle nye huskjøpere, og å innføre priskontroll på matvarer.

Så, ved de tre siste presidentvalgene har Demokratene stilt med svært dårlige kandidater. Dette er en viktig grunn til at Donald Trump ble valgt.

Noe er alvorlig galt

Det intellektuelle USA har i lang tid vært inn i en sterk forfallsperiode, og jo lenger en slik periode varer, jo mer ekstremt negative blir utslagene. Årsaken til dette forfallet har vi diskutert utførlig i tidligere artikler på Gullstandard, men vi gir her en meget kort oppsummering: det handler stort sett om at den filosofien som kalles pragmatismen har fått stadig større innflytelse på kulturen, og pragmatismen er en filosofi som hevder at det ikke finnes prinsipper, at det ikke finnes objektive sannheter, og at det ikke finnes objektive normer for rett og galt, men allikevel: Hvis man føler at noe er sant og riktig så er det sant og riktig. SNL oppsummerer filosofien slik: «felles for pragmatistene er deres benektelse av at kunnskap kan ha et absolutt sikkert grunnlag». En slik filosofi innebærer at ønsketenkning får større og større plass, og prinsippet om at man må akseptere og rette seg etter den objektive virkeligheten får mindre og mindre betydning.

Dette ser vi helt tydelig politikkens nærområder, hvor man ser slike ting som at Hamas-tilhengere har stor støtte blant studenter ved amerikanske universiteter, ved at bevegelser som Black Lives Matter har betydelig oppslutning, ved forestillingen om at dersom en mann ønsker å være kvinne så er han en kvinne, ved forestillingen om at dersom staten tilbyr en tjeneste så er den gratis, ved at det saklig sett ubegrunnede klimahysteriet får sterk støtte i store deler av samfunnet. Slike standpunkter ble en stadig større del av den politiske venstresidens agenda.

Ledelsen i det Demokratiske partiet gikk lenger og lenger til venstre, men det gjorde også hele det politiske tyngdepunktet i det Republikanske partiet. Man kan tydelig se dette ved at i tidligere tider var det enkelte liberalistiske innslag blant Republikanerne; Ronald

Reagan hadde jo en god del slike innslag, men i dag er alle liberalistiske ideer helt og fullt forsvunnet fra Republikanske partiet.

Hva skjer nå?

Det beste argumentet for å stemme på Donald Trump ved det siste presidentvalget var for å forhindre at hans visepresident J.D. Vance blir president.

Hvis Harris hadde vunnet presidentvalget i 2024 ville antakelig Vance blitt nærmest selvskreven som Republikanernes kandidat i 2028. Fire år med Kamala Harris som president ville antakelig gjort det enkelt for en Republikansk kandidat å vinne i 2028. Med andre ord: dersom Harris hadde vunnet i '24 er det stor sannsynlighet for vi at vi ville fått Vance som president i '28

Og Vance er en intelligent utgave av de verste sider av Donald Trump. Sannsynligheten for å få Vance som president vil være svært liten dersom Trump blir sittende perioden ut. Dette fordi Trumps presidentperiode ikke kommer til å føre til fremgang for USA, hverken utenrikspolitisk eller innenrikspolitisk.

Trump, som altså er sittende president, viser seg å være stadig mer «unhinged». Kan man ha en president som oppfører seg slik som Trump har gjort de siste par månedene? (Vi ga noen få eksempler ovenfor, men vi kunne ha gitt mange flere.)

Som enkelte kjenner til finnes det et tillegg til den amerikanske grunnloven som sier at presidenten kan avsettes. Del 4 av det 25. tillegget til grunnloven sier følgende:

> Whenever the Vice President and a majority of either the principal officers of the executive departments or of such other body as Congress may by law provide, transmit to the President pro tempore of the Senate and the Speaker of the House of Representatives their written declaration that the President is unable to discharge the powers and duties of his office, the Vice President shall immediately assume the powers and duties of the office as Acting President.

Så, hvis presidenten viser seg å ikke være i stand til å utføre «the powers and duties of his office» kan han fjernes. Men hvis dette skjer blir Vance president.

Vance er svært intelligent, og sterkt ideologisk forankret. Med ham som president vil den friheten som amerikanere i stor grad har i dag bli sterkt redusert.

Vi skriver ikke mer om Vance nå, vi henviser til en artikkel vi tidligere skrevet om ham (og som er å finne i denne boken).

I motsetning til i sin første periode har Donald Trump nå omringet seg med kun Ja-menn: Det viktigste kravet for å få en plass i hans administrasjon som minister eller som rådgiver er at de er lojale mot Donald Trump. Terskelen for at han da skal bli avsatt er liten, men på den annen side er Vance meget ambisiøs.

Vi kan også ta med at Trump er 78 år gammel, han er sterkt overvektig, og han spiser i hovedsak kun junkfood. Men til tross for dette fremstår han som ganske vital.

Slutten

USA har beveget seg fra å være et frihetsideal til å bli noe som i dag er i nærheten av å være en bananrepublikk, og dette er en meget tragisk utvikling.

Grunnen til at dette kunne skje er at de frihetsidealer som USA blir grunnlagt på, og som i stor grad er eksplisitt formulert i uavhengighetserklæringen og i konstitusjonen, i for liten grad ble gjennomført, og, viktigst, at de ikke var godt begrunnet.

Det har gått så galt er altså at de frihetsprinsippene som grunnloven og uavhengighetserklæringen formulerte ikke hadde noen holdbar begrunnelse.

Det som kan redde – kunne reddet? – USA er en filosofi som konsekvent står for individualisme, rasjonalitet, markedsøkonomi/kapitalisme, rasjonell egoisme. Dersom en filosofi som inneholder slike prinsipper hadde stått sterkt i amerikansk kultur, ville USA ikke opplevd den tragiske og grusomme utviklingen landet er i nå.

Obamas tilbaketrekking av planer om raketter

https://www.theguardian.com/world/2009/sep/17/missile-defence-shield-barack-obama

Intervju med Lindy Li

Harris

https://thehill.com/opinion/campaign/4816859-kamala-harris-is-extremely-liberal-and-the-numbers-prove-it/

Det aller verste ved det som skjer i USA

Publisert 21. april 2025

Utviklingen i USA går i en svært negativ retning, og den har akselerert kolossalt etter at president Trump ble innsatt 20. januar.

Mainstreampressen dekker rimelig godt mye av det Trump har gjort, og den har også kommentert enkelte viktige punkter, men det aller verste som skjer har vi ikke sett kommentert noe sted.

Vi nevner først noe av det negative som Trump gjør. Han svikter Ukraina og har flere ganger beskyldt Ukraina og president Zelenskyy for å ha startet krigen – en helt vanvittig påstand. Han er også meget forsiktig og tilbakeholden med å kritisere Vladimir Putin og hans tyranniske regime. USA har også i FN stemt mot en resolusjon som fordømte Russlands invasjon av Ukraina, og her sto USA sammen med land som Nord-Korea, Venezuela og Belarus. Trump har også nektet Ukraina å kjøpe våpen fra USA.

Trump har innført toll på import fra en rekke land. Innen økonomifaget finnes det en rekke forskjellige skoler, men praktisk talt alle økonomer er allikevel enige om én ting: toll er skadelig (hvis velstand er målet). Det virker som om Trump overhodet ikke er i stand til å forstå dette, han har sagt nokså vanvittige ting som at det er landet som eksporterer som betaler tollen, men selvfølgelig er det ikke slik: de som betaler tollen (på varer som importeres til USA) er amerikanske firmaer og forbrukere.

Trump har også stadig ombestemt seg med hensyn til toll og tollsatser, ofte flere ganger i løpet av én dag. Dette er svært skadelig; det næringslivet må ha er stabile rammebetingelser, og stadige endringer i rammebetingelsene fører til usikkerhet, noe som påfører firmaene mye ekstraarbeid og som reduserer fremtidige investeringer. Dette reduserer velstanden (eller fører til at velstanden vokser mindre den ellers ville ha gjort). Mange vet at det som virkelig var årsaken til «de harde 30-åra» var de omfattende tollbestemmelsene som USA innførte med Smoot-Hawley-loven i 1930. Trumps folk vet det ikke.

En av de begrunnelsene Trump har brukt for å innføre toll er at han vil ha vareproduksjon tilbake til USA. Men dette er en fullstendig meningsløs politikk. Det er riktig at svært mye vareproduksjon i dag foregår i Kina, men det er fordi at den er billigst der og fordi Kina har en svært stor og relativt lavt utdannet arbeidsstyrke. USAs arbeidsstyrke er høyere utdannet, og den kan da utføre mer avanserte oppgaver enn å produsere enkle ting: caps, T-skjorter, joggesko, å sette sammen mobiltelefoner, etc. Å bringe produksjonen av slike ting tilbake til USA er bare en helt vanvittig politikk; den består i å erstatte billig produksjon med dyr produksjon. For øvrig, det er ikke slik at det nesten ikke forekommer vareproduksjon i USA, produksjonen i USA er svært stor.

En rekke personer som har oppholdt seg i USA uten å ha kommet dit på lovlig måte er blitt bokstavelig talt hentet på gaten uten varsel og deportert til andre land. Dette er i strid med all anstendighet; alle burde ha fått det som kalles «due process», noe som finnes i alle siviliserte land. Noen av de som er deportert har havnet i fengsler i El Salvador, og forholdene i fengslene der er ganske grusomme. Dette gjelder altså personer som har oppholdt seg i USA og som i en årrekke har vært normale produktive mennesker. De er da plutselig blitt kastet inn i et grusomt fengsel. Den uttalte meningen bak Trumps politikk på dette punktet er å kaste ut kriminelle innvandrere, men det store flertallet av de som har kommet til USA på ulovlig måte er fredelige, arbeidsomme mennesker. Dog, noen av dem er kriminelle, men mange av dem er det ikke.

Trump har reagert på kritikken mot denne politikken med et ekkelt smil. Ja, man kan si at alle ulovlige innvandrere er kriminelle, men å komme seg ulovlig inn i USA er en relativt lite alvorlig forbrytelse, og de som er skyldige i kun dette fortjener ikke å bli deportert uten lov og dom til et grusomt fengsel. Vårt syn er selvsagt at ingen fortjener noe slikt, vårt syn er at alle fortjener «due process». Det ser faktisk ut som om Trump virkelig mener at mistenkte kriminelle ikke har rett til «due process».

Dagbladet beskriver en sak slik:

«... Kilmar Ábrego García (29) ... ble deportert til El Salvador 15. mars, anklaget for medlemskap i gjengen MS-13. I El Salvador ble han plassert i et høyrisikofengsel. ... Seinere har

268

amerikansk høyesterett slått fast at han ble "feilaktig deportert" fra USA. García var blant de over 200 immigrantene som i forrige måned ble deportert til El Salvador - til tross for at en dommer hadde beordret en stans av deportasjonene. Han har selv benektet Trump-administrasjonens anklager.

Tjenestepersoner i Trump-administrasjonen har innrømmet at deportasjonen var en "administrativ feil", selv om Det hvite hus hevder at det ikke foreligger noen feil... USAs høyesterett har opprettholdt en ordre fra en lavere rettsinstans om at det må legges til rette for mannens retur. El Salvadors president Nayib Bukele og USAs president Donald Trump sa denne uka at de ikke har myndighet til å gjøre det» (lenke nedenfor). [I juni ble Kilmar allikevel hentet hjem til USA.]

Dagbladet forteller korrekt at president Trump har plassert seg over rettsapparatet, noe som bokstavelig talt er ulovlig.

Trump har også truet med å trekke for retten enkelte nyhetsmedier fordi de har ført en redaksjonell linje som har innebåret kritikk av Trump, eller fordi de har favorisert Trumps motstandere. Dette er selvsagt i strid med ytringsfriheten.

Trump har også varslet at han vil legge politiske føringer på forskning som utføres av statsstøttede institusjoner (dette vil også ramme nyttig forskning), og han har redusert støtten til organisasjoner som driver ulike former for hjelpetiltak (noen av dem nyttige) i andre land. Til dette kan man si at staten ikke skal finansiere forskning og drive hjelpetiltak i andre land, men dette er ikke Trumps begrunnelse; hans poeng er et ønske om å legge politiske føringer på forskning, undervisning, hjelpetiltak. etc.

Trump har også trukket tilbake sikkerhetsklareringen for en rekke advokatfirmaer, dette var firmaer som førte saker mot ham før han nå ble innsatt som president. Flere av disse firmaene har forsøkt å innynde seg hos Trump for å slippe disse hindringene; noen av dem har gitt betydelige beløp til saker som står president Trumps hjerte nær. Men det er et par store advokatfirmaer som har nektet å la seg kjøpe (Covington, Perkins Coie). Vi siterer fra Aftenposten, fra en artikkel (skrevet av Tor Arne Andreassen) som oppsummerer enkelte av utspillene som rammer rettsapparatet og forskningen:

«22. mars ga han ordre til sanksjoner mot advokatfirmaer som han påstår går til "grunnløse, ubegrunnede og besværlige" søksmål mot staten. Advokatene risikerer å bli etterforsket av Justisdepartementet, miste sikkerhetsklareringen og alle oppdrag for myndighetene.... Advokatfirmaer har gitt etter ... Minst to advokatfirmaer som Trump har en politisk vendetta mot, har gitt etter for presset ... Et av firmaene har gått med på å gjøre ubetalt arbeid verdt 440 millioner kroner som "støtter administrasjonens initiativ", altså til gavn for Trump. ... Innen akademia har universiteter som Columbia gått med på endringer som kan ramme den akademiske friheten. Prestisjeuniversitetet i New York ga seg raskt da Trump-administrasjonen truet med å kutte 4,3 milliarder kroner i føderal finansiering. ... Bare trusselen om at han kan skape trøbbel for motstandere, har noen ganger vært nok til at Trump har fått det som han vil. Teknologikjempene som tidligere var skeptiske til ham, sto i første rekke blant støttespillerne da han i januar avsa presidenteden. Flere av dem var med og betalte for festen» (link nedenfor).

(I noen av disse sakene har Trump et lite poeng, men hans respons er helt motsatt av hva den burde være.)

Trump har også antydet han vil forsøke å få redusert den amerikanske statsgjelden, men for å få til det så må han gå løs på de store utgiftspostene som er Social Security, Medicare og Medicaid. Men disse områdene vil han ikke røre. Han kommer derfor ikke til å kunne gjøre noe som helst med den stadig voksende statsgjelden.

Trump har visstnok også gjort noen få gode ting, for eksempel dereguleringinger innen energibransjen, skattelettelser, og et forbud mot at menn som fremstiller seg som kvinner skal kunne stille i kvinneklassen i enkelte idrettsgrener. Noe av dette er isolert sett bra, men et svært viktig poeng er at Trump her motsier seg selv ang. dereguleringer; han har ikke avsluttet pågående antitrust-saker mot enkelte store aktører som for eksempel Google.

Dette er langt fra en komplett liste over de svært skadelige tiltakene som Trump's administrasjon har iverksatt.

Men hva med alternativet? I de fleste land i Vesten er det gjerne to politiske alternativer: et venstreorientert sosialdemokratisk parti (eller koalisjon), og en mer borgerlig konservativ konstellasjon.

Demokratene

Hva med USAs opposisjonsparti: Demokratene? Fra og med Obamas inntreden i Det hvite hus (i 2009) har Demokratene ført en stadig mer venstreorientert politikk. Vi nevner kort det som i all hovedsak er den statlige overtagelsen av helsevesenet (Obamacare), store byrder på næringslivet med klima og miljø som (en egentlig helt uholdbar) begrunnelse, svik mot allierte (det klareste eksemplet er vel Afghanistan, men sviket besto også av USAs restriksjoner på Ukrainas mulighet til å forsvare seg mot Russland, og USAs restriksjoner på Israels muligheter til å forsvare seg mot Hamas og andre terroristgrupper), ettergivenhet overfor det tyranniske regimet i Iran og overfor andre islamistiske aktører (vi nevner bare ett eksempel, angrepet på den amerikanske ambassaden i Benghazi 11. september 2012), retten for menn som mener de er kvinner til å stille i kvinne-klassen i diverse idrettsgrener, ettergivenhet overfor terrorist-grupper som BLM.

De fremste aktørene innen det Demokratiske partiet har enten vært korrupte eller udugelige eller sterkt venstreorienterte: Barack Obama, Hillary Clinton, Joe Biden, Kamala Harris, Nancy Pelosi, Elisabeth Warren, Bernie Sanders, Alexandra Ocasio-Cortez, Robert Kennedy jr., Gavin Newsom. Alle disse har drevet den politiske profilen til Demokratiske partiet stadig lenger til venstre.

Enkelte har hevdet at i forbindelse med nominasjonen av Demokratenes presidentkandidat i 2024 ble mer moderate kandidater presset av sterke krefter i partiet til å ikke utfordre Joe Biden; kanditaturene til Bernie Sanders og Robert Kennedy ble sabotert av ledelsen i partiet. Enkelte innen det Demokratiske partiet mener utrolig nok at dersom gammelkommunisten Bernie Sanders hadde blitt kandidaten ville Trump ha tapt valget. Og Kennedy? Etter å ikke ha lyktes i det Demokratiske partiet, som han har vært medlem av i mange år, skiftet han over til å bli Trump-supporter, og han har nå en viktig post i Trumps administrasjon. Kennedy er dog en crackpot: han er motstander av vaksiner, han er en konspirasjonsteori tilhenger, og han

271

har ment at ytringsfriheten ikke skal omfatte de som benekter at menneskelig aktivitet fører til katastrofale klimaendringer.

Ledelsen i det Demokratiske partiet har lagt kursen sterkt til venstre til tross for at de må ha visst at den amerikanske folkesjelen er nokså konservativt og befinner seg midt i det politiske spekteret.

Det Demokratiske partiet har altså ikke klart å finne en politisk linje, en politisk profil, og ledende politikere som har kunnet appellere til store deler av befolkningen.

Trumps valgseier var ikke et valgskred, og dersom det Demokratiske partiet hadde lagt vekt på å finne en god kandidat som kunne appellere til brede befolkningsgrupper ville de ikke hatt noe problem med å vinne; Trump er med god grunn mislikt av store deler av befolkningen.

Men som Aftenpostens Christina Pletten sa det for noen få dager siden: «Opposisjonen i USA virker apatisk og uten en klar leder». «Demokratene er i koma», «Ydmykelsen er total» [Pletten sikter her til Trumps ydmykelse av Demokratene].

Pletten skriver:

«Ja, for hvor blir det egentlig av demokratene? Hvor er Barack Obama og Hillary Clinton mens Washington brenner? Og hvor i all verden er Kamala Harris? Opposisjonen i USA virker apatisk og uten en klar leder. Det er blitt svært tydelig de siste månedene. En av årsakene er det spesielle systemet i USA, der partiet bare har en administrativ leder og kandidatene blir nominert av velgerne. Men demokratene lider også av andre, selvpåførte skader. Barack Obama var en inspirerende taler og politisk superstjerne. Men hans lederskap var på mange måter en personkult. Det demokratiske partiet ble enormt svekket i løpet av de åtte årene (2008–2016) han var president. Partiet mistet over 1000 folkevalgte posisjoner. Tapene var spesielt ille på delstatsnivå». (link nedenfor).

To eksempler

Vi tar med et par poenger til som viser den svært negative utviklingen i USA. Etter Hamas´ grusomme angrep på Israel 7. oktober 2023 var det omfattende demonstrasjoner på amerikanske universiteter – til støtte for

Hamas. Og i desember '24 ble Bryan Robert Thompson, leder for et helseforsikringsselskap, drept i kaldt blod av Luigi Mangione. Mangione var en intelligent ung mann, og drapet var ideologisk motivert; det var å betrakte som en protest mot måten det amerikanske helsevesen er finansiert på. (Årsaken til at det amerikanske helsevesenet er så kolossalt dyrt er offentlige reguleringer.) Det som viser hvor ille det står til USA er at drapsmannen mottok et enormt antall støtteerklæringer fra sympatisører, og det er samlet inn store beløp som skal hjelpe ham med å få gode forsvarsadvokater i den kommende rettsaken.

Disse to sakene illustrerer klart og tydelig at forståelsen av hva som er årsaken til USAs (og verdens) enorme problemer er nærmest ikke-eksisterende i USAs elite. De viser også at respekten for individuell frihet og markedsøkonomi er nærmest null.

Poenget

Det er dette som er det verste med utviklingen. Det finnes ingen opposisjon. Elitene i USA har ingenting å stille opp mot Trump.

Vi kunne nevnt en rekke eksempler på at eliten har gitt opp å kjempe mot Trump, men vi nevner bare to. I forrige periode møtte Trump motstand fra lederne av de store selskapene, han ble til og med kastet ut av Twitter. Men nå ser det ut til at folk som Jeff Bezos og Mark Zuckerberg forsøker å holde seg inne med Trump.

Og når det gjelder advokatfirmaene: En representant fra et av de firmaene som forsøkte å kjempe mot Trump har uttalt følgende:

> «We were hopeful that the legal industry would rally to our side, even though it had not done so in response to executive orders targeting other firms. We had tried to persuade other firms to come out in public support of Covington and Perkins Coie. And we waited for firms to support us in the wake of the president's executive order targeting Paul, Weiss. Disappointingly, far from support, we learned that certain other firms were seeking to exploit our vulnerabilities by aggressively soliciting our clients and recruiting our attorneys....».

Eliten står langt venstre, og en kurs som ligger langt til venstre er en kurs som alle nå vet fører til katastrofe. Den fører også til nederlag hos velgerne.

Delstaten klart mest venstreorienterte politikken er California, og California er en «basket case». (Dette har vi skrevet om i betydelig detalj tidligere her på Gullstandard; for seks år siden skrev vi en artikkel med tittelen «Folkerepublikken California». For de som ikke vet det: «folkerepublikk» var navnet som de kommunistiske diktaturene satte på seg selv; det var flere slike rundt omkring i verden før kommunismen brøt sammen rundt 1990.)

California har enormt høye skatter og avgifter, skolene er statlige og av svært dårlig kvalitet, byråkratiet er enormt, de har omfattende støtteordninger til ulovlige innvandrere, de har en svært ettergivende kriminalpolitikk, de har enorme underskudd på budsjettene, de har stor gjeld. Sentrale strøk i de store byene er også flommet over av uteliggere.

Californias mangeårige guvernør, Gavin Newsom, har i det siste forsøkt å legge om den politiske kursen, antagelig i håp om å bli Demokratenes presidentkandidat i 2028. Men kan man lære gamle hunder å sitte? «Can a zebra change its stripes?» Neppe.

Poenget er som vi sa over: det finnes ingen opposisjon (med betydelig oppslutning). New York Times oppsummerte dette poenget slik en overskrift:

«'People Are Going Silent': Fearing Retribution, Trump Critics Muzzle Themselves. People say they are intimidated by online attacks from the president, concerned about harm to their businesses or worried about the safety of their families.» (link nedenfor).

New York Times legger dog her vekten på mulige represalier fra Trumps folk, men det er viktig poeng er at de egentlig ikke har noe saklig å stille opp med. Det er et ikke ubetydelig grunnlag for å hevde at det Trump gjør bare er en mer ekstrem versjon av ting de selv har gjort. (Ja, ulovlige innvandrere ble deportert også under Obama og Biden: «Barack Obama was famously labeled "deporter in chief" by critics in the immigrant-rights community», link nedenfor).

274

Som sagt, det finnes ingen opposisjon. Pletten forteller at den Demokratiske guvernøren Gretchen Wilmer har besøkt president Trump: «– Hvis ikke du sitter ved bordet, så står du på menyen.»

[Pletten skriver:] «Slik forklarte guvernør Gretchen Whitmer hvorfor hun besøkte president Donald Trump i Det hvite hus rett før påske. Whitmer er demokrat, men har valgt å innta en pragmatisk holdning til presidenten.Hun vil prøve å samarbeide der hun kan. Det er ikke så rart. Whitmer er guvernør i delstaten Michigan, der bilindustrien har sitt hovedsete. De blir hardt rammet av Trumps handelskrig. Likevel utløste besøket i Det hvite hus ramaskrik. Guvernøren ble kalt både sviker og forræder. Et knusende foto fra seansen går nå sin seiersgang på sosiale medier. Guvernøren står foran den forgylte peisen i Det ovale kontor, tydelig ubekvem. Hun dekker til ansiktet med to permer. President Trump skal ha kalt henne til kontoret uten å si at pressekorpset ventet der.»

Ja, det er sant som Pletten skriver: Et knusende foto fra seansen går nå sin seiersgang på sosiale medier. Guvernøren står foran den forgylte peisen i Det ovale kontor, tydelig ubekvem. Hun dekker til ansiktet med to permer.

Det er ikke ofte at personer som blir fotografert dekker ansiktet med en perm; den eneste vi kan huske som har gjort dette tidligere er Josef Fritzl. Gjør man noe slikt er man tydelig flau over hvem man egentlig er.

Men tilbake til USA. Det som har skjedd i USA er at eliten de siste hundre årene har lagt seg på en kurs som gjør at de for det første har gjort det mulig for en løgnaktig og prinsippløs person som Trump til å bli valgt – endog hele to ganger, og at de ikke har noe å stille opp mot en slik person.

Som Pletten så korrekt sa det: Demokratene er apatiske og i koma. Men legg merke til at hun kun refererer til tidligere helter, hun trekker ikke frem noen nye politikere; hun nevner Obama og Hillary Clinton og Kamala Harris. Hva med fremtidige politikere? De som nå ligger best an i løypa til å få en sentral posisjon i dette partiet i årene fremover er som nevnt Gavin Newsom og Alexandra Ocasio-Cortez.

Det Republikanske partiet er en katastrofe; hvis vi går noen tiår tilbake så var det enkelte gode konservative politikere, og Republikanerne hadde noen innslag av ønsker om redusert stat og frihandel/ markedsøkonomi. Nå finnes det ingen slike politikere lenger i det Republikanske partiet, de som tidligere var på denne linjen, for eksempel folk som Ted Cruz, har forlatt den helt og fullt.

Det Demokratiske partiet er også en katastrofe, det har etter at Clinton var president (1993-2001) lagt seg på en svært venstreorientert linje med alt fra klimahysteri til kamp for likestilling mellom transkvinner og virkelige kvinner, og ønsker om å stadig større statlig kontroll av alt. Enhver burde forstå at et slikt parti ikke kan vinne valg etter valg.

Trump er altså ikke en vesentlig aberrasjon fra en relativt normal kurs, Trump er et primitivt folkelig svar på en langtidsutdannet elite som har kjørt en helt vanvittig politikk på en rekke områder. Denne politikken har i det store og hele vært nokså konsistent fra Hoovers og Roosevelts tid (Hoover ble president i 1929), med Reagan som et mulig lite avvik. Denne politiske kursen ble dog lagt noe kraftigere til venstre under Obama (president fra 2009).

(Noe mer om hvorfor eliten har valgt denne filosofiske og derved politiske kursen er å finne i en artikkel vi har publisert tidligere på Gullstandard og som er å finne i denne boken.)

Hvordan skal dette gå?

Det man kan ønske seg er en politisk kursendring, en endring som innebærer større individuell frihet, mer markedsøkonomi, en mindre omfattende stat. Men det er ingen krefter i USA som står for dette, og som har en viss oppslutning i befolkningen.

Derfor er det svært liten grunn til å være optimistisk med hensyn på USA fremtid.

Som nevnt over forsøker Gavin Newsom å fremstå som en mindre venstreorientert politiker enn han har gjort inntil nå, og hvis han blir Demokratenes kandidat i 2028 kan det kommer av at USA befolkning ønsker en kursendring. Hvis intet uforutsett skjer vil Republikanernes kandidat i 2028 sannsynligvis være J. D. Vance, og han er en intelligent og sterkt ideologisk forankret utgave av de verste sidene ved Trump. Men slik vi ser det er liten grunn til å være optimistisk selv om Newsom skulle bli valgt.

Hvis Newsoms motkandidat blir Vance vil vi tro at det er svært sannsynlig at han blir valgt, men som sagt, vi tror ikke på den store kursendringen under Newsom.

Den andre kandidaten som nå peker seg ut er den sterkt venstreorienterte Alexandra Ocasio-Cortez. Hvis hun stiller mot Vance og blir valgt er det ikke lenger noe håp for USA.

Utviklingen i USA er svært interessant, den viser klart og tydelig hvor viktig fundamentale ideer ikke bare er for personers livs-løp, men også for kulturer og samfunns utvikling over lange tids-perioder.

USA er og kommer i noen år fortsatt til å være verdens viktigste nasjon, USA er fortsatt økonomisk, kulturelt, teknologisk og militært den sterkeste nasjon verden har sett, men hvordan dette vil se ut om fem og ti år er det umulig å si. Det kan gå bra, men mest sannsynlig vil det gå dårlig.

Vi har flere ganger tidligere hatt god grunn til å sitere den gamle kinesiske forbannelsen «måtte du leve i interessante tider». Vi har aldri hatt større grunn til å bruke denne på USA: Vi lever i svært interessante tider.

Dagbladet om en deportasjonssaken

https://www.dagbladet.no/nyheter/freser-sa-ut-som-en-idiot/82981897

Christina Pletten om opposisjonen i USA:

https://www.aftenposten.no/meninger/kommentar/i/QMAqzx/
demokratene-i-usa-er-i-koma-naa-maa-de-vaakne-opp

Tor Arne Andreassen kommenterer:

https://www.aftenposten.no/verden/nyhetsanalyse/i/MnkEGo/trump-
overrasker-med-effektive-grep-mot-politiske-fiender

New York Times:

https://www.nytimes.com/2025/03/06/us/politics/trump-democracy.html?utm_source=substack&utm_medium=email

Obama deporter in chief:

https://www.migrationpolicy.org/article/obama-record-deportations-deporter-chief-or-not

Biden: sannheten kommer frem, men det viktigste spørsmålet er fortsatt ubesvart

Publisert 24. mai 2025

En nyutkommet bok bekrefter det mange hadde forstått om Joe Bidens mentale tilstand mens han var president: Ikke bare forteller den klart og tydelig at Biden var sterkt redusert, den forteller i detalj om den dekkoperasjon som presidentens stab utførte for å skjule dette. Boken har fått stor oppmerksomhet, også i norske aviser: den var førstesidestoff i Aftenposten, og den har fått utførlig omtale i flere andre aviser. Men det viktigste spørsmålet er fortsatt ubesvart. Hvilket spørsmål?

Før vi kommer dit siterer vi fra noen av de nevnte artiklene. «Joe Bidens partifeller ... løy .. om Bidens helse!» Dette leste man på Aftenpostens forside tirsdag 20. mai.

Samme dag skrev Dagbladets grand old lady Marie Simonsen følgende:

«Alle visste at Joe Biden var sterkt svekket. Skandalen er at ingen gjorde noe med det. Sjokket og oppstandelsen over avsløringene i en ny bok om Joe Bidens dårlige helse de siste to åra i Det hvite hus, er litt vanskelig å ta på alvor. Joda, det er pikante, alvorlige og pinlige detaljer i boka «The original sin» [sic] om hvordan hans innerste krets prøvde å ufarliggjøre de åpenbare tegnene på at Biden ikke bare var fysisk svekket, men også mentalt svekket.
Det er en historie om et forsøk på en nesten ubegripelig klossete og uansvarlig cover-up som vil gå inn i historien som en skandale, og som vil sverte og overskygge Bidens ettermæle i lang tid. ... Det var likevel ikke som om historien i offentligheten før George Clooney, før debatten, før denne boka, var at Biden var i toppform og ved sine fulle fem. Tvert imot var hans svekkete helse så synlig for alle at det slo inn i meningsmålinger og var et sentralt tema i all nyhetsdekning.

Biden kunne knapt gå forbi en trapp uten å snuble i den. Han fomlet, hvisket, tok feil av personer, beveget seg som en zombie i all offentlighet gjentatte ganger og virket enkelte ganger som han ikke visste hvor han var, langt mindre hvor han skulle gå. ... Spørsmålet jeg sitter igjen med er hvorfor ingen gjorde noe med det. Jeg snakker ikke om høflige anmodninger om at han kanskje burde revurdere å stille igjen - de var det mange av, noen av dem også ganske insisterende...». (link nedenfor).

Boken *Original sin*

Boken Simonsen refererer til har tittelen *Original sin: President Biden´s decline, its cover-up, and his disastrous choice to run again,* den er skrevet av journalistene Jake Tapper og Alex Thompson, og den ble utgitt midt i mai 2025. Boken dokumenterer gjennom utallige vitne-utsagn at president Biden viste klare symptomer på demens, og at hans stab og familie dekket over dette.

Som det fremgår av kommentarene til Simonsen, og av en rekke andre kommentatorer, er dette nå hevet over enhver tvil. Men det store spørsmålet er følgende: hvorfor dekket også journalister flest over dette? Praktisk talt ingen journalister i mainstream-medier fortalte dettes. Dog, enkelte mer konservativt orienterte journalister og nettsteder skrev om dette, men disse påstandene ble av mainstream betraktet som simple og vulgære løgner. (Nedenfor gjengir vi sitater som bekrefter dette.)

Dekkoperasjonene

Simonsens formulering innebærer at alle i pressen var klar over at Biden var sterkt redusert, men journalistene skrev ikke dette. Ja, det er som Simonsen sier at alle kunne se at Biden var redusert, og de skrev ofte slike ting som at «Biden surrer igjen», men det var ingen som satte disse utallige episodene i sammenheng og trakk den opplagte konklusjonen: Biden var dement.

Dette kan ikke bety noe annet enn at det ikke bare var Bidens stab som dekket over hans tilstand, også mainstream-journalister bidro til at sannheten ikke kom frem. Hvorfor?

Vi nevner bare et par eksempler fra amerikansk presse, eksempler som viser at mainstream-journalister ikke ville fortelle

280

hvordan Bidens tilstand virkelig var. Verten på TV-showet Morning Joe (Joe Scarborough) uttalte følgende i mars 2024: «Now, Biden is better than he has ever been … I'm going to tell you the truth: This version of Biden … is the best Biden ever».

Journalisten Steve Lopez skrev i Los Angeles Times juni 2024:

«Suggesting that Biden has dementia? 'If ... shame still exists, I'd call it shameful'. ... As we are all aware, this is down-and-dirty season, when the wicked and the vile sharpen their knives, and we fully expect things to get nasty, especially given the rancid state of American politics. But dishonesty or dementia? ... That crosses a line, not that anyone should be surprised. "If the concept of shame still exists, I'd call it shameful," said Dr. Laura Mosqueda, a Keck-USC geriatrician and director of the National Center on Elder Abuse. "This is a cynical and sad attempt to plant a seed with   zero   basis in fact. There is not one shred of evidence that President Biden has dementia. It does a disservice to people who truly do have dementia and does a disservice to all older adults with its ageist messaging tactics."» (link nedenfor).

Det finnes svært mange flere eksempler av samme type. Vi kan også hente et par eksempler fra norsk presse.

«Alder ingen hindring - Biden stiller til gjenvalg. Han er allerede tidenes eldste amerikanske president - tirsdag ble det bekreftet at Joe Biden (80) stiller til gjenvalg. – Han er i god form for alderen, sier førsteamanuensis....» (TV2. april 2024, link nedenfor).

Tirsdag 11. juli – to uker etter den famøse debatten hvor Bidens demens ble avslørt for all verden – brukte Dagbladet hele tre sider på å fortelle sine lesere om «Trumps groteske løgner». Her kunne Dagbladet skrevet noe om Trumps virkelige løgner, som det er svært mange av, men de benyttet plassen til å si at Trumps påstander om at Biden kom til å trekke seg var løgn. Vi siterer:

«Donald Trumps valgkampapparat har sendt ut en rekke e-poster der de insinuerer at Joe Biden kommer til å gi seg. Trump lurer sine egne velgere, mener ekspert.»

Dagbladet hentet altså inn en såkalt ekspert som siteres på følgende:

«Det er grotesk hvordan Trump kampanjen lyver sine egne velgere opp i ansiktet, for Biden fortsetter valgkampen. Men Trumps team vet de kan snurre fansen rundt lillefingeren».

Eksperten som uttalte dette ti dager før Biden trakk seg var Hilmar Mjelde, som Dagbladet beskriver USA-ekspert og professor ved høgskolen på Vestlandet. I artikkelen omtaler professoren Trumps påstander om at Biden kom til å trekke seg som desinformasjon: «Det Trump kampanjen sender ut her, er jo desinformasjon».

Det Trump sa var bare noe som alle visste ville skje – eller burde vite ville skje – i løpet av noen få dager, men Dagbladet presenterer dette som «desinformasjon og groteske løgner».

Dagbladets fremstilling av denne saken er representativ for hvordan mainstreampressen behandlet dette før presidentdebatten 27. juni. Men det som er spesielt med Dagbladet at avisen fortsetter akkurat samme kurs etter debatten, altså etter at det ikke lenger var mulig å benekte at Biden var sterkt redusert.

Dersom Mjelde virkelig skulle fortjent «ekspert»-merkelappen ville han sagt noe sånt som at «Biden er sterkt redusert og det er stor sannsynlighet for at han kommer til å trekke seg, så akkurat på dette punktet er det mulig at Trump for en gangs skyld ikke lyver». Men hvis Mjelde hadde formulert slik så er det vel mulig at han ikke hadde fått et tre-siders oppslag i Dagbladet. På den annen side vil man kunne si at når Dagbladet plasserer en «ekspert»-merkelapp på en person så er den ikke spesielt mye verdt. Men det Mjelde reellt sett gjorde var å benekte at det var noe alvorlig galt med Biden – og dette var flere dager etter den famøse debatten mellom ham og Trump.

Det er mulig å finne bokstavelig talt hundrevis av kommentatorer som frem til debatten 27. juni hevdet at Biden var helt oppegående, og at han bare var ubetydelig redusert pga. høy alder, og at det ikke var noe alvorlig galt med ham.

282

Det alle kunne se var at Biden hadde et og annet «senior moment». Uttrykket «senior moment» - jeg kjenner ikke noe norsk uttrykk som dekker akkurat dette – brukes når en person glemmer noe han opplagt burde ha husket. Slike ting kan skje alle uansett alder, men forekommer stadig oftere hos eldre personer. Dersom slike ting skjer oftere og oftere, hvis det som glemmes er svært viktig informasjon, og hvis dette skjer med en person med høy alder, så er vedkommende dement. (SNL: «Demens er en fellesbetegnelse på organiske sykdommer i hjernen som fører til en generell intellektuell svikt, glemsomhet, desorientering og sviktende dømmekraft.»)

I Bidens tid som president kunne man se uttrykk for alle disse tingene: glemsomhet, desorientering. Man kunne se dette på videoer publisert på uavhengige nettsteder; Dagsrevyen og TV2 publiserte aldri slike videoer, og tilsvarende var det i andre land i Vesten. Boken gir en rekke eksempler på alle disse tingene, og det klareste uttrykk for Bidens sviktende dømmekraft var hans beslutning om å stille til gjenvalg, og det er vanskelig å være uenig i dette.

(Nå kan man innvende at en person kan vise generell intellektuell svikt, glemsomhet, desorientering og sviktende dømme-kraft uten å ha organiske sykdommer i hjernen, og at vedkommende derfor ikke er dement, men denne innvendingen – når man snakker om en mann som er omkring 80 – trenger ikke noe tilsvar.)

Eksempler

Alle ærlige og oppegående personer som hadde en viss kjennskap til demens, og som fulgte med i amerikansk politikk, innså at Biden var dement, og første gang vi her på Gullstandard nevnte dette var vel høsten ´22. Man kunne se tegn på at Biden hadde tidlig demens allerede i valgkampen mot Donald Trump som pågikk sommeren/høsten 2020. Fra boken:

> «Biden was clinching the nomination, but his communications struggles continued. On March 2, he forgot the words of the Declaration of Independence: "We hold these truths to be self-evident. All men and women are created, by the, you know, you know the thing." In April, he struggled to explain his plan for the coronavirus outbreak. "You know, there's a, uh, during

283

World War II, uh, you know, where Roosevelt came up with a thing, uh, that, uh, you know, was totally different than a, than the, it's called, he called it the, you know, the World War II, he had the war, the-the war production board," he said, faltering.»

Sitatene er fra tidlig i 2020, altså fra før Biden var nominert.

Fordi vi skrev at Biden var dement ble vi av en kommentator våren ´23 beskyldt for å være useriøse, og en redaktør for en mainstream-nettavis benektet reellt sett at Biden var dement, og skrev med utgangspunkt i en av våre artikler følgende i juni 2023:

«Jeg husker påstandene om senilitet og demens fra primær-valgene i 2019. Jeg så et av Townhallmøtene, og påstandene var åpenbart feil den gang. Det er de samme politiske kreftene som påstår det samme nå. Det man gjorde var å ta videoklipp ut fra sin kontekst. Biden har alltid sagt mye rart, og da er det lett å finne noe hos en gammel mann, uavhengig av demens eller ikke. Jeg følger ikke lenger med, så tilstanden nå har jeg liten formening om. Det er bare en ting som er viktig i amerikansk politikk, og det er at Trump får minst mulig innflytelse».

Sannheten var den stikk motsatte av det denne redaktøren sa. Det var ikke Bidens politiske motstandere som klippet videoopptak slik at Biden skulle fremstå som surrete, det som skjedde var at Bidens stab klippet videoopptak som ble gjort tilgjengelig for manistream-media slik at han i mindre grad skulle fremstå som surrete. De uredigerte videoopptakene var tilgjengelige bla. på YouTube.

Den som fulgte med i amerikansk politikk kunne se at det var enorm forskjell på den Joe Biden som var Obamas visepresident, og den Joe Biden som forsøkte å bli nominert som Demokratenes president-kandidat i 2020. Uten noen stor overdrivelse kan man si at Biden av 2020 var en skygge av den Biden man kunne se noen få år tidligere.

Som nevnt, Bidens stab dekket over hans demens, men det gjorde også mainstream-pressen. Den nettop utkomne boken bekrefter fullstendig at Bidens stab gjennomførte en av amerikansk politikk aller største dekkoperasjoner, og derved var den ansvarlig for en av den amerikanske politikkens aller største skandaler.

Det ubesvarte spørsmål

Men boken tar ikke opp at pressen spilte med. Som Marie Simonsen korrekt sa det, alle kunne se at Biden var sterkt redusert, men hele mainstream-pressen, inkludert Marie Simonsens egen avis, dekket over dette.

Vi kan også henvise til professor Mjelde, som vi siterte overfor. I fjor sommer hevdet han at Trumps påstand om at Biden kom til å trekke seg var ren løgn, men nå sier han at «– Dette fremstår mer og mer som en av de mest graverende dekkoperasjonene av noen presidentadministrasjon i nyere tid...» (link nedenfor).

Det viktigste spørsmålet i forbindelse med hele denne grusomme saken er: hvorfor dekket maisntream-pressen over Bidens åpenbare demens? Antagelig fordi de var sterkt negative til Donald Trump – en holdning som er svært lett å forstå – og at de derfor ikke var i stand til å ta til seg sannheter som kunne slå negativt ut for Trumps motkandidat.

Legg merke til hvordan redaktøren vi siterte over formulerte seg: «Jeg så et Townhallmøte [i 2019], og påstandene var åpenbart feil den gang. Det er de samme politiske kreftene som påstår det samme nå. Det man gjorde var å ta videoklipp ut fra sin kontekst. ... Det er bare en ting som er viktig i amerikansk politikk, og det er at Trump får minst mulig innflytelse». Altså: Ønsket om at Trump ikke skulle vinne presidentvalget trumfet fakta. (Vi vil dog føye til at denne redaktøren var såpass dreven at han tilføyde følgende forbehold: «Jeg følger ikke lenger med, så [Bidens] tilstand nå har jeg liten formening om». Vi vil også bemerke at det vi siterte fra var en kommentar, ikke en reportasje.)

Redaktøren henviser til at slike påstander ofte blc fremsatt av personer som var positive til Trump, og av den grunn alene blir det konstatert at påstandene var usanne. Sagt på en annen måte: mainstream-journalister løy, eller de nektet av politiske hensyn å ta til seg ubehagelige fakta. Det som skjedde var at fordommer trumfet fakta. Dette bare bekrefter at mainstream-pressen ikke oppfyller sin rolle som den fjerde statsmakt, den som skal passe på makthaverne. I virkeligheten er den et propagandaapparat for et bestemt politisk syn. Og de journalister som arbeider der er egentlig ikke journalister, de er JINO: «Journalists in name only».

Vi har ikke stor tro på at det om relativt kort tid vil komme en bok som forteller denne historien, de som skriver denne type bøker er jo som regel journalister. Men denne historien er langt viktigere enn den del av historien som *Original Sin* forteller. At politikere lyver er jo nokså vanlig, men det er allikevel nyttig å få en grundig avsløring. Vårt syn er altså at også pressen enda en gang har vist at den er løgnaktig, og dette fortjener å bli grundig dokumentert i en slik bok.

Når vi skrev at det viktigste spørsmålet fortsatt står ubesvart så var dette ikke helt korrekt, det som er korrekt er at det er ubesvart i mainstream-pressen. Men vi har gitt svaret: mainstream-journalister løy om denne saken fordi sannheten ikke passet inn med deres politiske syn. Eller kanskje det ville vært bedre å formulere dette poenget på denne måten: Svært mange journalister lyver fordi sannheten ikke passer inn med deres politiske syn; det er et velkjent faktum at journalister flest er venstreorienterte (Respons Analyse har i en undersøkelse funnet at 72 prosent av norske journalister ville ha stemt på AP, SV, Rødt, SP og MDG), og fakta og venstreorientert ideologi passer ikke godt sammen. (Det er kanskje noe overdrevet å bruke ordet «lyver» her, men la oss si det slik: mange journalister vinkler sine reportasjer i samsvar med egne ideologiske overbevisninger.)

Helt til slutt tar vi med denne meget forsiktige beklagelsen fra Aftenpostens lederskribent:

«Både demokratene i Kongressen og Bidens nærmeste familie burde gå i seg selv. Det bør også journalistene som dekker Det hvite hus gjøre. Og andre medier med mindre tilgang til direkte kilder, inkludert Aftenposten, bør vurdere om noe kunne vært gjort annerledes.»

https://www.dagbladet.no/meninger/et-land-for-gamle-menn/83115904

https://www.latimes.com/california/story/2024-06-13/column-if-shame-still-exists-id-call-it-shameful-md-on-tv-ad-asking-if-biden-is-dishonest-or-demented

https://www.vg.no/nyheter/i/Xj1MwB/biden-et-lekket-lydopptak-og-to-nye-boeker-viser-hvor-ille-det-stod-til-med-helsen-hans

https://www.tv2.no/nyheter/utenriks/alder-ingen-hindring-biden-stiller-til-gjenvalg/15689474/

https://www.aftenposten.no/meninger/leder/i/931r3p/skjermingen-av-joe-biden-er-et-alvorlig-tillitsbrudd

«... Biden was 'senile from day one' of his presidency ... »
Intervju med Lindy Li, som hadde nær kontakt med Biden mens han var president.

USA og den islamske verden

Publisert 20. november 2023

Etter Hamas´ grusomme angrep på Israel 7. oktober, hvor Hamas-krigere forserte gjerdet Israel hadde satt opp på grensen mot Gaza og drepte om lag 1400 tilfeldige sivile på grusomme måter, var israelske myndigheter og befolkning sterkt motiverte for å mobilisere sine militære styrker for å gå inn i Gaza og eliminere Hamas en gang for alle. Men israelske styrker ventet og ventet. En årsak til dette kan være at det tok tid å planlegge invasjonen av Gaza, men svært mye tyder også på at press fra USA førte til at Israel ventet med å slå til. Denne ventetiden førte til at Israel mistet momentum, og at verdensopinionens sympati med Israel ble mindre i og med at Hamas og deres sympatisører har et svært godt propagandaapparat i alle vestlige land. Hamas er som kjent en terroristorganisasjon som har som mål å eliminere staten Israel.

Kort tid etter 7. oktober besøkte både USAs utenriksminister Anthony Blinken og USAs president Joe Biden Israel. De uttalte full støtte til Israel, men alt tyder på at de i sine lange samtaler med Israels ledere presset dem til å være tilbakeholdne i sin aksjon for å eliminere Hamas.

Hvis vi ser på USAs historie i forhold til islam viser den at hvis vi går et par hundre år tilbake nølte ikke USA med å slå kraftig til mot muslimske krigere, men de siste 45 år har USA vært svært tilbakeholden med å svare på angrep fra muslimske krigere/terrorister.

Under Jefferson
From the Halls of Montezuma
To the shores of Tripoli;
We fight our country's battles
In the air, on land, and sea;
First to fight for right and freedom
And to keep our honor clean;

We are proud to claim the title
Of United States Marines.

Denne velkjente teksten er begynnelsen på den amerikanske marines hymne. (Teksten er skrevet av en ukjent forfatter på slutten av 1800-tallet, den er satt til musikk av Jacques Offenbach, og har vært offisielt godkjent som marinens hymne fra 1929.)

Den første linjen refererer slaget ved Chapultepe i krigen mellom USA og Mexico (1846-1848), og den andre linjen refererer til slaget ved Derna i 1805; Derna var hovedstaden i den Osmanske provinsen Cyrenaica, og ligger nå i Libya. Grunnen til at USA engasjerte seg i krig her var den omfattende piratvirksomheten som muslimer på denne tiden bedrev i Middelhavet. President Jefferson (president 1801-1809) nektet å vise ettergivenhet overfor piratene, og han sendte militære styrker for å eliminere den trusselen mot fri skipsfart som piratene representerte.

Under Carter

Frem til 1970-tallet ble islam stadig mer svekket (etter at det Osmanske riket var på den tapende siden i første verdenskrig), men fra da den islamske republikken Iran ble etablert har islam blitt stadig sterkere. President Carters (president 1977-81) utenrikspolitikk la stor vekt på menneskerettigheter, og han trakk derfor den støtten som USA tidligere hadde gitt til sjahens regime i Iran. Sjahens regime var et diktatur hvor opposisjonelle ble svært dårlig behandlet; det var mye dette regimet kunne kritiseres for, men sjahen forsøkte å holde religionen (islam) nede, og å orientere samfunnet i vestlig retning. Han var dog en svært inkompetent leder.

Når sjahens regime mistet USAs støtte kom det til en revolusjon hvor sosialister og islamister tok makten. Etter kort tid viste det seg at islamistene ikke hadde noe bruk for sosialistene, og en rekke ledende sosialister i det nye maktapparatet ble fjernet eller henrettet kort tid etter revolusjonen. Iran ble raskt et islamistisk diktatur under ledelse av ayatolla Khomeini.

Khomeini hadde en retorikk som var sterkt fiendtlig overfor USA, og en av de viktigste hendelsene etter at Iran ble et islamistisk diktatur var at en gruppe såkalte studenter okkuperte den amerikanske

290

ambassaden (okkupasjonen startet i november 1979, 66 amerikanske diplomater ble tatt som som gisler). Dette var egentlig et angrep på amerikansk territorium, men president Carters reaksjon var svært tafatt. Han sendte riktignok en militær styrke for å frigjøre ambassaden, men denne måtte kansellere sitt oppdrag på grunn av av tekniske problemer underveis.

USA burde umiddelbart etter at okkupasjonen startet svart omtrent på følgende måte: «Iran har okkupert amerikansk territorium. Dersom denne operasjonen ikke er avsluttet innen 2 timer vil USA svare på angrepet med overveldende militær makt. USA krever også 10 millioner $ i gull for å erstatte skader som er påført amerikanske bygninger og installasjoner.»

Dersom USA hadde svart på denne måten ville historien etter 1979, en periode hvor det ble utført utallige islamistiske terrorangrep mot mål i Vesten, sannsynligvis vært helt annerledes enn den ble.

Gisselsituasjonen på ambassaden varte i mer enn 400 dager, og gislene ble sluppet fri den dagen Ronald Reagan ble innsatt som president i januar 1981; det var muligens en forestilling om at Reagan var en mye mer handlekraftig leder enn Carter som førte til at Iran ikke lenger våget å holde gislene.

Under Carter ble altså Iran en islamsk republikk, og dette var en sterk motiverende kraft for muslimer og islamister over hele verden. Iran ble ikke bare en ideologisk ledestjerne, men støttet også terrorister med trening, våpen, penger, etterretning, logistikk, etc.

Under Reagan

I 1979 invaderte Sovjet Afghanistan; formålet var å støtte et vaklende kommunistisk regime i Kabul. Betydelige deler av Afghanistans befolkning ønsket ikke å ha et kommunistisk regime, og de mobiliserte for å kjempe imot. Disse gruppene gikk under navnet Mujahedin, og islam sto sterkt i disse gruppene.

Reagan hadde hele sitt politiske liv vært opptatt av kampen mot kommunismen, og siden det som skjedde i Afghanistan var en krig mellom religiøse grupper på den ene siden, og Sovjetunionen på den andre siden, valgte Reagan å gi betydelig militær støtte til Mujahedin. Her var det altså en krig mellom religiøse krigere på den ene siden og ateistiske kommunister på den andre siden, og det falt naturlig for USA

291

å betrakte de religiøse som «good guys». (Mujahedin utviklet seg senere til Taliban og Al Qaida.)

Men Reagan var ikke så sterk som mange hadde fått inntrykk av før han ble valgt i 1980. I 1983 sendte Reagan soldater til Libanon, et land som var preget av borgerkrig, i et forsøk på å berolige situasjonen. I oktober ´83 kjørte selvmordsbombere en bil lastet med sprengstoff inn en amerikansk forlegning i Beirut, og eksplosjonen førte til at mer enn 240 amerikanske soldater ble drept. Hizbollah, som var kontrollert og finansiert av Iran, tok på seg ansvaret. USAs reaksjon var bare å trekke soldatene ut. En av de som trakk lærdom av dette var Osama bin Laden; etter at USA ikke svarte på dette angrepet konkluderte han at USA var svakt.

Under Clinton

I august 1998 ble to amerikanske ambassader – i Kenya og i Tanzania – rammet av terrorangrep, og president Clinton svarte med å sende raketter mot det som skulle være treningsleire for terrorister i Afghanistan og Sudan. Clinton uttalte at «Let our actions today send this message loud and clear – there are no expendable American targets. There will be no sanctuary for terrorists. We will defend our people, our interests and our values.» Men dette var alt han gjorde. (Det viste seg også at noen av rakettene som ble sendt mot Sudan var rettet mot feil mål.)

Angrepet på World Trade Center 11. september 2001 var ikke det første angrepet mot dette målet, WTC ble også angrepet 26. februar 1993. Islamister hadde plassert en lastebil med eksplosiver i parkeringshuset under en av bygningene. Eksplosjonen drepte 6 personer, og 1000 personer ble skadet. Clinton-administrasjonen betrakter dette som en vanlig kriminalsak.

Under Bush

Osama Bin Laden hadde i 1996 erklært krig mot USA: da utstedte han en fatwa kalt «Declaration of War against the Americans' Occupying the Land of the Two Holy Places». Bin Ladens ankepunkt mot USA var alliansen med Saudi-Arabia (de to hellige stedene er Mekka og Medina), en allianse som innebar at amerikanske soldater var utplassert i Saudi-Arabia. Det er viktig for fundamentalistiske muslimer at kun muslimer får oppholde seg i Saudi-Arabia.

Muslimske terrorister hadde angrepet amerikanske mål en rekke ganger: som nevnt i Beirut i 1983, et diskotek i Berlin som ble mye benyttet av amerikanske soldater ble angrepet i 1986, et PanAm-fly ble styrtet over Lockerbie i 1988, et angrep i Saudi-Arabia i 1996, angrep mot ambassadene i Nairobi og Dar-es-Salaam i 1998, og mot USS Cole i Jemen i 2000. (Vi tar ikke med Iraks angrep på Kuwait i 1990, dette angrepet var ikke motivert av islam.)

Til tross for dette var det ingen i det amerikanske forsvaret eller i den politiske ledelse som betraktet angrep fra islamistiske terrorister som en betydelig trussel. I tillegg kom det heller ingen militære svar fra USA på angrepene nevnt over.

George W. Bush var president da historiens viktigste terrorangrep fant sted. Fire fly ble kapret 11. september 2001, og tre av dem ble fløyet inn i viktige bygninger. Det fjerde flyet ble styrtet etter at passasjerer hadde overmannet kaprerne, og det traff ikke sitt tiltenkte mål (som antagelig var kongressbygningen i Washington).

Terrorangrepet ble utført av Al Qaida, og lederen var Osama bin Laden.

Al Qaida holdt til i Afghanistan (Sovjetunionen hadde gitt opp kampen for å gjøre Afghanistan kommunistisk, og landet var nå en islamistisk republikk under Taliban), og da ledelsen i Afghanistan stilte seg solidarisk med Al Qaida, gikk USA med NATOs og FNs velsignelse til krig i Afghanistan. (Denne krigen endte med en katastrofal tilbaketrekning 20 år senere, noe vi tidligere omtalt her på Gullstandard.)

Viktig her er at Bush benektet enhver kobling mellom terrorangrepet og islam; han sa at islam er en fredens religion, og at disse terroristene hadde «hijacked a great religion» – dette til tross for at terroristene eksplisitt brukte islam som begrunnelse for terrorangrepet, og at islam hjemler slike angrep.

Han omtalte heller ikke terroristene som «islamister» eller «jihadister» – han brukte det intetsigende uttrykket «evil-doers». Den store militæraksjonen han satte i gang fikk også et helt tomt navn, han kalte den «krigen mot terror».

Under Obama

Mens Obama var president (2009-2017) utførte militante muslimer en rekke terrorangrep mot USA (og Europa). Selv om begrunnelsen for terrorismen var hentet fra islam, forsøkte amerikanske myndigheter å gi inntrykk av at terrorismen ikke hadde noe med islam å gjøre. Obama hevdet at den såkalte «Christmas Day bomber» var en «isolated extremist», han sa mennene bak angrepet på et jødisk marked i Paris var «violent, vicious zealots», hendelsen hvor en amerikansk offiser (som var muslim) drepte 13 mennesker på Fort Hood ble omtalt som «workplace violence». Videre, Obama påsto at det som utløste angrepet på USAs ambassade i Benghazi 11. september 2012, hvor ambassadøren og flere andre amerikanske tjenestemenn ble drept, var at en amerikaner hadde laget og publisert på YouTube en video som krenket Muhammed (mannen bak videoen ble til og med arrestert), og at det var tilfeldig at angrepet skjedde akkurat 11. september.

Rett etter at Obama ble innsatt som president la han ut på en foredragsturné hvor han holdt taler i en rekke land i Europa og i den arabiske verden. Enkelte har beskrevet denne foredragsturneen som en «apology tour»; og en kommentator oppsummerte foredragene slik: «A common theme that runs through President Obama's statements is the idea the United States must atone for its past policies, whether it is America's application of the war against Islamist terrorism or its overall foreign policy. At the core of this message is the concept that the U.S. is a flawed nation that must seek redemption by apologizing for its past "sins."» (heritage, link nedenfor).

I 2009 brøt det ut omfattende opptøyer i Iran, flere millioner mennesker, svært mange av dem var ungdommer, protesterte mot islamistregimet. President Obama var svært forsiktig i sin støtte til disse demonstrantene. Senere innrømmet Obama at det var en feil av ham å ikke støtte disse demonstrantene sterkere enn han gjorde: «Former US President Barack Obama has admitted that he made "a mistake" by not supporting the Iranian people's 2009 Green Movement against the Islamic Republic. Speaking during a podcast on Friday, he described the lack of public support for the 2009 protests as a missed opportunity to back the democratic aspirations of the Iranian people» (iranintl).

294

Det bør også nevnes at Obama gjennomførte et stort antall droneangrep mot spesifikke mål, dvs, mot ledere av islamistiske grupper. De mer enn 540 angrep han beordret førte til at nesten 4000 mennesker mistet livet, cirka 10 % av dem var sivile. Dette programmet fortsatte i noe mindre skala under Donald Trump; den mest prominente lederen som ble drept av et slikt angrep under Trump var den iranske generalen Soleimani (som ble drept i januar 2020). Dette programmet fortsatte også under Joe Biden.

Svært viktig er denne uttalelsen fra president Obama i en tale til FN i 2012: «The future must not belong to those who slander the prophet of Islam.» Det er vanskelig å si hva denne formuleringen egentlig betyr, men det er en tydelig advarsel til de som ønsker å kritisere islam – islam har som kjent dødsstraff for blasfemi og for frafall fra islam.

Under Biden

Iran er islamismens fyrtårn, og presidentene Obama og Biden har inngått en rekke avtaler med Iran, avtaler som innebærer at Iran får enorme pengebeløp fra USA. Iran er utsatt for blokade av USA, men penger som skal gå til humanitære tiltak i Iran kan allikevel slippe gjennom. Iran har også lovet å ikke fortsette utviklingen av atomvåpen som en forutsetning for å få midler fra USA. Å tro at Iran vil overholde slike avtaler er langt verre enn bare naivt. USA har også frigitt midler til Iran i bytte mot løslatelse av amerikanske fanger/gisler. (Hvor store beløp det er snakk om er uklart, men vi har sett tall som tyder på at det kan være i størrelsesorden titalls milliarder dollar.)

7. oktober 2023 ble Israel som nevnt innledningsvis rammet av et grusomt terrorangrep fra Gaza. Hamas-krigere tok seg over eller gjennom grensegjerdet som Israel hadde satt opp, og drepte i første omgang på til dels grusomme måter ca 1400 sivile som deltok på en musikkfestival eller som holdt til i boligområder nær grensen mot Gaza. (Israel hadde trukket seg ut av Gaza omkring 2005, demokratiske valg i Gaza førte til at Hamas flikk makten, og Gaza har da reelt sett vært en palestinsk stat under ledelse av Hamas.)

Grunnen til at Israel hadde satt opp grensegjerde mot Gaza var at palestinere som bodde på Gaza i stadig større omfang utførte ulike typer terroraksjoner mot sivile israelere mens de var på jobb i Israel.

295

Det økende antall terrorangrep førte til at Israel måtte sette en stopper for Gaza-beboernes mulighet til fritt å reise inn i Israel. Israel ble også stadig utsatt for rakettangrep fra Gaza.

Etter angrepet 7. oktober bestemte Israels myndigheter seg for at nå måtte de eliminere Hamas på Gaza en gang for alle. Rett etter 7. oktober besøkte som nevnt utenriksminister Blinken og president Biden Israel, og budskapet de kom med var følgende: Israel må vise tilbakeholdenhet i krigen på Gaza.

Brev fra bin Laden

I november 2002 skrev Osama bin Laden et brev til Amerika, hvor han sterkt kritiserte amerikansk politikk. I november 2023 fikk dette brevet stor oppmerksomhet, og vi siterer fra Nettavisen:

> «I brevet forklarte bin Laden hvorfor al-Qaida kjemper mot USA, og hva de ønsker fra USA. Terrorlederen, som ble drept av amerikanske spesialstyrker i Pakistan i 2011, skrev at al-Qaida kjemper mot USA fordi USA har angrepet muslimer i en rekke land, og fordi USA støtter arabiske ledere som bruker vold og løgn til å forhindre muslimer fra å etablere Sharia-styre...

> Onsdag og torsdag [16-17/11-2023] denne uken begynte omtale av et gammelt brev fra Osama bin Laden å gå viralt blant unge... Brevet "A letter to America" ble skrevet i november 2002, 14 måneder etter at bin Laden og al-Qaida gjennomførte terrorangrepet 11. september, som tok livet av nesten 3000 sivile. ... [En ungdom som har lest brevet sier følgende:] -Jeg har akkurat lest "Et brev til Amerika", og jeg vil aldri se på livet eller dette landet på samme måte. Vær så snill og les det, sier en ung kvinne som forteller at brevet har gitt henne en eksistensiell krise. ... «Når du leser "Et brev til Amerika" og skjønner at han hadde rett», skriver en annen. – Det er sykt. Dette brevet er så velskrevet og argumentet er så godt bygget opp. Alt han sa er rimelig, sier en annen» (link nedenfor).

Dette forteller at argumenter om at USA er en grusom imperialistisk makt som sprer død og fordervelse over store deler av verden, og at oppskriften på gode liv og gode samfunn er å finne i islam, blir ansett som plausible og troverdige av en betydelig andel av amerikansk ungdom. Det kan se ut som om islamistisk propaganda går rett hjem hos og stemmer overens med de grunnholdninger som allerede finnes hos svært mange av de unge i USA, og som de har mottatt i all hovedsak fra de skoler og universiteter de har vært elever og studenter ved. (Et svar på bin Ladens brev er å finne på en link nedenfor.)

Formuleringer brukt 18 år etter 11. september.

11. september hvert år minnes amerikanere det som skjedde på denne datoen i 2001. Det som skjedde var altså at islamske terrorister kapret passasjerfly og styrtet dem inn i prestisjefulle bygninger.

I 2019 omtalte kongressmedlem Ilhan Omar – som er muslim – dette grusomme angrepet slik: «some people did something». Samme år brukte USAs ledende avis, New York Times, følgende formulering: «18 years have passed since airplanes took aim and brought down the World Trade Center. Today families will once again gather and grieve at the site where more than 2000 people died».

«Some people did something» og «airplanes took aim» – dette er formuleringer som med viten og vilje er benyttet av personer som ønsker å bryte koblingen mellom terror og islam.

Demonstrasjoner i oktober 2023

Etter at Israel svarte på angrepene 7. oktober med å gå inn i Gaza, var det store demonstrasjoner i alle storbyer i Vesten – demonstrasjoner med et budskap som klart ga uttrykk for støtte til Hamas og motstand mot Israel. Enkelte steder var det opptil flere titusen demonstranter, og de viftet med palestinske flagg og bar plakater med tekst av typen «Fritt Palestina fra elven til havet». Budskapet er at Israel må opphøre å eksistere – det disse demonstrantene åpenbart ønsker er at det sosial-demokratiske Israel skal erstattes av et shariastyrt land med navnet Palestina. Under flere av demonstrasjonene i USA ble amerikanske flagg revet ned og palestinske flagg hengt opp i stedet. Politiet gjorde praktisk talt ingen ting for å hindre dette. (Det skal dog ikke stikkes under en stol at også pro-israelske demonstrasjoner som foregikk på omtrent samme tid hadde mange deltagere. Vi nevner også at det er vanskelig å si hvor stort omfang disse demonstrasjonene hadde, dette er umulig å få et godt bilde av dersom mainstream-pressen er eneste kilde.)

Og hva skjer i akademia?
En tidligere iransk ambassadør ble utnevnt til professor ved Oberlin, og den iranske diplomaten Seyed Hossein Mousavian ble professor ved Princeton. Disse har da har fortsatt å spre islamistisk ideer overfor studenter og andre.

At langtidsutdannede i stor grad er motstandere av Israel kom også tydelig frem når mer enn 30 studentforeninger ved USAs mest prestisjefylte universitet, Harvard, ga uttrykk for sitt syn etter Hamas´ angrep 7. oktober. New York Post: «More than 30 Harvard University student organizations are holding Israel "entirely responsible" for Hamas' mass slaughter ... In a letter titled "Joint Statement by Harvard Palestine Solidarity Groups on the Situation in Palestine," 31 student organizations — including the Ivy League's affiliate of Amnesty International — condemned Israel, even as its residents are kidnapped and more than 700 have been killed by the terrorist organization. The groups claim Hamas' attack "did not happen in a vacuum," and the Israeli government has forced Palestinians to live in an "open-air prison for over two decades," according to the letter obtained by The Post» (link nedenfor).

Historikeren Victor David Hanson beskriver situasjonen tidlig i desember 2023:

«At Hillcrest High School in Queens, New York, hundreds of students rioted on news that a single teacher in her private social media account had expressed support for Israel. Waving Palestinian flags, and screaming violent threats, the student mob rioted, destroyed school property, sought the teacher out and tried to crash into her classroom—before she was saved from violence by other teachers and an eventual police arrival. The subtext was that the overwhelmingly minority students (whose school is ranked academically near the bottom among New York City schools) were acculturated to the racist reality that as the

298

"oppressed" they were exempt from any punishment for hunting down theirown teacher. As a Jewish (and thus white) "oppressive" supporter of Israel, she was reduced to, in the words an enthusiastic commenter on a Tik Tok video of the riot, a "cracker ass bitch." And so the student pack tracked her down as if they were hunting an animal.

Hundreds of such incidents are now occurring on a daily basis

A pro-Israeli demonstrator in Los Angeles was hit on the head and killed by a pro-Palestinian university professor. Jewish students were trapped in a Cooper Union university library surrounded by pro-Hamas demonstrators. At MIT, Jewish students were warned to keep away from particular areas of the campus deemed dangerous for them.

When asked about the outbreak of anti-Semitism across the U.S. —nearly 60 percent of hate crimes are committed against Jews, who make up 2.5 percent of the population—Biden Press Secretary Karine Jean-Pierre dismissed them with the false claim that the White House "had not seen any credible threats" to Jews» (tothepointnews).

I tiden etter at Israel svarte på Hamas´ angrep 7. oktober var det som nevnt omfattende demonstrasjoner til støtte for Hamas en rekke steder i verden. Også på USAs mest prestisjefylte universiteter, inkludert Harvard, var det store demonstrasjoner som reelt sett støttet Hamas, og Hamas´ mål er å eliminere Israel, noe som i praksis innebærer folke-mord på jøder.

Som en følge av dette ble presidenten ved Harvard, Claudine Gay (sammen med presidentene for to andre universiteter som også hadde opplevd samme type demonstrasjoner: Penn State og MIT) innkalt til en høring i Kongressen 5. desember, og vi siterer fra New York Post:

«During an exchange with Rep. Elise Stefanik (R-NY), Gay was asked whether calling for the genocide of Jews on campus violates the university's codes of conduct related to bullying and harassment. Gay said it would depend on the "context" of the incident. When asked to give a yes-or-no answer, Gay said antisemitic speech could warrant action from Harvard if the conduct crosses into bullying, harassment and intimidation. Stefanik again pressed Gay to provide a simple yes-or-no response. "Again, it depends on the context," Gay said».

Et par dager senere måtte Gay be om unnskylding for sine formuleringer:

«Harvard president Claudine Gay has apologized for remarks she made on antisemitism during her testimony before Congress. "I am sorry. Words matter," Gay said during an interview with the Harvard Crimson on Thursday ... Following the backlash, Gay issued a statement on social media, claiming that some had "confused" a right to free expression with the idea that Harvard condones "calls for violence against Jewish students."» (nypost, link nedenfor).

Noen dager senere kom det frem at hun i sin akademiske produksjon i stort omfang hadde plagiert andre skribenter. Etter hvert ble hun presset til å gå av som president for Harvard, og det virket som om hennes omfattende plagiering hadde mye mer å si for dette enn hennes uvilje mot å ta avstand fra den utbredte antisemmitisme hos mange av Harvards studenter.

Dette bare bekrefter at de verdiene som studentene ved USAs universiteter fores med i betydelig grad står stikk i strid med de verdiene som Amerika opprinnelig ble grunnlagt på: Individualisme, rasjonalitet, frihet, markedsøkonomi, frihandel, rettsstat, og som Israel i betydelig grad representerer.

Som filosofen Leonard Peikoff oppsummerte dette poenget for mange år siden (før den kalde krigen var avsluttet): «Amerikas fiende er ikke Moskva, Amerikas fiende er Harvard». Det han mente med dette var at det som kan ødelegge Amerika er ikke trusselen fra en ytre fiende (en kommunistisk stat), det som vil ødelegge Amerika er de verdiene som studentene ved landets universiteter fores med.

Hva det egentlig betyr

Det man skal slutte fra dette er at betydelige aktører i USA ikke er i stand til å se, eller ikke er villig til å se, koblingen mellom terrorisme og islam. Det ser også ut til at mange av de grunnleggende verdiene som islam står for har betydelig oppslutning i store deler av den amerikanske befolkningen, spesielt blant unge og blant de som sitter i makt-posisjoner.

Islam er som kjent en ideologi som står for dødsstraff for blasfemi, dødsstraff for frafall fra islam, dødsstraff for homofili, og som er sterkt kvinneundertrykkende. Islam har også forbud mot å låne ut penger mot rente. Islam forfekter selvoppofrelse, og den ultimate belønning får man dersom man blir drept i kampen for islam. Alle land hvor islam står sterkt er derfor diktaturer. Noen av disse landene er velstående, men det skyldes ene og alene at regimene eksproprierte oljefelt som vestlige selskaper hadde oppdaget og utviklet. En vanlig økonomi, en økonomi som ikke er svært godt utstyrt med en verdifull naturressurs (som f.eks. olje), vil ikke kunne skape velstand dersom islamske verdier står sterkt i kulturen.

Islam er hovedårsaken til krigen som har pågått siden 1948 mellom Israel og ulike grupper i områder som ligger utenfor Israel (PLO, Hamas, Hizbollah). Land hvor islam står noe svakere, som for eksempel Egypt og Jordan, har Israel tidligere vært i krig med, men nå er det inngått fredsavtaler mellom Israel og disse landene.

Holdningen som ble vist av president Jefferson, når han sendte styrker for å uskadeliggjøre piratene i Middelhavet, er en helt annen enn den som presidentene Carter, Reagan, Bush, Clinton, Obama, og Biden har vist overfor islam.

Et sterkt islam vil nødvendigvis føre til omfattende under-trykkelse og fattigdom, men det ser ikke ut som om noen i eliten i USA innser dette – eller de har kanskje det syn at dette er en forbedring av dagens tilstand, de synes kanskje at liten frihet og lav velstand for folk flest er moralsk høyverdig?

https://nypost.com/2023/10/09/thirty-one-harvard-organizations-blame-israel-for-hamas-attack/

https://www.tothepointnews.com/2023/12/weimar-america/

https://nypost.com/2023/12/08/news/harvard-president-apologizes-says-she-feels-regret-following-testimony-before-congress/

Svar til bin Laden:

https://www.youtube.com/watch?v=CpS74QsriHM

Presidentenes synderegister

Publisert 27. januar 2020

Vi snakker selvfølgelig om amerikanske presidenter, og det vi kort skal se på her er alvorlige feil de begikk mens de satt i Det Hvite Hus, feil som fikk alvorlige følger ikke bare for USA, men for verden. Feilene er i all hovedsak ikke tabber, de er begått etter at presidenten og hans rådgivere hadde tenkt grundig igjennom problemstillingene. Disse feilene er solid forankret i og bygget på verdier som er stikk motsatt av de verdier USA ble grunnlagt på. Vårt syn er at dersom disse feilene ikke hadde blitt begått hadde USA og verden i dag vært et langt bedre sted, et sted hvor mange av de problemer vi nå har, og vil få i enda større grad i fremtiden, ikke ville ha eksistert.

(Vi tilføyer at det vi gir her ikke er en komplett liste, og at vi har lagt hovedvekten på hendelser og beslutninger som som regel ikke er blitt tillagt betydelig vekt av mainstream-skribenter som f.eks. Lahlum og Moen i deres bøker om amerikanske presidenter.)

Vi legger hovedvekten på det som skjedde i det tyvende århundre, og vil gå helt frem til i dag. Vi vil dog minne om at en stat alltid fører en politikk hvor hovedtrekkene har bred oppslutning i befolkningen, og at skylden for det som vedtas ikke ligger på presidenten/regjeringen/administrasjonen alene.

Før vi går videre minner vi om at USA er verdenshistoriens sterkeste makt; den har en kolossal styrke innen videnskap, kultur og økonomi, og også mht. militær makt. Under annen verdenskrig knuste USA (sammen med noen allierte, men USA var klart den sterkeste makt i denne alliansen) de tyranniske regimene i Tyskland og Japan, og holdt disse landene okkupert i flere år, noe som var nødvendig for å utradere de ideologiene som de krigshissige regimene i disse landene var bygget på. Etter at okkupasjonene var over fikk begge disse landene konstitusjoner og regimer som i ikke ubetydelig grad bygget på Vestens verder, og begge ble store industrimakter med stigende velstand for befolkningene.

Velstandsvekst etter borgerkrigen

USA ble eksplisitt bygget på ideen om full individuell frihet, men dessverre satt slaveriet så fast i 1776 at det ikke var mulig å avvikle det umiddelbart; det forsvant først etter ca 90 år og en borgerkrig. Denne borgerkrigen, som endte i 1865, tok ca 750 000 liv, og slaveriet ble da opphevet. (Selvsagt ble svarte i stor grad utsatt for alvorlig diskriminering i lang tid etter dette, men den ble gradvis redusert, og ble kraftig redusert etter store demonstasjoner på 60-tallet). Perioden mellom 1865 og ca 1913 var den frieste i USAs historie, og det finnes utallige beskrivelser av det som skjedde i denne perioden. Vi henter en fra Bill Bryson:

> «Between 1850 og 1900 every measure of wealth, productivity and well being skyrocketed in America. The century's population in the period tripled, but its wealth increased by a factor of thirteen. ... The number of millionaires, fewer than twenty in 1850, rose to forty thousand by the century's end» (Bill Bryson: *At Home*, s. 313. I denne boken er det også mye mer å finne om denne enorme velstandsveksten.)

Det er god grunn til å anta at en viktig årsaksfaktor til denne velstandsveksten var at Jean-Baptiste Says bok *A Treatise on Political Economy, or the production, distribution and consumption of wealth* (flere utgaver, den første på fransk i 1803) på 1800-tallet var den mest brukte læreboken i økonomi i USA. Say var en konsekvent tilhenger av individuell frihet og markedsøkonomi, og disse idéene hadde derfor betydelig innflytelse på den økonomiske politikken som ble ført.

Velstandsveksten førte til at det ble flere og større universiteter, og langt flere som tok en høyere utdannelse. Det ble da opprettet mange nye stillinger ved de nye og de gamle universitetene, og i betydelig grad hentet man da inn folk som hadde universitetsutdannelse. Siden det i forkant var små muligheter til å få slik utdannelse i USA hadde de skaffet seg den i Europa, i hovedsak i Tyskland. Det som var høyeste mote i universitetene der på slutten av 1800-tallet var ideene til Kant og Hegel (og implisitt ideer fra deres inspirator Rousseau). USAs universitetsutdannede elite ble da opplært av folk som var infisert av de kollektivistiske og frihetsfiendtlige ideene fra disse tenkerne.

304

Tidlig i USA sto frihetsideene, ideer som stammet fra i hovedsak John Locke og grunnlovsfedre som Thomas Jefferson, høyt, og politikken og undervisningen ved universitetene var i stor grad basert på disse ideene. Men så kom det altså en forandring mot slutten av 1800-tallet – eliten hadde fått andre ideer, såkalt «progressive» ideer fra Europa og spesielt Tyskland.

Teddy Roosevelt

Teddy Roosevelt (president fra 1901 til 1909) var en av disse progressive. I en tale i 1910 sa han at individers rettigheter (det vil si de som sikrer individuell frihet, og som uavhengighetserklæringen bygget på) må settes til side hvis formålet er å fremme fellesnytten. Han mente også at problemene som ulikhet i velstand fører med seg er sammenlignbare med de problemer som borgerkrigen førte med seg.

Fra Wikipedia om talen hvor han sa dette:

> «Roosevelt made the case for what he called "the New Nationalism" ... The central issue he argued was government protection of human welfare and property rights, but he also argued that human welfare was more important than property rights. He insisted that only a powerful federal government could regulate the economy and guarantee justice, and that a President can succeed in making his economic agenda successful only if he makes the protection of human welfare his highest priority. Roosevelt believed that the concentration in industry was a natural part of the economy. He wanted executive agencies (not the courts) to regulate business. ... In terms of policy, Roosevelt's platform included a broad range of social and political reforms advocated by progressives.»

Vi nevner at alle reguleringer av økonomien er krenkelser av eiendomsretten.

Wilson

Woodrow Wilson (1913-21) var en typisk akademiker; han var tidligere professor og president for Johns Hopkins University. Han var også progressiv, og sa slike ting som at «Freedom to-day is something more

305

than being left alone», og at «Thomas Jefferson said that the best government is that which does as little governing as possible .... But that time is passed».

Wilson fikk USA med i første verdenskrig, men sa at USA ikke hadde noen «selfish ends to serve» ved å gå inn i krigen. Innpå fem millioner amerikanere tjenestegjorde i denne krigen; av disse mistet ca 115 000 livet og 320 000 ble såret.

Etter krigen ønsket Wilson at konflikter mellom land skulle løses uten krig, og han var en ivrig forkjemper for opprettelsen av Folkeforbundet (USA ble dog ikke med). Et av prinsippene Wilson la stor vekt på var at ingen land hadde noen rett til å blande seg inn i et annet lands «indre anliggender»; så hvis et land innførte et kommunistisk eller islamistisk eller nazistisk diktatur så var dette noe som ikke angikk andre land, og de hadde ingen rett til å gjøre noe med det. Dette prinsippet fikk stor oppslutning, og førte bla. til at man respektere Hitlers og Stalins diktaturer, og senere til at diktaturer og demokratier er likeverdige medlemmer av Folkeforbundets arvtager FN.

Vi avslutter med å gjengi følgende fra artikkelen om Wilson på Wikipedia: «Det var under Wilson at raseskille ble innført i Washington, D.C»; Wilsons parti – Demokratene – var det parti som sto sterkest i de områder som før borgerkrigen hadde slaveri.

Harding

Wilson ble etterfulgt av Warren G. Harding (1921-23). Harding forsto at folk var lei av den progressive politikken som hans to forgjengere hadde ført, og han stilte til valg med slagordet «return to normalcy». Harding er ofte klassifisert som den aller verste av USA mange dårlige presidenter (Wikipedia sier: «Harding is often rated as one of the worst presidents in historical rankings.»), en vurdering som etter vårt syn er feil. Hans politikk, som bla. innebar kraftige skattelettelser, ga USA en sterk vekstperiode. Han var dog ingen frihandelstilhenger, og noen tollsatser ble økt. Da han tok over i 1921 var de økonomiske problemene betydelige, i stor grad på grunn av utgiftene forbundet med USAs deltagelse i første verdenskrig – rett etter krigens avslutning var f.eks. arbeidsløsheten innpå 12 %. På tre år ble statsbudsjettet redusert fra 6,4 mrd dollar til 3,2 mrd dollar, og skattesatser ble redusert, den høyeste fra 73 % til 56 %. I 1923 var arbeidsløsheten redusert til 2,4 %.

306

Den økonomiske veksten, som startet under Harding, var betydelig: «1920s are a period of vigorous, vital economic growth» (kilde: Economic History Net).

Man kan si at Harding ikke valgte gode medarbeidere til sin administrasjon, og til å holde dem under oppsyn; noen av dem viste seg å være korrupte. Korrupsjonssakene gjaldt nye reformer som ble innført, en om et helsetilbud til veteraner fra første verdenskrig, og en som innebar at statlige landområder ikke lenger skulle selges, nå skulle de leies ut.

Staten kunne ha gitt helsetilbud til veteranene ved å benytte det allerede eksisterende private helsetilbudet, men valgte i stedet å bygge opp et eget statlig system. Harding utnevnte en venn, Charles Forbes, til å lede oppbyggingen av dette nye tilbudet. Forbes utnyttet det faktum at når det offentlige står for regningen er kontrollen av kvalitet og pris på det som leveres ofte mangelfull, og han og hans kumpaner gjorde seg rike ved å fete opp regningene til det offentlige for oppbyggingen av det nye systemet (dette gjaldt kjøp av land, bygging av sykehus, levering av materialer, etc.). Harding oppdaget at Forbes drev svindel til fordel for seg og sine forbindelser, fjernet ham fra sin post og det endte med at han tilbrakte to år i fengsel. Den andre skandalen gjaldt land til oljeleting (skandalen fikk navn etter et av de involverte områdene, Teapot Dome): tidligere ble slike områder solgt til oljeselskaper, men reformen innebar at nå skulle de leies ut. Det viste seg at at Hardings innenriksminister Albert Fell mottok bestikkelser for å leie ut områder til visse selskaper. Fell tilbrakte ett år i fengsel.

Hvorfor er Harding vurdert som så dårlig? Dels fordi han i stor grad var en ekte pro-kapitalist, og dels fordi han ikke innførte nye, store offentlige programmer (slik alle venstreorienterte ønsker og bruker som et kriterium på suksess), og dels fordi det på hans vakt, men uten hans vitende, skjedde enkelte ikke helt ubetydelige korrupsjons-skandaler.

Coolidge

Hardings visepresident Calvin Coolidge (1923-29) overtok da Harding uventet døde i 1923. Coolidge var en sterk tilhenger av fritt næringsliv, og en gang formulerte han sin forståelse av essensen ved USA på denne treffende måten: «After all, the chief business of the American people is business. They are profoundly concerned with producing, buying, selling, investing and prospering in the world.»

Som president gjorde han nærmest ingen ting, og han fikk tilnavnet «Silent Cal» fordi han sa og gjorde så lite. At politikere ikke gjør noe, det vil si at de ikke innfører nye lover og reguleringer, er en god ting, siden det er blitt slik at praktisk talt 100 % av alle nye lover er skadelige for velstand og vekst. Denne laissez-faire-politikken innebar stabile rammebetingelser, og USA opplevde en enorm velstandsvekst: «the roaring twenties». Dessverre var alkohol forbudt (i perioden 1920-33), noe som førte til at kriminelle syndikater kunne vokse frem (mafiaen). Under Harding var det også betydelige begrensninger på muligheten til å immigrere til USA, og Coolidge gjorde ingen ting for å rette opp dette.

Hoover

Coolidge ble gjenvalgt i 1924, men stilte ikke i 1928. Den som stilte da var Coolidges partifelle Herbert Hoover (1929-33), som fikk stor medvind på grunn av Coolidges suksess og popularitet. Hoover var imidlertid i motsetning til sin forgjenger progressiv, og avviste laissez-faire i favør av en «progressive middle way» mellom frihet og styring. Hans politikk gikk inn for en rekke støtteordninger og reguleringer, og statlig kontroll av flytrafikk og radiosendinger begynte under ham. I visse tilfeller støttet han tvungen organisering av arbeidere i fagforeninger: «We are passing from a period of extremely indvidualistic action into a period of associational activities». Det ble innført store begrensninger på frihandel med Smoot-Hawley-loven, som ble endelig vedtatt i 1930. Denne loven var varslet lang før den ble vedtatt, og førte til omfattende problemer for næringslivet, problemer som var en sterkt medvirkende årsak til krakket som kom i 1929.

Etter at krisen inntraff i 1929 gikk Hoover inn for en rekke offentlige programmer – offentlige byggeprosjekter, subsidier for visse varer, etc. – som var ment å hjelpe, men alle slike inngrep er slik at de hindrer de tilpasninger som ville ha skjedd automatisk i et fritt marked. Hoover ble naturlig nok ikke gjenvalgt i 1932, men hans etterfølger Franklin D. Roosevelt fortsatte den samme politikken, og krisen varte derfor helt til andre verdenskrig begynte.

Forklaringen på hvorfor krisen inntraff er å finne en rekke steder, og den består av mange elementer og vi har skrevet om det mange ganger tidligere. Denne gangen henter vi bare ett kort poeng fra mainstreamforfatteren Bill Bryson: Han hevder at The Fed (The Federal Reserve, USAs Sentralbank, som formelt er uavhengig av politikerne) i 1927 tvang igjennom en rentenedsettelse, til tross for store protester fra en rekke bankfolk.

> «The cut in interest rates had an explosive effect. – `the spark that lit the forest fire`, in the words of economist Liaquat Ahmed. ... Over the next year, stocks would more than double ... and the volume of ... loans to investors would rise by more than $ 1 billion .... » (Bryson: *One Summer*, s. 289).

Dette kom til en brå slutt i oktober 1929.

The Fed ble etablert i 1913, og skulle regulere bankene, pengeverdi og rentenivå. Etter hvert fikk de også monopol på å utstede penger. I et fritt marked finnes det ikke noen slik institusjon, der har man «free banking», noe som vil resultere i at penger forankres i en gullstandard, at pengeverdien er stabil, og at rentene fastsettes av markedet, og altså ikke som under The Fed av politikere og byråkrater. Etableringen av The Fed var den første store skritt som ble tatt for å innskrenke den næringsfrihet som inntil da i stor grad hadde preget USA og gjort USA svært velstående.

Franklin D. Roosevelt

Den økonomiske krisen som startet i 1929 er velkjent: arbeidsløsheten steg til 25 %, gjennomsnittsinntekten sank med 33 %, produksjonen falt med 50 %, aksjemarkedet sank med 90 %, og 11 000 banker gikk konkurs – alt dette var en følge av at lover og regler hindret de tilpasninger som ville ha skjedd i et fritt marked.

Franklin D. Roosevelt (1933-1945) tok et avgjørende skritt for å gjøre USA om til en velferdsstat med sin «New Deal». Han arvet krisen som kom i 1929, men hans politikk førte til at den varte gjennom hele 30-tallet: «De harde tredveåra». Han innførte et forbud for private å eie monetært gull (barrer og mynter; å eie smykker o.l. var fortsatt tillatt); alt slikt privat gull ble ekspropriert til underpris. Han foreslo å øke

309

antallet dommere i høyesterett, dette for å få gjennomført vedtak som var i strid med forfatningen; en av den amerikanske høyesterettens oppgaver er å kjenne ugyldig vedtatte lover som er i strid med forfatningen. Ved å utnevne flere dommere som var sympatisk innstilt til presidentens politiske syn kunne han derved oppnå flertall i høyesterett.

Roosevelt ga uttrykk for sitt progressive syn allerede i sin tiltredelsestale i 1933:

«If we are to go forward, we must move as a trained and loyal army willing to sacrifice for the good of a common discipline. We are, I know, ready and willing to submit our lives and property to such discipline, because it makes possible a leadership which aims at a larger good. I assume unhesitatingly the leadership of this great army. ... I shall ask the Congress for the one remaining instrument to meet the crisis — broad executive power to wage a war against the emergency, as great as the power that would be given to me if we were in fact invaded by a foreign foe.»

Det var altså ikke bare i Tyskland og Sovjet at kollektivistiske ideer sto sterkt.

På tredvetallet fikk nasjonalsosialismen større og større utbredelse i Europa under ledelse av Hitlers Tyskland. Hitler ville fjerne alle jøder fra Europa, og et stort antall jøder flyktet mens de hadde livet i behold. Blant disse var det et stort antall sterkt venstreorienterte akademikere og intellektuelle – blant dem var folk som Horkheimer, Fromm, Adorno, Marcuse, Einstein, Bertolt Brecht – og mange av disse ble ansatt ved universiteter i USA, hvor de raskt fikk en svært stor innflytelse på USAs intellektuelle liv. (En som hadde en annen grunninnstilling enn disse venstreorienterte var økonomen Ludwig von Mises; han flyktet fra okkupasjonen av Østerrike via Sveits til USA, men fikk aldri noen akademisk stilling i USA).

De venstreorienterte begynte så sterkt å dominere det intellektuelle liv sa at tiåret fra 1920 til 1930 fikk navnet «the red decade». En meget stor andel av de intellektuelle hyllet det noble eksperiment som de mente Sovjetunionen var, og ønsket en tilsvarende utvikling i USA.

Roosevelt var også ansvarlig for at cirka 120 000 amerikanere av japansk avstamning ble satt i konsentrasjonsleire i USA under annen verdenskrig. Begrunnelsen var en frykt for at disse menneskene skulle kunne fungere som en femtekolonne for Japan i den pågående krigen mellom USA og Japan.

Kennedy, Johnson

Etter annen verdenskrig spredte kommunismen seg raskt flere steder i verden. Landene i Øst-Europa ble nærmest okkupert av Sovjet, og USA lovet Vest-Europa beskyttelse gjennom opprettelsen av NATO. Det kommunistiske Nord-Korea invaderte Sør-Korea i 1950, og etter tre år med hard krig hadde USA og FN slått angrepet tilbake. Sør-Korea er i dag et blomstrende land, mens Nord-Korea fortsatt er et ekstremt fattig og svært ufritt kommunistdiktatur. Da det kommunistiske Nord-Vietnam invaderte Syd-Vietnam valgte USA å hjelpe Syd-Vietnam: ideen var at det er bedre å bekjempe kommunismen langt borte enn å vente på at den kommer til USA. Dette begynte forsiktig under president Kennedy (1961-63), men eskalerte kraftig under hans etterfølger Lyndon B. Johnson (1963-69). Denne krigen var imidlertid umulig å vinne, spesielt fordi den kommunistiske siden mobiliserte en femtekolonne som med voksende intensitet utover 60-tallet iverksatte store demonstrasjoner i storbyer i USA og Europa mot USAs innblanding i krigen. Motstanden ble så stor at Johnson valgte å ikke stille til gjenvalg i 1968. Om lag 3 000 000 amerikanere tjenestegjorde i Vietnam, og på det meste var det 500 000 der samtidig. Ca 58 000 av disse mistet livet. Krigen påførte også Vietnam store skader, og kanskje så mange som en million vietnamesere mistet livet. Krigen sluttet med kommunistisk seier i 1975, og hele landet ble et diktatur med stor undertrykkelse, stor fattigdom og et rekordstort antall flyktninger som forsøkte å komme seg vekk. Etter noen tiår gikk dog landet bort fra den harde kommunismen, og er i dag et langt bedre land enn det var i årene etter at krigen sluttet.

Johnson fullførte oppbygningen av velferdsstaten med sin plan for «The Great Society» og sin «War on Poverty»; en politikk hvor statlige støtteordninger var ment å løse fattigdomsproblemet. Men disse ordningene førte bare til at problemene økte; incentivene i slike ordninger er slik at de skaper eller forsterker de problemene de er ment å løse.

Goldwater

Nei, Barry Goldwater (1909-1998) var aldri president, men han var antagelig den viktigste amerikanske politiker i det tyvende århundre som aldri ble president. Han representerte Arizona i senatet fra 1952 til 1964, og fra 1969 til 1987. Republikanerne nominerte ham som sin kandidat til presidentvalget i 1964, men han tapte mot Lyndon Johnson. Goldwater var en annen type konservativ enn de man hadde sett på mange år, han gikk inn for privatisering, deregulering, skattelettelser: han var tilhenger av langt større individuell frihet enn noen annen politiker siden 30-tallet. Han var også meget slagferdig: «I would remind you that extremism in the defense of liberty is no vice! And let me remind you also that moderation in the pursuit of justice is no virtue!»

Goldwater hadde mange unge entusiastiske tilhengere, og disse var blitt influert av liberalistiske tenkere som Isabel Petterson (*The God of the Machine*, 1943), Rose Wilder Lane (*The Discovery of Freedom*, 1943), og, viktigst, Ayn Rand, som skrev bestselgerne *The Fountainhead* (1943) og *Atlas Shrugged* (1957). Innflydelsesrike var også Friedrich von Hayek (hans *The Road to Serfdom* nådde et stort publikum da den ble publisert i forkortet utgave i Reader´s Digest i april 1945) og Milton Friedman (*Capitalism and Freedom,* 1962). Mange unge arbeidet entusiastisk i Goldwaters presidentkampanje; en av dem var Hillary Rodham. Senere skiftet hun sin politiske kurs, giftet seg med Bill Clinton, og ble etterhvert presidentfrue, senator, utenriksminister, og Demokratenes presidentkandidat i 2016. En annen som markerte seg sterkt i kampanjen for Goldwater var skuespilleren Ronald Reagan. Hans støttetale for Goldwater, «A Time for Choosing», fikk stor og positiv oppmerksomhet, og med denne talen ble en politisk stjerne født. Reagan ble valgt til guvernør i California to år senere, og valgt til president i 1980.

Under valgkampen gjorde Goldwater en stor tabbe, en tabbe som en politiker med hans erfaring burde vært i stand til å unngå. I en diskusjon om amerikanernes engasjement i krigen i Vietnam luftet han

312

muligheten for å bruke atomvåpen, og han formulerte seg slik at hans motstandere i pressen og blant Demokratene enkelt kunne fremstille ham som en livsfarlig krigshisser: med Goldwater i Det Hvite Hus var atomkrigen bare noen få skritt unna.

Men det var spesielt en bestemt reklamefilm som knuste Goldwaters sjanser til å bli valgt, dette er er antagelig den mest betydningsfulle reklamefilmen i historien: «The Daisy Ad». Wikipedia: «Though aired only once, it is considered one of the most important factors in Johnson's landslide victory over the Republican Party's candidate, Barry Goldwater, and a turning point in political and advertising history.» Reklamefilmen viser en liten jente som plukker blader av en blomst. Plutselig fryses bildet, og en nedtelling begynner. Når nedtellingen kommer til null vises den skyen man ser etter en eksplosjon av en atombombe. Så hører man president Johnson si følgende: «These are the stakes: to make a world in which all of God's children can live or to go into the dark. We must either love each other or we must die».

Goldwaters kampanje brukte slagordet «In you heart, you know he is right», og Demokratene laget følgende effektive vri: «In your head, you know he is nuts».

Allikevel, den type konservatisme Goldwater representerte fikk etterhvert betydelig oppslutning i det Republikanske partiet, og i et par tiår fra 70-tallet sto denne fløyen sterkt i amerikansk politikk. George Bush jr., som ble president i 2001, tilhørte ikke denne fløyen.

Nixon

I 1971 hadde USA en inflasjon på noe under 6 % og en arbeidsløshet på noe over 6 %. For å prøve å hjelpe på disse problemene innførte president Nixon (1969-74) i august 1971 lønns- og priskontroll, og samme år tok han de siste skritt som opphevet koblingen mellom dollar og gull, noe som endelig fjernet den eneste sikring som kan gi stabile penger over tid: gullstandard. I mange år hadde dollaren vært verdt 7 kroner, pundet verdt 20 kr, og den tyske marken verdt 4 kroner, men etter at Nixon lukket det såkalte gull-vinduet, ble alle disse valutaene ustabile – når gullvinduet var lukket kunne sentralbankene redusere pengeverdien, noe som de styrende da som nå mener er en god ting. Overbevisningen om at lønns- og priskontroller og ustabil valuta er

313

gode ting for en økonomi er basert på økonomiske teorier som er feil, noe den høye arbeidsløsheten og inflasjonen som kom utover syttitallet, bekreftet.

Tiltaket ble kjent som «the Nixon shock». Nixon påstod også at «Nå er vi alle Keynesianere*». Denne omleggingen var en sterkt medvirkende årsak til den perioden med store økonomiske problemer som kom i årene etter, en tilstand som fikk navnet «stagflasjon» – en kombinasjon av «stagnasjon» og «inflasjon».

Nixon åpnet også USAs forhold til kommunist-diktaturet i Kina ledet av tyrannen Mao Zedong, noe som førte til at Kinas diktatur på en rekke områder og av en rekke nasjoner ble akseptert som et legitimt regime.

Det var også Nixon som startet «The War on Drugs», en «krig» som førte til at alle problemer forbundet med narkotika ble enda større, og at også utenforstående begynte å bli rammet av den reelle kriminalitet som forbudet førte med seg. Han etablerte også et stort antall offentlige organer: EPA (Environmental Protection Agency), CSPC (Consumer Product Safety Commission), OSHA (Occupational Safety and Health Administration), BNDD (Bureau of Narcotics and Dangerous Drugs). Han utvidet det som kalles «affirmative action», ordninger som innebar at enkelte grupper – afroamerikanere – skulle prioriteres i visse sammenhenger. Antall sider i Federal Register, som lister opp alle reguleringer som næringslivet må rette seg etter, vokste med 121 % under Nixon. Til sammenligning vokste antall sider kun med 19 % under Nixons forgjenger, Lyndon Johnson. Alle disse reguleringene la store hindringer i veien for det som er næringslivets oppgave: å produsere velstand, og for det som er politiets oppgave: å beskytte borgerne mot kriminelle. Nå skulle næringslivsfolk i enda større grad bruke tid og krefter på å sette seg inn i offentlige regler og fylle ut skjemaer, og politiet skulle forfølge folk som brukte andre rusmidler enn de som var akseptert.

Begge disse viktige samfunnsinstitusjonene – rettsapparatet og næringslivet – ble pålagt å utføre oppgaver som gjorde det vanskeligere å skape og beskytte velstand. Vi kan også nevne at siden narkotika, på

---

* Den innflytelsesrike engelsk økonomen John Maynard Keynes (1883-1946) mente at staten burde styre økonomien.

314

grunn av kulturens begredelige tilstand, er ettertraktet i betydelige grupper, vil et forbud føre til en sterk økning i reell kriminalitet.

Ford, Carter

Gerald Ford (1974-77) overtok som president etter at Nixon gikk av på grunn av Watergate-skandalen. Om Ford vil vi bare nevne at han trodde at man kunne bekjempe den voksende inflasjonen ved å på jakkeslaget bære en button med teksten «Whip Inflation Now!», og det ble delt ut et stort antall buttons med dette slagordet. Meningen med slagordet var å oppfordre arbeidstagere til å kreve lavere lønnsøkninger, kjøpmenn til å være forsiktige med å øke sine priser, etc. – tiltak som forteller at de som sto bak overhodet ikke forstår hva inflasjon er. Wikipedia:

> «Whip Inflation Now (WIN) was a 1974 attempt to spur a grassroots movement to combat inflation in the US, by encouraging personal savings and disciplined spending habits in combination with public measures, urged by U.S. President Gerald Ford.»

(Årsaken til inflasjon og deflasjon er at den som utsteder penger velger å ikke holde pengeverdien fast i forhold til gull; de gjør dette fordi de feilaktig tror at en slik varierende pengeverdi er nyttig for økonomien.)

Under Jimmy Carter (1977-81) fortsatte alt å bli verre og verre: prisene steg samtidig som arbeidsløsheten ble større, et fenomen som ifølge keynesiansk teori ikke skulle kunne eksistere, og som fikk navnet stagflasjon. Carter laget i valgkampen 1976 en «misery index» som besto av summen av disse to (prosentene for inflasjon og arbeidsløshet) og fikk muligens styrket oppslutning på grunn av løfter om å løse disse problemene. Men under Carter ble disse problemene bare enda større.

Carter er spesielt kjent for en tale – kjent som «the malaise speech – han holdt juli 1979 hvor han beskrev hvor elendig det sto til:

> «During the past three years I've spoken to you on many occasions about national concerns, the energy crisis, reorganizing the government, our nation's economy, and issues of war and especially peace. ... Why have we not been able to get together as a nation to resolve our serious energy

problem? ... It's clear that the true problems of our nation are much deeper -- deeper than gasoline lines or energy shortages, deeper even than inflation or recession ... The threat is nearly invisible in ordinary ways. It is a crisis of confidence. ... It is a crisis that strikes at the very heart and soul and spirit of our national will. We can see this crisis in the growing doubt about the meaning of our own lives and in the loss of a unity of purpose for our nation. ... The erosion of our confidence in the future is threatening to destroy the social and the political fabric of America. ...The symptoms of this crisis of the American spirit are all around us. For the first time in the history of our country a majority of our people believe that the next five years will be worse than the past five years. Two-thirds of our people do not even vote. The productivity of American workers is actually dropping, and the willingness of Americans to save for the future has fallen below that of all other people in the Western world.»

Elendigheten og pessimismen var forårsaket av inflasjon, høy rente (en periode var den i nærheten av 20 %), høyt skatte- og avgiftstrykk, en mengde nye reguleringer, arbeidsløshet, mangel på robust økonomisk vekst – og en tapt krig (USA klarte ikke å hindre kommunistene i å erobre Syd-Vietnam). Kort sagt: den var forårsaket av en venstre-orientert politikk.

Carters tale ble nylig omtalt slik: «Forty years ago ... Jimmy Carter gave one of the worst speeches in American presidential history. Reading it again, I am surprised to see that the notorious "malaise" speech is even worse than I remember.»

Denne begredelige tilstanden i amerikansk (og verdens) økonomi oppsto altså rett etter at den siste koblingen mellom gull og dollar ble opphevet.

Under Carter avviklet USA sin støtte til sjahens regime i Iran. Sjahen var vest-orientert, men hans regime var allikevel et tyranni hvor ingen form for opposisjon var tillatt. Alternativet var dog enda verre: sjahen ble avsatt i en revolusjon og Iran ble en islamistisk republikk, og etter hvert et senter for støtte til islamistisk terror over mesteparten av verden. Kort tid etter revolusjonen ble USAs ambassade i Teheran invadert og okkupert av iranske «studenter», og 52 av de ansatte ble tatt som gisler. Carter gjorde ingen ting for å slå tilbake det som reelt sett var en invasjon av amerikansk territorium. (Han sendte riktignok en styrke spesialsoldater som skulle hente ut gislene, men aksjonen ble rammet av en ulykke på turen til ambassaden, og oppdraget ble avblåst.) Hadde Carter svart på denne invasjonen av ambassaden på en riktig måte (det vil si med et tilstrekkelig sterkt militært svar), er det meget sannsynlig at perioden fra 1979 ikke ville ha vært preget av et stort antall islamistiske terrorangrep. Carter forsøkte å bli gjenvalgt i 1980, men led et enormt nederlag. Carter var en av USAs desidert verste presidenter etter Roosevelt – før Obama. Vi nevner også at det var Carter som begynte å trekke religion inn i amerikansk politikk; før ham var det i USA et vanntett skott mellom religion og politikk.

Reagan
Ronald Reagan (1981-89) hadde rykte på seg for å være en hardere leder enn sveklingen Carter, og gislene i Teheran ble sluppet fri den dagen Reagan tiltrådte som president. Reagan var en god konservativ, og han fortsatte med en ikke ubetydelig styrke de dereguleringer og skattelettelser som ble begynt under Carter (han gjennomførte dog dette i langt mindre grad enn han lovet i valgkampen), og de startet en oppgangstid som kun med mindre avbrudd varte til 2008.

Reagan hadde en ganske god retorikk med hensyn til markedsøkonomi og individuell frihet, men allikevel vokste statens omfang i hans presidentperiode. Han hadde lovet betydelige skattelettelser, men klarte ikke å gjennomføre betydelige reduksjoner i de offentlige utgiftene. Statsgjelden vokste derfor, den var ca 1 trillion dollar (amerikansk tellemåte) da han ble innsatt til ca 2,8 trillioner dollar da han gikk av som president.

En betydelig del av de økte statsutgiftene gikk dog til å opprustе forsvaret, og dette var en medvirkende årsak til at kommunistdiktaturet Sovjetunionen brøt sammen; Sovjet hadde ikke en sterk nok økonomi til å følge USAs opprustning. Hans plan for å vinne den kalde krigen mot den kommunistiske blokken – «We win, they loose» – viste seg å være den rette.

Men i sin kamp mot kommunismen støttet Reagan de som kjempet mot Sovjets invasjon av Afghanistan, Mujahedin, og disse folkene var ikke på lag med USA, tvert imot, de var islamister. De gruppene som der på 80-tallet fikk støtte (penger, våpen, opplæring) fra USA utviklet seg senere til å bli Taliban og al-Qaida. På denne tiden var Vestens kjennskap til islam svært dårlig, men folk i Reagans administrasjon burde ha visst hva de gjorde da de ga støtte til Mujahedin. Folkene i Mujahedin trodde at de hadde nedkjempet en anti-islamsk supermakt (det kommunistiske Sovjet tapte i Afghanistan); de fikk blod på tann og bestemte seg for å nedkjempe den gjenværende supermakten: USA.

Forholdet mellom Iran og USA var dårlig etter ambassade-okkupasjonen, og samtidig var Iran i krig med Irak (fra 1980 til 1988), og i denne perioden var det derfor et nokså nært samarbeid mellom USA og Irak, som var ledet av diktatoren Saddam Hussein.

I oktober 1983 ble en militærbase i Beirut rammet av to kraftige bilbomber, og blant de drepte var 241 amerikanske soldater og 58 franske soldater. Det svaret Reagan ga på dette terrorangrepet, som var utført av islamister, var å trekke de amerikanske styrkene ut av Libanon: det kom intet reelt militært svar. Også dette styrket islamistenes syn om at de lett kunne overvinne USA.

Bush sr., Clinton

Den på alle vis relativt anonyme George Bush sr. ble valgt til president i 1988 fordi han var visepresident for den meget populære Reagan, men han ble ikke gjenvalgt i 1992. Den nye mann i Det Hvite Hus ble den ekstremt karismatiske, men fullstendig prinsippløse levemannen Bill Clinton.

Mens Bush sr. var president invaderte Irak Kuwait, som var alliert med USA. Årsaken til invasjonen var at Irak var bankerott etter en mangeårig krig mot Iran, og Iraks diktator Saddam Hussein trodde at han kunne få fylt på den tomme statskassen ved å plyndre Kuwaits oljeressurser. USA samlet i allianse med FN en enorm militær styrke og kastet raskt Saddams tropper ut av Irak. Men de gikk ikke inn i Irak og avsatte Saddam, slik de burde ha gjort: Saddams diktatur fikk fortsette. Det ble inngått en våpenhvile, en våpenhvile som bla. innebar at Saddam skulle dokumentere at han hadde destruert sine masse-ødeleggelsesvåpen (MØV). Alle burde ha forstått at Saddam aldri hadde tenkt å følge denne avtalen, han oppfylte praktisk talt ingen av kravene i den, og derfor truet FN utover 90-tallet gjentatte ganger med å ta opp
318

igjen krigen. Saddam visste at ingen vestlige ledere ville starte en ny krig, og han ga blaffen i truslene fra FN. Saddam la også planer om å drepe USAs tidligere president George Bush sr., og dette var en av grunnen til at USAs kongress i 1998 vedtok en lov som sa at USA skulle forsøke å gjennomføre et regime-skifte i Irak («The Iraq Liberation Act»).

I det store og hele fortsatte Clinton den politikk som var ført siden 1980. Han forsøkte dog å få til en slags statlig overtagelse av helsevesenet, men lykkedes ikke (noen år senere klarte president Obama å gjennomføre noe som lignet). Han gjennomførte noen innstramninger i enkelte statlige støtteordninger, med det resultat at flere kom inn i arbeidslivet. Han uttalte også en gang at «the era of big government is over». Her tok han dessverre grundig feil.

I 1993 ble World Trade Center i New York utsatt for et omfattende terrorangrep utført av muslimske terrorister. Målet var å få et av tårnene til å tippe over (en kraftig bombe ble utløst i garasjen under et av tårnene), men aksjonen var mislykket selv om seks mennesker ble drept og flere enn 1000 skadet. Clintons administrasjon forholdt seg til dette som om det var en helt vanlig kriminalsak.

Bush jr.
Etter Clinton ble lettvekteren George Bush jr. valgt til president (2001-09), og han sto for noe som ble kalt «compassionate conservatism», det vil si en sterkt venstreorientert konservatisme. Han oppsummerer et utslag av denne tankeretningen her:

> «It means we use the mighty muscle of the federal government in combination with state and local governments to encourage owning your own home. That's what that means. And it means — it means that each of us, each of us, have a responsibility in the great country to put something greater than ourselves — to promote something greater than ourselves.»

Det er stor avstand mellom dette og uavhengighetserklæringens prinsipp om individers rett til «life, liberty and the pursuit of happiness».

Bush var ved roret da islamistiske terrorister angrep flere mål i USA 11. september 2001. Terroristene var organisert i nettverket al-Qaida, og hadde hovedbase i Afghanistan. USA krevde al-Qaida-lederen Osama bin Laden og hans folk utlevert. Taliban, som hadde makten i Afghanistan, nektet å utlevere terroristene, og med FNs og NATOs støtte gikk USA til krig i oktober 2001. Etter kort tid var Taliban nedkjempet, og det ble innsatt et mer sivilisert regime i landet. Men å drive nasjonsbygging i et land som Afghanistan er nærmest umulig, og fortsatt per idag er det utenlandske styrker i Afghanistan og det pågår fortsatt kamper mellom disse og ulike muslimske og nasjonalistiske grupper. Regjeringen i Kabul har liten kontroll over deler av landet.

Bush bestemte seg også for å invadere Irak: dels fordi Saddam ikke hadde fulgt våpenhvileavtalen etter at USA og FN hadde kastet Irak ut av Kuwait (Saddam skulle dokumentere at han hadde destruert sine masseødeleggelsesvåpen (MØV), noe han aldri gjorde), dels fordi USA noen år tidligere hadde vedtatt en lov som innebar at USA skulle arbeide for regimeskifte i Irak, dels fordi Saddam var en grusom tyrann, dels fordi Saddams regime støttet terroristgrupper som angrep USAs allierte Israel, og, viktigst: frykten for at Irak skulle la terroristgrupper få MØV som de kunne bruke i angrep mot Vesten. Alle (FN, flere vestlige lands etterretningstjenester, avhoppere fra Saddams regime) mente at Irak fortsatt var i besittelse av MØV (de hadde brukt slike våpen i krigen mot Iran), men etter at første fase i krigen var avsluttet med en enkel seier til USA og de ca 30 land som var alliert med USA i denne krigen, fant man ingen slike våpen. Det er opplagt at han hadde hatt slike våpen, men hvor ble de av? Muligens ble de flyttet til Syria og overlatt til sympatiserende grupper der før USAs angrep, men mest sannsynlig er at de bare forfalt og ble ubrukelige; Saddam lot antagelig være å dokumentere overfor FN at våpnene ikke fantes lenger fordi han ikke ville miste ansikt.

Bush jr. brukte om lag ett år på å forsøke å få FN med på en invasjon av Irak, men til ingen nytte. Sterke land som Kina, Tyskland, Russland og Frankrike ville ikke støtte USA på grunn av utenforliggende politiske motsetninger, og USA gikk til krig sammen med ca 30 andre land, blant dem Storbritannia, Japan, Australia, Danmark (noe norsk presse beskrev som «USAs alenegang» siden USA

320

ikke klarte å få FNs støtte til krigen). Det er etter vårt syn meget kritikkverdig at en amerikansk president føler at han nærmest må be FNs om tillatelse for å gå til krig på USAs vegne.

Som nevnt, første fase av krigen mellom USA og Irak var over på noen få uker, med en total seier til USA. Men som man husker fra seirene over Tyskland og Japan: disse landene ble lagt under en sterk okkupasjon i flere år, dette for å knuse de menneskefiendtlige ideologiene som var grunnlaget for tyranniene i disse landene. Men Bush trodde at alle vil ha frihet, at alle vil ha fred, så hans mål var å innføre demokrati i Irak; det var der ingen forsøk på å innføre en konstitusjon og et styresett som virkelig ga betydelig frihet, slik det skjedde i Tyskland og Japan. Okkupasjonen ble svak, og da vokste det opp en rekke grupper som ville at Irak skulle bli et islamistisk diktatur, eller i hvert fall ikke skulle innføre et regime etter vestlig modell. Krigen blusset opp igjen, og USA sendte flere soldater og klarte på et vis å holde disse gruppene i sjakk. Men når Obama overtok etter Bush i 2009, trakk han ut de amerikanske soldatene og krigen blusset kraftig opp igjen – og den pågår fortsatt per idag med varierende intensitet. Det vakuum som oppsto etter at de amerikanske soldatene forsvant førte til oppblomstring av blant annet terroristgruppen Islamsk Stat (IS, eller ISIS). Irak i dag er meget langt i fra å være et stabilt land.

Vi nevner kort også årsaken til finanskrisen 2008. Den ble skapt av The Fed ved dens leder Ben Bernanke. Økonomen Richard Salsman forklarer:

«How did Bernanke create this horrible morass? First, in 2006-2007 he deliberately inverted the Treasury yield curve [se sluttnote om dette], even while knowing it would cause a recession and credit-financial crisis. Second, he imposed on the reeling economy a $1.7 trillion flood of "quantitative easing" (QE), euphemistic for the hazardous policy of money-printing. His first policy caused economic stagnation, his second policy caused monetary inflation, and combined, his policies have generated "stagflation" — the corrosive mix last seen in the 1970s. It's the direct opposite of the supply-side polices (pro-growth, sound-money) that made the 1980s and 1990s so prosperous» (kilde forbes).

Obama

Barack Obama ble valgt i 2008 og satt til 2017. Han var egentlig sterkt venstreorientert, men klarte til en viss grad å fremstå som en sentrums-politiker. Hans kanskje viktigste sak var å forsøke å innføre et system med billige helsetjenester til alle, noe som ble kalt Obamacare. Dette var egentlig et forsøk på en statlig overtagelse av hele den private helseforsikrings-industrien. Til en viss grad klarte han dette – Republikanernes motstand mot «reformen» ble svakere og svakere, og til slutt stemte de for reformen. Resultatet ble, som man kunne forvente, at de fleste fikk dyrere og dårligere helseforsikringer. (USAs helseforsikringssystem er slik organisert og administrert at helse-forsikringer som regel følger en ansettelse, og har man en jobb så har man en god helseforsikring. Utenom dette er de meget kostbare for forsikringstageren, og det som må til for å gjøre det godt til en overkommelig pris er en fullstendig deregulering, men her er ikke stedet å gå inn på dette.)

Obama var ofte svært ettergivende overfor islamistiske grupper og regimer. En gang uttalte han at «The future must not belong to those who slander the prophet of Islam». Nå kan man diskutere hva dette egentlig betyr, men at Obama har en «soft spot» for islam er opplagt.

I 2009 brøt det ut store demonstrasjoner i Teheran mot regimet i Iran, men demonstrantene fikk ingen støtte fra Obama. Obama inngikk også en avtale med Iran om at de ikke skulle utvikle atomvåpen, en avtale som ingen kan tro at de vil holde. Til gjengjeld sørget Obama for at Iran fikk overført enorme midler i kontanter. Og Ja, også mens Obama var president sponset Iran terrorangrep over store deler av verden uten at det fikk noen konsekvenser for regimet.

11. september 2012 ble den amerikanske ambassaden i Benghazi, Libya, angrepet av muslimske terrorister. En av de som ble drept var ambassadøren. Obamas administrasjon hevdet at angrepet var en hevn mot USA fordi en helt ukjent amerikansk amatørfilmskaper hadde laget en film om Muhammed og publisert den på YouTube. Å avbilde Muhammed er forbudt i islam. Filmskaperen ble arrestert, Obama ga inntrykk av at han ikke så poenget med datoen, og han satte åpenbart heller ikke ytringsfriheten spesielt høyt.

I 2012 hadde Obama uttalt at dersom President Assad brukte kjemiske våpen i borgerkrigen i Syria var dette en «red line»: hvis
322

denne linjen ble krysset ville USA engasjere seg militært. Da Assad i 2013 brukte giftgassen Sarin mot opprørere i en forstad til Damaskus, beordret Obama Pentagon om å forberede et angrep, men i siste liten ombestemte han seg. Tidsskriftet Economist omtaler dette som Obamas «biggest mistake»: å sette klare grenser, og så ikke følge dem opp når grensene blir brutt, viser bare en enorm svakhet, og svakhet er noe som onde aktører vet å utnytte.

Obamas USA fremsto som svakt og ettergivende, noe som bla. førte til at Putins Russland kunne ture frem; i 2014 annekterte Russland Krim, og samme år intensiverte Russland sin innblanding i Ukraina. Også Georgia opplevde mer russisk innblanding fra 2008. Den tidligere KGB-agenten Putin var ikke spesielt fornøyd med at det kommunistiske Sovjet gikk i oppløsning og ble delt opp i en rekke mindre stater.

Obama hadde også liten respekt for folk flest, og for de som var uenige med hans politiske syn; en gang uttalte han seg svært lite pent om de som støttet hans motstander i valget i 2008: The Guardian skrev om dette:

> «Referring to working-class voters in old industrial towns decimated by job losses, the presidential hopeful said: "They get bitter, they cling to guns or religion or antipathy to people who aren't like them or anti-immigrant sentiment or anti-trade sentiment as a way to explain their frustrations"» (kilde The Guardian).

Han hadde også et grunnleggende kollektivistisk syn:

> « … if you've been successful, you didn't get there on your own. You didn't get there on your own. … If you were successful, somebody along the line gave you some help. There was a great teacher somewhere in your life. Somebody helped to create this unbelievable American system that we have that allowed you to thrive. Somebody invested in roads and bridges– if you've got a business, *you didn't build that* [uthevet her]. Somebody else made that happen. The Internet didn't get invented on its own. Government research created the Internet so that all the companies could make money off the Internet.

The point is, is that when we succeed, we succeed because of
our individual initiative, but also because we do things together.
There are some things, just like fighting fires, we don't do on
our own. I mean, imagine if everybody had their own fire
service. That would be a hard way to organize fighting fires»
(fra en tale holdt 13/7-2012).

(Dette sitatet kan dog tolkes noe mer velvillig overfor Obama enn
enkelte gjorde i valgkampen.)

Obama var også sterkt medansvarlig for NATOs bombing av
Libya i 2011. Libyas diktator Gadaffi var ingen snill gutt, men under
ham var landet noenlunde stabilt. En rekke vestlige ledere bestemte seg
for å ville støtte innføringen av demokrati i landet, og når en opprørs-
gruppe så ut til å bli påført et kraftig nederlag av Gadaffis styrker,
blandet NATO seg inn og bombet Gadaffis styrker. Borgerkrigen endte
med nederlag for Gadaffi, Gadaffi selv ble lynsjet, og landet har siden
da vært et anarki med store lidelser for de fleste i landet. (Også norske
styrker deltok i bombingen av Libya.)

Men det verste som skjedde under Obama har vi allerede nevnt:
han trakk de amerikanske soldatene ut av Irak. Det oppsto et vakuum
som førte til oppblomstring av blant annet terroristgruppen Islamsk Stat.

Trump

Til alles overraskelse vant Donald Trump presidentvalget i 2016. Han
hadde ingen politisk erfaring, men det ser allikevel ut som om han
klarer det politiske spillet godt. Han representerer en prinsippløs,
populistisk konservatisme: elitene (i media, i akademia, i byråkratiet, i
pressen) hater ham intenst, og dette er gjensidig. Eliten brukte og bruker
alle midler for å stoppe ham; nå har de også satt i gang en
riksrettsprossess for å få ham avsatt, og grunnlaget for denne er så
spinkelt som det kan få blitt. Trump har hele tiden gått til frontalangrep
på alle venstresidens kjepphester, og han er blitt svært populær hos
vanlige folk. Politikken han fører er akkurat som man kan forvente av
denne type konservative: noen skattelettelser og dereguleringer, utvalgte
bedrifter tilgodeses med store subsidier, men det innføres begrensninger
på frihandel og innvandring. Videre er det ingen reduksjon av
velferdsstaten, og låneopptakene fortsetter i samme store tempo som

tidligere. Flere indikatorer (økonomisk vekst, arbeidsledighet, etc.) sier at økonomien går godt under Trump.

Heldigvis har Trump mht. Iran snudd 180 grader fra den kurs USA hadde under Obama: Trump har uttrykt støtte til de som demonstrerte mot det islamistiske diktaturet, og med et rakettangrep avlivet han Irans terrorgeneral Suleimani. Trump intensiverte også innsatsen mot IS i krigen i Irak/Syria, men han sendte også signaler som tydet på at han ville avvikle USAs støtte til kurderne, som hadde vært en viktig alliert under krigen mot IS. (Hva som egentlig skjedde her er noe uklart.) Trumps tilbakeholdne linje i denne pågående konflikten/krigen har åpnet for at Russland kan engasjere seg mer aktivt.

Dessverre ser det ut til at Trump har sans for diktatorer og «sterke menn»: han har som sine forgjengere et godt forhold til Saudi-Arabia, hvilket er helt forkastelig; han har snakket positivt om Russlands Putin, om Tyrkias Erdogan og om Nord Koreas Kim Jong-un. Trump har inngått en avtale med Nord-Korea om at de ikke skal utvikle atomvåpen, men det er ikke å forvente at Nord-Korea vil holde en slik avtale. Bare det å inngå en avtale med et slik gangster-regime er forkastelig.

Det ser ut til at Trump er langt mer prinsippløs enn sine forgjengere, noe som på et vis er en imponerende bragd, men den er ikke spesielt beundringsverdig – det aller siste pr 26/1-20 er at han plutselig er blitt motstander av kvinners rett til selvbestemt abort.

I dag

Hvordan står det til i dag? På viktige universiteter opplever man følgende: konservative talere nektes å holde taler («de-platforming»), det kommer krav om «safe spaces» og «trigger warnings» når venstresidens kjepphester utfordres, alle som ikke adlyder venstresidens agenda beskyldes for å være rasister.

Videre, det finnes visstnok langt flere kjønnsidentiteter enn mann og kvinne, og en professor kan miste jobben dersom han benytter feil pronomen om en student (det vil si hvis han omtaler en kvinne som føler seg som mann som «hun» eller «henne» kan han miste jobben). «Diversitet» er det nye faneordet; men det er aldri snakk om diversitet mht. ideer, det er kun snakk om diversitet mht. egentlig irrelevante kriterier som kjønn, hudfarve, legning, etc. Hvis noe viktig har sin opprinnelse fra «dead white males» så er det dermed ofte automatisk diskvalifisert fra å være relevant. Det forekommer skoleskytinger hvor som oftest én gjerningsmann med en kjent trøblete fortid dreper et stort antall medelever, og det er en utbredt ettergivenhet for reell kriminalitet. Mange storbyer har et stort antall hjemløse som fyller parker og friområder med teltleirer og avfall. Hvor utbredte disse problemene egentlig er er det vanskelig å si, men at de er store og voksende, det er opplagt.

Den etablerte pressen er svært lite pålitelig; det ser ut som om mange journalister ikke er opptatt av å rapportere objektivt om det som skjer, men fungerer som pressetalsmenn for en venstreorientert agenda. Klimahysteriet når nye høyder nesten hver eneste dag, og alle offentlige budsjetter øker og øker, og det gjør da også den offentlige gjelden. Det er utbredt ettergivenhet for islam, det er motstand mot Israel, sosialismen står sterkt blant unge, og gammelsosialisten Bernie Sanders er den mest populære politikeren blant unge.

Alt dette skyldes manglende virkelighetskontakt, og dette skyldes igjen at tenkere og filosofer som Hegel og William James og John Dewey og Marcuse og Horkheimer og mange flere har fått dominere universitetene i mange tiår uten at motforestillinger har fått komme til orde i betydelig grad. Og bak Hegel & co finner vi Rousseau og Kant.

Det som skjer er at friheten stadig innskrenkes, noe som er i samsvar med det Hegel og Rousseau sto for: Rousseau menet at folket skal styres etter «allmenviljen», som er det folket egentlig vil, og Hegel mente at frihet er retten til å adlyde staten. Mye tyder på at USA er på vei dit.

Hovedlinjen

I det store og hele er det en trend her. Med tre avbrekk går den nærmest rettlinjet fra Teddy Roosevelt og frem til idag. Presidentene handler ikke i et vakuum, de gjør i det store og hele det folket vil at de skal gjøre – så presidentene er ikke de eneste skyldige, problemet er den kulturelle trenden og de verdier som dominerer i kulturen. Avbrekkene fra denne trenden er Harding/Coolidge, Reagan og Trump. Den første av disse var meget god, den andre var god på noen områder, mens den

326

siste er dårlig på de fleste områder. Mitt syn er at den negative trenden kommer til å fortsette med den presidenten som etterfølger Trump, uansett hvilket parti han eller hun representerer.

I dag ser vi begynnende tegn til kaos, og det kommer etter mitt syn til å bli et voksende problem i årene fremover. Det eneste som etter mitt syn, dagnes kulturelle landskap tatt i betraktning, kan snu dette er at en religion kommer til makten, dette fordi de ideer som lå til grunn for uavhengighetserklæringen og som grunnlovsfedrene sto for, og som preget USAs kultur og politikk i årene fra ca 1865 til 1900, ikke er å finne i mainstreamkulturen i dag. En utvikling hvor religion vil stå sterkere er også ille.

Det som burde finnes var en ide om at hvert menneske kan bli et godt menneske ved å ta rette, fornuftsbaserte valg, at man har rett til å jobbe produktivt for å skape et godt liv for seg og sine uten tvangsmessig innblanding fra andre, og at man må basere seg på fakta og logikk og ikke på virkelighetsfjern ønsketenkning slik alle religioner og alle former for sosialisme er bygget på. Men i mainstream er det ingen oppslutning om et slikt livssyn, hverken i eller utenfor USA.

På grunn av sin styrke på alle viktige områder er det USA som styrer verden. Dit USA går følger Vesten etter, der hvor USA sier stopp til kreftene utenfor Vesten vil disse kreftene stoppe opp. Men USA har i mange tiår ledet i feil retning og sagt stopp på gale steder og tidspunkter. Vi kan ikke se noe som tyder på at denne trenden vil snu.

Det er derfor liten grunn til optimisme mht. den utviklingen som vil komme i årene fremover.

$ $ $

Tillegg om invertert yield-kurve:

> «Yield curve becomes inverted when short-term rates exceed long-term rates. … An inverted yield curve occurs when long-term yields fall below short-term yields. … Under unusual circumstances, investors will settle for lower yields associated with low-risk long term debt if they think the economy will enter a recession in the near future. … Economist Campbell

Harvey's 1986 dissertation showed that an inverted yield curve accurately forecasts U.S. recessions. An inverted curve has indicated a worsening economic situation in the future 7 times since 1970» (kilde Wikipedia, link nedenfor).

Bryson, Bill: *At Home,* Black Swan 2009
Bryson, Bill: *One Summer: America 1927*, Black Swan 2013
Lahlum, Hans Olav: *Presidentene fra George Washington til Barack Obama,* Cappelen Damm 2009
Moen, Ole O.: *USAs presidenter fra George Washington til Donald J. Trump*, Historie & Kultur AS 2017

Yield-kurve:
https://en.m.wikipedia.org/wiki/Yield_curve#Inverted_yield_curve

Teddy Roosevelts tale:
https://en.wikipedia.org/wiki/New_Nationalism_(Theodore_Roosevelt)

Hele talen:
https://teachingamericanhistory.org/library/document/new-nationalism-speech/

Jimmy Carters tale:
https://www.washingtonexaminer.com/opinion/columnists/forty-years-ago-jimmy-carters-malignant-malaise-speech

Hele talen:
https://www.youtube.com/watch?v=kakFDUeoJKM

https://www.forbes.com/sites/richardsalsman/2011/07/17/how-bernankes-fed-triggered-the-great-recession/#1f4de3e761d9

https://www.theguardian.com/world/2008/apr/14/barackobama.uselections2008

Mccarthyismen

Et utvidet versjon av et foredrag holdt 21. april 1998

Alle kjenner uttrykket mccarthyisme, og alle vet at det stammer fra en vulgær amerikansk politiker som uten grunn stemplet uskyldige som kommunister i USA på 1950-tallet, og som sørget for at disse mistet både arbeid og anseelse. Alle vet at mccarthyisme betyr heksejakt på uskyldige. Men dette bildet er feil.

Hva er da sannheten bak Joseph McCarthy? Er den slik den blir fremstilt i alle aviser, historiebøker og filmer, og som jeg oppsummerte ovenfor? Det er dette jeg skal si noe om i dette foredraget. Senator Joseph McCarthy må selvsagt settes inn i sin historiske ramme, og denne rammen er anti-kommunismen i USA etter annen verdenskrig.

Kommunismen

Da begynner vi med spørsmålet: hva er kommunisme? Kommunismen er en politisk ideologi og en politiske bevegelse hvis utgangspunkt kan tidfestes til publiseringen av *Det kommunistiske manifest* i 1848. Dette manifestet var ment som en reaksjon på det faktum at i de foregående hundre år – etter den industrielle revolusjon – var det svært mange mennesker som arbeidet hardt og var fattige, samtidig som noen, ifølge kommunistene, var svært rike uten å arbeide i det hele tatt.

Den kommunistiske bevegelsen ønsket å fjerne disse forskjellene, og arbeidet derfor for statlig overtagelse av alle produksjonsmidler (fabrikker, maskiner, transportmidler, etc.). Grunnen til de sosiale forskjellene var, påstod de, at noen eide produksjons-midlene og derved kunne leve på andres arbeid. Dette forårsaket klasseforskjeller, og kommunistene ønsket et samfunn uten klasseforskjeller, de ønsket det klasseløse samfunn. For å fjerne klasseforskjellene måtte staten altså oppheve den private eiendomsrett og overta disposisjonsretten til alle produksjonsmidler. Da ville det etter hvert heller ikke bli behov for noen stat – staten var jo overklassens undertrykkelsesapparat som ble benyttet for å holde de lavere klasser i sjakk. Lenin sa det slik: «Så lenge staten eksisterer, finnes det ingen frihet; der friheten rår, finnes det ingen stat» (Moen, s. 174).

Kommunismens formål var å utjevne sosiale forskjeller, og for å oppnå dette måtte man ifølge kommunistene fjerne sammenhengen mellom eiendom, arbeidsinnsats og økonomisk resultat: «Fra enhver etter evne, til enhver etter behov» var prinsippet de ønsket å basere all produksjon og fordeling i samfunnet på. Den enkeltes innsats skulle altså være til fordel for fellesskapet, ikke til fordel for vedkommende selv eller hans familie, og dette er rendyrket altruisme (altruisme er definert som selvoppofrelse til fordel for andre). Til gjengjeld skulle fellesskapet sørge for hver enkelt ved å gi ham det han trengte.

Det vil si det er slik de selv fremstiller det i dag. Egentlig var sosialismen en konservativ reaksjon på de radikale endringer i samfunnet som den økede individuelle friheten – kapitalismen – førte med seg. Sosialister, da som nå, ser på seg selv som en elite, og de forakter alt som er resultat av de frivillige valg individer selv foretar. Sosialister ønsker egentlig å opprettholde føydalvesenet, men med sosialister som de nye føydalherrer. Både sosialismens teori og praksis bekrefter dette på en overveldende måte. Jeg vil dog i dette foredraget ikke ta opp denne problemstillingen.

Svært mange intellektuelle i Vesten fra omkring 1900 ble sterkt tiltrukket av denne ideologien, og bevegelsen fikk raskt betydelig oppslutning. Dette var naturlig siden alle intellektuelle hadde akseptert de filosofiske grunnholdninger – kollektivisme og altruisme – som kommunismen og dens mildere variant sosialismen bygger på og forutsetter.

Bevegelsen kom først til makten i Russland i 1917. Tsar-styret, et ikke så svært hardt diktatur, ble kastet under den demokratiske februarrevolusjonen, men kommunistene var ikke fornøyd med det demokratiske styret, etter hvert ledet av Kerenskij, og de gjennomførte et kupp i oktober 1917. Ved valget til grunnlovgivende forsamling hadde kommunistene bare fått ca 25 % av stemmene. «Lenin løste problemet ved ganske enkelt å la sine rødegardister ... jage forsamlingen fra hverandre ... dagen etter at den hadde trådt sammen og begynt å diskutere retningslinjene for et demokratisk styre i Russland» (Grimberg 21, s. 142). Dette var helt klart et kupp, selv om kommunister helt frem til i dag har beskrevet dette som en revolusjon.

330

En revolusjon var det ikke fordi omveltningen ikke hadde bred folkelig støtte, en revolusjon er per definisjon en rask, kraftig politisk omveltning med bred støtte i befolkningen. Kommunistene fremstiller på en løgnaktig måte det som skjedde som en revolusjon for å gi inntrykk av at maktovertagelsen hadde støtte fra folk flest.

Etter dette kuppet kom det så en periode med borgerkrig. De «hvite», antikommunister støttet av flere vestmakter, forsøkte å ta makten fra de «røde», kommunistene. Men de røde vant, og skiftet navn på landet til Sovjetunionen (et sovjet er et arbeiderråd, og kommunistene forsøkte å gi inntrykk av at landet ble styrt av folket via representanter fra disse arbeiderrådene).

Kommunismen førte selvsagt til store problemer: økonomien kunne ikke fungere når det ikke var noen sammenheng mellom arbeidsinnsats og belønning, og resultatet ble fattigdom, nød, og sult. Noen måtte få skylden for elendigheten, og Stalin, som ble diktator i Sovjetunionen etter Lenin, arrangerte farseaktige rettssaker hvor syndebukker ble dømt til døden. De tiltalte var jo også kommunister, og siden de derfor støttet selvoppofrelse til fellesskapets beste som etisk ideal, kunne de ikke gjøre annet enn å tilstå selv om de var uskyldige – hadde de sagt de var uskyldige ville de innrømmet at rettssystemet var korrupt, og dette ville jo sverte kommunismen. De tilsto altså forbrytelser de ikke hadde begått for å tjene saken. Noen av disse rettssakene ble kjent i Vesten under navnet Moskvaprosessene, og de førte til at enkelte kommunister i Vesten mistet troen på kommunismen.

Opposisjonelle ble sendt til fangeleire som fantes overalt i Sovjet, men helst i iskalde Sibir, folk flest sultet, nød og fattigdom herjet i hele landet. Sovjetunionens myndigheter forsøkte allikevel å gi et bilde av situasjonen om at alt stort sett var fryd og gammen – noe annet ville jo skade den kommunistiske bevegelsen.

Vi ser her at kommunister gjerne lyver for å fremme sin egen sak. De betrakter den saken de kjemper for – det klasseløse samfunn – som så god og viktig at alle midler er tillatt for å spre den. De har altså ingen motforestillinger mot å lyve hvis formålet er å støtte kommunismens sak. Som Lenin visstnok sa det: «Moral er en borgerlig fordom».

Også Hitler-Stalin-pakten, en ikke-angrepsavtale inngått mellom Tyskland og Sovjetunionen i august 1938, fikk enkelte i Vesten til å forlate kommunismen. Mange hevder at kommunismen og nazismen er motsatte ideologier, men denne pakten illustrerer at disse to ideologiene står svært nær hverandre. Det er heller ingen tvil om Stalin betraktet Hitler som en åndsfrende. (I dag forsøker kommunister å bortforklare denne alliansen ved å hevde at Stalin inngikk den av taktiske grunner; Sovjet trengte tid til å bygge opp det militære forsvaret før den uunngåelige krigen med Tyskland kom. Grunnen til at forsvaret måtte bygges opp var i hovedsak at Stalins utrenskninger hadde ført til at de fleste høyere offiserer var blitt likvidert.) Pakten ble brutt i og med Tysklands angrep på Sovjetunionen i juni 1941.

Sovjetunionen la etter annen verdenskrig i klassisk imperialistisk stil under seg de land det hadde befridd fra Nazi-Tyskland. Når noen av disse landene forsøkte å rive seg løs fra sovjetisk dominans, sendte Sovjets diktatorer inn tropper: opprørene i Ungarn 1956 og i Tsjekkoslovakia 1968 ble slått ned med hard hånd. På 60- og spesielt på 70-tallet støttet Sovjet med penger og våpen flere «frigjørings-bevegelser» i land i Afrika og i Sør-Amerika. I desember 1979 invaderte Sovjet Afghanistan.

I 1989 brøt Sovjet omsider fullstendig sammen; en økonomi hvor det ikke er noen sammenheng mellom innsats og belønning vil resultere i at produksjonen blir mindre og mindre. Raskt etter dette ble kommunismen avviklet i alle land i Øst-Europa.

Kina ble kommunistisk etter en borgerkrig mellom kommunistene under Mao Tse Tung og nasjonalistene under Chiang Kai-Shek – nasjonalistene tapte og flyktet til Formosa/Taiwan i 1949, hvor de dannet sin egen stat. USA støttet opprinnelig den anti-kommunistiske siden i denne krigen, men flere tjenestemenn i det amerikanske utenriksdepartementet mente at USA burde redusere sin støtte til Chiang Kai-Shek og erkjenne at kommunistene burde gå seirende ut av krigen. Det viste seg senere at et betydelig antall tjenestemenn i det amerikanske UD var kommunister.

Den kommunistiske undertrykkelsen og imperialismen fortsatte: Flere millioner kinesere som ikke ville passe inn i det klasseløse samfunn ble drept under Mao, og Kina okkuperte Tibet i 1951. Det kommunistiske Nord-Korea, primært støttet av Kina, invaderte Sør-Korea i 1950; det kommunistiske Nord-Vietnam, primært støttet av Sovjet, foretok en gradvis invasjon av Syd-Vietnam utover 1950- og 60-
332

tallet. Denne krigen, hvor USA engasjerte seg kraftig på Syd-Vietnams side, tok først slutt i 1975 med full seier for kommunistene. Dette skyldtes en omfattende kommunistisk løgn-kampanje mot USA, en kampanje som ble støttet av praktisk talt alle intellektuelle i Vesten.

Historisk sett var Nord-Vietnam og Syd-Vietnam to forskjellige land med to forskjellige folkeslag og to forskjellige kulturer. (Se Frank Bjerkholts bok *Vietnam - det store bedraget*, Gyldendal 1980). Folket i nord har stadig forsøkt å erobre de meget fruktbare områdene i sør. Denne imperialismen fortsatte også etter at Nord-Vietnam ble kommunistisk etter annen verdenskrig. USA forsøkte fra slutten av 1950-tallet å hindre den nord-vietnamesiske kommunistiske imperialismen i å erobre Syd-Vietnam og Kambodsja, slik de tidligere hadde hindret det kommunistiske Nord-Korea i å erobre Sør-Korea. Venstresiden fremstilte dette helt feilaktig som om USA var imperialisten og at folket i Vietnam egentlig kjempet for selvstendighet mot kolonimakten USA.

Som sagt, mange intellektuelle i Vesten støttet kommunismen og beundret først Sovjetunionen og så Kina, og betraktet disse som idealsamfunn til tross for den undertrykkelse og den fattigdom som fantes i disse landene. Disse intellektuelle ønsket å innføre samme type system i sine egne land, og brukte derfor sine talenter for å spre kommunistiske ideer innen akademia, i kunsten og i pressen. Alle opplysninger om nød, elendighet og undertrykkelse, endog massemord, i kommunistlandene ble av disse intellektuelle avfeiet enten som kapitalistisk løgnpropaganda, eller det ble hevdet at tiltakene var nødvendige. Men den kommunistiske bevegelsen led også tap av viktige støttespillere og sympatisører når de innså at påstandene om forholdene i Sovjet var sanne. Boken *Guden som sviktet*, på norsk i 1950, var en samling artikler av intellektuelle – blant dem Arthur Koestler – som hadde latt seg lure av kommunistiske idealer, men som etter hvert hadde forstått at systemet måtte føre til diktatur, nød og elendighet.

Et viktig element av kommunistenes tro var altså lojalitet overfor sosialistiske land. Først var alle kommunister lojale overfor Sovjet. Etter at det ikke lenger var mulig å benekte resultatene av kommunismen i Sovjet, det vil si etter statsminister Nikita Khrusjtsjovs avsløringer av Stalins terrorstyre i 1956, valgte de fleste kommunister

Kina som ideal, selv om noen fortsatt var lojale mot Sovjetunionen. Man kan spørre seg om disse intellektuelle, de som fortsatt var kommunister etter midten av 30-tallet, var ærlige. Allerede da var det tilgjengelig enorme mengder informasjon som viste hvor forferdelig tilstanden var i Sovjetunionen. Disse intellektuelle hevdet at all informasjon om undertrykkelse og fattigdom var propagandaløgner fra arbeiderklassens motstandere, men har en intellektuell lov til å være så naiv? (Jeg snakker her moral, ikke juss). Slik blindhet rammer kommunister helt opp til i dag, selv om det i dag ikke er så mange uttrykte kommunister igjen: på 30- og 40- og 50-tallet benektet de undertrykkelsen under Stalin, på 60-tallet benektet de massemord i Kina under Mao, på 70-tallet benektet de massemordet utført av Pol Pot i Kambodsja, og i dag benekter de undertrykkelsen på Cuba og i Nord-Korea, som vel er de eneste kommunistland som fortsatt finnes. [Dette var før kommunistene erobret makten i Venezuela.]

Dessuten er det slik at kommunismen forfekter «likhet». Ikke likhet for loven, men likhet i resultater uansett den enkeltes egen arbeidsinnsats, noe som er i samsvar med slagordet «Arbeid etter evne, motta etter behov». Alle mennesker har i sin oppvekst sett at noen jobber hardt og blir velstående, mens andre ikke jobber og forblir fattige. Alle har sett dette fra tidlig i livet (f.eks. allerede på skolen vet man at noen jobber hardt og får gode karakterer, mens andre ikke jobber og får dårlige resultater). Enhver normalt utrustet person må forstå at et slikt likhetsideal er ugjennomførlig. Og de intellektuelle kommunistene var som regel intelligente personer.

Et eksempel som illustrerer dette: En amerikansk filosof, født og oppvokst i det kommunistiske Ungarn, stilte en av sine lærere følgende spørsmål (han var da 15 år gammel): «Tenk deg at en person jobber hardt og tjener mye, mens en annen jobber lite og tjener lite – hvorfor er dette urettferdig? Hvorfor er det rettferdig å ta fra den som jobber mye og gi til den som jobber lite?» Reaksjonen ble at vedkommende elev ble fjernet fra den teoretisk orienterte skolen han var elev ved, og flyttet til en håndverkerskole. Han klarte senere å flykte til USA og er nå professor i filosofi.

Det virker som om enhver sosialist/kommunist ikke er kjent med slike fakta som dette – at noen jobber godt og derfor tjener bra, mens andre jobber lite og derfor tjener dårlig. Den som er kommunist

334

Times. Ayn Rand var i motsetning til de fleste andre anti-kommunister sterkt imot at staten skulle gi lover om forbud mot å spre kommunistiske ideer, hun mente at den eneste måten å bekjempe kommunismen på var å utdanne folk flest om hva kommunismen står for, og derved sørge for at filmer/litteratur som preket kommunistiske ideer ikke vil ha noe marked.

Også myndighetene engasjerte seg i kampen mot kommunismen. The House Un-American Activities Committee, HUAC, en komité nedsatt av Representantenes hus, begynte i 1947 å kartlegge kommunistisk infiltrasjon i det amerikanske samfunnet. Denne virksomheten kom til å avsløre flere viktige sovjetiske spioner: Alger Hiss og Julius og Ethel Rosenberg. Alle som da var en smule venstreorientert insisterte på at disse var uskyldige ofre for en løgnkampanje fra det offisielle USA. Selv i dag fremstilles disse som regel som uskyldig dømte.

Hiss var en høytstående rådgiver i UD, han var en av president Roosevelts aller nærmeste medarbeidere under Jalta-konferansen, og han var en god venn av senere utenriksminister Dean Acheson. Han ble beskyldt for å være kommunist av den tidligere kommunisten Whittaker Chambers, som hadde skiftet side og blitt konservativ. Hiss påstod at han aldri hadde vært kommunist. Striden mellom disse – hvem løy? – pågikk fra august 1948 til mars 1951 og vakte stor oppmerksomhet. Denne saken splittet nasjonen – alle hadde et syn på saken, og alle intellektuelle støttet Hiss og hevdet at han var et uskyldig offer for en hysterisk heksejakt. I 1951 ble Hiss dømt for å ha løyet under ed. I virkeligheten var Hiss en viktig spion for Sovjet. Alle ungdommer på college i USA i dag «vet» hvem Hiss var. De «vet» at han var et uskyldig offer for mccarthyismen (Horowitz, s. 406).

Ekteparet Rosenberg ble arrestert og siktet for spionasje til fordel for Sovjet. Også disse er i dag ansett som martyrer av venstresiden. Forfatteren E.L. Doctorow skrev boken *The Book of Daniel* om dem. En kjent protestsanger skrev sangen *Julius and Ethel* om dem så sent som i 1983. Julius og Ethel bedyret under hele rettssaken sin uskyld, og de innrømmet heller ikke at de var medlemmer av kommunistpartiet. I perioden etter at dommen var falt organiserte kommunistpartier over hele den vestlige verden støtteaksjoner for Rosenbergs. Det ble arrangert underskriftsaksjoner, massemønstringer, demonstrasjoner osv., saken ble fremstilt som 50-tallets Dreyfus-sak. En rekke kjente personer – Frankrikes president, paven, en rekke intellektuelle og videnskapsfolk – ba om nåde for dette «uskyldig dømte» ekteparet. De ble henrettet i 1953.

Boken *The Rosenberg File*, utgitt i 1983, og skrevet av et par venstreorienterte historikere, er ansett som det siste ord om denne saken. Det er ifølge denne boken ingen tvil om at Rosenbergs var skyldige. Det er ingen tvil om at de ga viktige opplysninger om USAs atomvåpenprosjekt til Sovjet. Men disse historikerne ble utstøtt av det gode selskap (Horowitz, s. 302). Ingen som kjenner saken tviler i dag på at de var skyldige.

Hiss og Rosenbergs var de viktigste kommunistene som ble avslørt av HUAC. Men også et stort antall andre kommunister ble avslørt og fjernet fra viktige stillinger i statsapparatet i USA.

Var denne perioden, slik den som regel fremstilles, et terrorvelde sammenlignbart med terroren under Stalin i Sovjet (slik f.eks. Carl Bernstein, en av Watergate-journalistene, har gjort)? Nei, færre enn 200 kommunistpartimedlemmer ble fengslet, og svært få sonet mer enn to år (Horowitz, s. 68-9). Endel mistet jobben, men de hadde for det meste ingen problemer med å finne nye jobber.

Senere tok HUAC for seg andre områder, inkludert film-industrien, og den var aktiv så sent som i 1960. Den innkalte en rekke vitner for å finne ut om de hadde kjennskap til spredningen av kommunistisk propaganda. En lang rekke vitner ble avhørt: Blant de som ble regnet som «vennlige vitner» – det vil si de var anti-kommunister – var Gary Cooper, Ronald Reagan, Louis B. Mayer (kjent fra Metro-Goldwyn-Mayer), Walt Disney, Robert Taylor og Ayn Rand. Det var 21 av disse og de ble altså omtalt som «the friendly 21». Blant de «fiendtlige vitnene», folk som man antok var kommunister, var Edward Dymytryk, Dalton Trumbo og Ring Lardner Jr., til sammen ti personer som etter hvert ble kjent som «The Hollywood Ten». Høringene var sterkt omstridt – mange oppfattet disse som et forsøk på å forby politiske meninger, og filmstjerner som Humphrey Bogart og Laureen Bacall laget kampanjer hvor de tok avstand fra disse høringene. (Senere innrømmet dog disse at de var blitt lurt av kommunistene: «We were so naive it was ridiculous» uttalte Bacall.)

338

Den vanlige fremstillingen av dette er at «The Hollywood Ten» i høringene, som foregikk omkring 1947, nektet å opplyse om de var kommunister eller ikke: «[they]... refused to tell HUAC whether they were Communists or not» (Halliwell, s. 380). De hevdet at i et land med politisk frihet hadde ingen rett til å få vite om enkeltpersoners politiske oppfatning. Siden de nektet å svare ble de satt i fengsel, og i Hollywood ble de svartelistet, slik at de ikke klarte å få jobb, i hvert fall ikke under sine egne navn (i Woody Allens spillefilm *The Front* låner hovedpersonen sitt navn til flere svartelistede forfattere for at de skal kunne få solgt sine manuskripter). Men etter noen år ble intensiteten i den antikommunistiske kampanjen noe redusert, og de svartelistede kunne komme inn i varmen igjen. Denne fremstillingen av det som skjedde finner man stadig, ikke bare i historiebøker, men også i filmer som den nevnte *The Front* (1976), i Barbara Streisand/Robert Redfords *The Way we Were* (1973), i Robert deNiros *Guilty by Suspicion* (1991).

Dette er altså den vanlige historien, som dere finner i alle tradisjonelle media. Sannheten? Den er noe annerledes. De som har sett filmopptak fra HUAC-høringene, filmopptak som ofte vises på TV for å vise hvor forferdelig USA var, har hørt at «The Hollywood Ten» ble stilt følgende spørsmål: «Are you now, or have you ever been, a member of the [American] Communist Party? [ACP]».

Er dette det samme som å spørre en person om hvorvidt han er kommunist, slik Halliwell og alle andre fremstiller det som? Nei, selvsagt ikke. De ble ikke spurt om de var kommunister – å være kommunist har man selvsagt lov til, og staten har ikke noe med det å gjøre. Men å være medlem av ACP, det er noe annet. Å være medlem av ACP er å slutte seg til en organisasjon med et bestemt formål. Og ACP var ikke en vanlig organisasjon, den var hemmelig, og medlemmenes lojalitet var ikke til USA og amerikansk lov, lojaliteten var til partiet og til Sovjetunionen. Denne lojaliteten innebar at man alltid skulle adlyde partiet, uansett hva det måtte beordre, og partiet igjen adlød Sovjetunionen. Og hva var ACPs formål? Formålet var blant annet å styrte den amerikanske regjeringen, og å innføre et kommunistdiktatur. Dette er ikke annet en organisert kriminell virksomhet, og selvfølgelig har staten rett til å spørre folk om de er med på slikt.

Det amerikanske kommunistpartiet var dessuten finansiert av Sovjet, en aggressiv fremmed makt med sterke anti-amerikanske holdninger, og med atomvåpen rettet imot USA. Videre, ACP støttet aktivt sovjetisk spionasje rettet mot USA. Historikeren Johan Haynes sier at «ACP som institusjon hjalp og veiledet den sovjetiske spionasje mot USA, og det i massivt omfang ... ACP var ikke bare et parti, men også en konspirasjon» (sitert av Hans Fredrik Dahl i Dagbladet, 15. oktober 1996). Disse fakta var velkjente omkring 1950, men er først i det siste blitt akseptert av tradisjonelle historikere; også disse historikerne hadde på grunn av sitt ideologiske utgangspunkt – de fleste er venstreorienterte – problemer med å akseptere at anti-kommunistiske opplysninger kunne være sanne*.

Derfor, de amerikanske myndigheter hadde all rett til å kreve svar på spørsmålet «Are you now, or have you ever been, a member of the Communist Party?».

Hovedgrunnen til at «The Hollywood Ten» ikke ville opplyse hvorvidt de var kommunister eller ikke, var selvsagt at dette standpunktet var upopulært blant folk flest – det var kun hos de intellektuelle at det var populært å være kommunist. Siden det er folk flest som går på kino, kjøper kinobilletter og derved gir filmfolk deres inntekter, ønsket filmfolkene å holde skjult opplysningene om sine politiske synspunkter. Enkelte har sagt at man i en slik situasjon av den typen som «The Hollywood Ten» ble utsatt for har rett til å lyve. Kan dette være moralsk riktig? Dersom en arbeidsgiver ikke ønsker å ansette kommunister, kan en kommunist da nekte å svare på spørsmål om hvorvidt han er kommunist eller ikke? Mitt syn er at han ikke har noen slik rett. Dersom man velger et politisk standpunkt som ikke er annet enn kriminelt, det vil si et standpunkt som innebærer støtte til kriminelle handlinger, et standpunkt som medfører at folk flest ikke vil ha noe med en å gjøre, da må man bare akseptere dette. Som kjent har man moralsk rett til å si noe som ikke er sant hvis formålet er å beskytte sine rasjonelle verdier. Det er f.eks. helt moralsk å lyve til en tyv som ønsker å vite hvor ens verdisaker er gjemt. Man har dog ingen moralsk rett til å

---

* Et nyere verk, M. Stanton Evans´ *Blacklisted by History: The Untold Story of Senator Joe McCarthy and His Fight against America's Enemies,* Crown 2007, dokumenterer hinsides enhver tvil at McCarthy i det store og hele hadde rett i sine anklager, at beskyldningene mot ham var uten saklig grunnlag, og at den fremstilling historikere flest har gitt av ham og hans virksomhet er en forfalskning produsert av en venstreorientert elite som sitter godt forankret i pressen, i akademia og i byråkratiet.

lyve for urettmessig å oppnå verdier. Dersom man lyver og sier at man ikke er kommunist for å få en jobb, så lyver man for urettmessig å oppnå en verdi man ikke har krav på, og da er man en svindler.

Ang. svartelistingen: Alle kommunistpartimedlemmene som ble fengslet sonet kun korte straffer – og de ble ikke fengslet fordi de var kommunister, de ble fengselet fordi de utviste forakt for retten da de nektet å svare på spørsmål som ble stillet, og i stedet kom med endeløse politisk/teoretiske tirader om irrelevante poenger. De kom forøvrig raskt i arbeid igjen etter at de slapp ut av fengslet, de hadde jo en rekke meningsfeller på alle nivåer i Hollywood. Svartelistingen av kommunister i Hollywood er en myte. Men det var en svartelisting. Og den rammet ikke kommunistene.

Hvem var det da som virkelig ble svartelistet? De som ble svartelistet var de vennlige vitnene. De av disse som var store stjerner klarte seg, men de mer ukjente personene som vitnet mot kommunistene, de fikk ikke arbeid igjen. Noen navn: Morrie Ryskind, Aldophe Menjou, Albert Mannheimer. Ryskind skrev manus til endel av filmene med Marx Brothers, Menjou var en mye brukt skuespiller, dog ingen stjerne, Mannheimer var en Oscar-nominert manusforfatter. Mannheimer var en nær venn av Ayn Rand. Han var opprinnelig venstreorientert, men var en meget intelligent og kunnskapsrik person. Ayn Rand klarte derfor i løpet av kort tid å gjøre ham til tilhenger av laissez-faire-kapitalisme. Mannheimer kjempet aktivt imot KAME-planen, en plan som gikk ut på at all copyright til filmmanus skulle overtaes av Screen Writers Guild, manusforfatternes fagforening. At et slikt forslag blir fremmet og gjenstand for seriøs behandling viser hvor svakt den private eiendomsrett sto og hvor sterkt de kommunistiske ideene sto i Hollywood den gangen. Mannheimer fikk ikke arbeid etter sitt vitnemål til HUAC, og begikk selvmord i 1972.

Også en rekke andre vitner ble svartelistet: Jack Moffet, som skrev manus til 19 filmer, fikk ikke arbeid i Hollywood etter at han vitnet mot kommunistene. Fred Nieblung, som skrev eller produserte 39 filmer, fikk ikke arbeid i Hollywood etter at han vitnet mot kommunistene. Morrie Ryskind, vinner av Pulitzer-Prisen, fikk ikke noe arbeid i Hollywood etter at han vitnet mot kommunistene. Det var altså de vennlige vitnene som ble svartelistet. Svært mange i Hollywood var altså kommunistsympatisører. Disse svartelistet de vennlige vitnene. De vennlige vitnene, unntatt de som var store stjerner, fikk ikke arbeid igjen etter høringene.

På dette området – hvem som virkelig ble svartelistet – er det ingen historikere som har gjort noe arbeid så vidt jeg vet. Dersom noen historikere føler seg kallet, så ligger det her en karriere og venter.

McCarthy

Så over til McCarthy. Han var senator, innvalgt i 1946. Han er fremstilt som en vulgær, primitiv bølle som så spøkelser ved høylys dag, det vil si som en som så kommunister overalt, og som med brutal hensynsløshet forfulgte uskyldige og sørget for at de mistet arbeid og inntekt, og i mange tilfeller begikk selvmord. Caplex sier om ham at han drev en «hemningsløs heksejakt på kommunister og venstreorienterte».

McCarthy fremstilles som en bløffmaker, en løgner, en fyllik, en gambler, og som en som løy om sine meritter som soldat under krigen. Han blir fremstilt som en mann blottet for menneskelige hensyn, som en som gikk over lik for å fremme sin egen popularitet. Hans navn er blitt synonymt med en usaklig og totalt useriøs heksejakt på uskyldige. Denne fremstillingen er laget av venstreorienterte som ønsker å sverte sine motstandere, for å skjule sannheten, og for å dekke over egne feil.

Her vil vi forsøke å gjengi hovedtrekkene i det som virkelig skjedde i forbindelse med senator Joseph McCarthy.

McCarthy (1908-57), var jurist, og etter noen år som advokat ble han den yngste dommeren i Wisconsin. Da andre verdenskrig brøt ut meldte han seg frivillig til marinen. Dette gjorde han selv om han som dommer ikke ville blitt innkalt til å tjenestegjøre. Han fikk jobb i etterretningen, men ble allikevel med på endel flytokt som skytter («tailgunner»), og han ble dekorert for sin innsats.

Etter annen verdenskrig stilte han til valg som senator med slagordet «The Senate needs a tailgunner». McCarthy hadde en ung og frisk form og stor energi, og siden hans motstander var gammel og kjedelig, og hadde sittet som senator i mer enn 20 år, endte valget med at McCarthy overtok plassen i Senatet.

Starten på McCarthys antikommunistiske kampanje var en valgtale i Wheeling, West Virginia, 9. februar 1950. I løpet av talen holdt han opp et stykke papir om hvilket han visstnok sa at det var en liste over 205 personer som utgjorde en sikkerhetsrisiko som arbeidet i

342

UD. Han sa at utenriksministeren visste om dette, men at han ikke gjorde noe med det. Tallet hadde han fra tidligere utenriksminister James Byrnes, som noen år tidligere hadde innrømmet at 205 av de som arbeidet i UD hadde blitt identifisert som sikkerhetsrisikoer. Ingen ting var blitt gjort med dette. Denne talen medførte store avisoppslag for McCarthy, plutselig var han en mann som var på avisenes førstesider. Og han likte slik oppmerksomhet. McCarthy fikk også endel allierte, ikke bare blant folk flest, men også blant intellektuelle. Det fantes fortsatt noen få intellektuelle som var anti-kommunister, og enkelte av disse sluttet opp om McCarthy. Enkelte tok også avstand fra McCarthy selv om de var anti-kommunister siden de anså hans form som useriøs og kontraproduktiv. McCarthy fikk derfor endel dyktige mennesker i sin stab – en av dem var senere justisminister Robert Kennedy, kanskje ansatt fordi Roberts far, Joseph Kennedy, var en god venn av McCarthy. (Også Roberts bror, senator og senere president John F. Kennedy, var en klar antikommunist, selv om han i praktisk politikk var svak, f.eks. ang. Vietnam.) På grunn av sine etter hvert dyktige medarbeidere var derfor McCarthy i stand til holde endel svært gode taler, og snart var han en meget populær talsmann for en bred anti-kommunistisk folkebevegelse.

McCarthy var ikke en typisk wishy-washy akademiker, han var den folkelige rett-på-typen, og det finnes mange eksempler på hans utradisjonelle oppførsel. Under et høringsmøte i Senatet syntes han at ordstyreren ikke var pågående nok, og han tok da klubben fra vedkommende og ledet resten av møtet selv. Hans ordbruk kunne også være uvanlig: Når hærsjefen, Robert Stevens, ikke ønsket å foreta de undersøkelser av endel offiserer som McCarthy ba om, sa han at han skulle «kick the brains out of» Robert Stevens (Rovere, s. 49). Senator John Bricker, en av de fremste konservative senatorene, sa følgende til ham: «Joe, you are a dirty son of a bitch, but there are times when you've got to have a son of a bitch around, and this is one of them» (Rovere, s. 65).

McCarthy var som nevnt pga sin anti-kommunisme blitt svært populær. Han ble utnevnt til æresborger av flere byer, og han ble møtt med store parader når han reiste omkring i landet. Titusener av mennesker møtte frem for å hylle ham når han besøkte steder over hele USA. (En pussig implikasjon av denne populariteten var at en annen mann med samme navn som stilte til valg til et kommunestyre, fikk tusenvis av ekstrastemmer.)

McCarthy tok seg gjerne en drink eller tre, og han spilte iblant poker om penger. Dette var selvsagt vanlig blant amerikanere flest, men den selvutnevnte eliten i Washington og ved universitetene så ikke med blide øyne på slikt.

Det som eliten mislikte mest var selvsagt McCarthys pågående antikommunisme. Praktisk talt alle ved universitetene, i pressen og i byråkratiet var sterkt positivt innstilt til kommunismen, og McCarthy gikk løs på dem med et pågangsmot og en energi som de hadde all grunn til å frykte. De visste at McCarthy var meget populær i folket, og de visste at han hadde rett: det var virkelig et stort antall kommunistsympatisører som var ansatt i statsadministrasjonen.

> «Roosevelt- og Truman-administrasjonene var infiltrert av kommunister, som i hundrevis ga regelmessige informasjoner til sine føringsoffiserer i Sovjet. KGBs respons og instruksjoner gikk som kodemeldinger tilbake til agentene» (historieprofessor Hans Fredrik Dahl i Dagbladet, 15, oktober 1996).

Det var kommunister i statsadministrasjonene McCarthy var opptatt av; han satt i den komiteen i Senatet som hadde tilsyn med denne type spørsmål. McCarthy hadde ingen ting med høringene om filmindustrien å gjøre; disse foregikk i regi av Representantenes Hus i 1946-47, mens McCarthy, som satt i Senatet, var aktiv i perioden fra 1950.

Et av de første navn som kom frem i forbindelse med McCarthys virksomhet var Owen Lattimore. Lattimore var en kjent og respektert akademiker som hadde skrevet et stort antall bøker om det fjerne østen. Han var en mye brukt rådgiver av utenriksdepartementet, og USAs politikk på dette området ble i stor grad basert på råd fra Lattimore. Spesielt hadde Lattimore stor innflydelse på politikken overfor partene i den kinesiske borgerkrigen, og hans råd gikk ut på at USA burde støtte kommunisten Mao og ikke støtte anti-kommunisten Chiang Kai-Shek. McCarthy beskrev Lattimore som en «policy-making State-Departement attaché collaborating with those who have sworn to destroy this nation by force or violence». McCarthy gikk dog ikke offentlig ut med sine beskyldninger, han gjorde det i interne drøftinger i sin Senatskomité. Det var en venstreorientert journalist som offentlig-gjorde Lattimores navn for å skade McCarthy; ingen i akademia eller i pressen trodde virkelig at Lattimore egentlig arbeidet for kommunistene.

Lattimore, som rett etter at hans navn dukket opp meget indignert skrev boken *Ordeal by Slander,* hvor han intenst benektet alle påstander om at han var kommunist eller russisk spion, måtte i høringer i Kongressen innrømme at han hadde hatt møter med den russiske ambassadøren og at han hadde overlevert ham hemmeligstemplede opplysninger. Under Kongresshøringen av Lattimore kom det et vell av unnvikende svar fra Lattimores side, og «McCarthy's stock rose considerably» (Thomas, s. 258).

Lattimore ble av Senatskomiteen enstemmig stemplet som «a conscious, articulate instrument of the Soviet Conspiracy» (sitert i Coulter, s. 65). Det er mulig at Lattimore ikke var spion, som McCarthy hadde påstått – men Lattimores venner viste seg å være sovjetiske spioner, hans ansatte viste seg å være sovjetiske spioner, hans kollegaer viste seg å være sovjetiske spioner, og han ble håndplukket for å være rådgiver om Chiang Kai-shek/Mao-problematikken av en sovjetisk spion i Roosevelts stab. Og Lattimore rådet altså den amerikanske regjering til ikke lenger å støtte Chaing Kai-shek, men til å støtte kommunisten Mao.

Hva skulle så kommunistene og deres sympatisører gjøre for å forsvare seg mot McCarthys avsløringer? De angrep ham på den eneste måten de kunne: de gikk til personangrep, de gikk løs på mannen istedenfor ballen – og de løy. (Kommunister har som vi tidligere har sett ingen motforestillinger mot å servere løgner når formålet er å beskytte kommunismen.) De beskyldte McCarthy for å være en løgner, en drukkenbolt, en totalt useriøs politiker. De brukte også opplagte usannheter mot ham. F.eks. ble det hevdet at McCarthy aldri i sine taler oppga navn på de kommunistene han visse om og som han påstod var ansatt i statsadministrasjonen. Det er riktig at McCarthy ikke oppga slike navn offentlig, det gjorde han via tjenestevei innad i Senatet, slik at de rette organer kunne foreta den nødvendige etterforskning.

Men når hele pressen og hele akademia og mange politikere forsøkte å ta McCarthy på denne måten, og når han selv ikke var en utpreget intellektuell og sindig person, og når hans støttespillere i større og større grad forlot ham på grunn av det store presset de ble utsatt for, var det ikke annet å vente enn at han fikk problemer med å holde seg oppe. Han begynte og drikke kraftig, og han døde allerede 48 år gammel. En av hans assistenter sa at «He had taken more punishment than a normal man could be expected to absorb ... Never have so much vituperation and defamation been directed toward a person in public life» (sitert i Coulter, s. 123).

McCarthy var nok en smule folkelig i sin form, og man kan diskutere hvor effektivt dette er. Det var også endel «seriøse» anti-kommunister som arbeidet reelt og seriøst med å avsløre kommunister, og mange av disse mente at McCarthy med sin form skadet den saken han kjempet for.

McCarthys begravelse viste noe som sjokkerte hans mot-standere. Han fikk en statsbegravelse (som ikke blir mange til del), og hele sytti senatorer møtte opp i begravelsen. Seremonien ble holdt i en katolsk kirke, som «bestowed upon him the highest honor the catholic Church can confer» (Coulter, s. 123). Tilstede i kirken var 100 prester og 2000 sørgende. 30 000 mennesker hadde møtt frem for å gi uttrykk for sin sorg.

Så, McCarthy var en røff person som sloss så godt han kunne mot kommunismen. Han ble motarbeidet av kommunistsympatisører som dominerte i pressen og i akademia, og deres kampanje var totalt usaklig og besto av løgner og personangrep.

Hans Fredrik Dahl skriver i Dagbladet i oktober 1996 at «McCarthy kom sannheten nær». McCarthy påstod at det var en sterk kommunistiske innflydelse i USAs elite: i statsadministrasjonen, i det intellektuelle liv og i det kulturelle liv. Selvfølgelig var det det. McCarthy påstod at det amerikanske kommunistpartiet bedrev aktiv spionasje for Sovjet. Selvfølgelig gjorde det det. McCarthy påstod at kommunisme er slaveri. Selvfølgelig er det det. Disse påstandene som McCarthy kom med var selvsagt korrekte, og alle burde ha visst dette på 50-tallet. Men tradisjonelle historikere oppdager det først nå. Dahl: «Det skjer derfor en full omveltning i USA nå i synet på kommunismen...». Dahl beskriver her noe som skjer først på 1990-tallet. Det foregikk i USA på 50-tallet en heksejakt på en uskyldig, og den som var offeret var Joseph McCarthy. De som sto for heksejakten var kommunistene og deres sympatisører blant de intellektuelle i pressen, i akademia og statsadministrasjonen.

Begrepet «mccarthyisme»

Begrepet «mccarthyisme» dukket første gang opp i en artikkel om McCarthy bare en måned etter talen i Wheeling. Betydningen var: «grunnløs skittkasting». McCarthy, som den smarte demagog han var, tok tyren ved hornene og definerte mccarthyisme som noe positivt: mccarthyisme er «amerikanisme med oppbrettede skjorte-ermer» påstod han. Og han skrev en bok som han ga tittelen *McCarthyism: The Fight for America*. Senere er ordet blitt tillagt betydningen «anti-kommunisme». F.eks. finner vi i det eksplisitt venstreorienterte Pax-leksikon følgende: «mccarthyismen oppstod før McCarthy begynte sin virksomhet». Det ligger i denne betydningen av dette ordet at anti-kommunisme i seg selv er grunnløs skittkasting. Venstresiden forsøker ved å benytte dette begrepet å si med ett ord at anti-kommunisme i sitt vesen nødvendigvis er grovt usaklig. Forøvrig er det ikke nevnt noe i denne artikkelen i Pax-leksikon om at spioner mot USA til fordel for kommunistdiktaturet Sovjet virkelig ble avslørt i perioden som omtales.

Fremtiden

Dette var historie. Hva med i dag? Hva med fremtiden? Er det behov for anti-kommunismen nå når kommunismen er død? Men er kommunismen død? Vel, praktisk talt ingen forsvarer ideologien med dette navnet i dag. Men de grunnideene som kommunismen bygger på – kollektivisme, ufrihet, altruisme – er allikevel fullstendig dominerende i dag. I den offentlige debatt i dag er det ingen som er uenig i disse grunnideene. Legg merke til at alle etablerte miljøer anser økonomiske forskjeller, det vil si at noen er rike og andre mindre rike, som noe negativt. Alle de store politiske parter er for eksempel tilhengere av utjamning. Dette er et uttrykk for idealet om å «yte etter evne, få etter behov». Og ingen politiske partier er villige til på utfordre dette. Ingen i Norge, ingen andre steder i Europa, heller ikke Republikanerne i USA. Siden grunnideer bestemmer samfunns utvikling, er vi stadig på vei mot et samfunn med mindre og mindre frihet. Og det kan bare ende med elendighet.

Derfor: det er i dag større behov for antikommunisme enn noen gang. Hvordan bekjempe frihetens motstandere? Ved å motarbeide de ideer som alle frihetens fiender bygger på: kollektivisme, ufornuft, altruisme. Med andre ord: den beste form for antikommunisme er å spre ideer som individualisme, fornuft, selvrealisering/rasjonell egoisme. Jeg vil avslutte med å ønske oss lykke til i den kampen. Vi trenger det virkelig! Uten disse grunnideene må vi si farvel til frihet og velstand og alt som er godt for mennesker.

Litteratur:

Billingsley, Kenneth L.: *Hollywood Party: How Communism Seduced the American Film Industry in the 1930s and 1940s,* Forum 1998

Bjerkholt, Frank: *Vietnam – det store bedraget,* Gyldendal 1980

Coulter, Ann: *Treason,* Crown Forum 2003

Crossman, Richard (red.): *Guden som sviktet: seks studier i kommunismen,* Gyldendal 1950

Grimberg, Carl: *Verdenshistorien Bind 21,* Bokklubben 1988

Haynes, Klehr: *In Denial: Historians, Communism & Espionage,* Encounter 2003

Horowitz, David: *Radical Son,* The Free Press 1997

Halliwell, Leslie: *The Filmgoer's Campanion,* Avon Books 1975

Moen, Kristian: *Verdenshistorien 1815-1970,* Aschehoug 1970

Rovere, Richard: *Senator Joe McCarthy,* University of California Press 1996

Lattimore, Owen: *Ordeal by Slander,* Little Brown 1950

Rand, Ayn: *Journals of Ayn Rand,* Dutton 1997

Schrecker, Ellen W.: *No Ivory Tower: McCarthyism & the Universities,* Oxford University Press 1986

Solsjenitsyn, Aleksander: *GULag-arkipelet,* 3 Bind, Tiden 1974-76

Thomas, Lately: *When Even Angels Wept,* Morrow & Co 1973

Losing Ground

Bokomtale publisert 18. november 1987

I 1968 var 13 % av befolkningen i USA under den såkalte fattigdoms-
grensen. Noen år tidligere hadde president Johnson innledet sin «krig
mot fattigdommen». I årene deretter ble det brukt millioner av dollar på
forskjellige former for hjelp av de fattige, som f.eks. bostøtte,
yrkesopplæring, skoleplasser, matkuponger, gratis medisinsk be-
handling, hjelp til ugifte mødre, osv. Resultatet av dette var at i 1980
var fremdeles 13 % av befolkningen under fattigdomsgrensen. I årene
før Johnsons «war on poverty» var det praktisk talt ingen offentlig hjelp
til de fattige, og da hadde andelen fattige stadig sunket; i 1950 var 30 %
under fattigdomsgrensen, i 1960 hadde tallet sunket til 22 % og i 1968
var tallet nede i 13 %. Denne heldige utviklingen stanset med en gang
det offentlige begynte å bruke store beløp på å hjelpe de fattige.

Charles Murrays bok *Losing Ground: American Social Policy
1950-1980,* som kom i 1984, gir en historisk fremstilling av amerikansk
sosialpolitikk i årene før og etter krigen mot fattigdommen ble satt i
gang. Murray, som har en Ph.D. fra Massachusetts Institute of
Technology, har i en årrekke arbeidet med sosiale spørsmål ved
American Institutes for Research. Boken har vakt stor oppsikt, ikke bare
i USA, men også internasjonalt, den har fått bred omtale i både Time og
Newsweek. I Norge er boken blitt ignorert, selvfølgelig.

Murray åpner boken med å fortelle at fattigdom ikke var noe
problem i USA før 1962, det vil si, det var ikke et problem som forskere
og politikere var særlig opptatt av. Forandringen skjedde i 1962, da
Michael Harrington utga boken *The Other America.* Harrington påstod
at det midt i blant velstående amerikanere fantes en stor, fattig be-
folkning, ca. 50 millioner mennesker, og at denne fattigdommen ikke
ville bli mindre og mindre etter hvert. Harrington mente altså at
fattigdommen var strukturell. Til tross for at boken brakte en del
ukorrekte opplysninger, fikk den meget stor innflydelse på amerikansk
politikk i årene deretter.

Tidligere holdninger til dette problemet hadde stort sett gått ut på at, for å sette det litt på spissen, «er du fattig, er det fordi du er lat». Etter 1962 var det umulig å mene dette. Nå var det samfunnet som hadde skylden hvis du var fattig. «Det er ikke din skyld om du går på en dårlig skole eller bor i et dårlig strøk, det er ikke din skyld om du får barn uten å vite hvem faren er, og det er ikke din skyld om du gjør en pike gravid og så nekter å ta ansvaret for det.» Dette synet vant gjenklang hos politikerne, og de bestemte seg for å løse problemet. Politikerne gjorde som de alltid gjør når de vil løse problemer, de bevilget penger. Fra midten av 60-tallet brukte den amerikanske staten millioner av dollar for å hjelpe de fattige. Det overraskende resultatet var at det ikke hjalp. Etter 15 år var det ikke bare flere fattige, det så også ut som om hjelpen hadde gjort problemene større.

Først så Murray på endel nærliggende forklaringer på at andelen fattige (i prosent) har holdt seg konstant. Er forklaringen at den amerikanske økonomien var i vekst frem til 1968 og stagnerte den deretter? Dette kan ikke være en korrekt forklaring, fordi i årene fra 1953 til 1959 hadde bruttonasjonalproduktet en gjennomsnittlig vekst på 2,7% pr. år, mens økningen var på 3,2% pr. år fra 1970 til 1979. Ligger forklaringen i demografiske forhold? Gjennomsnittsalderen i den amerikanske befolkningen har øket de siste årene, og siden gamle ofte har lave inntekter, kan dette kanskje gi en forklaring på at antallet fattige hadde øket. Men dette stemte heller ikke. Murray viser at dersom man ser helt bort fra de gamle, blir tendensen forsterket. Forklaringen måtte være en annen.

Ved å se nærmere på det statistiske materialet, fant Murray at de som ble voksne i årene omkring 1968 oppførte seg annerledes på en del områder enn deres foreldre hadde gjort da de ble voksne. Forskjellen var til og med markant hvis man så på eldre søsken til de som ble voksne rundt 1968. Murray sier det slik: «På grunn av alle støtteordninger som ble innført for å hjelpe de fattige, ble det lettere å greie seg uten å ha en jobb. Det ble lettere å la være å ta ansvar hvis man hadde gjort en pike gravid. Det ble lettere for en pike å ta seg av et barn uten å ha en mann. Det ble lettere å begå forbrytelser uten å bli tatt av politiet, det ble lettere å få tak i narkotika. (...) Fordi det ble lettere å greie seg uten arbeid, ble det lettere å la være å ta en utdannelse». (s. 175).

350

Det ble altså iverksatt en rekke støtteordninger som alle innebar at «Uansett hva du selv gjør, så går det bra». Boken setter opp tre hovedprinsipper for hvordan folk flest oppfører seg, og Murray mener at all sosialpolitikk må baseres på disse prinsippene. 1) Folk flest reagerer på incentiver. 2) Folk flest har ikke spesielt stor lyst til å arbeide hardt. Hvis det ikke lønner seg å arbeide hardt, vil de la det være. 3) Folk må holdes ansvarlige for sine handlinger.

Fra midten av 60-tallet forsøkte man å gjennomføre en politikk som gikk ut på å ignorere disse prinsippene. Resultatet ble, som vi har sett, særdeles mislykket. Murrays forslag til løsning er at samfunnet må bevege seg over i en mer liberalistisk retning. Han mener at hele det offentlige velferdsapparatet må nedlegges; ingen bør få hjelp fra det offentlige. Begrunnelsen Murray gir er at hjelpen fra det offentlige ikke bare er unyttig, den er ofte skadelig. I boken finner vi mange eksempler på dette; la oss se på ett her: Det høres kanskje fint ut at man gir støtte til ugifte mødre. Men når dette fører til at disse kvinnene får flere barn enn de ellers ville ha fått, og at det i denne gruppen forekommer dobbelt så mye barnemishandling som ellers, kan man spørre om det ville ha vært best å ikke gi noen «hjelp» i det hele tatt.

Murray berører bare såvidt de moralske sidene av saken: Hvilken rett har staten til å ta penger fra en person og gi dem til en annen? Dette spørsmålet stilles ikke så ofte; statens «rett» til å gjøre med oss hva den vil, taes for gitt av de fleste.

Murray viser i boken at holdningen som ble vist av de offentlige myndigheter førte til at de fattige i mindre og mindre grad fikk kontroll over og ansvar for sine egne liv. På områder som inntekt, utdannelse og kriminalomsorg ble voksne mennesker behandlet som barn. Da er det kanskje ikke så rart at mange av dem ikke ble voksne. Skal man få folk til å ta ansvar, til å oppføre seg som voksne mennesker, må de behandles som voksne individer med ansvar for sine egne liv. Den beste hjelp staten kan gi er er kanskje å ikke gi noen hjelp i det hele tatt?

Murray, Charles: *Losing Ground. American Social Policy 1950 – 1980*, Basic Books 1984

Obama går av

Publisert 20. januar 2017

I dag går Barack Obama av som president i USA. Endelig. Han har vært den desidert verste og mest skadelige presidenten USA noen gang har hatt; han har vært mye verre enn både Franklin Roosevelt, Lyndon Johnson, Richard Nixon og Jimmy Carter. Med «skadelig» mener vi at han har ført en politikk som motvirker viktige verdier som fred, harmoni og velstand; hans politikk har ført til økt antall terrorangrep og oppblomstrende kriger bla. i Midtøsten og i Libya, den har ført til skjerpede rasemotsetninger i USA, og den har ført til større økonomiske problemer for en stor andel av USAs befolkning i dag, og vil gjøre skattebyrden for USAs borgere enda tyngre i fremtiden. Vi kommer tilbake til konkrete eksempler på dette, men først vil vi si at vi har vært sterkt kritiske til Obama siden før han ble valgt, noe som er enkelt å konstatere ut i fra tidligere nyhetskommentarer publisert her på stemDLF.no.

Disse kommentarene var så negative at en journalist i VG beskyldte oss for å være «antiamerikanske». Men å være «anti-amerikansk» kan ikke betyr at man er imot en politikk som føres av USAs president, å være «antiamerikansk» er å være imot de grunnleggende ideer og verdier som USA ble grunnlagt på – og da er vi sterkt proamerikanske, mens det er Obama som er anti-amerikansk. Barack Obama er eksplisitt imot de grunnleggende individualistiske og frihetlige ideene som kommer til uttrykk i USAs uavhengighets-erklæring og konstitusjon.

De grunnleggende amerikanske verdiene kommer til uttrykk i uavhengighetserklæringen, som bla. sier: «Vi anser følgende sannheter for å være selvinnlysende: Alle mennesker er skapt like, de er av sin Skaper utstyrt med visse ukrenkelige rettigheter, blant disse er retten til liv, frihet, og retten til å søke etter lykken. For å sikre disse rettighetene er statsmakten opprettet . . . ». Obama er uenig i denne individualistiske tilnærmingen; hans credo er det kollektivistiske «You didn't build that», det vil si han mener at man ikke ved egen innsats gjør seg fortjent til fruktene av det man selv har skapt, alle er avhengige av andre, og alle

må alle underordne seg sine herrer og mestre, det vil si, vi må underordne oss politikerne.

For mer omfattende kritikk av konkrete saker vil vi henvise til våre mange tidligere kommentarer om hans politikk (noen linker er å finne nedenfor), men her vil vi kun gi en kort oppsummering av noen av de aller verste av hans beslutninger og føringer.

Han var den første afroamerikanske president, og mange trodde at valget av Obama kunne bety en slutt på de elementene av rasisme som fortsatt fantes i USA. Men Obama har opptrådt på en slik måte at han har forsterket motsetningene mellom afroamerikanere og resten av befolkningen. Måten han har gjort dette er bla. ved å kommentere saker som pågår i rettsapparatet hvor de mistenkte gjerningsmennene har vært mørkhudede og nærmest eksplisitt sagt at den mistenkte er uskyldig og at politifolkene som har grepet inn mot vedkommende er rasister. Han har støttet den rasistiske organisasjonen Black Lives Matter, til tross for at medlemmer av denne gruppen har drept politifolk i tjeneste ene og alene fordi de var politifolk.

Hans helsereform, upopulært kalt Obamacare, har ført til at helsetilbudet for svært mange amerikanere er blitt dyrere og dårligere. Gang på gang før den ble innført sa han at de som var tilfreds med den ordningen de tidligere (før Obamacare) kunne beholde den, noe som ikke var sant.

Den amerikanske statsgjelden er blitt fordoblet under Obamas åtte år som president. Mens han var senator kritiserte han sin forgjenger George Bush for å øke gjelden sterkt, en kritikk som var velbegrunnet. Men Obama har altså økt gjelden like mye som alle hans forgjengere til sammen. At hans administrasjon har tatt opp så mye gjeld er en del av forklaringen på at det ser ut som om den amerikanske økonomien går relativt godt (det er relativt lav arbeidsløshet, det er en viss økonomisk vekst). Men egentlig har det store gjeldsopptaket gjort økonomien svakere enn den ellers ville ha vært fordi kapital er blitt fjernet fra den private økonomien og blitt konsumert av staten. Lave renter diktert av The Fed (The Federal Reserve Board) i samarbeid med regjeringen holder lånekostnadene nede for staten og deprimerer også økonomien ved at fri prisdannelse for kreditt ikke finner sted (det vil si lånetilbudet faller).

Obama har også brukt kolossale beløp på «bailouts» til store banker og andre virksomheter, penger som er totalt bortkastet, og som det selvfølgelig er skattebetalerne som etter hvert må betale.

I de siste åtte årene er USA (og Europa) blitt utsatt for en rekke terrorangrep utført av militante muslimer, og terroristene har hentet sin begrunnelse for disse angrepene i islam. Allikevel har Obama gang på gang hevdet at slike angrep overhode ikke har noe med islam å gjøre: han hevdet at den såkalte «Christmas Day Bomber» var en «isolated extremist», han sa mennene bak angrepet på et jødisk marked i Paris var «violent, vicious zealots», hendelsen hvor en amerikansk offiser (som var muslim) drepte 13 mennesker på Fort Hood ble omtalt som «workplace violence», han hevdet at angrepet på USAs ambassade i Benghazi 11. september 2012 var forårsaket av at en amerikaner hadde laget en video som krenket Muhammed (og mannen bak videoen ble til og med arrestert), etc. og at det var tilfeldig at det skjedde akkurat 11. september.

Når vi nå beveger oss over til utenrikspolitikken er det mange temaer som konkurrerer om å bli den av hans beslutninger som var aller mest skadelig. Blant de verste var hans beslutning om å trekke amerikanske soldater ut av Irak etter at krigen i hovedsak var avsluttet, i den tro at landet nå var stabilt og ville bli fredelig; visepresident Biden uttalte til og med at «Irak ville bli en av Obama-administrasjonens store suksesser» (kilde Washington examiner). De fleste husker at etter annen verdenskrig var Japan og Tyskland okkupert i mange år før administrasjonen av disse landene ble overlatt til landenes egne borgere. Dette var den eneste riktige politikken; dersom disse landene ikke hadde blitt okkupert i en årrekke etter krigsavslutningen hadde de ideologiene som førte til at disse landene startet krigene, blusset opp igjen. Men Obama tok ikke lærdom av historien, han trakk soldatene ut, og resultatet er et Irak i kaos og en oppblomstring av ISIS og en rekke andre terroristgrupper som opererer i Irak. I lang tid benektet Obama at dette var i ferd med å bli et problem, bla. omtalte han ISIS som et JV-team (det vil si som relativt harmløse, se appendiks til denne artikkelen), og at ISIS var «contained» (kilde politifact).

USA ved Obama og utenriksminister Hillary Clinton var også pådriver for å bedrive «humanitær bombing» i Libya, aksjoner hvor også Norge deltok, for å hjelpe opprørere som kjempet imot Gaddafis styrker. Dette endte med at opprørerne vant frem, Gaddafi ble lynsjet, og Libya havnet i kaos. Også her trives islamistiske terroristgrupper. Libya under Gaddafi var et diktatur, men det var noenlunde stabilt, og ikke spesielt farlig for andre land.

Også overfor Putin har USA ført gal politikk. Forholdet mellom USA og Russland ble gradvis verre under Obamas forgjenger, men Obama ville starte forholdet på nytt, og som han (Obama) pleier å gjøre viste han ettergivenhet, bla. ved å kansellere enkelte forsvarsplaner for land i Øst-Europa som var forhandlet frem under president Bush. Putin ante svakhet, og begynte å brøyte seg frem; han har i Obamas periode annektert Krim, og invadert eller støttet pro-russiske opprørere i Georgia og Ukraina.

Overfor sosialisttyranniet Cuba har Obama vist hvem han virkelig er. Han besøkte Cuba, han hyllet landets revolusjonshelter, de som står bak tyranniet, og han har gjort det vanskeligere for cubanere å flykte til USA.

Han unnlot å gi noen som helst støtte til de pro-frihetlige opprørerne i Iran, han ga ikke engang verbal støtte, og han er den av USAs presidenter som har vært mest negativt innstilt overfor Midtøstens eneste demokrati, Israel. Han har heller ikke reagert overfor terrorisering av og drap på et stort antall kristne i en rekke land i Midtøsten.

Terrorisme er blitt en voksende bransje under Obama; til sammen ca 60 000 mennesker er blitt drept i aksjoner utført av ulike terroristgrupper i 2014 og 2015; og disse tallene er voksende (kilde statist). De fleste aksjoner er utført av ISIS, Boko Haram, Taliban, og al-Qaeda. Når da president Obama i en slik kontekst sier at «[we are] succeeding against ... violent extremism», er det bare absurd (kilde theamericaninterest).

Det er en utfordring å finne det verste han har gjort, men nedrustningsavtalen med Iran er en sterk kandidat til topp-plasseringen. USA fikk en verdiløs avtale om at Iran skulle stanse utviklingen av atomvåpen, til gjengjeld fikk Iran 100 milliarder dollar i «sanction relief». Iran vil antagelig bruke disse pengene til å styrke Hamas, Hizbollah og lignede organisasjoner.

Vi skulle gjerne ha sagt at når en ny mann (Trump) nå overtar så må det gå bedre. Det kan vi ikke si. Den nye mannen er en bajas, en mann uten ideologi, uten prinsipper og uten politisk erfaring. Han har kommet med en rekke merkelige utspill, han har gått bort fra en rekke løfter han ga i valgkampen, men hva han kommer til å gjøre som president er det meget vanskelig å spå noe om – men det er enkelte ting som tyder på at han vil kunne foreta noen riktige valg. En av de aller første U-svingene var dog følgende: før valget sa han til sin motkandidat Hillary Clinton «You belong in jail», etter valget takket han henne for hennes mangeårige «service to her country».

Trump er dog ikke en mann som går rundt den varme grøten, han sier iblant ting som er riktige, ting som må og bør sies, men som ingen i maktposisjon tidligere har sagt. To eksempler: han har nylig sagt slike ting som at «NATO er foreldet» og at «EU vil bryte sammen».

Men det vi kan være sikre på er at mainstream presse (MSM) vil være like vinklet negativt mot Trump som den var vinklet positivt for Obama, og dersom man leser kun MSM vil man ikke være spesielt velorientert. Som Mark Twain sa det: «if you don't read newspapers, you are uniformed; if you read newspapers, you are misinformed».

I motsetning til det man kan lese i MSM vil man her på stemDLF.no kunne lese kommentarer som er helt upartiske; vi har som nevnt kritisert Obama, vi har kritisert Trump, og det vil vi fortsette å gjøre. Vi holder oss til fakta, vi har ingen ting å forsvare annet enn det som er faktabasert og sant og rett og riktig, sett med et individualistisk og frihetlig utgangspunkt.

$ $ $

Appendiks: Obama ... "The analogy we use around here sometimes, and I think is accurate, is if a jayvee team puts on Lakers uniforms that doesn't make them Kobe Bryant." (For the nonsport-fans, JV stands for junior varsity, and it usually means a high school or college's secondary team.)

https://www.washingtonexaminer.com/news/124210/biden-once-called-iraq-one-of-obamas-great-achievements/

https://www.politifact.com/factchecks/2014/sep/07/barack-obama/what-obama-said-about-islamic-state-jv-team/

https://www.statista.com/statistics/202871/number-of-fatalities-by-terrorist-attacks-worldwide/

http://edition.cnn.com/2015/11/14/politics/paris-terror-attacks-obama-isis-contained/

https://www.the-american-interest.com/2016/11/21/donald-trumps-new-world-order/#_ftn9

Mer materiale er å finne blant annet her:

https://www.breitbart.com/politics/2017/01/02/18-major-scandals-obama-presidency/

http://www.breitbart.com/california/2016/12/21/legacy-10-ways-barack-obama-broke-american-system/

Noen av våre tidligere kommentarer om Obama:

http://stemdlf.no/node/5546

http://stemdlf.no/node/3188

http://stemdlf.no/node/4599

http://stemdlf.no/node/5706

http://stemdlf.no/node/5311

http://stemdlf.no/node/3314

http://stemdlf.no/node/3337

http://stemdlf.no/node/4541

http://stemdlf.no/node/4575

http://stemdlf.no/node/4732

http://stemdlf.no/node/5261

http://stemdlf.no/node/4666

http://stemdlf.no/node/5554

Førte høyrebølgen til at de fattige ble fattigere?

Publisert 20. november 2020

Det har vært vanlig for skribenter i mainstreammedia å hevde at i de siste tiårene er de fattige blitt fattigere, spesielt i USA, og at dette skyldes den høyredreiningen som skjedde i politikken under 80-tallets høyrebølge.

Høyrebølgen innebar en omlegging av politikken i en mer frimarkedsvennlig retning, og besto av skattelettelser, løfter om reduksjoner i offentlige budsjetter/utgifter, privatiseringer, deregu-leringer og større frihandel. Denne politikken begynte mot slutten av 70-tallet, og fortsatte inn på 90-tallet.

En av grunnene til at politikere med en slik høyreorientert agenda fikk oppslutning var den krisen som tidligere tiårs politikk resulterte i på 70-tallet. Alle land i Vesten hadde ført en venstreorientert politikk, en politikk som hadde full oppslutning fra alle store partier, og som gikk ut på at det skulle være «samfunnsmessig styring og kontroll» på et voksende antall områder. Nærmest hele økonomien, og viktige oppgaver som skole, forskning, helsevesen, radio- og TV-sendinger, trygde- og pensjonssystemer, infrastruktur, utstedelse av penger, mm., skulle drives eller reguleres av staten.

Krisen på 70-tallet

70-tallets krise besto av sterk inflasjon, stor arbeidsløshet, økende byråkrati, og en omfattende stagnasjon, en tilstand som den kenyesianske teorien denne politikken bygget på hevdet ikke var mulig. USAs president Jimmy Carter (president 1977-81) beskrev den begredelige tilstanden man var kommet i i en tale som er blitt kjent som «the malaise speech». En kommentator skriver i presens om denne talen:

> «President Jimmy Carter is scheduled to address the nation [on Independence Day, 1979]. But when he cancels last minute and disappears from the public eye, rumors spread of a health problem or, even worse, that he's left the

country. After 10 days, he reemerges with a speech — to address the energy crisis, unemployment, inflation and something else a bit more nebulous: " ... The threat is nearly invisible in ordinary ways. It is a crisis of confidence. It is a crisis that strikes at the very heart and soul and spirit of our national will. We can see this crisis in the growing doubt about the meaning of our own lives and in the loss of a unity of purpose for our nation"».

Carter hevdet altså at krisen var forårsaket av mangel på «confidence», ikke av en venstreorientert økonomisk politikk. Alternativet til den venstreorienterte kursen som var fulgt siden annen verdenskrig, det vil si i mer enn 30 år, var å legge om politikken i en mer markedsvennlig retning, og også Carter slo inn på denne kursen. Men velgerne ville ha nye politikere! Carter ble ikke gjenvalgt.

Høyrebølgen

Blant hovedpunktene i høyrebølgen var sammenbruddet i kommunist-diktaturene i Øst-Europa, en omlegging til et noe større innslag av markedsøkonomi i Kina, en økning av verdensomspennende frihandel (ofte kalt globalisering), tildelingene av Nobelprisen i økonomi til frimarkedstilhengere som Milton Friedman og Friedrich von Hayek (hhv. 1976 og 1974), valget av Ronald Reagan til president i USA i 1980, og valget av Margareth Thatcher som statsminister i Storbritannia i 1979.

Men nå hevdes det at denne omleggingen til mer markedsøkonomi og frihandel førte til at de fattige ble fattigere. Vi konsentrerer oss i fortsettelsen kun om USA; om det som skjedde i resten av verden henviser vi til Johan Norbergs artikkel og dokumentarfilm om økt globalisering linket til nedenfor. Vi siterer kun følgende fra Norberg:

«The World Bank has just [October 2018] released its latest numbers, and according to them, the proportion of the world population in extreme poverty, i.e. who consume less than $1.90 a day, adjusted for local prices, declined from 36 percent in 1990 to 10 percent in 2015. Even though world population increased by more than two billion people, the number of extremely poor was reduced by almost 1.2 billion. It means that in the now much-despised era of globalization, almost 130,000 people rose out of poverty every day. Every one of those 130,000 represents another individual who get closer to a decent life with basic education, access to health care and opportunities in life. This is the greatest achievement in human history.»

Et typisk eksempel på påstanden om at de fattige er blitt fattigere finner vi i en kronikk i Aftenposten nylig. (Kronikkens tema er et annet, og vi tar ikke opp dette her, påstanden om at de fattigere er blitt fattigere bare nevnes i forbifarten som et opplagt og ukontroversielt faktum.)

«Nesten femti år med nyliberal nedbygging av offentlige ordninger og juridisk rammeverk har preget USA. I de første tiårene etter annen verdenskrig fremsto landet som en relativt progressiv nasjon, preget av bred politisk oppslutning om stedvise reformer med henblikk på skape større sosial rettferdighet. Det samme samfunnet er i dag avløst av et hyperindividualistisk risikosamfunn der "the winner takes it all". Om du er fattig eller farget, befinner du deg ganske enkelt ikke i … et samfunn med enorme muligheter. Du befinner deg ofte under betingelser som med europeiske øyne, kan være vanskelige å fatte….».

Kronikken er skrevet av professor i filosofi Espen Hammer, og han nevner at han skriver på en bok om dette temaet. Link nedenfor.

Han påstår altså at det har vært i USA de siste 50 år en nedbygging av offentlige ordninger og juridisk rammeverk, at USA nå er et hyperindividualistisk risikosamfunn der «the winner takes it all», og at om man er fattig eller farget, befinner man seg ganske enkelt ikke i et samfunn med enorme muligheter.

Hammers poenger

La oss se på disse poengene etter tur. Hammer påstår at det har vært en nedbygging av offentlige ordninger. (Det er uklart om han mener at færre får støtte, eller at det er færre ordninger; kanskje han gjør dette klart i boken han skriver om temaet.)

Antall som mottar statlig hjelp har dog gått opp (i perioden frem til 2016; det er liten grunn til å tro at det er kommet store endringer etter 2016; Hammer snakker om «femti år med nedbygging», så det er liten grunn til å tro at all nedbygging han snakker om kom etter 2016.) Høyrebølgen var kraftig i perioden ca 1980-1995, og etter dette kom en ny venstrebølge, hvor styring igjen ble populært. Hvis vi holder oss til USA så var dette under ledere som Bill Clinton, George Bush jr (som gikk til valg med slagordet «compassionate conservatism»), og Barack Obama.

Demokratene Clinton og Obama var opplagt venstreorienterte, så vi tar med ett eksempel som viser at også Republikaneren Bush sto for en venstreorientert politikk. I 2002 satte myndighetene et mål om at den andelen av befolkningen som eide sine egen boliger skulle økes fra 65 % til 70 %. Dette var reelt sett et pålegg til bankene om å innvilge flere søknader om lån til bolig, også fra søkere som bankene vurderte som lite kredittverdige. Bush uttalte at han ville bruke «the mighty muscle of the federal government» for å sørge for at flere kunne eie sine egne boliger, og dette skjedde ved at staten garanterte for slike lite kredittverdige lånesøkere.

Men hvordan har støtteordningene utviklet seg i de siste tiårene? Er de skåret ned slik Hammer påstår?

«According to the most recent data from the U.S. Census Bureau, 152.9 million out of 308.9 million total Americans received some form of government entitlement benefit in the third quarter of 2012. That is 49.5% of the population, and given underestimation and existing growth rates, we may be at the 50% mark already. For comparison, in the third quarter of 1983, only 29.6% of Americans received government entitlement benefits such as Social Security, Medicare/Medicaid, Supplemental Nutrition Assistance Program (SNAP), Federal Supplemental Security Income (SSI), and various means-tested entitlements» (kilde Moneytips).

362

Altså: i 2012 var det ca 50 % av befolkingen som mottok en form for statstøtte, i 1983 var det kun 30 % som mottok slik støtte. Dette tyder ikke på at det har foregått en nedbygging av statlige støtteordninger slik Hammer påstår.

Blir det færre ordninger? Det er riktig at reformen fra 1996 («The Personal Responsibility and Work Opportunity Reconciliation Act»), førte til at flere kom inn i arbeid og bort fra ordninger med sosialhjelp, etc. men:

> «The dire predictions of welfare reform's critics have not come to pass. Poverty rates actually declined in the years immediately following the passage of welfare reform, as did poverty for important subcategories such as African-Americans and children. Since 2000, poverty rates have crept back up, and spiked during the recession, but still remain in line with pre-reform levels. There is some evidence that those in deep poverty, that is those at half of the federal poverty level or below, may not have fared as well, but it depends which measure is used. Overall, welfare reform does not appear to have thrown large numbers of Americans into poverty. But if welfare reform was not the disaster that its critics feared, neither was it the unalloyed triumph that its supporters claimed. ... Despite reform, welfare spending has continued to climb. After all, welfare reform reformed a program, not a system»
> (kilde Cato).

Så, reformen i 1996 førte ikke til at det ble flere fattige.

> «The federal government funds more than 100 separate anti-poverty programs, more than 70 of which provide benefits to individuals. Welfare reform may have reduced the growth in AFDC/TANF benefits, but that merely shifted spending to other programs, from Medicaid, to food stamps to housing and so on. Today [2016], federal and state governments spend nearly $1 trillion on antipoverty

programs. Yet, even if poverty rates haven't spiked as critics feared, neither have we lifted many people out of poverty. That's a great deal of money for pretty mediocre results» (kilde Cato).

Det var altså 100 «separate federal anti-poverty programs» (i 2016) – da er det kanskje en god ide å redusere antallet noe. Man kan lese Hammer slik at han mener at det er få eller ingen slike programmer igjen, men siden det fortsatt er mer enn 100 programmer igjen så er det lite som tyder på at det har skjedd en betydelig nedbygging.

Disse programmene er finansiert ikke bare av skatter og avgifter, men også av låneopptak, det vil si gjeld. Under presidentene Bush jr, Obama og Trump har USAs gjeld vokst nærmest eksplosivt, men økende statsgjeld er ikke resultat av en høyreorientert politikk, tvert imot.

Det er ikke godt å si hva Hammer mener med «juridisk rammeverk» (som han mener er nedbygget), men antallet lover blir stadig flere:

«No one knows how many laws there are in the United States. Apparently, no one can count that high. They've been accumulating, of course, for more than 200 years. When federal laws were first codified in 1927, they fit into a single volume. By the 1980s, there were 50 volumes of more than 23,000 pages. And today? Online sources say that no one knows. The Internal Revenue Code alone, first codified in 1874, contains more than 3.4 million words and, if printed 60 lines to the page, is more than 7,500 pages long. There are about 20,000 laws just governing the use and ownership of guns. New laws mean new crimes. From the start of 2000 through 2007, Congress had created at least 452 new crimes, so that at that time the total number of Federal crimes exceeded 4,450» (kilde Kowal).

Dette er tall fra 2013; det er ingen grunn til å tro at antall lover er blitt redusert de siste syv årene.

Og mht. deregulering av finans og bank: «[in] the US federal institutions in Washington, DC, ... we find 12,113 individuals working full time to regulate the financial markets» (Johan Norberg i 2008). At mer enn 12000 personer jobber med regulering av finans og bank i 2008 tyder ikke på at det har vært noen omfattende deregulering, slik en kraftig høyrebølge ville ha medført.

Tenker Hammer på lover som er ment å beskytte arbeidstagere (mot uverdige arbeidsforhold, mot dårlige lønninger, mot lange arbeidsdager, etc.) så er slike lover skadelige for arbeidstagerne. Det slike lover gjør er å stenge arbeidsvillige folk ute fra arbeidsmarkedet. Ja, de som jobber bør ha gode lønninger og gode arbeidsforhold, men det er kun en eneste måte å oppnå dette på: økt velstand. Økt velstand er igjen et resultat av akkumulert kapital, og dette er igjen et resultat av en fri økonomi hvor eiendomsretten respekteres. Dersom staten bestemmer arbeidsforhold, lønninger, etc. så er dette skadelig for alle på sikt. (Mer om dette er å finne enhver god innføringsbok i sosialøkonomi.) Hvis det har vært en omfattende deregulering her så har dette vært et gode for arbeidstagerne.

Hammer påstår at man i USA nå har et hyper-individualistisk risikosamfunn der «the winner takes it all». Det er vanskelig å se at dette kan være korrekt. Hele det offentlige skoleapparatet, hele akademia, hele underholdningsindustrien, mesteparten av pressen, hele apparatet av NGOer, hele Big Tech, er alle sterkt venstreorienterte og har vært slik i noen tiår. En påstand om at en slik tilstand kan vare ved i et samfunn hvor hyperindividualistiske ideer dominerer er bare merkelig.

Venstreorientert kurs
Denne sterkt dominerende venstreorienteringen er også tydelig å se i utviklingen blant studenter de siste årene. En rekke andre fenomener tyder også på en sterk venstrekurs: kravene om innskrenkinger av ytringsfrihet som innebærer at konservative talere ikke får adgang til å holde foredrag på universitetsområde, kjent som «deplatforming»; krav om «safe spaces» hvor utsagn som av enkelte kan oppfattes som krenkende ikke er tillatt; krav om «trigger warnings» når noen er i ferd med å si noe som noen kan oppfatte som krenkende overfor en eller annen minoritet; bred støtte til voldelige sosialistorganisasjoner som

Antifa og BLM; angrep på og krav om å redusere bevilgningene til politiet; krav om at personer som støtter et tradisjonelt syn på kjønnsroller må få sparken ikke bare fra universiteter, men også fra private selskaper; påstander om at det er er diskriminerende dersom en baker har lov til å nekte å bake en kake til et bryllup mellom homofile. Vi kan også ta med følgende: «…college students plan to vote in 2020 —and they heavily prefer Biden over Trump» (kilde cnbc), noe som tyder på at de i langt større grad sogner til sosialistsiden heller enn til den nasjonalistiske/konservative siden som dagens Republikanske parti representerer.

Det er altså vanskelig å finne belegg for Hammers påstand om at USA er blitt et hyperindividualistisk samfunn. Og at USA i dag er slik at the «winner takes it all» – å beskrive et samfunn med enormt omfattende kvoteringsordninger, ordninger hvor egentlig irrelevante kriterier som kjønn, legning, rase, etc. spiller en viktig rolle i en rekke sammenhenger (ansettelser, forfremmelser, mm.), står ikke til troende. Det er vanskelig å se at Hammer har rett. Det skal bli interessant å se hvordan han forsøker å begrunner dette i sin kommende bok.

Det er ikke godt å være fattig, men de fleste som regnes som fattige i USA har en leilighet, en bil, air-conditioning, etc. Og de sulter ikke. Mange av dem har også tilgang til vaskemaskin, oppvaskmaskin, kabel TV, internett, kjøleskap, etc., og disse produktene er blitt billigere de siste årene (målt i gjennomsnittlige arbeidstimer), samtidig som kvaliteten er gått kraftig opp. Blant ting som er blitt til dels mye dyrere for alle er helsetjenester og høyere utdanning, men dette kommer av at disse bransjene er sterkt regulert av det offentlige. (Data om dette er å finne i Brook/Watkins *Equal is Unfair*). Ja, de har ofte vanskelig for å komme i jobb, og de er ofte rammet av kriminalitet, og de er oftere kriminelle. Det som enklest ville ha ført til kraftige forbedringer her er deregulering av arbeidslivet (mer fleksible ansettelsesforhold, mer fleksible lønninger) slik at det ble lettere å ansette folk og å kvitte seg med nyansatte dersom de viser seg uegnet for den jobben de fikk. Viktig er også legalisering av narkotika, som vil føre til at den reelle kriminaliteten som forbudet fører med seg, vil forsvinne. Innføring av strenge straffer for reell kriminalitet er også viktig, samt en gradvis nedbygging av alle offentlige støtteordninger, ordninger som er slik at arbeidsføre folk i for stor grad velger å leve på trygd heller enn å jobbe, noe som låser dem inn i fattigdomsfellen: det er jobber, ikke trygder, som er den eneste veien ut av fattigdom.

Hammer impliserer at det var bedre før: «I de første tiårene etter annen verdenskrig fremsto landet som en relativt progressiv nasjon, preget av bred politisk oppslutning om stedvise reformer med henblikk på skape større sosial rettferdighet».

Hammer ser ut til å mene at president Johnsons «War on Poverty», som ble iverksatt midt på 60-tallet, var en god ting. Sannheten er den motsatte. Den førte til at staten i stadig større grad begynte å betale folk for å være fattige, og det som skjedde da var at andelen fattig da sluttet å synke, slik den hadde gjort inntil denne krigen mot fattigdommen startet. (Mer om dette er å finne i Charles Murrays klassiker *Losing Ground*.)

Idealet «sosial rettferdighet» er kun skadelig. Dette idealet forutsetter utjamning, og består i at staten tar penger fra de som jobber produktivt og gir til de som jobber mindre produktivt. En slik politikk demotiverer all innsats, og har økonomisk forfall med voksende fattigdom som resultat.

Hammer sier at i de første tiårene etter annen verdenskrig fremsto landet som en relativt progressiv nasjon. Ja, det var en tid hvor det var langt færre å reguleringer og støtteordninger, og lavere skatter og avgifter; det var altså en periode hvor økonomien var langt friere enn den er nå, og da var det naturlig nok en jevn velstandsøkning. Dette var altså en periode hvor de reformer Hammer ønsker flere av, ennå ikke var innført i betydelig grad, og det var derfor tidene var bedre.

Kort oppsummert: Hammer* påpeker reelle problemer, men løsningen (for å oppnå større velstand og reduksjon av fattigdom) er ikke flere reguleringer og overføringer, slik Hammer ser ut til å ønske, løsningen er mer individuell frihet, mer markedsøkonomi, større respekt for eiendomsretten.

---

* Hammers kronikk var et svar på en kronikk hvor Terje Tvedt hevdet at det var helt usannsynlig at det vil komme til en borgerkrig i USA. Hammers kronikk argumenterer mot Tvedt og mener at USA «ikke kan friskmeldes», det vil si at borgerkrig er mulig. I akkurat dette spørsmålet heller vi til å være enig med Hammer.

Ble de fattige fattigere?

Tilbake til spørsmålet i tittelen: er de fattige blitt fattigere de siste årene? Nei, de er også blitt mer velstående, men de er ikke blitt så velstående som de burde. Den økonomiske fremgangen har ikke vært så stor som den burde og kunne være. Grunnen til dette er at økonomien er blitt mer regulert og mer rigid, og derfor er det blitt vanskeligere å bli rikere for de som ikke er rike. Regjeringer har brukt enorme beløp på slik ting som «bailouts» av store firmaer (etter finanskrisen), klimatiltak, etc., og disse pengene er fullstendig bortkastet – og de som betaler dette er folk flest. Tapet av disse pengene har gitt folk flest en langt lavere velstandsøkning enn de ellers ville ha fått. Alle statsapparater har vokst i omfang (dette gjelder i alle land), noe som krever flere statlige ansatte, flere byråkrater, og større skatteinntekter (eller økt gjeld, som er fremtidige skatter). Og skatteinntektene kommer altså i stor grad fra vanlige folk.

En høyredreining innebærer at staten minker i omfang, og dette har opplagt ikke skjedd. Ja, det var noe høyreorientert retorikk under høyrebølgen, men den virkelige høyredreiningen var svært liten. Men de små skritt til høyre på noen områder førte til en sterk vekstperiode som varte til litt etter år 2000. Venstreorientert politikk kom igjen i førersetet med Clinton og Bush jr. og deres etterfølgere, og det første tydelige tegn på effekten av dette var finanskrisen i 2008.

Med Biden som president vil venstredreiningen forsette i enda større grad, og tingene vil bli verre og verre i årene fremover, Og det er de minst rike som vil lide mest under dette – slik det alltid skjer der hvor venstreorienterte ideer får prege politikken.

Hammers kronikk

https://www.aftenposten.no/meninger/kronikk/i/PRR7Ez/nei-usa-kan-ikke-friskmeldes

Carters «malaise speech»

https://www.npr.org/templates/story/story.php?storyId=106508243&t=1605599401602r

Money-tips

https://www.moneytips.com/dependency-on-government-growing

http://www.kowal.com/?q=How-Many-Federal-Laws-Are-There%3F

Johan Norberg

https://thehill.com/opinion/finance/408546-globalizations-greatest-triumph-the-death-of-extreme-poverty

https://www.cato.org/publications/commentary/regulators-cannot-avert-next-crisis

https://www.cnbc.com/2020/08/24/71percent-of-college-students-plan-to-voteand-they-prefer-biden-over-trump.html

https://taxfoundation.org/summary-latest-federal-income-tax-data-2018-update/

Murray, Charles: *Losing Ground:American Social Policy, 1950-1980*, Basic Books 1984

Brook, Watkins: *Equal is Unfair*, St. Martin's Press 2016

Generasjon Z vil overta – hvordan vil det gå?

Publisert 8. august 2022

En kommentarartikkel i VG søndag 31. juli påstår at «Zoomers [er] generasjonen som kan redde Amerika» (link nedenfor).

Zoomers? Generasjon Z? Mange generasjoner får et kjælenavn; vi kjenner uttrykk som «dessertgenerasjonen», «generasjon X», «baby boomers», «milennials», «generasjon Alfa», «den tapte generasjon», «den tause generasjon». Den generasjonen som nå er eller er i ferd med å bli voksne, og som da om få år kommer til å overta maktposisjonene, kalles «generasjon Z» eller «zoomers», består av folk født i perioden ca 1995 – 2015.

Artikkelen i VG nevner en rekke fakta som preger denne generasjonen, og som ingen andre generasjoner siden annen verdenskrig har opplevd (artikkelen er spesielt fokusert på det som skjer i USA). Det virker som om forfatteren av artikkelen, journalist Kari Aarstad Aase, mener at generasjon Z på grunn av dette representerer helt andre verdier enn generasjonene før dem, og at de verdiene og holdningene som Zoomers står for «kan redde Amerika».

Men allerede i utgangspunktet er det noe som ikke stemmer. Vi siterer:

> «De er den mest sammensatte gruppen i amerikansk historie når det kommer til etnisitet, kjønn og seksualitet, og ingen unge før dem har vært bedre utdannet – eller mer traumatisert. De har vokst opp i et land som har vært involvert i krig og konflikter siden de ble født. De var små barn da to fly traff World Trade Center i New York i 2001. Siden [2001] har USA gjort seg bemerket i konflikter i blant annet Syria, Afghanistan, Irak og Yemen. Klimakrisen har alltid vært en del av deres hverdag, det samme har økonomisk opprør og nedtur, skoleskytinger, opiod-epidemi, pandemi, og stadig mer synlig intoleranse, hvit nasjonalisme og hat. Istedenfor å trekke seg tilbake i angst og sinne, bruker mange zoomers denne kollektive erfaringen til å slå tilbake så det merkes.»

Det er en rekke noe overraskende påstander i artikkelen, og i denne kommentaren skal vi se nærmere på noen av dem.

Utdannelse

Påstanden om at denne generasjonen er spesielt godt utdannet er noe overraskende; det er alminnelig kjent at det offentlige amerikanske skolesystemet, hvor de fleste amerikanske ungdommer får sin skolegang, er svært dårlig – og har vært slik lenge. Den klassiske boken fra 1955 – *Why Johnny can't read* – beskrev hvordan en stor andel av de amerikanske skoleelevene gikk ut av skolen uten å kunne lese, og problemet er fortsatt stort i dag. En bok med tittelen *Why Johnny Still Can't Read or Write or Understand Math And What We Can Do About It* er klar for publisering, og forfatteren av dene boken, Andrew Bernstein, påstår følgende «The current school system churns out millions of illiterates and mental zombies ...».

Grunnen til at mange amerikanere etter å ha gjenomført sin skolegang i praksis er analfabeter kommer i hovedsak av at de ble undervist i lesing etter en metode som heter «look-say», og ikke det som heter «phonics», en metode som brukes i resten av verden. I hovedsak består «look-say» av at man skal lese hele ord uten først å lære de enkelte bokstaver og de lyder de står for (som «phonics» går ut på). «Look-say» er en metode som er inspirert av det som kalles progressiv pedagogikk, og den er helt feilaktig siden den ignorerer et helt nødvendig læringshierarki. (Dette er ikke stedet for å gå nærmere inn på denne problemstillingen, men det er mulig å finne mer på nettet dersom man søker.)

Om dagens situasjon siterer vi bare følgende fra en artikkel i Education Week: Etter overskriften «Why Other Countries Keep Outperforming Us in Education (and How to Catch Up)» kan man lese følgende:

«Thirty countries now outperform the United States in mathematics at the high school level. Many are ahead in science, too. According to the Organization for Economic Cooperation and Development, the millennials in our workforce tied for last on tests of mathematics and problem solving among the

372

millennials in the workforces of all the industrial countries tested. We now have the worst-educated workforce in the industrialized world. Because our workers are among the most highly paid in the world, that makes a lot of Americans uncompetitive in the global economy. And uncompetitive against increasingly smart machines. It is a formula for a grim future» (link nedenfor).

(Her snakker man om millennials og ikke om generasjon Z, men det er ingen grunn til å tro at det amerikanske skolesystemet er blitt bedre de siste 10-15 årene.)

Man kan også trekke inn et poeng til her. Svært mange amerikanske studenter eller eks-studenter har problemer med å tilbakebetale sine studielån, og det er blitt en kampsak for mange venstreorienterte politikere å flytte betalingen av studielån fra de studentene som tok opp disse lånene og over på skattebetalerne. At så mange studenter ikke klarer å tilbakebetale sine studielån tyder på at de har tatt utdannelser som ikke har gitt dem en god inntekt etter at utdannelsen var ferdig. Dette tyder også på at utdannelsen ikke har vært spesielt nyttig og verdifull, noe som forteller at disse studentene har valgt å utdanne seg i fag som ikke er spesielt produktive.

Man kan kanskje si at mange i generasjon Z (og milennials) er langtidsutdannede, men at de er godt utdannet, slik artikkelforfatteren påstår, er nok mer enn tvilsomt.

Islam

Skribenten omtaler det grusomme terrorangrepet på USA 11. september 2001, hvor mer enn 3000 tilfeldige sivile ble drept, slik: «da to fly traff World Trade Center i New York i 2001». Hun bruker en formulering som ville vært riktig å bruke dersom dette hadde vært en flyulykke.

Hvorfor skriver hun ikke følgende: «Da islamistiske terrorister angrep fire mål i USA ved å kapre fly og brukte dem som bomber/ prosjektiler for å ramme flest mulig sivile og flest mulig høyt profilerte mål i USA»?

Det er ganske vanlig for skribenter i dag å dekke over eller unnskylde islamistiske terrorister – ved å erklære terroristene som mentalt utilregnelige og å hevde at deres ideologi – islam – ikke har noe med terrorangrepene å gjøre. Det har vært en lang rekke slike angrep utført av islamister mot USA og andre land i Vesten de siste 20 årene: New York, Boston, Orlando, Fort Hood, Bali, London, Paris, Nice, Madrid, Frankfurt, Stockholm, Oslo, Kongsberg. Svært mange mainstreamskribenter forsøker å bortforklare eller dekke over det som virkelig lå bak disse angrepene. Og det gjør også hun som har skrevet artikkelen i VG.

Kanskje forsøker hun å formulere seg i samsvar med de holdninger som dominerer hos generasjon Z.

Kriger
Artikkel nevner at USA har vært involvert i en rekke kriger. Ja, etter angrep (på USA selv eller på USAs allierte, som for eksempel Kuwait) har USA svart med kriger, men disse har vært dårlig begrunnet overfor allmenheten, dårlig planlagt, og dårlig gjennomført på alle plan, og de har da naturlig nok ikke endt med seier. Det er svært ødeleggende for en nasjon å engasjere seg i kriger som man så taper. (USA har også engasjert seg i kriger som ikke direkte involverte landet selv, for eksempel i Libya og på Balkan. Spesielt engasjementet i Libyas borgerkrig var meget uklokt.)

Abort og demokrati
Artikkelen i VG sier at «De traumatiske erfaringene har brakt generasjon Z til politisk aktivisme og til valgurnene. Høyesteretts avgjørelse om abort, skoleskytinger og politivold mot svarte, er store saker som har gjort at unge har gått fra lav valgdeltagelse, til å bli en vesentlig velgergruppe. Nå knyttes det stor spenning til hvordan de kan påvirke mellomvalget i november.»

Høyesteretts avgjørelse om abort handler om et vedtak i Høyesterett om at dommen i Roe vs Wade (en kjennelse fra 70-tallet som innebar at kvinners rett til selvbestemt abort skulle være tillatt i alle delstater) ikke var i samsvar med konstitusjonen, og derfor ikke var gyldig. Høyesteretts nye kjennelse innebærer derfor at det er opp til den enkelte delstat å bestemme hvorvidt kvinner skal ha rett til selvbestemt abort eller ikke i angjeldende delstat.

Dette innebærer at hvorvidt en delstat skal tillate abort eller ikke skal avgjøres av den demokratisk valgte ledelsen i delstaten. Vanligvis
374

går jo de på venstresiden inn for å økt demokrati, men det ser altså ut til at de ikke vil ha økt demokrati på dette punktet. Det virker som om også skribenten er for økt demokrati: «– Ingen tidligere generasjoner har stemt i så stort antall som zoomers … Også i Norge har de unge økt sin valgdeltagelse betydelig, særlig ved lokalvalg.»

Dette er ikke uvanlig for folk på venstresiden. De vil ha mer demokrati i saker hvor de selv tror de har flertall, men det går imot mer demokrati der hvor de selv har mindretall.

Siden dette er et viktig spørsmål tillater jeg meg å skyte inn mitt eget personlige syn her: mitt syn er at kvinner skal ha rett til abort gjennom hele svangerskapet, og at det er feil at staten eller et flertall i befolkningen skal kunne hindre en gravid kvinne i å ta en beslutning om at hun ønsker å gjennomføre svangerskapsavbrudd. Dette er en opplagt implikasjon av mitt syn om at individer har rett til frihet uansett hva et flertall måtte foretrekke.

Klima

«Inspirert av zoomer Greta Thunberg har norske generasjon Z deltatt i klimademonstrasjoner og skolestreiker. Politikerne har jattet med, lovet dem å lytte og latt dem tro det førte til handlinger som monner. Mens de voksne politikerene snakker om klima, er nordmenns forbruk nå nest høyest i Europa, vi tar fortsatt opp olje og gass, og utslippene er for høye. Norges mest kjente zoomer er tronarving og prinsesse Ingrid Alexandra, som har gitt klart uttrykk for sitt miljøengasjement. Det er mulig å skjønne at zoomers er lei av pjatt.»

Det finnes ingen klimakrise – men dette er et faktum det kan være vanskelig å erkjenne hvis man kun leser mainstreampressen. Klimaet varierer naturlig og har gjort det i tusenvis av år; klima en stor ting så man kan ikke bare se på det som har skjedd de siste ukene eller månedene eller årene.

Ser man klimaet over et langt tidsrom ser man at de endringer som har vært de siste 150 og 100 år ikke er utenfor de naturlige svingninger. Klimaet varierer naturlig, Menneskelige bidrag har svært lite å si for hvordan temperaturen varierer, og det er ingenting vi kan gjøre for å bremse en eventuell oppvarming. Ja, noen land i Vesten forsøker å gi inntrykk av at de gjør noe med slike ting som CO2-avgifter og reduksjon av bruk av fossilt brensel, mens store land som Kina og India og Brasil og Russland og mange mindre land gir blaffen i alt sammen (selv om de gjerne mottar penger fra Vesten for å gi inntrykk av at de reduserer sine karbonfotavtrykk og som erstatning for de enorme problemene som klimaendringene visstnok påfører dem).

Klimatiltak i vestlige land har ingen påvirkning på klimaet, men har mye å si for velstanden – noe spesielt tyskere og engelskmenn vil merke kommende vintre når det blir svært dyrt å fyre når kulden kommer. Grunnen til dette er at en rekke europeiske land har lagt ned sin effektive energiproduksjon for å satse på svært lite effektive energiformer som vindkraft og solkraft.

Black Lives Matter (BLM)

Artikkelen forteller at Zoomers «har støttet Black Lives Matter». I utgangspunktet så det ut som om BLM var en bevegelse som retter fokus mot overgrep mot svarte, spesielt svarte som blir rammet av ubegrunnet politivold og drap. BLM utviklet seg dog raskt til å bli en voldelig venstreorientert gruppe som hadde samme mål som de mest ekstreme på venstresiden.

> Wikipedia: «I senere år har bevegelsen utvidet sin aktivisme til også å omfatte andre venstreideologiske kampsaker, så som protester mot daværende president Donald Trumps strenge innvandringspolitikk i 2016. BLM-aktivistene er også forkjempere for at svarte amerikanere skal få gratis skolegang, ha en generell grunninntekt og kunne få ettergitt studiegjeld.»

Videre:
> «I 2016 ble flere politifolk i Dallas angrepet og skutt, og tonen mot bevegelsen ble langt mer negativ enn tidligere. Cirka 39 % av tweets som brukte hashtaggen #BlackLivesMatter, uttrykte motstand og kritikk mot bevegelsen. Mange som står i opposisjon til Black Lives Matter forbinder gruppen med vold og annen kriminalitet, og mange har beskrevet gruppen som en terrorist-organisasjon.»

376

BLM var en drivende kraft i de mange aksjonene som rammet en rekke store byer i USA sommeren 2020 (utgangspunktet for disse demonstrasjonene var en berettiget harme etter at George Floyd døde etter overdreven voldsbruk av en politimann). Disse aksjonene utviklet seg raskt til å bli noe helt annet enn uttrykk for rettferdig harme, de resulterte i omfattende vandalisme, hærverk og plyndring, og resulterte i omfattende ødeleggelser. Daily Mail skriver:

> «Widespread vandalism and looting during BLM protests will cost the insurance $2 BILLION after violence erupted in 140 cities in the wake of George Floyd's death. Unrest in wake of George Floyd's death resulted in record insurance payouts A total of between $1-2 billion in claims have been filed due to property damage. Riots, arson, and looting took place in Minneapolis and spread to 140 cities. Six people died in the rioting and National Guard was called up in 21 states» (link nedenfor).

Man kan i all hovedsak si at BLM støttet dette hærverket. BLM er da altså ikke en organisasjon som arbeider for å bedre tilstanden til de svarte i det amerikanske samfunnet, BLM er en venstreorientert organisasjon som har plyndring og hærverk og vandalisme som viktigste kampmetode.

Til tross for dette er det mange som støttet og fortsatt støtter BLM, også i den amerikanske eliten (innen akademia, innen rettsapparatet, innen pressen og selvfølgelig i Hollywood), og få av de som var ansvarlige i disse protestene ble arrestert eller stilt for retten.

Politivold
Mange har inntrykk av at det amerikanske politiet i betydelig grad begår overgrep mot svarte amerikanske borgere. Det vises til at mange svarte blir skutt og drept av politiet og til at svarte er svært overrepresentert i amerikanske fengsler. Men sannheten er langt mer komplisert enn som så, og hvis man ser nøye på den så blir bildet et helt annet.

Dessverre er det slik at svarte er svært overrepresentert blant kriminelle. Det er mange årsaker til dette og vi vil kort nevne noen få. En av dem er at, som vi var inne på tidligere, det offentlige skolesystemet er svært dårlig, og at dette selvfølgelig går mest ut over de som har minst ressurser fra før. Mange svarte er derfor svært dårlig utdannet og det gjør dem ikke spesielt attraktive på arbeidsmarkedet. Det finnes en rekke offentlige støtteordninger, og støtteordninger har en tendens til å passivisere mottakerne. Narkotika er forbudt, men i mange miljøer ettertraktet og etterspurt, noe som gjør prisen høy. Det kan føre til at mange som har vanskeligheter med å komme inn på det vanlige arbeidsmarkedet tror at det er lett å tjene store penger på å smugle og selge narkotika. Dette er i all hovedsak årsaken til at svarte er overrepresentert blant de kriminelle, og når svarte er overrepresentert blant kriminelle er det rimelig å erkjenne at svarte er overrepresentert blant de personene som politiet kommer i kontakt med.

Men tilbake til det poenget som var nevnt i VGs artikkel: Bedriver politiet nærmest terror mot svarte amerikanske borgere?

Vi siterer fra en artikkel i Washington post:

«Black Americans are killed at a much higher rate than White Americans. Although half of the people shot and killed by police are White, Black Americans are shot at a disproportionate rate. They account for less than 13 percent of the U.S. population, but are killed by police at more than twice the rate of White Americans. Hispanic Americans are also killed by police at a disproportionate rate.»

Men en mer nyansert forklaring på bakgrunnen for dette er å finne en lang artikkel publisert av Manhattan Institute (link nedenfor). Vi gjengir her et par korte sitater fra denne lange artikkelen.

«Approximately a quarter of those killed [by the police] are black. This is roughly double the black share of the overall population, but it is in line with—and sometimes below—many other "bench-marks" that one might use for comparison, such as the racial breakdowns of arrests, murders, and violent-crime offenders as reported by victims in surveys ... Blacks are an

378

even higher percentage of unarmed civilians shot and killed by police (34%), which is a potential sign of bias. However, not all shootings of unarmed civilians are unjustified, and it is difficult to objectively classify these cases in a more granular fashion. And contrary to the popular perceptions outlined above, confirmed fatal police shootings of unarmed African-Americans number about 22 per year. **Clearly, the most extreme narratives, in which police kill nonthreatening, unarmed black men with high frequency, are false** [uthevet her].»

Skoleskytinger

Det er korrekt at en rekke offentlige skoler i USA er blitt rammet av skoleskytinger. Som regel er det vanlige elever av den litt mere stille og tilbaketrukne typen, gjerne mobbeofre, som har skaffet seg svært farlige våpen og som har drept et stort antall av sine medelever, og noen lærere. I et tilfelle i 2007 ble 33 personer drept, i et tilfelle i 2012 ble det drept 27. Mest kjent er kanskje det som skjedde i Columbine i 1999, hvor 15 personer ble drept.

Hva kan være årsaken til dette? Det er for lettvint å si at det er enkel tilgang på våpen som er årsaken, selv om det etter mitt syn er for enkelt å skaffe seg visse typer våpen i noen delstater i USA. Professor Bradley Thompson har skrevet en lang artikkel i tre deler om den fundamentale årsaken til skoleskytingene. Vi lenker til den nedenfor og anbefaler alle å lese den, men vi vil her bare kort gjengi hans hovedpoeng.

Thompson mener at pedagogikken som dominerer i de offentlige skolene i USA er slik at de nærmest ødelegger elevenes tenkeevne og verdisystem. Dette kan føre til at noen av dem bokstavelig talt blir livsfarlige.

Om disse som skyter sine medelever sier Thompson at

« … not one of these boys fit the image of a typical schoolyard thug—not one of them was a "tough," a "punk," or a "gangbanger." They didn't have criminal records. It's also interesting to note that none of these school massacres has occurred in a big city. The phenomenon seems to be almost entirely limited to rural white America and the suburbs.»

379

«My interest in this subject was initially inspired by my experiences as a college professor. Every year I meet hundreds of recently graduated high school students, and I am most often struck by four things: first, that students are poorly educated; second, that they hated their high school experience; third, that they are unwilling to make moral judgments; and finally, that they have inflated opinions of their level of knowledge and they are not open to criticism. **The result is an often-explosive mixture of ignorance, resentment, nihilism, and narcissism** [uthevet her].Thus, the crisis of our schools is a philosophical issue, and to understand that crisis we must know what Progressive education is and the ways in which it has affected America's children.» (fra del 1 av Thompsons artikkel)

«Positive reinforcement for deeds well done has been transformed by the education establishment into indiscriminate praise so that children will "feel good" about themselves regardless of whether their ideas or actions are praiseworthy or not. ... An extraordinary example of this mindset is found in Lauren Murphy Payne's popular [book], *Just Because I am: A Child's Book of Affirmation,* and her teacher guidebook to self-esteem raising. The guidebook advises teachers to make every child believe unconditionally that "she or he is truly a wonder." **Payne encourages children to focus on their feelings, urges, needs, and instincts and to follow whatever "feels 'right' and 'wrong,' 'good' and 'bad.'"** [uthevet her]. In other words, they are encouraged to live in and celebrate the sub-rational world of their impulses. Feelings are given primacy over facts, and emotions become the child's tool of cognition and his criterion of judgment...

The practitioners of this bogus self-esteem permit, indeed, encourage children to evade the reality of what is true and right, to evade the reality of judging and being judged, and to evade the reality of governing their own actions accordingly. By retarding the moral and psychological development of children,

380

by keeping them in an infantile state of suspended moral animation, today's educators imprison our children in a kind of psychic fantasyland» (fra del 2 av Thompsons artikkel).

«In his private journals, Eric Harris [one of the Columbine killers] embraced its [Progressive education´s] deepest philosophical premises. From John Dewey and the constructivists he learned and then proposed that "there is no such thing as an actual 'real world'"; that "anything and everything that happens in our world is just that, a Happening. Anything else is relative to the observer"; that "theres no such thing as True Good or True Evil, its all relative to the observer"; that "spelling is stupid unless I say. I say spell how it sounds, it's the fuckin easiest way"; that "people that only know stupid facts that aren't important should be shot."

Eric Harris did not get these ideas from video games or the NRA. He learned them at school. All of it is straight out of the Progressives' playbook. From these premises, Harris worked up a juvenile syllogism that defined his philosophy of life: Premise one: moral absolutes are an illusion. Premise two: moral "truth" is situational. Conclusion: I can kill whomever I want. He enunciated this credo on his web page: "My belief is that if I say something, it goes. I am the law. . . . Feel no remorse, no sense of shame. . . . What I don't like I Waste."

In his journal, Harris, cloaking himself in a kind of adolescent Nietzcheanism, wrote "ich bin Gott" ("I am God"), and in his suicide note he left us with these chilling last words: "Your children who have ridiculed me, who have chosen not to accept me, who have treated me like I am not worth their time, are dead. THEY ARE F***ING DEAD."» (fra del 3 av Thompsons artikkel).

Som sagt innledningsvis i dette det kapitlet: Pedagogikken som benyttes i de offentlige skolen i USA, den såkalt progressive pedagogikken, er inspirert av filosofer hvor John Dewey er den mest kjente, er en viktig

381

årsak til at enkelte av de som bli ødelagt av skolesystemet tyr til våpen for å hevne seg.

Er generasjon Z da løsningen?

Artikkelen i VG som var utgangspunkt for denne kommentaren hevdet at ting vil bli bedre når generasjon Z overtar. Jeg tror nok ikke det.

De problemene som USA har skyldes de verdier og holdninger og tenkemetoder som har dominert i den amerikanske eliten i mange tiår.

Når generasjon Z kommer inn i maktposisjon er det mitt syn at disse problemene som USA har vil bli enda større. Når dette skjer vil de problemene USA har i dag bare virke som en forsmak på det som kommer om fem, ti og femten år.

Generasjon Z vil føre oss fra vondt til enda mye verre. Alle ser problemene, men få ser løsningen. Generasjon Z vil pøse på med flere av de tiltakene som er årsak til de problemene man allerede nå har.

VGs kommentator sier at generasjon Z kan løse problemene i USA. Mitt syn er motsatt. Generasjon Z vil føre USA enda nærmere avgrunnen.

https://www.vg.no/nyheter/meninger/i/g65ar5/zoomers-generasjonen-som-kan-redde-amerika

https://www.dailymail.co.uk/news/article-8740609/Rioting-140-cities-George-Floyds-death-cost-insurance-industry-2-BILLION.html
https://www.washingtonpost.com/graphics/investigations/police-shootings-database/

https://www.manhattan-institute.org/verbruggen-fatal-police-shootings
https://blogs.scientificamerican.com/observations/do-people-really-think-earth-might-be-flat/

Thompson, Brad: «Our Killing Schools»

https://cbradleythompson.substack.com/p/our-killing-schools-part-1

Hemmeligheten bak Alexandria Ocasio-Cortez´ suksess

Publisert 13. mars 2019

Alexandria Ocasio-Cortez er nyvalgt medlem av Representantenes hus i USA, og allerede før hun ble valgt inn var hun blitt en svært populær politiker. I dag har man en ganske sikker måte å måle dette på: antall følgere man har på Twitter. Her er hun den politiker i USA som har flest følgere (nest etter president Trump, selvfølgelig). Hun blir ofte i pressen kun omtalt som AOC, en ære som som regel kun populære presidenter får nyte godt av: FDR, JFK.

Ocasio-Cortez er sterkt venstreorientert, og omtaler seg som «selverklært demokratisk sosialist». Hun arbeidet for gammelsosialisten Bernie Sanders´ kampanje for å bli Demokratenes kandidat til presidentvalget i 2016.

Dagbladet omtaler henne slik: «Alexandria Ocasio-Cortez har tatt amerikansk politikk med storm …», beskriver henne som «Demokratenes nye stjerneskudd», og forteller at hun «på kort tid har blitt umåtelig populær». Videre: «… i november ble hun en av frontfigurene da en bølge av kvinner og minoriteter veltet inn i Representantenes hus med Demokratenes seier i mellomvalget» (link nedenfor). Det Dagbladet skriver er representativt for hvordan mainstreampressen omtaler henne. Så hun er virkelig populær. I hvert fall hvis man skal tro Dagbladet og andre magasiner og blader som tilhører mainstream.

Men hun har ingen innsikt i og forståelse for noe som helst. Et par eksempler. Nylig lanserte hun «the Green New Deal», åpenbart inspirert av Roosevelts New Deal, en pakke omfattende reguleringer av økonomien som førte USA inn i en av de største økonomiske krisene historien har sett (Norge ble også rammet av krise, og her ble dette tiåret kalt «de harde 30-åra»). Dagbladet skriver om hennes miljøplan: «nylig sjokkerte hun med å foreslå en radikal klimapakke som har fått navnet "Green New Deal", en plan for å bremse global oppvarming …».

Dagbladet forteller selvsagt svært lite om hva denne pakken

består av, men her er noen av elementene (sitert fra John Perazzos artikkel i frontpagemag, link nedenfor):

> «It aims to make the U.S. 100 percent reliant on renewable energy sources (wind, water, solar) by 2035. ...».

> «It will require the investment of trillions of dollars and the creation of millions of high-wage jobs. [USA] must again invest in the development, manufacturing, deployment, and distribution of energy but this time green energy. ...».

> «... the energy plan would require wealthy people "to start paying their fair share in taxes". ... Cortez suggested that tax rates of "60 or 70 percent" on top earners would be fair and appropriate».

> [Cortez siteres på følgende:] «It's going to require a lot of rapid change that we don't even conceive as possible right now. What is the problem with trying to push our technological capacities to the furthest extent possible?»

> «The Green New Deal would eliminate all fossil fuels from the U.S. electric grid by 2030, thereby forcing Americans to use much more expensive and much less reliable energy sources such as wind (which costs twice as much as power derived from coal and oil) and solar (which costs three times as much). The plan would also mandate trillions of dollars in spending on a government-approved "upgrade" of all homes and businesses in the United States — to make them more "energy efficient"».

Er poeng som ikke nevnes i artikkelen vi har sitert er at planen går inn for å erstatte fly med tog: «Air travel stops becoming necessary» (dette, og en rekke andre poenger, er hentet fra atr.org, link nedenfor).

Før vi går videre vil vi igjen konstatere at det ikke finnes noe klimaproblem; klimaet varierer naturlig, menneskets påvirkning er svært liten, og alle seriøse forskere vet dette. Politikere derimot bruker påstandene om en kommende klimakatastrofe for å tilrane seg enda mer makt. Den politikken Ocasio-Cortez står for er fullstendig vanvittig; dersom den gjennomføres vil USA bli som dagens Venezuela, som på grunn av den sosialistiske politikken som er ført der de siste årene under Chavez og Maduro, en politikk som Ocasio-Cortez støtter, har gått fra å være et rikt land til å bli lutfattig.

Alexandria Ocasio-Cortez har et kunnskapsnivå som er omtrent som det en syvåring har, men hun kompenserer elegant for dette ved rett og slett å unnlate å svare på vanskelige spørsmål når denne type spørsmål en sjelden gang i blant dukker opp fra en journalist. Her er et eksempel. I et intervju ble hun spurt om hvordan man skulle finansiere alle de dyre programmene hun foreslår.

> «I think it's that same exact thing. It's that we … they say, "How are you gonna pay for it?" as though they haven't used these same ways to pay for unlimited wars, to pay for trillion-dollar tax cuts and tax cut extensions. They use these mechanisms to pay for these things all the time. They only want to know … it just seems like their pockets are only empty when we're talking about education and investing in human capital in the United States: education, healthcare, housing, and investing in the middle class. All the sudden, there's nothing left. All the sudden, the wealthiest nation in the world, we're just totally scarce. We have complete scarcity when it comes to the things that are most important. And so for me, I think it belies a lack of moral priority and that's unfortunate. I think that a lot of these folks, especially those perhaps on the Democratic side, they don't even see it, you know?… I legitimately think that they start kind of buying into conservative talking points. They get dragged into their court all the time. And I think it is because there is this really myopic and also just misunderstanding of politics as this flat, two-dimensional left-right thing.»

Ja, dette var hennes svar, og den som vil bekrefte at dette er korrekt gjengitt kan selv sjekke videoen fra dailywire nedenfor. Journalisten unnlot å følge opp dette ikke-svaret. Hun har også besvart samme spørsmål fra andre intervjuere på akkurat samme måte.

Så hvorfor er hun da så populær? Det at hun er så populær viser at fakta og logikk ikke betyr mye i politikken. Det som har alt å si er karisma, sjarm, talegaver, selvtillit, og at man gir et inntrykk av at man vet hva man snakker om. Har man dette er man sikret suksess i politikken – forutsatt at en ekstremt viktig forutsetning er til stede: man må i praktisk politikk representere de grunnleggende filosofiske verdier som allerede finnes i befolkningen.

Sagt på en litt annen måte: den som vil inn i politikken og bli valgt og bli kjendis, og som har karisma, sjarm, talegaver og selvtillit, er sikret suksess bare dersom hans eller hennes politikk er en manifestering av grunnleggende ideer som folk flest (eller en stor gruppe) allerede har sluttet opp om.

Det er derfor Cortez er så populær. Hun ser godt ut. Hun er karismatisk og har store talegaver, og det hun sier er uttrykk for ting som mange i befolkningen allerede mener og slutter opp om: vi har problemer og derfor må vi ha flere reguleringer og staten må styre mer, de rike må betale mer slik at vi får hjulpet de svake og de fattige, vi står foran en klimakrise og løsningen er flere reguleringer, høyere skatter og subsidiering av fornybar energi, osv.

For å gjenta: Cortez er populær fordi hun bare sier i klartekst det som svært mange allerede mener. Dette er hemmeligheten som sikrer suksess i politikken (vi gjentar også at dette er veien til suksess dersom formålet med engasjementet i politikken er å bli valgt inn i styre og stell).

Dette betyr at dersom en person engasjerer seg i politikken og forsøker å bli valgt, dersom han eller hun har sjarm og karisma, og har saklige argumenter og alle fakta og all logikk på sin side, vil han eller hun ikke bli valgt uansett hvor mange debatter han eller hun vinner dersom hans eller hennes standpunkter og verdier ikke allerede finnes i betydelig grad i befolkingen.

Tre historiske eksempler: Dersom Adolf Hitler hadde stilt til valg i USA før 1800 ville han ikke fått noen oppslutning i det hele tatt: de verdiene har sto for hadde ingen oppslutning i amerikansk kultur i denne tidsperioden. Hadde Thomas Jefferson stilt til valg i Tyskland på 1930-tallet ville han ikke fått noen oppslutning i det hele tatt: de verdiene han sto for hadde ingen oppslutning i tysk kultur i denne tidsperioden. Men Hitler i Tyskland på 30-tallet fikk stor oppslutning, og Jefferson i USA før 1800 fikk stor oppslutning. Tredje eksempel: Carl I. Hagen gjorde FrP til et stort parti mot slutten av 80-tallet; ved valget i 1989 gikk partiet frem fra 2 til 22 representanter på Stortinget. Dette var høyrebølgens tiår, liberalistiske ideer fikk økende oppslutning, og Carl I. Hagen var en mester i ri på denne bølgen. Hagen hadde da karisma, sjarm, talegaver, og selvtillit. (Dessverre var han fullstendig prinsippløs så han kastet bort suksessen med en gang, og FrP som liberalistisk parti ble ødelagt. Partiet er nå et vanlig sosialdemokratisk parti som til og med er kommet inn i regjering; belønningen det fikk for å kaste sine prinsipper er stor oppslutning og plasser rundt Kongens bord – så lenge det varer.)

Nå kan man arbeide politisk uten å sikte på å bli valgt, og det finnes i hvert fall en norsk suksesshistorie som viser dette: AKP(ml). Partiet blei danna i 1972, og ble lagt ned i 2007. Partiet var et konsekvent kommunistparti, det hyllet diktatorer og massemordere som Lenin, Stalin, Mao og Pol Pot, det arbeidet for å gjøre Norge om til et stalinistisk diktatur, det var for væpna revolusjon.

Partiet besto av studenter, noen av dem nokså intelligente, men disse var helt uten virkelighetskontakt og fornektet opplagte og velkjente fakta innen alle fagområder, spesielt innen filosofi, historie og sosialøkonomi. Partiet stilte til valg, men kom aldri inn på Stortinget – men det var heller aldri dets mål. Partiets mål var å indoktrinere flest mulig mennesker i den kommunistiske ideologien, og her var deres suksess kolossal. Et meget stort antall mennesker lot seg indoktrinere, og mange av disse sitter nå, noen tiår etter partiets storhetstid, i viktige stillinger i akademia, i forlagene, i pressen, i byråkratiet, i NGOer. Fra alle disse maktposisjonene har de en kolossal innflydelse i Norge i dag.

APKs suksess i sin indoktrineringsvirksomhet ser vi altså tydelig omkring oss i dag. AKP er i stor grad videreført i partiet Rødt, og dette partiet har på de siste meningsmålinger en stor oppslutning. En måling publisert 5. mars i år forteller at Rødt har en oppslutning på riksbasis på 7,2 % (pollofpolls), og en annen måling viser at Rødt har en oppslutning på nesten 12 % i Oslo: «Rødt er en rakett … Rødt fikk en oppslutning på 11,8 prosent» (Dagbladet).

Bakgrunnen for denne suksessen – eller egentlig tragedien – er at de som tilhørte miljøet omkring AKP ikke bare jobbet politisk, de satset også på en rekke andre arenaer for å spre sin marxistiske propaganda: de startet forlaget Oktober, plateselskapet Mai, teatergruppen Tramteatret, avisen Klassekampen. Også barn var med i målgruppen for denne indoktrineringen: Pelle Parrafins Bøljeband var en regelmessig gjest i barneprogrammer på NRK omkring 1980. Flere av disse aktørene lever fortsatt i beste velgående, men propaganda-vinklingen er noe mindre åpenbar nå enn den var i startfasen.

Så AKP og miljøet omkring gjorde det riktige for å oppnå makt og innflydelse: det fikk ingen oppslutning fra velgerne mens det var et parti, men folk som sognet til partiets arbeidet på sikt med å indoktrinere de lettlurte og virkelighetsfjerne med sin totalitære ideologi, og noen tiår etter er de på Stortinget og ser i dag frem til et kjempevalg i 2019. (Vi skyter inn at det er relativt enkelt å spre den kommunistiske ideologien; den er bare en sekulær variant av kristendommen, en ideologi som har stått sterkt i innpå 2000 år.)

Vi oppsummerer: veien til suksess i politikken er følgende: på kort sikt vil en karismatisk person få oppslutning dersom han eller hun målbærer holdninger som allerede står sterkt i befolkningen. Fakta og logikk spiller ingen rolle. Det er dette som er årsaken til Ocasio-Cortez` suksess – og det samme prinsipp er også årsaken til Rødts suksess i dag.

Dersom det man står for (det vil si de fundamentale ideene som ligger til grunn for det man mener i praktisk politikk) har liten oppslutning vil man ikke bli valgt. Det man bør gjøre da er å berede grunnen, det vil si man må arbeide for å spre de ideer som må feste seg i betydelig omfang i befolkningen slik at man kan få oppslutning noen tiår frem i tid (slik AKP gjorde).

https://www.dagbladet.no/nyheter/stjerneskuddets-uttalelse-skapte-raseri---respektlos/70856592

https://www.frontpagemag.com/fpm/272773/exactly-what-green-new-deal-john-perazzo

https://www.atr.org/green-new-deal-air-travel-stops-becoming-necessary

388

https://www.dailywire.com/news/watch-ocasio-cortez-asked-how-shell-pay-everything-ben-shapiro

http://www.pollofpolls.no/?cmd=Kommentarer&do=vis&kommentarid=2555

http://www.pollofpolls.no/?cmd=Kommentarer&do=vis&kommentarid=2550

https://www.dagbladet.no/kultur/rodt-er-en-rakett-og-bjornar-moxnes-en-dyktig-politisk-pyroteknikker/69978177

Amerikanske krigsfilmer før og nå

Publisert 24. oktober 2006

Ethvert kunstverk har en mening, enten implisitt eller eksplisitt: ethvert kunstverk har et budskap som kunstneren forøker å formidle til de som opplever kunstverket. Dette gjelder kunst i alle kategorier: litteratur, maleri, musikk, skulptur, etc.

Dette gjelder også film. Enhver film har en mening, et budskap. Det vi skal se på her er sammenhengen mellom film og krig, det vil si vi skal se på hvordan i hovedsak amerikanske og engelske spillefilmer forholder seg til de kriger som landene er/har vært involvert i.

Under annen verdenskrig ble det laget en rekke spillefilmer om krigen, og alle støttet krigsinnsatsen. Alle beskrev Nazi-Tyskland som et diktatur og hyllet de som kjempet mot nazismen og for frihet. Av slike filmer kan vi nevne *Foreign Correspondent* (1940), *Casablanca* (1942), *Mrs Miniver* (1942), *Saboteur* (1942), *Battle of Midway* (1942), *Destination Tokyo* (1943). Det finnes dog mange flere enn disse, og alle har samme tema. Heltemotet og integriteten hos soldatene er også vist i en rekke filmer, for eksempel *Bridge On the River Kwai* (1957).

Under krigen (i 1944) filmatiserte Laurence Oliviers Shakespeares *Henry V*, og deler av dette skuespillet er en vitamin-innsprøytning til soldater som skal i krigen. Meget berømt er kongens tale før slaget ved Agincourt, en tale som forsøker å oppildne soldatene ved bl.a. å si at dette slaget er så viktig og seieren er så sikker at de som ikke fikk anledning til å være med i slaget vil være misunnelige på de som er med.

Etter hvert kom det dog filmer som var meget kritiske til de alliertes innsats, for eksempel *Paths of Glory* (1957, riktignok lagt til WW1), og *A Bridge Too Far* (1977).

Annen verdenskrig ble avsluttet i 1945, og ingen vestlige land var etter denne involvert i noen krig før Koreakrigen (1950-53). Så vidt vi vet ble det ikke laget noen filmer om denne krigen mens den pågikk, men senere kom det filmer som *MASH* (1970). Tendensen i denne var den samme som i et stort antall filmer om Vietnam-krigen, som pågikk mens MASH ble laget.

I motsetning til Korea-krigen ble ulike sider ved Vietnamkrigen gjenstand for et meget stort antall filmer fra midten av 70-tallet og utover: *Hamburger Hill, Born on the 4th of July, Platoon, Apocalypse Now, Full Metal Jacket, Casualties of War, Coming Home, Deer Hunter.* Alle disse kritiserte USAs forsvar, USAs soldater, og måten krigen ble ført på. *Soldier Blue* (1970), riktignok lagt til indianerkrigene i USA på slutten av 1800-tallet, hadde som tema å vise hvor rå og grusomme de amerikanske soldatene var, og hvor uskyldsrene de innfødte var. Det samme kan sies om *Little Big Man* (også 1970). Parallellene til Vietnam var åpenbar. Det ble også laget en film som støttet USAs krig i Vietnam, *Green Berets* (1968), men denne ble ingen suksess, hverken hos publikum eller hos kritikere. Vietnam-krigen endte med kommunistisk seier i 1975.

Den første Gulf-krigen i 1991 var så kort at det ikke ble laget noen filmer om denne før etter at den var avsluttet. En av filmene hvis handling var lagt til denne krigen var *Three Kings* (1999), som fremstilte amerikanske soldater en gjeng tullinger.

Under president Clinton engasjerte USA seg i flere kriger hvor amerikanske interesser ikke var involvert (Somalia, Balkan), blant annet brukte Clinton soldater for å forsøkte å hjelpe humanitære organisasjoner i Somalia. Et slag mellom muslimske krigsherrer og amerikanske soldater endte med et pinlig nederlag for USA, og dette slaget ble det laget en film om: *Black Hawk Down* (2001).

Nå pågår den såkalte krigen mot terror, som er USAs svar på mer enn to tiårs terrorangrep fra militante muslimer, en serie med angrep som endte med aksjonen mot USA 11. september 2001. Om omstendighetene omkring denne er det allerede laget et stort antall filmer: Helt fersk er *World Trade Center*, som handler om to brannmenn som arbeidet inne i et av tårnene før det falt sammen, og *United 93*, som viser det som skjedde i det flyet hvor passasjerene overmannet kaprerne. Ingen av disse tar dog opp årsaken til angrepene eller setter dem i en større sammenheng.

Men det finnes flere filmer som reelt sett handler om krigen mot terror: *V for Vendetta* (2005), *Jarhead* (2005), *Syriana* (2006), *The Road to Guantanamo* (2006). Vi tar også med *Fahrenheit 911* (2005), selv om den gir seg ut for å være en dokumentarfilm.

Alle disse er reelt sett propagandafilmer for fienden. Dette er amerikanske/engelske filmer, men de støtter reelt sett helt og fullt de som har gått til angrep på USA.

Vi tar også med *Alamo* (2004). Den handler om et slag i krigen mot Mexico i 1836 hvor USA tapte (krigen handlet om Texas' forsøk på å løsrive seg fra Mexico). Når USA nå er i krig så lager altså Hollywood filmer som omhandler slag som USA tapte.

Men utviklingen ender ikke med denne filmen. Vi skal nevne to filmer til: ·*The Prisoner or: How I Planned to Kill Tony Blair* (tysk/ amerikansk), og *Death of a President*, en britisk film som i en dokumentarisk form som viser et attentat på USAs president.

Vesten har vært i krig med nazismen og med kommunismen, og er i krig med fundamentalistisk islam. Alle disser krigene ble utløst av at Vesten ble angrepet av hhv. den nazistiske siden, av den kommunistiske siden, og så av fundamentalistisk islam. Under den første av disse laget filmbransjen filmer som fullt ut støttet kampen mot nazismen. Under og etter krigen mot kommunismen i Korea og Vietnam ble det laget filmer som kritiserte USAs krigføring og det amerikanske militæret. Men under krigen med fundamentalistisk islam lages det filmer som reelt sett angriper USA og støtter fundamentalistisk islam.

Utviklingen har altså vært som følger: først støtte av egen side, så kritikk av egen side, og så støtte til fienden. Det ender opp med filmer som viser fiktive attentater mot den egne lederen.

Dette er en meget urovekkende utvikling. Det er mye vi kunne si om dette, men la oss kort si at utviklingen viser at de verdier som Vesten bygger på, stadig svekkes. Disse verdiene sto for noen tiår siden sterkt nok til at Vesten kunne slå og tilintetgjøre nazismen. De sto ikke sterkt nok til å slå kommunismen i krig – Korea-krigen endte med at kommunistene ble drevet tilbake, mens Vietnamkrigen endte med nederlag. (Om filmer om den kalde krigen vil vi kun si at det praktisk talt alltid var USA/CIA som var «the bad guys» i disse.)

De intellektuelle er de som leder an i en kulturs utvikling. Utviklingen i disse filmene viser at verdiene hos de intellektuelle, og vi regner de som lager film som noenlunde representative for de intellektuelle, har endret seg drastisk på 60-70 år: fra å være pro-Vesten under WW2, til nå å være direkte anti-Vesten. Verdisynet i populære kunstverker (med «populær» her menes «rettet mot et massepublikum», dette i motsetning til verker rettet mot en mindre elite) er representativt for det verdier som er utbredte og aksepterte i befolkningen.

Trenden som disse filmene viser er den samme utviklingstrenden vi finner i befolkningen. Dette et meget urovekkende. Fortsetter det slik vil det nødvendigvis gå galt.

Folkerepublikken California

Publisert 19. juni 2019

En venstreorientert politikk innebærer høye skatter og avgifter, reguleringer av næringslivet, og en rekke såkalte gratistilbud til borgerne fra det offentlige (tilbudene må ikke nødvendigvis være gratis, de kan også være sterkt subsidierte): skoler, helsetjenester, trygder, pensjoner, mm. Med i dette bildet hører også en mild kriminalpolitikk, det vil si en kriminalpolitikk som innebærer at en rekke kriminelle handlinger ikke skal straffes, og at de straffer som idømmes skal være milde. Den fundamentale grunnen til at venstresiden ønsker en slik politikk er at den egentlig mener at individer ikke kan holdes fullt ut ansvarlige for sine handlinger: jobber man mye og effektivt og tjener mye penger så er det egentlig ikke vedkommendes egen fortjeneste; begår man kriminalitet er det egentlig ikke gjerningsmannens ansvar, det er samfunnets skyld. Venstresiden vil derfor ha utjamning mht. inntekter, den vil ikke (eller i liten grad) straffe enkeltpersoner for å gjøre ting de egentlig ikke kan noe for, etc. Venstresiden fører også en omfattende såkalt miljøpolitikk: de mener at vanlig menneskelig aktivitet (f.eks. bruk av bil og fly) vil føre til en miljøkatastrofe, og den vil derfor ha restriksjoner på bruk av bil og vil satse på ulike former for kollektivtransport, f.eks. tog, som erstatning for fly.

En venstreorientert politikk går altså ut på at det offentlige skal dele ut en rekke gratistilbud, og dette skal finansieres ved inntektene som kommer fra skatter og avgifter. Dersom skatteinntektene viser seg å være for små for å dekke utgiftene tar disse politikerne gjerne opp lån for å finansiere de godene som staten skal dele ut. Disse lånene må betales tilbake av fremtidige skattebetalere.

I USA har delstatene en betydelig grad av indre selvstyre, og enkelte av dem fører en sterkt venstreorientert poltikk, noe som naturlig nok kommer av at velgerne er sterkt venstreorienterte. En av disse sterkt venstreorienterte delstatene er California.

En tydelig illustrasjon på dette finner man i hvor sterkt Demo-
kratene står i California: ved siste valg til delstatsforsamlingen
(november 2018) fikk Demokratene ca 67 % av stemmene, mens
Republikanerne fikk 31 %. Dette resultatet er representativt for det
politiske landskap i California (at Republikaneren Arnold Schwarze-
negger ble valgt til guvernør i perioden 2003-2011 forandrer ikke på
dette; han var en superkjendis og var også sterkt venstreorientert).

I California finner man et stort antall eksempler på hva en
venstreorientert politikk medfører i praksis. Vi skal kort nevne noen:
Inntektsskatten og «sales-tax» er blant de høyeste i hele USA:

> «Top marginal rates range from North Dakota's 2.9 percent to
> California's 13.3 percent.» (kilde taxfoundation). «California
> has one of the highest sales tax rates in the country, and had the
> highest for years until a tax reduction in July 2011. Cities and
> municipalities can charge an additional local sales tax (known as
> a "District Tax") on top of the California state sales tax, which
> means California residents can pay as much as 10 % combined
> state and local sales tax on their purchases. The California sales
> tax is as high as it is, relative to the other states, as
> compensation for reduced property taxes in California (which
> were introduced by Proposition 13 in 1978)» (kilde tax-rates).

En rekke firmaer forlater California fordi det er totalt sett er enklere å
drive i andre delstater:

> «What is … serious is the number of California-based
> companies that have left or signaled their intention to leave the
> state. Last year marks the first anniversary of the announcement
> that Carl's Jr., a California burger icon for more than six
> decades, was relocating its headquarters to Nashville. It's a
> symbol for what's become a stream of businesses that have quit
> California. What was once an almost quiet exodus of companies
> now looks more like a stampede.
> Among the roll call of businesses abandoning California for
> more hospitable business environments includes Toyota which
> has left Torrance and will complete the move of its U.S.

headquarters to Dallas in the coming month. Also having left for Dallas is Jacobs Engineering Group, $6.3 billion firm formerly based in Pasadena that has more than 230 offices across the world, employs 60,000 and generates $12 billion in annual revenue.

Nissan North America (left for Nashville a decade before Carl's Jr. did), Jamba Juice (traded San Francisco for Frisco, Texas), Occidental Petroleum (prefers Houston over Westwood for its headquarters), Numira Biosciences (departed Irvine for Salt Lake City) and Omnitracs, a software firm (waved goodbye to San Diego and said hello to Dallas). Chevron moved 800 jobs from its Bay Area headquarters to Texas, and Waste Connections shifted more than 100 jobs to Texas from Folsom» (kilde chiefexecutive.net)

California har stor gjeld: «California's state and local debts topped $1.5 trillion as of June 30, 2017». 1,5 trillioner dollar er 1,5 billioner dollar på norsk tellemåte, og i tall: 1 500 000 000 000. Dette utgjør ca 37 500 dollar per innbygger (kilde ocregister).

Et av de mest typiske eksempler på miljøpolitikk er ønsket om å bygge en ny linje for hurtiggående tog fra Bakersfield til Merced. (Dette er to små byer i sentrale California.) Linjen var beregnet til å koste 77 mrd dollar, men nå ser den ut til å koste 98 mrd dollar.

«Although it has been dubbed a "bullet train to nowhere," California Gov. Jerry Brown has pushed forward over the years with the state's high-speed rail project. But now the day of reckoning may come sooner than expected for the state's most expensive infrastructure project. A business plan released Friday by the California High-Speed Rail Authority shows its projected baseline cost is now $77 billion — up 20 percent from two years ago — and it indicated the cost could rise to as high as $98 billion. The opening date for the Los Angeles-to-San Francisco bullet train has also been delayed by at least four years, to 2033. … Political uncertainty and opposition to the project have only increased over time. A decade ago, California voters approved Proposition 1A, authorizing nearly $10 billion in bond money

for the construction of the high-speed rail system. Since the
2008 vote, though, the project been plagued by delays and cost
overruns, and polls show most California voters want the funds
to go for something else other than high-speed rail» (Kilde cnbc
12/3-2018, link nedenfor).

Hvor mye er hittil blitt brukt på dette prosjektet? Et overslag vi har sett
sier at det hittil er brukt ca 6 mrd dollar (kilde cnbc).

Vi vil ikke bli overrasket dersom denne linjen aldri kommer til å
bli ferdigstilt, og at alt som hittil er bruk på prosjektet er bortkastet. Vi
synes også den opprinnelige planen er noe merkelig: Bakersfield, som
ligger 160 km nord for Los Angeles, har en befolkning på ca 380 000,
Merced har ca 80 000. Delstaten har ca 40 mill innbyggere. Det er ca
265 km mellom de to byene. Fra langs sør til langs nord i delstaten er
det ca 1400 km. Politikerne har altså ansett det som klokt å bruke innpå
ca 100 mrd dollar på en jernbanelinje som går over en strekning på ca
265 km i en delstat som er ca 1400 km fra nord til sør. Opprinnelig var
det meningen at denne jernbanelinjen skulle gå fra San Francisco til Los
Angeles/San Diego, og at den skulle være et alternativ til fly; den skulle
altså betjenes av svært raske tog, men dette kommer til å være helt
umulig å gjennomføre på grunn av den eksisterende infrastrukturen i
disse storbyene.

Hvordan går det med skolen?

«Education leaders in recent years have lauded achievement
gains and progress of California's K-12 students, but an annual
national report card has rated the Golden State below mediocre
— a solid C-minus, 10th from the bottom among the 50 states
and Washington, D.C. Nearly across the board in multiple
categories graded by the magazine Education Week, California
scored below the national average. California earned 69.9 out of
100 points. As a whole, the nation received a C. Massachusetts
ranked at the top, followed by New Jersey, Vermont, New
Hampshire, Maryland and Connecticut; all earned a B. The state
ranked 41st in conditions that help children succeed, 39th in
school finance, and 30th in achievement» (kilde mercurynews).

Californias politiske ledelse gjør ingen ting for å stoppe illegale innvandrere, snarere tvert imot, og California er den delstaten som har flest illegale innvandrer og flest hjemløse. Delstaten bruker ca 30 mrd dollar på ulke tiltak for illegale innvandrere hver år: «Illegal Immigration Costs California $30.3 Billion A Year—17.7 Percent Of State Budget».

Guvernøren bekjentgjorde 10/6-19 at alle illegale innvandrere yngre enn 26 år skal få nyte godt av de statlige helsetjenester via Medicare – uten å måtte betale noe selv: «California to Provide Full Health Benefits to Illegal Immigrants under Age 26», et tilbud som må betales av fremtidige skattebetalere (kilde nationaleconomics).

Det burde ikke overraske noen at dersom en delstat bruker kolossalt med penger på tiltak for hjemløse så vil delstaten virke som en magnet på hjemløse …

Siden delstaten ikke har noen ordninger som hindrer hjemløse i å etablere seg og slå leir i parker, ved innfartsveier, under broer, i andre friområder, etc., områder som alle eies av staten, er et kolossalt antall slike områder nå oversvømt av søppel, skrot, avføring, brukte nåler, etc. Av copyrightgrunner vil vi ikke publisere noen bilder av dette her, men den som vil kan se bilder ved å klikke på linken til google.no nedenfor.

Som et resultat av dette har det nå dukket opp igjen sykdommer som man med god grunn trodde var utryddet – enkelte Los Angeles-beboere har nå fått tyfus!

Blant disse hjemløse er det en del kriminelle, og de av disse som blir arrestert får milde straffer:

> «California voters' decision to reduce penalties for drug and property crimes in 2014 contributed to a jump in car burglaries, shoplifting and other theft, researchers reported. Larcenies increased about 9% by 2016, or about 135 more thefts per 100,000 residents than if tougher penalties had remained, according to results of a study by the nonpartisan Public Policy Institute of California released Tuesday. Proposition 47 lowered criminal sentences for drug possession, theft, shoplifting, identity theft, receiving stolen property, writing bad checks and check forgery from felonies that can carry prison terms to misdemeanors that often bring minimal jail sentences.

Though researchers can link the measure to a rise in theft, they found it did not lead to the state's increase in violent crime. Violent crime surged by about 13% after Proposition 47 passed, but researchers said the trend started earlier and was mainly linked to unrelated changes in crime reporting by the FBI and the Los Angeles Police Department. The FBI broadened its definition of sexual crimes in 2014, while the LAPD improved its crime reporting after previously underreporting violent crimes. If it weren't for those changes, researchers found, California's violent crime rate would have increased 4.7% from 2014 to 2016.» (kilde latimes).

Men California er en stor stat med områder som er svært forskjellige fra hverandre, og i noen av disse områdene er det svært lite kriminalitet:

«Crime rates vary dramatically by region and category. The lowest rates of both violent and property crime in 2017 were on the South Coast (Imperial, Orange, San Diego, and Ventura Counties), with rates of 288 and 1,894 per 100,000 residents, respectively. The state's highest rate of violent crime was in the relatively low-income San Joaquin Valley, which had 584 violent incidents per 100,000 residents, while the highest rate of property crime occurred in the San Francisco Bay Area, which had 3,049 property incidents per 100,000 residents. The crime category that varies most widely across regions is robbery: in 2017, the robbery rate in Los Angeles County and the Inland Empire (177 per 100,000 residents) was more than five times higher than the rate in the Sierras ...» (kilde pioc).

Dersom man ser hele delstaten under ett kan man si følgende:

«California's violent crime rate rose in 2017—but it remains historically low. California's violent crime rate increased by 1.5% in 2017 to 451 per 100,000 residents. There were also upticks in 2012 and from 2015 to 2017, but the statewide rate is still comparable to levels in the late 1960s» (kilde ppic).

Som man kan se er California ille ute, men det er lite som tyder på at politikerne – eller befolkningen – vil legge kursen om med det første: som nevnt fikk Demokratene, som er mest ansvarlig for denne politikken, en oppslutning på mer enn 60 % ved det siste valget.

Resultater av valg har konsekvenser. En venstreorientert politikk vil føre til de tilstander som vi kort har beskrevet overfor mht. California, men man kan se tilsvarende resultater overalt hvor venstreorientert politikk føres. Man kan se det i andre områder i USA – f.eks. i byer som Chicago, Baltimore, Seattle, Detroit, Flint, som alle ledes av Demokrater, og man kan se det i land som Venezuela.

Noe som er pussig er at ingen journalister og kommentatorer i mainstreammedia ser ut til å forstå hvorfor denne utviklingen skjer, de forstår altså ikke hvordan en politikk som tar belønningen fra de produktive og deler ut goder til de mindre produktive, en politikk som lar være å straffe kriminelle, en politikk som bruker enorme beløp på meningsløse og reelt sett ubegrunnede miljøtiltak. etc., fører til det forfall og kaos man kan se overalt hvor en venstreorientert politikk blir ført.

Praktisk talt alle land i Vesten fører i store trekk den samme politikken som er ført i California, og da er endeholdeplassen noe som ligner den tilstand som vi ser i California i dag.

http://www.tax-rates.org/california/sales-tax

https://taxfoundation.org/state-individual-income-tax-rates-brackets-2019/

https://chiefexecutive.net/business-exodus-california-troubling-sanctuary-policies/

https://www.ocregister.com/2019/01/09/californias-massive-debt-should-caution-against-big-spending/

https://www.cnbc.com/2018/03/12/californias-77-billion-high-speed-rail-project-is-in-trouble.html

https://www.cnbc.com/2019/05/16/trump-administration-pulls-california-high-speed-rail-funding.html

https://www.mercurynews.com/2017/01/05/california-schools-earn-c-in-national-ranking/

https://nationaleconomicseditorial.com/2017/02/21/costs-illegal-immigration-california/

https://news.yahoo.com/california-full-health-benefits-illegal-154717435.html

https://www.google.no/search?q=homeless+camps+in+california+2019&tbm=isch&source=hp&sa=X&ved=2ahUKEwiXuMr3pvLiAhXE4KYKHfG0Cn0Q7Al6BAgAEA0&biw=1489&bih=881

https://www.latimes.com/local/california/la-me-thefts-rise-california-20180613-story.html

https://www.ppic.org/publication/crime-trends-in-california/

New York på kanten av avgrunnen

Publisert 24. august 2020

Flere artikler i mainstreampressen de siste ukene har beskrevet hvordan problemene i New York – som i mange tiår var verdens viktigste og mest populære by – stadig er blitt mer omfattende og mer alvorlige. Men ingen av dem sier noe om hvorfor denne utviklingen er skjedd. Vi vil derfor her si noe om dette.

Men først: Hvem styrer New York? Eller, hvilke politiske ideer ligger til grunn for de beslutningene som tas i byens styrende organer? Det er liten grunn her til å skille mellom Demokrater og Republikanere; forskjellene mellom dem er som regel små, men New York er blitt styrt av Demokrater i lang tid. Det som er viktig her er at velgerne i New York, og i de andre storbyene i USA, ligger enda lenger til venstre enn folk i mindre urbane områder.

Guvernør siden 2011 er Andrew Cuomo, og han er ifølge en hyllest-artikkel «One of the Most Progressive Governors» i USA, og vi skal innledningsvis sitere noe om ham fra noen utvalgte artikler.

Vi tar med her noe om korrekte oversettelser av et par begreper fra amerikansk til norsk siden dette ofte gjøres feil i norske medier: den korrekte oversettelse av det amerikanske «liberal» i en politisk kontekst er «venstreorientert», og «progressiv» skal oversettes til «radikalt venstreorientert». Mer om «progressiv» kan man finne i Wikipedia-artikkelen «Progressivism in the United States», link nedenfor.

Vi har tidligere skrevet utførlig om hva «venstreorientert» betyr[*], men vi vil her bare kort si at det innebærer støtte til statlige reguleringer og styring av økonomien, høye skatter og avgifter, favorisering av fagforeninger (spesielt for de som organiserer offentlige ansatte), en mengde offentlige gratistilbud, enkelt tilgjengelige stipend- og trygdeordninger, og milde straffer for kriminelle.

Tilbake til artikkelen om Cuomo, og vi gjengir noen sitater og uthever noen punkter som viser hans støtte til en venstreorientert politikk:

---

[*] Se artikkelen «"Venstresiden" og "høyresiden" – korrekt definert» linket til nedenfor.

«In January, when Gov. Andrew Cuomo announced his intention to offer New Yorkers *free college tuition* ... [alle uthevelser her].

He became the first governor able to deliver on an idea dear to the hearts of Democrats, *offering a free ride not just for two years but four years of higher education at a public institution* ...

After the shootings in Sandy Hook, Cuomo strengthened New York's already *strict gun control laws*. Last year's budget included a $15 *minimum wage*, ...as well as *paid family leave*.

This year's budget, which was the vehicle for the tuition plan, also reinstituted a *tax on the income of millionaires, raised the age at which juvenile offenders can be tried as adults, created a $10 million legal defense fund for immigrants and provided a tax break for workers who pay union dues.*

Cuomo now pursues more policies that progressives like, such as the *free tuition plan and banning fracking.*

Andrew Cuomo ... has *closed more than a dozen prisons* and delivered on many other favorite ideas of progressives.»

Men man finner også sitater som dette, som gir et litt annet bilde:

«"Cuomo gets little credit on the left. On nearly every issue they care about, activists complain, Cuomo has had to be dragged kicking and screaming, coming around only when he realized it might be politically advantageous to do so" og dette "Cuomo has consistently cut taxes and placed a cap on property tax increases at the local level"».

Sitatene over er fra en artikkel av kommentatoren Alan Greenblatt fra 2017, link nedenfor.

Men Daily Mail forteller også at Cuomo motsetter seg ytterligere skatteøkninger på de rikeste, dette for å hindre at de flytter fra byen:

> «What is making matters worse are the increasing calls from other lawmakers to boost taxes on the city's highest earners to try to plug the $30 billion deficit that was left by the pandemic. Cuomo said he is resisting the idea…A single per cent of New York's population pays half of the state's taxes and they're the most mobile people on the globe,' he said».

Cuomo ble utsatt for sterk kritikk ifbm. Corona-epidemien. Under overskriften «Does Cuomo Share Blame for 6,200 Virus Deaths in N.Y. Nursing Homes?» skriver New York Times bla. følgende: «[A] directive that Mr. Cuomo's administration delivered in late March, [was] effectively ordering nursing homes to accept coronavirus patients from hospitals.» Siden eldre var spesielt utsatte for smitte var dette ikke noe sjakktrekk.

Etter drapet på George Floyd ble også New York rammet av opptøyer og sterkt økende kriminalitet. Daily Mail forteller 5/8-20 om de siste ukene at «Crime is up in New York City with a shocking 286% in robberies on the Upper East Side alone, shootings have gone up and arrests have halved».

Artikkelen i Daily Mail forteller også følgende:

> «So far, there have already been more shootings in 2020 than there were by the end of the year in 2019 and there are still five months until the year's end. Robberies on the Upper East Side have also increased by more than 200 percent. With a gaping deficit in the city and state's budget, essential services like garbage collection, are suffering. The city's sanitation budget was cut by $106 million to try to reduce outgoings. It resulted in trash piling up all over the city.»

Også New York har sluttet opp om forslagene fra ekstremt venstreorienterte grupper om å redusere bevilgningene til politiet, et standpunkt som bygger på en feilaktig oppfatning om at politiet i betydelig omfang trakasserer afroamerikanere.

> «New York City officials on Tuesday agreed to a grim coronavirus-era budget that will sharply curtail municipal services, impose a hiring freeze and, in *a move meant to placate calls to defund the police*, shift roughly $1 billion from the Police Department» (New York Times 30/6-20).

Det er korrekt at enkelte politifolk har trakassert afroamerikanere, men disse politifolkene har allikevel ofte kunnet fortsette i jobben fordi de er beskyttet av sterke fagforeninger.

Så, New York har i en årrekke ført en venstreorientert politikk – høye skatter, en rekke offentlige tilbud (skoler, søppeltømming, stipendier, mm.), ettergivenhet overfor kriminelle, voksende offentlig gjeld – og når Corona-krisen kom ble også den håndtert svært dårlig.

Resultatet? Folk rømmer fra byen. En artikkel forteller at «New York City is dead forever». Artikkelen begynner slik:

> «I love NYC. When I first moved to NYC it was a dream come true. Every corner was like a theater production happening right in front of me. So much personality, so many stories. ...».

> «Now it's completely dead. "But NYC always always bounces back." No. Not this time. "But NYC is the center of the financial universe. Opportunities will flourish here again." Not this time. "NYC has experienced worse." No, it hasn't. ...
> Three of the most important reasons to move to NYC: business opportunities, culture and food. Commercial real estate and colleges are also suffering....

> Midtown Manhattan, the center of business in NYC, is empty. Even though people can go back to work, famous office buildings like the Time Life skyscraper are still 90% empty. . ...The Time Life building can handle 8,000 workers. Now it maybe has 500 workers back. ... [En av grunnen til dette er økende bruk av hjemmekontor, videokonferanser, etc., men med

406

en riktig politikk ville kontorlokaler det ikke lenger er bruk for bli brukt til noe annet.]

Now a third wave of people are leaving. But they might be too late. Prices are down 30-50% on both rentals and sales, no matter what real estate people tell you. And rentals soaring in the second- and third-tier cities.

Right now, Broadway is closed "at least until early 2021" and then there are supposed to be a series of "rolling dates" by which it will reopen.

But is that true? We simply don't know. And what does that mean? And will it have to be only 25% capacity? Broadway shows can't survive with that! And will performers, writers, producers, investors, lenders, stagehands, landlords, etc. wait a year?

Same for the museums, Lincoln Center and the thousand other cultural reasons millions come to New York City every year.

My favorite restaurant is closed for good. OK, let's go to my second favorite. Closed for good. Third favorite, closed for good. I thought the Paycheck Protection Program (PPP) was supposed to help. No? What about emergency relief? No. Stimulus checks? Unemployment? No and no. OK, my fourth favorite, or what about that place I always ordered delivery from? No and no.

I lived three blocks from Ground Zero on 9/11. Downtown, where I lived, was destroyed, but it came roaring back within two years. Such sadness and hardship — and then, quickly, that area became the most attractive area in New York.

And in 2008 and 2009, there was much suffering during the Great Recession, and again much hardship, but things came roaring back. But this time it's different. You're never supposed to say that, but this time it's true.»

Der er mer i artikkelen som er verd å sitere, men vi henviser til artikkelen (link nedenfor) som ble publisert i New York Post.

En kommentator skriver i april 2021 dette om kriminaliteten i New York City:

> «A snapshot of NYPD stats over two years paints an unmistakable picture of a city in serious decline. Murder climbed nearly 45 percent last year and is up an additional 13.5 percent this year. The increases translate into an additional 153 New Yorkers shot, stabbed and strangled. Shootings are up 72 percent in two years, and car thefts are up a staggering 91 percent. The city is in a death spiral, with unprovoked attacks and subway pushings adding more reason for rational fear. Albany's answer [Albany is the capital of New York State]: Put more handcuffs on cops, turn just about every criminal suspect loose, empty the prisons and raise taxes» (kilde tothepointnews).

Corona-epidemien, og håndteringen av den, førte til ytterligere problemer. Også opptøyene etter drapet på George Floyd førte til problemer. Og den politiske infrastruktur – et uforberedt offentlig helsevesen med styrings-mekanismene for dette og andre viktige institusjoner basert på politiske valg – som lå til grunn for alt som skjedde i forkant var ikke velegnet til å håndtere reelle problemer. Mye reguleringer – mest kjent er kanskje de omfattende og langvarige reguleringsordningene som gjelder for boliger, stadig vedtatt i nye former, sist med navnet «Housing Stability and Tenant Protection Act» (2019) – ettergivenhet overfor kriminalitet, en mengde offentlige tilbud (som derfor ikke legger størst vekt på å tilfredsstille kundene, men på å gjøre fagforeningene tilfredse) har ført til at verdens viktigste og mektigste by kommer til å bli en spøkelsesby.

Vi vil også nevne at statlige støtteordninger passiviserer mange av mottagerne, noe som gjør en betydelig andel av borgerne til lite produktive sosialklienter, og at forbudet mot narkotika driver mange av de som ikke er spesielt ressurssterke over i reell kriminalitet. Uttrykk som «dypt tragisk» strekker ikke til.

New Yorks velgere (og det samme gjelder for alle andre byer og land i Vesten) har i mange tiår stemt for et politisk system som innebærer at staten skal føre en venstreorientert politikk, en politikk som altså innebærer høye skatter, statlig styring, og en mengde gratistilbud fra det offentlige.

Denne utviklingen, en utvikling som må ende med forferdelse, ser vi tydelig i alle vestlige land, men noen er kommet nærmere stupet enn andre. Det land som er kommet nærmest stupet er vel Sverige, mens i USA er enkelte byer nærmere stupet enn andre – og det er de byene som er blitt styrt av Demokrater, det vil si de som har ført en kurs lengst til venstre, som har de største problemene.

Ja, Corona-epidemien og opptøyene etter drapet på George Floyd førte til en eskalering av store utfordringer, men de ble håndtert svært dårlig av de politiske myndighetene.

Men hva er den grunnleggende årsaken til at de ble håndtert så dårlig? En forklaring som går ut på at lederne var inkompetente går ikke dypt nok. Man må se dypere enn dette. Og så må man se på hele systemet.

Det er altså slik at politikken har sterkt skadelige effekter, men hvorfor føres denne politikken? Alle ser problemene, men de løsningene som foreslås gjør bare vondt verre.

Politikken innebærer skatter, avgifter, og reguleringer – som alle er negative for de som rammes. Begrunnelsen er at disse statlige inntektene og reguleringene skal brukes for å hjelpe og/eller beskytte visse «svake» grupper.

Men dette bygger på en etikk (en etikk er et sett av prinsipper som gir råd for handling) som sier at det som er moralsk riktig er å gi avkall på verdier som fremmer eget liv til fordel for andre. Denne etikken, en etikk som altså dominerer i dag, heter altruisme. Også ettergivenhet overfor kriminelle er et utslag av altruisme. Også det å finne seg i det politikerne pålegger en av stadig flere skatter og avgifter, og å godta alle innskrenkninger av ens frihet som staten innfører, er implikasjoner av altruisme.

Det som skjer er altså at det føres en politikk som bygger på altruisme. Hovedlinjene i denne politikken har full oppslutning fra
409

nærmest hele befolkningen, dette fordi altruismen av alle regnes som et etisk ideal (som vi nevnte over er det praktisk talt ingen forskjell på Demokrater og Republikanere i USA, og det er heller ingen betydelige forskjeller mellom de store partiene i alle andre vestlige land, og grunnen til dette er at altruismen nærmest har full oppslutning).

Så, alle land i Vesten fører en ødeleggende politikk, og en politikk som allikevel har full oppslutning fra befolkningen. Det er dette altruismen innebærer.

Den filosof som i størst dybde og omfang har analysert altruismen og dens ødeleggende virkninger er Ayn Rand. Vi siterer fra hennes artikkel «Faith and Force: The Destroyers of the Modern World» i *Philosophy: Who Needs It*:

«What is the moral code of altruism? The basic principle of altruism is that man has no right to exist for his own sake, that service to others is the only justification of his existence, and that self-sacrifice is his highest moral duty, virtue and value.

Do not confuse altruism with kindness, good will or respect for the rights of others. These are not primaries, but consequences, which, in fact, altruism makes impossible. The irreducible primary of altruism, the basic absolute, is self-sacrifice—which means; self-immolation, self-abnegation, self-denial, self-destruction—which means: the self as a standard of evil, the selfless as a standard of the good.

Do not hide behind such superficialities as whether you should or should not give a dime to a beggar. That is not the issue. The issue is whether you do or do not have the right to exist without giving him that dime. The issue is whether you must keep buying your life, dime by dime, from any beggar who might choose to approach you. The issue is whether the need of others is the first mortgage on your life and the moral purpose of your existence. The issue is whether man is to be regarded as a sacrificial animal. Any man of self-esteem will answer: "No." Altruism says: "Yes."».

Hvorfor slutter folk flest allikevel opp om denne ødeleggende etikken? Det er fordi alle institusjoner – barnehager, skole, presse, universiteter, etc. – som med én stemme unisont hevder at altruismen er den eneste riktige etikken.

Men denne etikken fører altså til død og fordervelse. Og som nevnt, folk lurer på hvorfor det allikevel går så galt som det gjør, og som vi har sett bekreftet over i artiklene om New York. Det er skrevet utallige bøker og artikler som forsøker å forklare hvorfor det går så galt, og det er stilt spørsmål ved nærmest ethvert relevant faktum, men utviklingen bare fortsetter i den samme negative retningen. Hvorfor? Ayn Rand besvarte i sin roman *Atlas Shrugged* (1957) dette spørsmålet slik: «You have questioned everything except your moral code».

Og det er den – etikken – som er feil, det vil si altruismen kan ikke gi noen oppskrift hverken på gode liv eller gode samfunn, den fører som nevnt til død og fordervelse.

Ayn Rands alternativ vil vi ikke gå in på her, men den som er interessert kan lese kapitlet om henne på www.filosofi.no. Vi vil her bare si at for å komme på rett kurs, en kurs som kan skape gode, harmoniske velstående og fredelige samfunn må man forkaste altruismen; den fører som man lett kan se til død og fordervelse. Den etikken som vil føre til gode liv og gode samfunn er rasjonell egoisme!

https://www.gullstandard.no/2018/11/01/venstresiden-og-hoyresiden-korrekt-definert/

https://www.governing.com/topics/politics/gov-cuomo-new-york-governor-progressives.html

https://www.dailymail.co.uk/news/article-8595717/Cuomo-begs-wealthy-New-Yorkers-come-save-city-Ill-buy-drink.html

https://nypost.com/2020/08/17/nyc-is-dead-forever-heres-why-james-altucher/

https://en.wikipedia.org/wiki/
Progressivism_in_the_United_States#Progressive_Era

https://www.tothepointnews.com/2021/04/the-doom-of-new-york-city/

Bankkollapsen i USA

Publisert 17. mars 2023

For noen dager siden kollapset Silicon Valley Bank, den 16. største banken i USA. En slik kollaps i en bank kan ha betydelige ringvirkninger; banker har gjerne investert midler i andre banker og en kollaps av en stor bank kan føre til at også andre banker får problemer.

Nedenfor vil vi gi en kort forklaring av årsaken, men først litt om hvorfor dette er viktig og farlig. The Telegraph skriver følgende om ringvirkninger som kan nå Storbritannia:

> «The dramatic collapse of Silicon Valley Bank in the United States led to frantic developments in Britain as authorities scrambled to take charge of the situation, a latest report has revealed. A Reuters report claimed that at least half a dozen banks were looking to contact Silicon Valley Bank shortly after its collapse became the biggest debacle of a financial institution since the 2008 economic crisis. On Monday, Europe's largest bank, HSBC, announced it was buying SVB UK. SVB UK reportedly has assets of around 5.5 billion pounds and deposits of around 6.7 billion pounds. The quick buyout reflected fiercely urgent concerns that SVB's potential failure could reverberate throughout the UK's start-up industry. "Whether HSBC's acquisition proves to be successful will largely come down to the asset quality of the loan book, which cannot be assumed to be good, given the early-stage nature of many of the borrowers," Jerry del Missier, former Chief Operating Officer at Barclays, and now Chief Investment Officer at Copper Street Capital, was quoted as saying by Reuters» (link nedenfor).

Når en bank mottar innskudd kan den bruke disse pengene til å kjøpe statsobligasjoner; dette er en måte å sikre disse innskuddene på. Disse obligasjonene har en verdi som avhenger av rentenivået: Når renten går opp går verdien av obligasjonene ned, og vice versa. SVB har mottatt

413

store innskudd fra firmaer i Silicon Valley (mange av disse firmaene tjente store penger under lockdownperioden). SVB kjøpte obligasjoner da renten lå noe under 2 %, men nå har renten på obligasjoner steget til cirka 4 %. Verdien av obligasjonene opplevde et dramatisk verdifall. For å få mest mulig verdier igjen for disse obligasjonene begynte banken å selge; dette ble kjent i markedet; banken mistet tillit, kunder forsøkte å ta ut sine penger – og myndighetene stengte banken.

Innskudd i banken under 250.000 USD var forsikret; noe som ville bety at kunder som hadde mindre enn dette beløpet på konto i banken ville få pengene igjen uansett hvordan det gikk, mens de som hadde større beløp kunne tape en betydelig andel. (Det som ville skjedd uten statlig inngripen var at banken ble kjøpt av en annen bank, og denne ville da betale kundene en del av det de hadde av verdier i banken, men kanskje ikke 100 %.)

Nå grep myndighetene inn og sa at alle kundene vil få sine penger tilbake, også de som hadde beløp høyere enn den grensen forsikringen gjaldt for.

Kort oppsummering av det som skjedde: Myndighetene hadde i lang tid holdt renten lav, det var ført en politikk som kalles ZIRP: Zero Interest Rate Policy. På grunn av av statlige hindringer på energi-sektoren (restriksjoner på energiproduksjon av hensyn til klima og miljø) ble energikostnadene høye, noe som førte til prisstigning i markedet. Myndighetene hadde også økt pengemengden (myndighetene hadde tatt på seg enorme kostnader, blant annet i forbindelse med lockdownperioden etter at Coronaviruset slapp ut), noe som førte til inflasjon. Myndighetenes grep for å bekjempe prisstigning og inflasjon er å øke renten, og myndighetene har da gått bort fra ZIRP og over til en rentesats som var uhørt bare for noen måneder siden. I tillegg til dette vet store aktører at dersom de fører en uklok politikk som kan føre til at virksomheten går overende, vil staten komme med midler for å redde virksomheter som er «too big to fail».

Stikkord: lockdown, først lav rente så høy rente, inflasjon, kunder blir beskyttet mot resultatene av inkompetente aktørers hand-linger. Alt dette er statlige tiltak.

414

Aftenposten forsøker å forklare årsaken:

«Kollapsen kommer av at bankene ikke hadde tatt høyde for raske rentehevinger fra sentralbanken. Verdipapirer SVB hadde investert i, ble brått mye mindre verdt. Og så fikk de problemer med å betjene kundene sine. Det samme kan skje med andre banker. Sentralbanken kan havne i en spagat: På den ene siden skal de sørge for at inflasjonen går ned. På den andre siden skal de sikre finansiell stabilitet, altså at systemet for betaling, sparing og lån, fungerer» (link nedenfor).

Aftenposten bruker faktisk uttrykket «raske rentehevinger fra sentralbanken». Aftenposten sier også at banken ikke hadde tatt høyde for raske rentehevinger – noe som sier at bankens ledelse ikke var spesielt kompetent.

The Dispatch forteller følgende:

«Late last week, Silicon Valley Bank collapsed and was taken over by the Federal Deposit Insurance Corporation (FDIC). On Sunday, the Treasury Department and Federal Reserve announced they would guarantee all deposits—even the uninsured ones—while offering favorable loans to other banks that may face liquidity problems.The Biden administration's de facto bailout came swiftly as it sought to prevent the panic from spreading throughout the financial system. While many heavy hitters on the Hill praised the quick response, critical voices are emerging» (thedispatch).

Her leser vi at The Fed garanterer «alle innskudd – også de som ikke var forsikret».

Dette er et signal til alle aktører om at hvis de er uansvarlige vil staten redde dem!

SVB ble visstnok kåret til USAs beste bank flere år på rad, og det er tydelig at det som banken la vekt på når den skulle vurdere lånesøknader var hvorvidt søkeren i sin virksomhet la vekt på slike ting som klima, likestilling overfor homofile og lesbiske, sosial utjamning, anti-rasisme. Med andre ord: det så kanskje ut til at bankens ledelse overfor sine kunder la mer vekt på at de var woke enn på kundens mulighet til å skape profitt og verdiskapning – og derved mulighet til å betale tilbake lån.

Daily Mail forteller følgende om bankens styre:

«Only ONE member of failed SVB's board had a career in investment banking - and the rest were Obama, Clinton mega-donors who 'grieved' when Trump won including one who went to a Shinto shrine 'to pray'. Tom King, 63, was the only member of the Silicon Valley Bank board who had experience in investment banking. The others were major Obama and Clinton mega-donors, including one who cried when Trump won in 2016. The board is now being investigated for its failure to act ahead of the bank's collapse, as some argue it was too focused on being woke» (link nedenfor).

Som alle andre kriser blir også denne forsøkt utnyttet politisk. Politikere og kommentatorer på venstresiden hevder at årsaken til bankkollapsen var noe deregulering som skjedde under president Trump. Ja, det var noe deregulering under president Trump, men denne hadde støtte fra både Demokrater og Republikanere. De konservative hevder at årsaken er at banken i altfor stor grad la vekt på å være woke, og gå lån til aktører som ikke var kredittverdige. De konservative synes antagelig også at siden mange av de som står bak banken er selskaper i Silicon Valley, selskaper som domineres av folk med venstreorienterte ideer og holdninger, er det ikke så ille at de får en smekk.

Woke-holdninger har antagelig noe av skylden her, men vårt syn er nok at dette ikke var avgjørende; det som etter vårt syn var avgjørende var det som vi oppsummerte under stikkord ovenfor. Vi synes dog det er ille at firmaer i Silicon Valley får problemer; Silicon Valley er en motor i entreprenørskap og nyskapninger innen amerikansk industri. Dersom disse firmaene få problemer vil det kunne ha enormt skadelige ring-virkninger for hele den amerikanske økonomien.

Vi må også ta med følgende poeng hvor staten ikke er hovedansvarlig: SVB hadde en rekke start-up-firmaer innen krypto som kunder. Vårt syn er at vi har liten tillit til krypto, og vil ville ikke satse mye penger, eller låne ut mye penger, til virksomheter som er tungt inne i krypto. Etter vårt syn er det feil å tro at Bitcoin eller en annen kryptovaluta kan bli en sterk og mye brukt valuta. Ja, mange har tjent mye penger på Bitcoin i korte perioder, men vi tror ikke at det vil bli en dominerende valuta, og vi tror ikke at den kommer til å holde seg over lengre perioder. Som det fremgår av navnet[*] er vi sterke tilhengere av gullstandard!

Meget kort oppsummert: kollapsen skyldtes ukloke finansieringer (krypto), for stor vektlegging av woke-holdninger hos kunder, pengebruk på woke-tiltak, en ikke spesielt kompetent ledelse (som ser ut til i hovedsak å være innsatt på grunn av politiske forbindelser), og viktigst: statlige reguleringer og inngrep i det frie marked; inflasjon, rentereguleringer, og restriksjoner på energiproduksjon.

https://www.dailymail.co.uk/news/article-11859379/Only-ONE-member-failed-SVBs-board-experience-investment-banking.html

https://www.aftenposten.no/verden/i/wA95dP/donald-trump-faar-noe-av-skylden-for-bankkollaps-i-usa-hva-betyr-krisen-for-norge

https://www.thetelegraphnewstoday.com/silicon-valley-bank-meltdown-what-why-and-how/

---

[*] Artikkelen er publisert på Foreningen Gullstandards nettside.

Professor Østerud om en liberal verdensorden

Publisert 22. mai 2023

I en kronikk nylig publisert i Aftenposten diskuterer professor Øyvind Østerud temaet «liberal verdensorden». Han tar utgangspunkt i en oppfatning om at en slik har eksistert, men ble brutt da Russland invaderte Ukraina i februar 2022, og hevder at denne oppfatningen er feil: stormaktene har aldri respektert regler om fair play. Østeruds kronikk har noen gode poenger, men også noen åpenbare mangler, og etter vårt syn treffer hans hovedkonklusjon ikke midt i blinken. I det følgende vil vi begrunne dette. Innledningsvis vil vi se på noen viktige eksempler fra tiden etter annen verdenskrigs avslutning.

Vietnam

«Frankrike førte krig mot nasjonale opprørsbevegelser i Indokina .... USA førte en mer enn ti år lang krig i Vietnam, til støtte for et upopulært og korrupt marionettregime.»

Dette er alt Østerud skriver om Vietnamkrigen (om USAs engasjement i Vietnam, som varte fra tidlig på 60-tallet til 1975, og om forløpet). Han burde ha skrevet mye mer.

Etter annen verdenskrig fikk/tok kommunistiske regimer makten i en rekke land; Sovjetunionen førte en politikk som innebar at praktisk talt alle land i Øst-Europa ble deres lydriker, og etter en borgerkrig i Kina fikk kommunistene makten også der. De som tapte borgerkrigen rømte fastlandet og etablerte en ny stat på øya Formosa/Taiwan, og denne utviklet seg i retning av stadig større frihet. Kort tid etter at kommunistregime ble etablert i Beijing invaderte Kina Tibet. Det kommunistiske Nord-Korea angrep i 1950 Sør-Korea med støtte fra Russland og Kina, og det så ut til at kommunismen ville spre seg over en stadig større del av verden. Kommunismen fører som kjent til fattigdom og undertrykkelse for folk flest, og til et luksusliv for eliten – så lenge kommunismen varer. Ledelsen i USA hadde lært leksen fra annen verdenskrig om at ettergivenhet ovenfor tyranner, som alle unntatt Churchill og Pilsudsky oppfordret til ovenfor Hitler på 30-tallet, var en feil strategi, og bestemte seg for å bekjempe kommunismen der hvor den begynte å spre seg.

Utgangspunktet var at Vietnam var en fransk koloni som etterhvert på et vis fikk en slags selvstendighet. Opprinnelig var det dog to land, med to ulike folkegrupper. (Den som vil vite mer om dette kan lese Frank Bjerkholts bok *Vietnam: det store bedraget.*)

Landet ble dog delt i Nord-Vietnam og Syd-Vietnam, og før delingen flyktet et meget stort antall vietnamesere fra det som skulle bli det kommunistiske Nord-Vietnam til det mer vestlig orienterte Syd-Vietnam. Nord-Vietnam ble et diktatur under gammelkommunisten Ho Chi Minh, og regimet satte umiddelbart i gang en geriljakrig mot Syd-Vietnam for å legge også dette området under kommunismen.

Etter annen verdenskrigs avslutning i 1945, og frem til kommunismens sammenbrudd i Sovjetunionen omkring 1990, ble det ført en kald krig mellom USA og Sovjetunionen. Men i enkelte områder utenfor Europa kom det til varme kriger mellom disse to supermaktene: Sovjetunionen ville spre kommunismen med militærmakt, og USA forsøkte å demme opp for spredningen av kommunismen. Formelt var det ikke krig mellom USA og Sovjetunionen, men de støttet hver sin side i flere kriger; viktigste av disse var Koreakrigen og Vietnamkrigen. Man kan si at disse krigene var proxy-kriger mellom Sovjet og USA. USA gikk inn i disse krigene dels for å forsvare en vestlig samfunns- orden, dels for å hindre at kommunismen spredte seg, dels for å vise at USA mente alvor i kampen mot kommunismen, og dels for å vise at USA var en alliert man kunne stole på: NATO ble som kjent opprettet for å hindre kommunismen i å spre seg ytterligere i Europa. Det var rimelig klart at USA var den sterke kraften i NATO, landene i Europa var med i NATO fordi USA skulle hjelpe dem dersom Sovjetunionen angrep. Dersom USA ikke engasjert seg i Vietnamkrigen, ville kommunismen ha spredt seg ytterligere uten motstand, og USAs allierte ville fått redusert sin tillit til at USA kunne hjelpe dem dersom de ble angrepet av en kommunistmakt. Den som er interessert kan lese om dette i **Michael Linds grundige bok** *Vietnam: The Necessary War.*

Ja, Østerud har rett i at regimet i Saigon ikke var et lysende eksempel på frihet og markedsøkonomi, men det som skjedde etter at USA trakk støtten til Syd-Vietnams regime, var at kommunismen ble innført i landet, og den førte til tortur, undertrykkelse, at et kolossalt

420

antall sydvietnamesere ble plassert i fangeleire/omskoleringsleire – og alle de andre grusomheter som kommunismen alltid fører til når et nytt land ble lagt under kommunismens jerngrep.

Vi kan også nevne det enorme antall båtflyktninger; om lag to millioner mennesker flyktet fra Syd-Vietnam da kommunistene vant og overtok etter at president Nixon trakk USA ut av Syd-Vietnam. En viktig årsak til at kommunismen vant var at det var en meget aktiv femtekolonne i Vest-Europa og USA, en femtekolonne som besto av svært aktive grupper som demonstrerte og protesterte mot krigen, og disse gruppene var i all hovedsak drevet av kommunister og i betydelig grad finansiert fra Moskva.

Det eneste Østerud skriver om Vietnamkrigen er det vi siterte over: det handlet om at USA støttet et korrupt diktatur. Østeruds fremstilling er svært mangelfull. Det er all grunn til å tro at dersom Syd-Vietnam og USA hadde klart å slå den kommunistiske invasjonen tilbake, ville regimet utviklet seg i en mer demokratisk retning – slik som det skjedde både i Sør-Korea og i Taiwan.

Vi nevner bare kort at USA også trakk støtten til Lon Nols militærregime i Vietnams naboland Kambodsja – og resultatet av dette var at den kambodsjanske kommunisten Pol Pot fikk makten, og han gjennomførte et av historiens aller verste folkemord mot sitt eget lands befolkning.

Etter at kommunistsiden vant krigen i Vietnam, ga dette kommunistene blod på tann. Spesielt regimet i Moskva intensiverte sin støtte til ulike grupper, spesielt i Afrika og i Mellom- og Sør-Amerika, grupper som forsøkte å tilrane seg makten i landet de opererte i. Det som reelt sett skjedde var at lokale krigsherrer eller kriminelle gjenger fremstilte seg som frigjøringsbevegelser, og de kunne dermed motta både prestisje, penger fra Moskva, og internasjonal anerkjennelse. Disse frigjøringsbevegelsene var parter i borgerkriger i flere land, borgerkriger som neppe ville ha oppstått dersom kommunistene ikke hadde seiret i sitt forsøk på å erobre Syd- Vietnam.

Chile

«Den valgte presidenten i Chile, Salvador Allende, døde i et militærkupp som hadde USA i ryggen.» Østerud burde ha nevnt noe om bakgrunnen for det som skjedde.

En valgseier til venstreorienteretere krefter med Salvador Allende som leder kastet landet ut i kaos. Wikipedia:

«I 1970 ble Salvador Allende valgt som leder i Chile. Allende var en sosialist, og i hans periode gjorde han blant annet USA-eide kobbergruver om til statlige chilenske foretak. Han ble derfor motarbeidet av både innenlandske og amerikanske foretak, samt av Central Intelligence Agency. Resultatet av Allendes politikk var at inflasjonen i begynnelsen av 1973 kom ut av kontroll. 26. mai 1973 erklærte Chiles høyesterett enstemmig at Allendes regime var i strid med konstitusjonen. Dette førte til at Allende ble styrtet i et militærkupp 11. september 1973. Presidentpalasset hvor Allende og hans medarbeidere befant seg ble bombet med fly før det ble angrepet med stridsvogner og soldater. President Allende og hans folk forsvarte seg i en rekke timer. Da kampene var slutt, var Allende død. Mer enn tre tusen personer ble drept under kuppet. Mer enn tredve tusen mennesker ble torturert i den påfølgende tiden. Frem til 1990 ble landet styrt som et militærdiktatur under ledelse av Augusto Pinochet, da den demokratisk valgte presidenten Patricio Aylwin tok over.»

Allendes regjeringstid var altså preget av det som så pent heter sosiale reformer, nasjonalisering av industrien, og forsøk på omfordeling av rikdom, noe som resulterte i streiker, uroligheter og konfrontasjoner – og en økonomisk krise. Sitatet fra Wikipedia over nevner ikke at et vedtak i nasjonalforsamlingens underhus (81 mot 47 stemmer) anmodet militæret om å gripe inn for å gjenopprette orden med begrunnelse at Allendes regjering gjentatte ganger hadde brutt konstitusjonen og menneskerettighetene.

Allende forsøkte i samsvar med sin marxistiske ideologi å gjøre Chile om til et tradisjonelt kommunistisk diktatur, en type regimer verden dessverre har sett så mange av. Østeruds poeng er åpenbart å kritisere USA fordi USA støttet dette kuppet – men at USA støtter et regimeskifte er bare som man kunne forvente i og med at Allendes kommunistiske regime eksproprierte en rekke amerikanske selskapers eiendommer i landet.

Vi skyter inn her at vi tar sterk avstand fra tortur av fanger, men dessverre ser det ut til at slike ting altfor ofte forekommer i Sør-Amerika. Vårt poeng er heller ikke å si at vi støtter kuppet, poenget er bare å gi en bakgrunn som burde ha vært med i Østeruds artikkel.

Chile ble demokratisk etter at Pinochet frivillig gikk av som president i 1990. Pinochet fortsatte som sjef for forsvaret til 1998, og Chile ble etterhvert det mest velstående landet i Sør-Amerika, dette fordi kuppet stanset sosialistens planer, planer som ville ha ført landet ut i stor fattigdom, og det ble innført en mer liberal økonomisk politikk.

USA ga ikke effektiv hjelp til de som forsøkte å hindre at sosialismen ble innført i land som Cuba og Venezuela, og disse landene er da blitt ekstremt fattige.

Irak

«Maktpolitisk ble de vestlige hvetebrødsdagene etter den kalde krigen kortvarige. USA fikk ikke oppslutning om angrep på Irak i 2003. Frankrike brøt ut av den vestlige fronten, med støtte av Tyskland, og stemte imot et militært angrep på Irak.»

Østerud presiserer ikke at USAs angrep på Irak i 2003 var en fortsettelse av krigen som begynte da Irak angrep og invaderte Kuwait i 1990. Om denne skriver Østerud: «Det hadde sett løfterikt ut at Sikkerhetsrådet sto samlet da Irak invaderte Kuwait i 1990–91. Dette oppløftende øyeblikket, med USA som eneste virkelige supermakt ... Maktpolitisk ble de vestlige hvetebrødsdagene etter den kalde krigen kortvarige. USA fikk ikke oppslutning om angrep på Irak i 2003 ... USA invaderte militært [Irak] med det som ble kalt en koalisjon av villige, da FN-mandatet manglet og Nato var splittet».

USA mobiliserte stort og ledet i 1990 en FN-hær som kastet Irak ut av Kuwait, og det ble inngått en våpenhvile. Altså ikke en fredsavtale, det var en våpenhvile. Et element i denne våpenhvile-avtalen var at Iraks regime under tyrannen Saddam Hussein, skulle dokumentere at det hadde destruert sine masseødeleggelsesvåpen: Saddams regime hadde brukt giftgass under en tidligere borgerkrig i Irak. Dette ble ikke gjort; ingen slike bevis ble lagt frem. Saddam lekte isteden katt mus med de FN-inspektørene som skulle dokumentere at disse våpnene var destruert – med andre ord: Saddam Hussein holdt ikke sin del av våpenhvileavtalen. FN truet gjentatte ganger med krig, men FN er en er en helt tannløs organisasjon og disse truslene hadde ingen effekt på Saddam. Etter terrorangrepene på USA 11. september 2001 fryktet amerikanske myndigheter at Irak skulle begynne å benytte masseødeleggelsesvåpen, og tok derfor opp igjen den krigen som hadde stått på vent i mer enn ti år for å sikre at Saddams regime ikke igjen skulle angripe USA eller andre vestlige mål.

Østerud nevner at Frankrike og Tyskland gikk imot USAs ønske om å ta opp igjen krigen, men dette gjorde de i hovedsak fordi lederne i disse to landene var venstreorienterte (Chirac, **Schröder**) og heller ønsket å appellere til egne velgergrupper enn å støtte USA. I de første valgene etter at denne krigen ble tatt opp igjen var det konservative kandidater som gikk seirende ut av valgene i både Frankrike og Tyskland (Sarkozy, Merkel).

På disse tre punktene – Chile, Syd-Vietnam og Irak – er Østeruds fremstilling så mangelfull at leseren får et helt feilaktig bilde av det som virkelig skjedde.

Hegemoni
Men viktigst er dog Østeruds betraktninger om hegemoni og en liberal verdensorden. Østeruds poeng er at stormaktene alltid har brukt sin makt, og at det aldri har eksistert en tilstand hvor stormaktene har praktisert fair play og vist respekt overfor hverandre.

Noen har sammenlignet Putin's invasjon av Ukraina med USAs innblanding i for eksempel Sør-Korea, Iran, Irak, og, som nevnt ovenfor, Syd-Vietnam og Chile. Overraskende nok nevner Østerud ikke Korea-krigen – dette kanskje fordi den var vellykket sett fra Vestens side, og derfor ikke passer inn i det bildet Østerud forsøker å skape.

La oss se på en parallell: USA forsøkte å beskytte Sør-Korea mot en kommunistisk invasjon og lyktes. Sør-Korea ble etterhvert et noenlunde fritt og meget velstående samfunn. USA forsøkte å beskytte Syd-Vietnam mot en kommunistisk invasjon, og mislyktes. Syd-Vietnam ble da raskt umiddelbart svært ufritt og fattig kommunistisk diktatur. (Utviklingen gikk dog i mer positiv retning i Vietnam etter kommunismens sammenbrudd cirka 15 år etter at Vietnamkrigen tok slutt.)

USA forsøker å beskytte noenlunde frie samfunn, men når andre invaderer – eksempler er Kinas okkupasjon av Tibet og Russlands invasjon av Ukraina – er formålet å øke makten som ligger i Beijing eller Moskva, og å utvide territorier regimene kontrollerer. De landene som blir invadert av kommunist- eller fascist-regimer, blir ufrie og derfor fattige.

Det å da setter likhetstegn mellom USA innblanding og Kinas/ Russlands innblanding, er helt feil.

Ja, USAs innblanding har iblant vært mislykket. Et eksempel som ofte trekkes frem er innblandingen i Libya i 2011, mens Barack Obama var president i USA. Mitt syn har hele tiden vært at USA og NATO aldri skulle blandet seg inn i denne borgerkrigen, selv om det var en god grunn til å frykte Libyas diktator Muhammar al-Gadafis planer.

En fersk kronikk i Aftenposten oppsummerer noe av begrunnelsen for innblandingen: «Libya-aksjonen skjedde på folkerettslig grunnlag, der det på forhånd var gitt et mandat for å håndheve FN-resolusjon 1973/2011. Autorisasjonen omfattet "all necessary measures" og var begrunnet i beskyttelsen av 750 000 sivile i Benghazi som Libyas diktator Muammar al-Gadafi hadde lovet å utslette som rotter. Kolonner av stridsvogner og kamputstyr under hans kontroll nærmet seg .... Før militæraksjonen ble autorisert av FN, var alle diplomatiske pressmidler forsøkt. Sanksjoner, frys av aktiva, reiseforbud, eksklusjon fra FNs menneskerettighetsråd.» (Dette er fra en kronikk skrevet av Michael Tetzchner, link nedenfor.)

Man kan også si at krigen i Irak var mislykket, men dette var fordi president Obama trakk styrkene ut for tidlig. Amerikanske styrker sto svært lenge både i Tyskland og Japan etter at krigshandlingene opphørte i 1945, noe som var nødvendig for å sikre en fredelig utvikling i disse landene, og for å sikre at de ideologiene som forårsaket angrepskrigene fra disse to landene ikke blomstret opp igjen. Det samme burde skjedd i Irak, men president Obamas politikk hindret dette. Krigshandlingene i Irak var i det store og hele avsluttet med seier til USA, men da president Obama trakk de amerikanske styrkene ut oppsto det et maktvakuum, og ideologien som hadde forårsaket angrepene kunne blomstre opp igjen. (Man kan dog si at den amerikanske befolkning var gått lei av krigen og at president Obama bare gjorde det befolkningen ønsket. Etter vårt syn burde allikevel president Obama latt styrkene bli stående i Irak; han ville helt sikkert vært i stand til å få de bevilgende myndigheter i USA med på dette dersom han hadde ønsket dette og satset sterkt på dette). Det maktvakuum som oppsto da Obama trakk styrkene ut førte til oppblomstringen av terroristorganisasjonen Islamsk Stat. USAs tilbaketrekning fra Afghanistan var også en katastrofe; etter vårt syn burde USA latt styrkene bli værende i Afghanistan (dette har vi tidligere skrevet om her på Gullstandard; artikkelen er å finne i denne boken).

Noen har hevdet at krigen i Ukraina handler om at USA forsøker å utvide sitt hegemoni og derved nærme seg Russlands grenser, og at det ikke er overraskende at Russland reagerer når USA får sterk innflytelse i et land som ligger rett ved Russlands grense. Men det som er det viktige poenget her er følgende: Utviklingen i Ukraina de siste årene har gått i en retning som innebærer mer markedsøkonomi, større individuell frihet, kamp mot korrupsjon – det vil si i vestlig retning. Det er kun en utvikling i denne retningen som kan føre til fred, frihet og velstand for borgerne. Den russiske elite med Putin i spissen har fryktet at disse ideene og verdiene skulle komme inn i Russland, og derfor har de forsøkt å hindre at disse ideene kommer nærmere Russlands grenser, det vil si ved å forsøke å hindre at de slår rot i Ukraina. Dette er grunnen til at Russland invaderte Ukraina.

Østeruds kronikk mangler en del vesentlige elementer, og den vektlegger ikke den prinsipielle forskjellen mellom å være under inn-flydelse av et noenlunde fritt land, USA, eller å være under innflytelse av diktaturer som Russland eller Kina. Slik vi ser det er det en svært stor forskjell mellom å være under Russland eller Kinas hegemoni, slik for eksempel Hviterussland eller Tibet er, eller å være under USAs hegemoni, slik for eksempel Sør-Korea og Taiwan er. Å likestille USA på den ene siden med Russland/Kina på den andre siden, er en helt feil måte å betrakte denne problemstillingen på. Vi sier dog ikke at Østerud setter dette likhetstegnet, men mange av de som har bidratt i denne debatten, gjør det.

Bjerkholt, Frank: *Vietnam: det store bedraget,* Gyldendal 1980

Lind, Michael: *Vietnam: The Necessary War,* Free Press 2002

https://www.aftenposten.no/meninger/kronikk/i/0Qon2M/illusjonen-om-en-liberal-verdensorden

https://thenewamerican.com/pinochet-patriot-enchained/

https://www.aftenposten.no/meninger/kronikk/i/Moqa4M/et-merkelig-syn-paa-libya-aksjonen-mediene-og-offentligheten

https://no.wikipedia.org/wiki/Chile

https://bokelskere.no/bok/vietnam-det-store-bedraget/279031/

https://www.amazon.com/Vietnam-Necessary-War-Michael-Lind-ebook/dp/B00DJYW3I6/ref=sr_1_1?

Tre store feil i Afghanistan

Publisert 23. august 2021

USA/Vesten/NATO gjorde tre enorme feil i sin krig i Afghanistan, feil som kommer til å ha svært ødeleggende konsekvenser for Vesten og for Afghanistans befolkning i lang tid fremover.

For det første: Etter at Taliban, som styrte Afghanistan noen år før 2001, stilte seg solidarisk med Al Qaidas angrep på USA 11. september 2001, invaderte USA Afghanistan med velsignelse fra både NATO og FN. Reelt sett var formålet å drive nasjonsbygging og å innføre demokrati i landet. Dette var en grov feil fra USAs side. (Cirka ett år etter invasjonen av Afghanistan invaderte USA Irak, og der var formålet eksplisitt å drive nasjonsbygging og å innføre demokrati. Også der var dette feil strategi fra USAs side, men der var planen noe mindre uplausibel, dette fordi Irak er et langt mer styrbart land enn Afghanistan.)

Flere mektige riker har i de siste hundreår forsøkt å gjøre Afghanistan til et nogenlunde sivilisert land – uten å lykkes. Det finnes et ordspråk som sier at «Afghanistan is where empires go to die», det vil si at dersom store, mektige riker forsøker å gjøre Afghanistan til et sivilisert land, eller en koloni, så vil de ikke lykkes – og ikke bare det, imperiet vil ikke overleve forsøket. Dette har å gjøre med hvordan Afghanistan er organisert, politisk sett – eller kanskje man burde si hvordan landet ikke er organisert. Landet består av en rekke forskjellige stammer og grupper som ledes av personer som reelt sett er krigsherrer, og det er ikke slik at man der kan nedkjempe en hær, erklære en seier, okkupere landet og så innføre et sivilisert styresett i løpet av noen tiår.

Det USA burde ha gjort etter at Taliban stilte seg på Al Qaidas side var å iverksette et sterkt, stort, kolossalt militært angrep mot militære og politiske mål i Afghanistan. Alle militære områder, bygninger, treningsleire etc. burde blitt rammet av rakett-ild fra USA. (Vi er klar over at måten Afghanistan er organisert på vil gjøre et slikt angrep vanskelig). Også viktige politiske mål som viktige bygninger burde blitt rammet på samme måte i det samme angrepet. I den grad

USAs etterretning kjente til hvor politiske og militære leder oppholdt seg burde de også blitt rammet i dette angrepet.

Etter dette angrepet burde USAs politiske ledelse sagt at dersom det kommer flere angrep mot USA eller USAs allierte vil det komme et nytt angrep med langt større styrke.

Et slikt angrep ville vært i fullt samsvar med det som var Romerrikets militære strategi: «Kriger bør være korte og effektive».

Det å ikke følge denne strategien var den første store feilen USA og NATO gjorde.

For det andre: USA og NATO satset på nasjonsbygging i Afghanistan, og de ville innføre demokrati. Demokrati betyr at folket styrer, det betyr at folket skal bestemme – men dersom flertallet i en befolkning støtter for eksempel islam, som er en sterkt frihetsfiendtlig ideologi, da vil folket stemme inn islamister i styre og stell. (Dette så vi tydelig i Gaza for noen år siden; det ble det innført demokrati og valgene ga som resultat at terroristorganisasjonen Hamas fikk den politiske ledelsen.)

Men USA brukte store ressurser både menneskelig og økonomisk på å bygge opp sentrale deler av Afghanistan slik at det kom et innslag av sivilisasjon i de sentrale områdene; i de mer landlige områdene, områder som var utilgjengelige for vestlige soldater, hersket krigsherrer som alle i det store og hele ønsker sharia.

I de områder hvor USA og NATO hadde en viss kontroll ble det større innslag av individuell frihet. Det ble større ytringsfrihet, større næringsfrihet, kvinner kunne delta i arbeidslivet, jenter kunne gå på skolen, homofile ble ikke drept, og så videre. Mange afghanere så på dette som en positiv utvikling og samarbeidet med de amerikanske soldatene og andre fra Vesten, personer som hadde humanitære oppgaver. Mange afghanere så positivt på denne utviklingen og trodde at dette var fremtiden. Det som skjedde, til en viss grad, var altså at den i hovedsak amerikanske militære tilstedeværelsen sørget for å øke den individuelle friheten for de afghanere som holdt til i de mer urbane områdene. Disse styrkene beskyttet til en viss grad eiendomsrett, frihandel, markedsøkonomi, likestilling, ytringsfrihet, osv. Dette gjorde de ved å redusere antall tilfeller av initiering av tvang som ville ha foregått dersom de amerikanske styrkene ikke hadde vært der.

Men som antydet, islam sto og står sterkt i landet, og et slikt sivilisert styresett som vi beskrev i avsnittet over kunne ikke opprettholdes dersom islamister igjen fikk makten. Videre, USAs militære styrker ble i altfor liten grad brukt til å eliminere Al Qaida- og Taliban-sympatiserende grupper.

Som vi har nevnt tidligere, etter annen verdenskrig ble Tyskland og Japan okkupert i en lang periode, dette for å eliminere de krigshissende ideologier som sto svært sterkt i Tyskland og Japan på 30-tallet. Det gikk mange år før styringen av disse landene ble overlatt til landets egne borgere. Hvor lenge skal den vinnende sidens soldater stå i et land for å eliminere den ideologien som førte til at landet gikk til angrep? Vi kan ikke gi noe tall på dette her; men vil vil nevne at amerikanske soldater fortsatt står i både Tyskland og Japan den dag i dag, innpå 80 år etter krigens slutt.

Så, hvor lenge skulle da allierte soldater stå i Afghanistan for å sørge for at den ideologien som var årsak til angrepene på USA (og som har vært motivasjonen bak en lang rekke terrorangrep på mål i Vesten de siste 20 årene) ikke lenger skulle ha noen politisk innflydelse i Afghanistan?

Bokstavtro islam står sterkt i Afghanistan, og dersom man skulle drive nasjonsbygging og gjøre landet sivilisert, burde man innsett at dette vil ta lang tid. I USAs militære og politiske ledelse var det åpenbart aldri noen forståelse for dette. Dette var den andre grove feilen.

Den tredje grove feilen var å tro at Taliban ville overholde avtaler, og at USA satte en dato for tilbaketrekning. Både president Trumps administrasjon og president Bidens administrasjon gjorde denne grove feilen.

Hva som var innholdet i disse avtalene er det ikke viktig å nevne her bortsett fra at Trumps avtale med Taliban innebar at 5000 Taliban-fanger, fanger som var tatt av de allierte soldatene i Afghanistan, skulle slippes fri. Vi linker nedenfor til en artikkel fra mars 2020 om Trumps avtale med Taliban, en artikkel som har den meget talende tittelen «Trump's Afghanistan Deal: Surrender with Reparations. Trump is giving the Taliban everything they want and abandoning the Afghan government».

Det som allikevel er hovedpoenget er at både under Trump og under Biden gikk USA inn for å sette en dato for full tilbaketrekning. Når det er gitt en slik dato så kan fienden, her Taliban, bare sitte og vente på at den datoen kommer og så har de all makt i landet nesten uten motstand. (Ja, president Biden uttalte rett for den afghanske regjeringens kollaps midt i august at den afghanske regjeringshæren besto av 300 000 topptrente og toppustyrte soldater, men han burde ha skjønt at et regime som det som var i Afghanistan ikke var å stole på når det gjaldt denne type opplysninger.)

Når datoen for tilbaketrekning kom begynte amerikanske og allierte soldater å trekke seg ut, og Taliban kunne da innkassere en seier uten å møte væpnet motstand. Som enhver oppegående person burde ha forventet begynte Taliban å torturere og henrette de som hadde samarbeidet med Vestens militær styrker, og de som hadde arbeidet for å innføre et slags sivilisert styre i Afghanistan. Alle som nå ikke fulgte sharia kunne risikere å bli torturert og drept på grusomme måter.

En rekke avisoppslag forteller i disse dager om det som skjer, og vi siterer kun ett: «Mens Taliban lover amnesti, går gruppens krigere fra dør til dør på jakt etter motstandere og deres familier, ifølge et FN-dokument. Frykten for hevn øke ... – [Det antas] at både enkeltpersoner som har jobbet for Nato og USAs styrker og deres allierte – samt familiemedlemmer av disse – vil bli utsatt for tortur og henrettelser» (link nedenfor).

USA kom for å innføre sivilisasjon, et stort antall afghanere hjalp til fordi de ville ha Afghanistan som et sivilisert land – men så plutselig forsvant USA og overlot sine lokale allierte til barbariske torturister.

Taliban og Al Qaida, som mener at de nedkjempet Sovjetunionen da de forsøkte å innføre kommunismen i Afghanistan for noen tiår siden (Sovjet invaderte Afghanistan i 1979), har nå nedkjempet USA. Dette er et enormt nederlag for USA og Vesten, og en kolossal seier for militant islam.

Talibans seier og USAs nederlag er en kolossal motivasjon for islamister over hele verden, de får blod på tann i enda større grad enn de har hatt tidligere, og vi kommer helt sikkert til å bli utsatt for enda flere terrorangrep fra militante muslimer i tiden fremover.

Hvis USA og Vesten skulle gå til krig igjen så kan vi ikke regne med at de får noen av lokalbefolkningen til å være med å støtte dem – de sviktet jo alle sine allierte på bakken i Afghanistan i 2021.

Det som er min konklusjon er at USAs angrep på Afghanistan i 2001 var feil; USA burde ikke ha valgt nasjonsbygging, de burde bare påført Talibans Afghanistan store ødeleggelser og sagt at «dersom det kommer flere angrep fra dere og deres allierte så kommer det mer fra oss».

Men når USA og Vesten valgte nasjonsbygging så burde denne blitt fullført. Hva betyr fullført her? USA valgte å trekke seg ut etter 20 år, men 20 år er en altfor kort periode for å gjøre Afghanistan sivilisert. Med andre ord: USA burde fortsatt sin tilstedeværelse så lenge det var nødvendig for å hindre at Taliban skulle komme tilbake til makten.

Men ville dette vært praktisk mulig? Ja. Kostnadene ved å beholde de militære styrker i Afghanistan ville vært svært små i forhold til en god del andre utgifter som USA har. Antall soldater der har ikke vært stort de siste årene, og det er ingen amerikanske soldater som er blitt drept siden februar i fjor.

I de siste årene har USA kun hatt ca 10000 soldater i Afghanistan, og de fleste av dem har vært i støtteposisjoner; de har altså ikke vært soldater i frontlinjen – og dette er langt færre enn USA har i dag for eksempel i Sør-Korea. (På den annen side bør man vel her nevne at Sør-Korea er nokså fredelig – men kanskje det er fredelig på grunn av av de amerikanske soldatene tilstedeværelse; Nord-Korea kommer jo stadig med trusler mot USA.) Det USA har betalt for tilstedeværelsen i Afghanistan er cirka 30 milliarder dollar per år, og en kommentator beskriver størrelsen på dette beløpet slik: «$30 billion a year in Afghanistan sounds like a lot until you realize that it is a rounding error in the multi-trillion-dollar appropriations Congress has routinely approved over the past few years on various causes».

Det var heller ikke noe folkekrav i USA om at nå må USA trekke seg ut av Afghanistan. Jeg kan ikke si annet enn at planene om å trekke seg tilbake, planer som fantes under Trump og under Biden, er resultat av en kolossal inkompetanse, og de kommer til å være årsak til enorm skade på Vesten i mange mange mange år fremover.

Allikevel, man må huske at ledende politikere ikke handler i et vakuum. I store trekk gjør de det befolkningen ønsker. Og det har vært et betydelig ønske fra mange på venstresiden at USA skulle trekke seg ut av Afghanistan. Men få av disse hadde forstått at det som nå skjer, etter at Taliban igjen overtar Afghanistan, var noe som måtte skje. Det som har skjedd den siste uken med tortur, drap, lemlestelser, etc. er slik bokstavtro islam krever. Mange i Vesten har kanskje ikke forstått dette; men grunnen til at de ikke har forstått dette er at de ikke har villet lytte til de som har fortalt at dette måtte skje.

Vi kan sammenligne med det som skjedde i England på 30 tallet, hvor Winston Churchill var praktisk talt den eneste som forstod hvordan Nazi-Tyskland var, og som advarte mot nazismen og Hitler. Få lyttet til ham før Hitler invaderte Polen i 1939. Heldigvis snudde opinionen, Churchill ble statsminister i Storbritannia i mai 1940, og han ledet krigen mot Hitler til seier.

Vi avslutter med å gjenta et ordtak vi har brukt tidligere, et ordtak som er en noe moderert oversettelse av et utsagn Churchill kom med: «Hvis de vil ha krig mot oss så skal vi gi dem krig inntil de har fått nok». Det er dette vi burde si til alle grupper og regimer som vil spre islam med terror, krig og vold.

Dessverre finnes det ingen Churchill i Vesten i dag. Alle ledere i dag går inn for ettergivenhet overfor militant islam.

$ $ $

Churchill-sitatet vi gjenga ovenfor er noe fritt oversatt. Her er original-formuleringen: «...but now we are at war, and we are going to make war and persevere in making war until the other side have had enough of it». Dette er hentet fra en radiotale Churchill holdt rett etter at krigen brøt ut i 1939.

https://www.thebulwark.com/trumps-afghanistan-deal-surrender-with-reparations/

https://www.nettavisen.no/nyheter/frykten-for-hevn-fra-taliban-oker-i-afghanistan/s/12-95-3424169517

Urbefolkningen

Amerika ble oppdaget av Christoffer Columbus i 1492. At han «oppdaget» Amerika betyr ikke at han var den første som kom dit, det betyr at han gjorde det kjent for Europa at dette kontinentet fantes; før 1492 var det ingen i Europa som visste at dette enorme kontinentet eksisterte. Kontinentet hadde også en stor befolkning; og jeg vil kalle dem indianere. Disse var organisert (om man kan kalle det det) i en rekke ulike stammer; per 2023 har myndighetene registrert 574 forskjellige indianerstammer (dette store antallet er antakelig et resultat av hvordan statlige støtteordninger til indianerstammene er organisert). Disse ulike indianerstammene levde som nomader, de hadde enkelte grusomme skikker, og de kriget ofte med hverandre. Historikeren Hugh Brogan omtaler dette slik:

> «... the tribes were commonly happy to fight each other. They had the usual human grievances against their neighbors, and war was a principal occupation among them. Success in war was the leading source of individual prestige. Indeed, before the European arrival, wars seem to have been waged in many cases solely to provide chances for warriors to win this prestige. It was a lethal game, with elaborate rules, and so addicted were most of the Indians to it that in the early eighteenth century the Cherokees could remark "We cannot live without war. Should we make peace with the Tuscaroras, we must immediately look out for some other nation with whom we can engage in our beloved occupation". The skill gained in this wilderness conflict proved invaluable for attacking or defending European possessions» (Brogan, s. 54).

De flyktninger/innvandrere/kolonister som ankom Nord-Amerika fra 1600-tallet og fremover – fra 1607 til 1914 kom det cirka 40 millioner europeere til Amerika – stammet i hovedsak fra Mellom- og Nord-Europa, mens innvandrere fra Sør-Europa (Spania, Portugal) etablerte seg for det meste i Sør-Amerika. Forholdet mellom urbefolkningen og kolonistene i Sør-Amerika var i all hovedsak lite fredelig, og kulturene som fantes der ble sterkt svekket etter koloniseringen; Azteker-, Maya- og Inka-kulturene ble noe nær utryddet av spanske og portugisiske kolonister. Disse kulturene hadde enkelte svært primitive skikker, en av dem var menneskeofring, noe som urbefolkningene mente var nødvendig for å ha et godt forhold til gudene. Det viste seg også at urbefolkningen var lite motstandsdyktig mot sykdommer som kolonistene brakte med seg.

Siden hovedtemaet for artiklene i denne boken er USA vil vi holde oss til forholdet mellom innvandrerne og indianerne der. Til å begynne med var dette forholdet nokså fredelig, men etter hvert begynte enkelte indianerstammer å betrakte kolonistene som uønskede inntrengere. Kolonistene var ikke nomader, de begynte å dyrke jorda og de etablerte byer, noe som ikke falt i god jord hos indianerne, som altså i stor grad var nomader. Men det som etablerer eiendomsrett er at man blander sitt arbeid med jorden, de som driver landbruk gjør dette, de som en gang iblant streifer innom et område for å jakte eller plukke bær, gjør ikke det. Det kom til mindre trefninger, det skjedde massakrer og etter hvert kriger. Disse krigene var til dels svært grusomme, men de var ikke verre enn de mange krigene som ble utkjempet i Europa på omtrent samme tid. Fra begge sider forekom det slike ting som beskrives her:

«The Indian Massacre of 1622 was an attack on the settlements of the Virginia Colony by the tribes of the Powhatan Confederacy under their leader Opchanacanough (l. 1554-1646) and his brother Opitchapam (d. c. 1630) resulting in the deaths of 347 colonists. Credit for its success is always given to Opchanacanough with Opitchapam playing a secondary role. The attack was carefully planned and carried out with such speed and precision that only one settlement, Jamestown, received warning and was able to prepare a defense. Out of approximately 1250 English colonists, 347 were killed on 22 March 1622, mostly before noon, and hundreds more would die in the following months from malnutrition, starvation, and disease due to the destruction of their crops as well as further periodic engagements with natives. The attack was a complete surprise and total military victory for the Powhatan Confederacy. Peace had been established between the colonists and natives since the end of the First Powhatan War in 1614. Natives and colonists partnered in trade, visited each other's settlements, and natives were often guests in colonist's homes. Since 1610, however, the colonists had begun to spread out from their initial settlement at Jamestown, taking more and more lands from the Powhatan Confederacy, abusing the people, stealing food, and allowing livestock to destroy crops and desecrate sites sacred to native rituals» (link nedenfor).

Kolonistene var militært sett helt overlegne, og krigene endte med nederlag for indianerne. Det var ikke slik at indianerne tapte kun militært, det ble også inngått avtaler, avtaler som ofte inneholdt svært dårlige betingelser for indianerne, og som også i liten grad ble overholdt av myndighetene. Historikeren Hugh Brogan skriver:

«Again, and again, [the Indians] made treaties with the white man, ... invariably, the treaties were broken almost at once – by the whites. Treachery was a principal theme in the whites' treatment of the red man. ... The traders made regularly use of whiskey* to cheat Indians of their fair payment ... It [whiskey] was regularly adopted to cheat them of their lands. Nor was it the only method. Illiterate Indians were induced to put their names to documents, transferring land title, which they did not understand and had, anyway, no right to sign, but which were used to justify the expulsion of them, and their fellows from their hunting grounds ... The two greatest wrongs ever committed against the Indians as a group, the Removal Act of 1830 and the Allotment Act of 1887, were both made palatable to the Anglo-American conscience by sincere, semi-sincere, and insincere assurances, that they were passed chiefly to help their victims» (Brogan, s. 61-2).

---

* Indianerne hadde i liten grad den kulturelle ballast som var nødvendig for å håndtere alkohol på en god måte.

Etter hvert fikk indianerne tildelt egne områder, såkalte reservater, hvor de i stor grad kunne styre seg selv uten innblanding fra samfunnet omkring. I 2012 var det cirka 2,5 millioner amerikanere med indiansk avstamning, cirka 1 million av dem bor i reservatene; samlet har reservatene en størrelse som tilsvarer delstaten Idaho. I betydelig grad ble indianere tvangsflyttet til disse reservatene.

Hvordan reservat-systemet oppsto er for komplisert å redegjøre for her, men de første skritt ble tatt allerede i 1773. Basis for systemet var en rekke avtaler mellom sentralmakten i Washington og ulike indianerstammer, men dessverre var det slik at myndighetene i Washington ofte brøt inngåtte avtaler. Først i 1924 fikk indianerne statsborgerskap, men mange vil hevde at det først ble orden på forholdet til indianerne etter at The Indian Reorganization Act ble vedtatt i 1934.

Som nevnt kan disse reservatene i stor grad styre seg selv, og et noe spesielt kjennetegn ved dem er at de som regel tillater gambling, noe som er forbudt i mange delstater i USA. Formålet er å tiltrekke seg turister, noe de gjør i betydelig omfang. Deler av reservatene er innrettet slik at turister kan se indiansk kultur og indiansk levesett slik det var før kolonistene kom til Amerika. Inntektene fra turismen og kasinoene brukes gjerne til å gi tilbud til befolkningen i reservatene, slik som infrastruktur, skolegang og trygder.

Man kan betrakte reservatene som kollektiver, hvor fellesskapet tar vare på alle. Blant indianerne er det liten kultur for entreprenørånd, og det er omfattende trygde- og støtteordninger for alle, ordninger som gjør at mange drives inn i en passiv livsførsel hvor slike ting som alkoholisme, spilleavhengighet, og rus- og medisinmisbruk får et betydelig omfang. Dessverre er tilstanden i reservatene ikke god. De store pengene som gamblingen bringer til reservatene fører til om-fattende korrupsjon. Tilfeller av voldtekt forekommer ofte, det er utbredt gjengkriminalitet, og mye alkoholisme. Antall dødsfall som skyldes alkohol er fire ganger høyere i reservatene enn ellers i USA.

Forholdet mellom kolonistene/innvandrerne og urbefolkningen var (og er) komplisert, den er langt fra svart/hvit. Mange sider ved politikken som Washington førte var feil, og dette ødela mye for Amerikas urbefolkning.

https://www.worldhistory.org/Indian_Massacre_of_1622/

Slaveri og rasisme

Nordstatene og Sørstatene utviklet seg ganske forskjellig; Nordstatene ble mer kapitalistiske, mens Sørstatene forble mer føydale.

Føydalsystemet innebærer en hierarkisk samfunnsstruktur med en monark øverst, så en adel, så vasaller, så bønder, og nederst treller som var lite annet enn slaver. Med renessansen og opplysningstiden gikk den føydale modellen etter hvert i oppløsning, og man fikk en mer individualistisk kultur hvor alle var like for loven – man fikk et kapitalistisk system. (Dette var selvsagt ikke noe som skjedde over natten, dette var en utvikling som tok svært lang tid.)

Etter hvert som de individualistiske idéene ble mer utbredt i Vesten, økte også motstanden mot slaveri. Danmark/Norge forbød slaveri fra 1803, i 1833 ble slaveriet forbudt i britiske kolonier, og Frankrike forbød slaveri i 1848. Den britiske organisasjonen The Anti-Slavery Society for the Protection of Human Rights ble opprettet i 1839.

Slaveri hadde vært utbredt i alle kulturer til alle tider, og de som koloniserte Amerika kjøpte eller kidnappet/bortførte et stort antall slaver i Afrika og fraktet dem til Amerika hvor de i hovedsak ble satt til å jobbe på plantasjene. Slavene hadde ingen frihet, og ble ofte svært grusomt behandlet.

Europeere etablerte virksomheter i Amerika, både på fastlandet og på de karibiske øyer, fra 1500-tallet, og mange benyttet slaver for å drive plantasjene hvor det ble produsert kaffe, sukker, tobakk, og etter hvert bomull. Slavene var i all hovedsak afrikanere. Kolonistene forsøkte først å bruke de amerikanske urfolkene som slaver, men de viste seg så lite fysisk sterke at de ikke kunne brukes til hardt arbeid. Antall slaver som ble ført til Amerika i perioden 1525-1866 skal være omkring 12 millioner; og mer enn 1 million av dem døde under transporten. Av de som overlevde var det færre enn 400 000 som ble ført til Nord-Amerika, resten ble ført til Sør-Amerika (kilde: Trans-Atlantic Slave Trade Database, fra pbs.org, link nedenfor).

Grunnlovsfedrene og slaveriet

Den amerikanske uavhengighetserklæringen, som var inspirert av den politiske filosofien til John Locke, ble ført i pennen av Thomas Jefferson. Erklæringen inneholder blant annet følgende: «We hold these truths to be self-evident, that all men are created equal, that they are endowed by their Creator with certain unalienable Rights, that among these are Life, Liberty and the pursuit of Happiness. That to secure these rights, Governments are instituted among Men, deriving their just powers from the consent of the governed ...», og den ble undertegnet av representanter fra en rekke delstater i (det som ble) USA 4. juli i 1776. USA grunnlov ble vedtatt i 1787, og den første presidenten, George Washington, ble innsatt i 1789.

Implikasjoner av dette idégrunnlaget ble diskutert i en serie anonymt publiserte artikler publisert i 1787/88; forfatterne var James Madison, Alexander Hamilton, og John Jay. Artiklene er blitt kjent som *The Federalist Papers*, og er med rette ansett som et svært viktig verk innen politisk filosofi. Allerede i 1788 beskrev både Thomas Jefferson og George Washington verket som en klassiker.

Uavhengighetserklæringen sier klart og tydelig at slaveri ikke er akseptabelt, men de andre dokumentene nevnt over aksepterer allikevel på et vis slaveriet. Det som innpå 100 år senere fikk slutt på slaveriet var borgerkrigen. Hvordan kunne USA, som var basert på individuell frihet, akseptere slaveri i nesten 100 år?

Kolonistene fra Europa hadde praktisert slaveriet helt siden de kom til Amerika, og etter at USA ble et eget land, en egen stat, var slaveri lovbeskyttet i alle de opprinnelige 13 delstatene. Slaveriet sto svært sterkt som en lovlig politisk institusjon da USA formelt ble opprettet i 1789, selv om stadig flere sterke aktører ga uttrykk for kraftig motstand mot denne grusomme praksisen.

Nordstatene begynte gradvis å vedta lover som innebar at slaveriet måtte opphøre, Pennsylvania fra 1780, deretter fulgte Massachusetts, New Hampshire, Connecticut, Rhode Island, New York og New Jersey. New Jersey var den siste delstat som opphevet slaveriet, og dette skjedde i 1804.

Mange av grunnlovsfedrene eide et stort antall slaver, blant dem var George Washington, Thomas Jefferson og James Madison. Også Benjamin Franklin eide slaver. Alexander Hamilton giftet seg inn i en familie som eide mange slaver. Alle disse ga dog uttrykk for at de mente at slaveriet burde avskaffes. Benjamin Franklin (1706-1790) ble til og med president for det første «abolitionist society» i USA.

George Washingtons (1732-1799, president 1789-1797) syn på slaveriet var at «there is not a man living who wishes more sincerely than I do, to see a plan adopted for the abolition of it; but there is only one proper and effectual mode by which it can be accomplished, and that is by Legislative authority». Dette skrev han i et privat brev; offentlig ga han ikke uttrykk for tilsvarende synspunkter. Da han døde, ga han alle sine slaver frihet.

Thomas Jefferson (1743-1826, president 1801-1809) eide et stort antall slaver, men han mente at slaveri var et politisk og moralsk onde og han ønsket at slaveriet skulle avskaffes. Han opplevde det allikevel slik at han ikke hadde noen som helst makt til å gjøre noe med det. Når han døde var hans bo i så stor gjeld at slavene måtte selges for å dekke gjeld. Han satte ikke sine slaver fri slik Washington gjorde.

Jefferson fikk også barn med en av sine slaver, Sally Hemings. Sally var hans hustrus halvsøster, og hun fikk et nært forhold til Jeffersons familie. Etter at Jeffersons hustru døde tidlig, bare 34 år gammel, kom Jefferson og Hemings hverandre svært nær. Det bør dog bemerkes at da forholdet ble innledet var Jefferson ca. 40 år gammel, mens Hemings var ca. 15.

Alexander Hamilton (1757-1804) var USAs første finans-minister (1789-1795), og han la stor vekt på at den amerikanske økonomien skulle komme i orden; han mente derfor at man skulle ha et stabilt banksystem, stabile penger, og at all gjeld som delstatene hadde tatt opp skulle tilbakebetales. Hamilton ble født utenfor ekteskap i Charleston på en av de karibiske øyer, der opplevde han slaveri på nært hold, og han ble en sterk motstander av praksisen. Hamilton tjeneste-gjorde i hæren i frigjøringskrigen mot England (en krig som pågikk fra 1775 til 1783) som adjutant til general George Washington. I 1780 giftet han seg med Elizabeth Schuyler, og hennes familie eide slaver.

Også Benjamin Franklins engelskfødte venn Thomas Paine (1737-1809) var motstander av slaveriet. Han var en viktig populari-sator og agitator; hans bestselgende pamflett *Common Sense* (1776) populariserte de frihetsideer som dominerte i tiden, og ble et grunnlag for uavhengighetserklæringen. Senere verker som *The Rights of Man*

(1791) og *The Age of Reason* (1794-96) viste dog at han ikke sluttet helt og fullt opp om frihetsidéene i uavhengighetserklæringen.

Hvordan kunne alle disse personene, personer som var intellektuelt sett oppegående og som med stor rett ble betraktet som moralske personer, i praksis akseptere slaveri? Noe av grunnen kan være at slaveri hadde eksistert over hele verden til alle tider, at man i Bibelen kunne finne beskrivelser av slavehold uten at dette ble fremstilt som kritikkverdig, at Jesus aldri kritiserte slaveri, at afrikanerne var hedninger og at de som kom til Amerika som slaver ble kristne og derved var sikret frelse og et evig liv. I tillegg til dette kom at den største av alle filosofer, Aristoteles, betraktet slaveri som en del av naturens orden. Det var også en utbredt oppfatning at slaveri, økonomisk sett, var lønnsomt.

Borgerkrigen
Utover 1800-tallet vokste motstanden mot slaveriet i USA, spesielt i Nordstatene, og politiske ledere i Sørstatene fryktet at slaveriet ville bli forbudt. Dette endte med at Sørstatene gikk ut av unionen i 1861 og dannet en ny enhet: den amerikanske konføderasjon: Confederate States of America, CSA. Konføderasjonens president ble Jefferson Davis, og visepresident ble Alexander Stephens. Landbruk utgjorde størstedelen av Sørstatenes næringsliv, og slaver utførte mesteparten av arbeidet. Å oppheve slaveriet for de som drev disse virksomhetene var utenkelig; de så det slik at slaveri var nødvendig for livsgrunnlaget for de hvite, de som eide plantasjene.

Hvor viktig slaveriet var for konføderasjonen kom tydelig frem i en tale Stephens holdt på en konferanse i Georgia hvor temaet var bruddet med den amerikanske unionen (The Georgia Secession Convention) 21. mars 1861:

«Our new government is founded upon exactly the opposite idea [from abolition]; its foundations are laid, its cornerstone rests upon the great truth that the negro is not equal to the white man, that slavery—subordination to the superior race—is his natural and normal condition.»

Historikere har i mer enn 150 år diskutert hva som egentlig var årsaken til borgerkrigen, men det er ingen tvil om at den reelle årsaken fundamentalt sett var holdningen til slaveriet. En medvirkende årsak var også forholdet mellom sentralmakten i Washington og delstatene, og i hvilken grad de enkelte delstater skulle ha rett til selvstyre, i hvilken grad de enkelte delstater skulle ha rett til å bestemme sin egen lovgivning uavhengig av Washington. Sagt på en annen måte: spørsmålet var hvorvidt de sentrale myndigheter i Washington hadde rett til å forby slaveri i delstatene. Sørstatenes ledere – og store deler av befolkningen i Sørstatene – holdt på at sentralmakten i Washington ikke kunne vedta lover som sto over lover vedtatt i delstatene. Mange i Sørstatene kjempet mot Nordstatene i borgerkrigen fordi de mente at Nordstatene med vold forsøkte å gjennomføre en forståelse av USAs grunnleggende prinsipper som det ikke var dekning for i USAs grunnleggende dokumenter.

Abraham Lincoln ble valgt til president i USA i november 1860, og ble innsatt i mars 1861. Han hadde fått et meget stort antall stemmer i Nordstatene, men praktisk talt ingen stemmer i Sørstatene. Historikere har diskutert i hvilken grad han var en sterk motstander av slaveri, men han sto for en politikk som beveget USA nærmere det å oppheve slaveriet. Når Sørstatene brøt ut av unionen anså president Lincoln det som sin plikt å holde unionen samlet, og det brøt ut krig mellom Nordstatene og Sørstatene; de som sognet til Nordstatene kalte denne krigen en borgerkrig, de som sognet til Sørstatene kalte dette «The war between the states».

Krigen begynte i april 1861, og den ble avsluttet med full seier til Nordstatene i 1865 etter at mer enn 620 000 mennesker hadde mistet livet. Som man kunne forvente hadde den amerikanske hæren enkelte svært dyktige offiserer. En av de aller dyktigste var Robert E. Lee (1807-1870), som var motstander av slaveriet, men når borgerkrigen brøt ut sluttet han seg til sørstatshæren av lojalitet til sin hjemstat Virginia. Lees tropper vant flere slag, men tapte det viktige slaget ved Gettysburg i 1863. William T. Sherman (1820-1891) var et militært geni; han forstod fullt ut at fred oppnås kun etter at man har påført fienden så store tap og så betydelige ødeleggelser at den ikke ser noen annen utvei enn å kapitulere; han beordret blant annet at den viktige sørstatsbyen Atlanta skulle ødelegges slik at alt i byen som kunne være nyttig for Sørstatenes militære styrker ble ubrukelig.

Slaveriet ble formelt avskaffet med Emansipasjonserklæringen i 1863 og det 13. tillegg til USAs grunnlov i 1865. Den dag i dag er Abraham Lincoln av de aller fleste ansett som den beste presidenten USA noen gang har hatt, og hans ansvar for opphevelsen av slaveriet er en av de viktigste årsaker til at han settes så høyt.

Som nevnt tidligere i denne boken ble perioden fra 1865 til tidlig på 1900-tallet en kolossal vekstperiode for den amerikanske økonomien, og velstanden steg enormt.

Etter borgerkrigen

Etter borgerkrigens avslutning var Sørstatene okkupert av Nordstatene; et betydelig antall soldater fra nordstatshæren var utplassert i de sørlige deler av det nå gjenforente USA. Disse hadde som hovedoppgave å slå ned på grupper som på ulike måter terroriserte afroamerikanere; den mest kjente av disse gruppene var Ku Klux Klan. Okkupasjonen varte så lenge som Nordstatsgeneral og krigshelt Ulysses S. Grant satt som president (fra 1869 til 1877). Etter at Grant gikk av innførte Sørstatene en rekke lover som innebar diskriminering av afroamerikanere, de såkalte Jim Crow-lovene (se nedenfor). Man kan dog ikke si at afroamerikanerne fikk samme frihet som hvite før etter lang tid, og rasistiske holdninger overlevde i et ikke ubetydelig omfang i 100 år.

Andrew Johnson, som ble president etter at Lincoln ble drept i et attentat i 1865, var en sterk tilhenger av delstatenes rettigheter, og han førte en politisk kurs som innebar at alle stater, inkludert Sørstatene, fikk store muligheter til å bestemme sin egen politikk på en rekke områder. Etter at Grant hadde gått av som president, benyttet Sørstatene denne muligheten til å innføre omfattende lovverk som diskriminerte afroamerikanere. Historikeren Hugh Brogan beskriver hva som skjedde: Sørstatene

«began to settle the Negro question in their own fashion ...
It would be long before anyone would accept that the
whole secessionist adventure might have been morally wrong,
socially unwise, political misconceived. Southern women,
particularly, remained ferociously, loyal to "the Cause". ... The

444

Yankees were not forgiven; their protégés, the freedmen, were not accepted. Slavery was dead, but slavery was what the Africans were meant for, and something as near as possible to slavery was what they were going to get. The South might have been defeated in war, but her resources for racial oppression were by no means exhausted» (Brogan, s. 361-2).

Jim Crow-lovene

(Tidlig på 1800-tallet ble afroamerikanere ofte fremstilt på en latterlig måte i viser og fortellinger, og en slik figur hadde fått navnet Jim Crow. Lovene som ble innført i Sørstatene for å begrense afroamerikaneres frihet ble kalt Jim Crow-lover.)

Formålet med Jim Crow-lovene var å forbeholde visse arenaer for hvite. Afroamerikanere ble nektet tilgang til skoler, universiteter, hoteller, kinoer, teatre, restauranter, sportsarenaer, toaletter, drikke-fontener og tog, busser, drosjer, etc. Legitimiteten til disse lovene ble tatt opp i rettsapparatet, og en høyesterettsdom slo i 1896 fast at de var lovlige. En av årsakene til at disse lovene fantes var at hvite arbeidere ikke ville ha konkurranse fra afroamerikanske arbeidere. En annen var at mange hvite betraktet svarte som mindreverdige, og de ville derfor ikke dele arenaer som restauranter og teatre med dem.

Det som innledet det endelige slaget for å få disse lovene opphevet var busspassasjeren Rosa Parks (1913-2005), som nektet å flytte seg fra sitt sete på en seksjon av en buss som var forbeholdt hvite. Dette skjedde i 1955. Jim Crow-lovene ble gradvis opphevet, og de siste ble fjernet i 1965.

Nyere tid

Diskrimineringen av afroamerikanere fortsatte altså også etter borgerkrigen, og de ble ikke bare utsatt for diskriminering, de ble trakassert, de ble utsatt for vold, og i altfor mange tilfeller ble noen lynsjet på basis av et tynt eller et ikke-eksisterende grunnlag (lynsjing er et forsøk fra en mobb på å håndheve justis når rettsapparatet fungerer tregt, men slikt er selvsagt helt uforenlig med et sivilisert samfunn). Offisielle tall forteller at i perioden fra 1882 til 1944 var det 3417 tilfeller av lynsjing i USA, men det er rimelig å anta at det er store mørketall (Bernstein 2023, s. 8). Man kan si at det tok enda 100 år til

før diskrimineringen, trakasseringen og terroriseringen av afroameri-
kanere ble kraftig redusert, noe som skjedde etter borgerretts-
demonstrasjonene midt på 1960-tallet.

Den mest kjente av de som ledet borgerrettsdemonstrasjonene
var Martin Luther King (1929-1968). I sin mest kjente tale, holdt i
august 1963, koblet King kravet om opphevelsen av diskriminering av
svarte opp mot de individualistiske prinsippene i uavhengighets-
erklæringen og konstitusjonen. En av formuleringene i denne talen er
svært ofte sitert, og det er med god grunn:

> «I have a dream that my four little children will one day live in a
> nation where they will not be judged by the color of their skin
> but by the content of their character».

King uttrykker her et ønske om at rase/hudfarge skal bli irrelevant i
enhver viktig sammenheng.

Kings demonstrasjoner var fredelige, og han ble tildelt Nobels
fredspris i 1964. Etter at han ble drept i et attentat i 1968 utviklet visse
elementer innen borgerrettsbevegelsen seg i en mer voldelig retning.

Utviklingen som har skjedd de siste 60 årene, etter de store
borgerrettsdemonstrasjonene på sekstitallet, er allikevel komplisert, og
det er grunn til å frykte at etter en periode hvor rasismen sto svakt (ca
1965-2000), har den nå (utover 2000-tallet) kommet tilbake. Den
voksende rasismen utøves nå på vegne av flere grupper mot en rekke
andre grupper, det er ikke lenger bare hvite som diskriminerer svarte,
det skjer også at svarte diskriminerer hvite, at hvite diskriminerer svarte
og asiater, osv. Årsaken til den økende rasismen er at individualismen er
blitt svakere som en kulturell faktor, og at kollektivismen er blitt
sterkere; rasisme er en implikasjon av kollektivisme.

Vi gir bare et par eksempler på at rasistiske holdninger i stadig
større grad er blitt akseptert i det amerikanske samfunnets elite. Harvard
regnes som det aller mest prestisjefulle av USAs universiteter, og
universitetets tidsskrift publiserte i 2002 en artikkel med et tema som en
avis oppsummerte slik:

> «A Harvard professor wants to abolish the white race. Noel
> Ignatiev, a founder of a journal called Race Traitor and a fellow

446

at Harvard's W.E.B. DuBois Institute, a leading black-studies department, argues in the current issue of Harvard Magazine that "abolishing the white race" is "so desirable that some may find it hard to believe" that anyone other than "committed white supremacists" would oppose it» (kilde Washington Times, link nedenfor).

Journalisten Sarah Jeong ble, til tross for at hun hadde publisert en rekke rasistiske meldinger på Twitter/X, ansatt i en viktig posisjon i redaksjonen i USAs fremste avis, New York Times. Avisens ledelse tok dog avstand fra formuleringene Jeong hadde brukt i sine Twitter-meldinger, og sa at en slik språkbruk ville ikke være akseptabel i New York Times´ spalter. The Guardian omtalte saken under overskriften «New York Times racism row» (kilde The Guardian, link nedenfor).

Tidligere i boken har vi også gitt flere eksempler på hvordan ledende politikere i det Demokratiske partiet har beskyldt Republikanere for å være rasister.

Rasisme består i å tillegge en person moralske egenskaper ut ifra den rase han tilhører. (Nå er det slik vi ser det feil å dele menneskeheten inn i raser, det finnes bare kun én menneskerase, noe som betyr at alle mennesker, enten huden er gul eller brun eller svart eller rød eller hvit, tilhører samme rase, men vi lar dette poenget ligge.)

Dagens dominerende syn på rasisme er dog annerledes. Litt forenklet kan man si at siden afroamerikanere i USA i hovedsak er mindre velstående enn hvite amerikanere, er afroamerikanere utsatt for rasisme, og derfor er alle hvite rasister og det er umulig å utvise rasistiske holdninger overfor hvite. Hvis en afroamerikaner derfor går til angrep på en tilfeldig hvit amerikaner for å hevne tidligere tiders slaveri og dagens fattigdom blant afroamerikanere, er dette altså ifølge mange i dag ikke et uttrykk for rasisme, det er av mange betraktet som rettferdig gjengjeldelse (eller hevn).

Vi kan her nevne at dersom man betraktet afroamerikanerne i USA som en egen nasjon og beregnet velstandsnivået, vil dette være den 15. mest velstående nasjon i verden. (Bernstein 2023, s. 13)

Dagens syn på rasisme er altså det stikk motsatte av det King ga uttrykk for; i dag betraktes anti-rasisme i viktige kretser som synonymt med å gi fordeler til grupper/raser som tidligere har vært diskriminert/

undertrykt, og å likebehandle individer uavhengig av rase betraktes som rasisme til fordel for hvite.

Men kanskje er det slik at i 2023 er tendensen i ferd med å snu. En rekke colleger og universiteter, og Harvard var et av dem, la avgjørende vekt på søkerens rase ved opptak av studenter, men en høyesterettsdom i juni 2023 slo fast at denne praksisen var i strid med grunnloven. President Biden tok dog sterk avstand fra denne høyesterettsdommen; han mente at universiteter til tross for denne dommen burde fortsette å bruke rase som et kriterium for opptak:

> «Biden to Colleges: Use Diversity in Your Admissions Decisions Anyway... president Joe Biden urged colleges and universities to continue using race, income and other measures of diversity and adversity as part of their admissions process in the wake of a pair of blistering decisions from the Supreme Court that bars the use of race in college admissions. Colleges and universities "should not abandon their commitment to ensure student bodies of diverse backgrounds and experiences that reflect all of America," Biden said ....». (Kilde usnews.com, link nedenfor).

https://www.pbs.org/wnet/african-americans-many-rivers-to-cross/history/how-many-slaves-landed-in-the-us/

https://www.washingtontimes.com/news/2002/sep/04/20020904-084657-6385r/

https://www.theguardian.com/technology/2018/aug/03/sarah-jeong-new-york-times-twitter-posts-racism

https://www.usnews.com/news/national-news/articles/2023-06-29/biden-to-colleges-use-diversity-in-your-admissions-decisions-anyway

Bernstein, Andrew: *American Racism: Its Decline, Its Baleful Resurgence, and Our Looming Race War,* No publisher 2023
Brogan, Hugh: *Longman History of the United States of America,* Guild Publishing 1985

448

Veldedighet og velferdsstat

I et velstående samfunn bør det være ordninger som hjelper de som av forskjellige grunner ikke kan klare seg selv. Dette gjelder personer som ikke kan arbeide for å forsørge seg selv, gamle som ikke har spart opp midler i sitt arbeidsliv, og personer som er for syke til å arbeide.

Når et samfunn begynner å bli velstående, vil slike ordninger dukke opp. I USA begynte velstanden å stige fra tidlig på attenhundre-tallet; fra 1820 til 1920 ble BNP per capita firedoblet, fra 1850 til 1930 økte forventet levealder fra under 40 til nesten 60 år, og mellom 1870 og 1929 gikk gjennomsnittlig antall arbeidstimer per år ned fra 3069 til 2368. Dette skjedde samtidig med at befolkningen økte fra 5,3 millioner i 1800 til 123 millioner i 1930.

Denne velstandsøkningen førte til at mange kunne spare opp midler som de kunne leve av hvis de i perioder skulle være syke eller når de ble for gamle til å arbeide. Men det ble også etablert et stort antall såkalte «mutual aid societies», medlemsforeninger hvor medlemmene regelmessig betalte et mindre beløp og til gjengjeld kunne nyte godt av ulike typer forsikringer, for eksempel ved sykdom, ulykke, alder, uførhet eller i forbindelse med begravelse. I 1930 var omkring 25 millioner amerikanere medlemmer av slike sammenslutninger.

Det oppsto også et stort antall veldedige organisasjoner, og i 1910 var det i New York City mer enn 150 private grupper som ga hjelp til barn, og mer enn 200 grupper som ga hjelp til både voksne og barn. Den som var hjemløs i Chicago i 1933 kunne finne ly i et av byens nesten 800 herberger drevet av YMCA, av Frelsesarmeen eller av Goodwill Industries.

Antall personer som var avhengig av slik veldedighet var hele tiden svært lavt; i delstaten Massachusetts var det i 1910 færre enn 8 % av personer over 65 som var avhengig av veldedighet.

I løpet av 1920-tallet økte privat veldedighet fra 21 milliarder USD i 1921 til 31 milliarder USD i 1928 (dollarverdiene er justert til verdien i 2009). Dette tilsvarte cirka 2,5 % av BNP. 50 år senere utgjorde slik veldedighet cirka 1,8 % av BNP. (Disse opplysningene er hentet fra Watkins.)

Veldedighet til kulturformål

I perioden fra etter borgerkrigen til slutten av 1920-tallet var amerikansk økonomi nokså fri, og dette førte til en kolossal velstandsøkning. Denne omfattet folk flest, men det var også mange som ble svært rike. Navn som Carnegie, Rockefeller, Vanderbilt, Pulitzer, Ford og J. P. Morgan er den dag i dag forbundet med store formuer.

Denne akkumulering av store formuer gjorde det mulig å investere, og dermed kunne entreprenører igangsette langsiktige prosjekter, prosjekter som var produktive, men som ikke ville gi avkastning før etter en lang og arbeidskrevende periode. Disse investeringene var da med på å øke velstanden for alle, og er antagelig den viktigste årsak til at USA ble – og fortsatt er – verdens rikeste land med verdens sterkeste økonomi.

En rekke forfattere har omtalt denne velstandsveksten, en av dem er globetrotteren Bill Bryson, som skrev følgende:

> «Between 1850 og 1900 every measure of wealth, productivity and well being skyrocketed in America. The country's population in the period tripled, but its wealth increased by a factor of thirteen. ... The number of millionaires, fewer than twenty in 1850, rose to forty thousand by the century's end»
> (Bill Bryson: *At Home*, s. 313

Mange av de som hadde tjent store formuer benyttet dem til ulike former for veldedighet. De ga støtte til skoler, universiteter, biblioteker, sykehus, de opprettet stipender for talentfulle ungdommer og opprettet priser for betydelige innsatser. Eksempler er Pulitzer-prisen, som gis til forfattere og journalister, og Carnegie-prisen, som gis til personer som utfører heltemodig innsats i hverdagen (prisen deles ut ikke bare i USA, men også i mange andre land, også i Norge). At rike personer oppretter stiftelser som deler ut midler til veldedige formål skjer også den dag i dag, den mest kjente stiftelsen er opprettet av mannen som i en periode var verdens rikeste mann, Bill Gates; Bill & Melinda Gates Foundation yter ulike former for hjelp til fattige over hele verden.

450

I Amerika er det en betydelig tradisjon for å drive veldedig arbeid. Oppgaver som i andre land utføres av staten utføres i USA av private virksomheter (mye av dette arbeidet i USA foregår i ulike kirkesamfunn).

Velferdsstaten

De første betydelige skritt mot velferdsstaten, en ordning hvor staten skulle stå for slike veldedige tiltak, finansiert av skattebetalerne, ble tatt under president Roosevelt på 30-tallet. Kanskje viktigst av disse var Social Security (1935), en statlig pensjonsordning finansiert av løpende skatter. Ytterligere skritt ble også tatt på sekstitallet under president Johnson; da kom ordninger som Medicare (en statlig ordning som dekker helseutgifter for pensjonister og funksjonshemmede), og Medicaid (en behovsprøvd ordning som dekker helseutgifter for lavinntektsfamilier).

Man bør også merke seg at det var etter at de store velferdsprogrammene ble igangsatt midt på sekstitallet at «America´s poverty rate stopped declining» (Watkins, s.120): Når velstanden øker vil antallet og andelen fattige stadig gå ned. Omfattende velferdsprogrammer vil, på grunn av incentivene de inneholder, føre til at slike positive trender stopper opp.

Utgiftene til disse statlige programmene ble raskt langt langt høyere enn det som var forventningen hos programmenes tilhengere da de ble vedtatt. De som mottok utbetalinger fikk utbetalt langt mer enn de selv hadde betalt inn (og også langt mer enn de ville ha fått dersom pengene ble investert på en rimelig klok måte). Ordningen ble at dagens pensjonister og trygdede fikk utbetalinger ikke fra avkastning på det de selv hadde betalt inn, men direkte fra dagens skattebetalere.

Noen politikere og økonomer var klar over at denne utviklingen ville komme til å skje, og de var derfor imot etableringen av disse programmene. Andre økonomer mente at dersom man hadde befolkningsvekst, økonomisk vekst, og en stabil valuta, ville denne veksten føre til at problemene aldri ville blir aktuelle; man kunne alltid skyve dem foran seg.

Det som virkelig skjedde var at utgiftene raskt ble langt større enn det som var forventet, og i dag er disse programmene reelt sett konkurs.

«In 2023, 21 percent of the budget, or $1.4 trillion, will be paid for Social Security, which will provide monthly retirement benefits averaging $1,836 to 48.6 million retired workers. ... Four health insurance programs — Medicare, Medicaid, the Children's Health Insurance Program (CHIP), and Affordable Care Act (ACA) marketplace health insurance subsidies — together account for 24 percent of the budget in 2023, or $1.5 trillion» (kilde cpp, link nedenfor).

Social Security, Medicare og Medicaid (og noen nærliggende programmer) står altså for innpå halvparten av statlige utgifter i USA. Og som kjent, USAs statsgjeld er om lag 130 % av BNP, noe som, slik politikken er, vil føre til stadig større problemer i årene fremover. På grunn av utvikling med hensyn til alderssammensetning, økte kostnader til medisinsk behandling, etc., er det klinkende klart at disse programmene ikke er bærekraftige. For å prøve å redusere de problemene som ordningen innebærer vil politikerne legge stadig økende skatter og avgifter på den produktive delen av befolkningen, noe som må til for å finansiere utbetalinger, eller for å betale renter og avdrag på lån som er tatt opp. Staten kan trykke opp penger, men da blir disse pengene langt mindre verdt, noe som alle vil merke i form av at alt de kjøper blir dyrere.

University of Pennsylvania, Penn Wharton, har utarbeidet en modell for «WHEN DOES FEDERAL DEBT REACH UNSUSTAINABLE LEVELS?», og vi gjengir sammendraget, datert 6/10-23:

«The U.S. "public debt outstanding" of $33.2 trillion often cited by media is largely misleading, as it includes $6.8 trillion that the federal government "owes itself" due to trust fund and other accounting. The economics profession has long focused on "debt held by the public", currently equal to about 98 percent of GDP at $26.3 trillion, for assessing its effects on the economy. We estimate that the U.S. debt held by the public cannot exceed about 200 percent of GDP even under today's generally favorable market conditions. Larger ratios in countries like Japan, for example, are not relevant for the United States, because Japan has a much larger household saving rate, which more-than absorbs the larger government debt.

Under current policy, the United States has about 20 years for corrective action after which no amount of future tax increases or spending cuts could avoid the government defaulting on its debt whether explicitly or implicitly (i.e., debt monetization producing significant inflation). Unlike technical defaults where payments are merely delayed, this default would be much larger and would reverberate across the U.S. and world economies. This time frame is the "best case" scenario for the United States, under markets conditions where participants believe that corrective fiscal actions will happen ahead of time. If, instead, they started to believe otherwise, debt dynamics would make the time window for corrective action even shorter» (kilde upenn, link nedenfor).

Et privat forsikringsselskap som tilbyr forsikringer mot utgifter i forbindelse med alderdom, sviktende helse, uførhet, nedsatt arbeids-evne, etc., vil alltid tilpasse innbetalinger og utbetalinger etter slike ting som alderssammensetning, helsetilstand, forventet levealder, øko-nomisk utvikling og lignende. Et privat firma vil derfor kunne justere inntekter og utgifter slik at det hele tiden er solvent. En statlig ordning, derimot, har ikke denne koblingen mellom inntekter og utgifter. Der er det slik at et stadig voksende antall velgere vil få utbetalinger fra det offentlige, og få eller ingen politikere vil våge å foreslå å redusere utbetalingene i slike ordninger; da vil de jo støte bort velgere og miste stemmer. Finansieringen skjer ved skatter og avgifter, ved låneopptak, eller ved inflasjon, og de er ofte mindre synlige.

Det er klinkende klart at Social Security (og tilknyttede ordninger som Medicare), må gjennomgå omfattende, grundige og radikale reformer for å ikke å ende i en katastrofe, men per i dag (2023) er det altså ingen politikere som er villige til å gjøre noe som helst for å ta tak i problemene. Den typiske holdningen som alle toppolitikere har er å følge det som Donald Trump formulerte slik: «Social Security is off the table», det vil si at han ikke vil foreslå noen som helst vesentlige reformer i dette systemet. Heller ingen andre politikere fra samme parti er villig til å røre disse ordningene. Politikere fra det Demokratiske partiet er enda mindre villige enn Republikanerne til å forsøke å gjøre noe med disse støtteordningene. Politikerne vil derfor i en god del år fremover fortsette å skyve problemet foran seg og å håpe at problemene først blir alvorlige etter at de selv har forlatt politikken.

https://www.cbpp.org/research/federal-budget/where-do-our-federal-tax-dollars-go

https://budgetmodel.wharton.upenn.edu/issues/2023/10/6/when-does-federal-debt-reach-unsustainable-levels

Bryson, Bill: At Home: *A Short History of Private Life,* Black Swan
    2016
Watkins, Don: *Rooseveltcare: How Social Security is Sabotaging the Land of Self-Reliance*, Ayn Rand Institute Press 2014

Helsevesenet i USA

Mange nordmenn betrakter USA som så kapitalistisk at til og med helsevesenet er privat. Behandlingen man får fra det amerikanske helsevesenet er visstnok god, men for å få behandling (uten at det påløper store kostnader for pasienten) må man ha forsikring, og hvis man ikke har forsikring får man en enorm regning etter behandling – hvis da sykehuset i det hele tatt behandler pasienter som ikke har forsikring. Dette fører til at en betydelig andel av befolkningen ikke har tilgang til et adekvat helsetilbud. Trenger man behandling fra helse-vesenet i land som Canada, Storbritannia og Norge (og flere andre land) er den like god som i USA – og den er gratis*. Dette er altså slik de aller fleste oppfatter det amerikanske helsevesenet.

I all hovedsak er denne svært utbredte oppfatningen helt feil. Det er riktig at amerikanske sykehus og legekontorer i all hovedsak er private, og at man må ha forsikring for å få dekket behandlingen, men helsevesenet i USA er ikke organisert som et fritt marked, det er gjennomregulert av det offentlige. I tillegg er det slik at ordninger som Medicare og Medicaid gjør at helsetjenester er gratis for eldre og for personer med dårlig råd. (Slike gratistilbud har dog svært viktige negative effekter, og dem kommer vi tilbake til nedenfor.)

USA er det land i verden som bruker mest penger på sitt helsevesen.

«The United States spends significantly more on healthcare compared to other nations...».

Men allikevel er tilbudet til borgerne langt dårligere enn man da kunne forvente. USA

«does not have better healthcare outcomes [compared to other nations].... The United States has one of the highest costs of healthcare in the world. In 2021, U.S. healthcare spending

---

* «Gratis» betyr at man ikke må betale når man benytter tilbudet, betalingen skjer fra skattebetalerne inn i en felles pott som disponeres av politikerne.

reached $4.3 trillion, which averages to about $12,900 per person. By comparison, the average cost of healthcare per person in other wealthy countries is only about half as much ... [USA has] the highest healthcare costs per capita across the OECD countries ...» (Petersen Foundation, link nedenfor).

Dette forteller at det amerikanske helsevesenet er organisert på en ekstremt ineffektiv måte. Dette er årsaken til at helsetilbudet er så dårlig for så mange, og til at det er så dyrt.

For å forstå hvorfor det er blitt slik må man se på historien. Under depresjonen på 30-tallet (som var et resultat av stadig mer omfattende statlige inngrep i økonomien) etablerte leger og sykehus egne forsikringsselskaper med fokus på helseforsikringer, Blue Cross (1929) og Blue Shield (1939). De ble godkjent av myndighetene som non-profit-virksomheter, under forutsetning av at de skulle tilby helseforsikringer uten at forsikringstagerne ble vurdert ut i fra risiko, det vil si forsikringene skulle koste det samme for alle: Forsikrings-selskapene kunne ikke kreve høyere premie fra en storrøykende overvektig spillavhengig sofapotet enn fra en slank frilufts-elskende vegetarianer. Dette medførte at kundene ikke så noe behov for å prøve å finne billigere forsikringer hos et annet selskap, og at systemet ikke inneholdt incentiver som oppfordret til en sunnere livsstil.

Under annen verdenskrig ble det innført lønnsstopp i USA, noe som innebar at bedrifter ikke kunne lokke til seg nye arbeidstakere ved å tilby dem høyere lønn. Men når det finnes reguleringer vil kreative sjeler alltid finne måter å omgå dem på for å oppnå fordeler som reguleringene setter begrensninger for. (Jo flere reguleringer som kommer, jo mer kompliserte blir disse omveiene.) Det som begynte å skje var at arbeidsgivere sa omtrent følgende til potensielle ansatte, og til ansatte de ønsket å belønne med høyere lønn: «Vi kan ikke gi deg høyere lønn, det er forbudt, men vi kan tilby deg å dekke helseforsikringen din». Dette grepet ble mer og mer utbredt, og man kom inn i en situasjon hvor det ble vanlig at arbeidsgivere dekket sine ansattes helseforsikringer. I 1943 godkjente skattevesenet (IRS) at arbeidsgiveres utgifter for å dekke sine ansattes helseforsikringer var skattefrie.

I denne prosessen kom politikerne inn i bildet, og de la stadig nye føringer på hva slags type forsikringer som kunne bli godtatt som en del av denne ordningen. Det kom også ordninger som innebar at staten skulle dekke deler av forsikringen for de som ikke selv var i stand til å dekke kostnadene ved en forsikring. Dette førte til at for at en forsikring skulle bli godtatt av myndighetene, måtte den dekke flere og flere mulige sykdomsforløp. Her er to eksempler som tydeliggjør hva forsikringene måtte inneholde etter pålegg fra politikerne: også avholdsfolk måtte ha forsikringer som innebar behandling mot alkoholisme, og også eldre kvinner måtte ha forsikringer som finansierte abortinngrep. Disse eksemplene er noe ekstreme, men det illustrerer prinsippet: den enkelte kunde kunne ikke selv velge innholdet i den forsikringen han skulle tegne; for å komme inn under ordningen måtte han tegne en svært omfattende forsikring, en som politikerne og de ulike pressgruppene de var representanter for, kunne akseptere. En kommentator, som er lege, beskrev denne ordningen slik:

«This is the health care equivalent of the state requiring everyone to purchase a car, requiring car dealers to sell only expensive models such as Mercedes and Lexus, outlawing the sale of all inexpensive models, and giving subsidies to the poor so that they too can participate in the charade» (dr Paul Hsieh, link nedenfor).

Politikerne sørget altså for at dersom en forsikring skulle bli godkjent, måtte den omfatte flere og flere sykdommer, og derfor ble de dyrere og dyrere. Det er jo slik at mange sykdommer, også mer sjeldent forekommende sykdommer, har sine talsmenn blant politikerne. Disse politikerne kjemper for mer oppmerksomhet om den sykdommen de er talsmenn for, og for at den skal komme inn blant de sykdommer som forsikringene skal dekke.

Siden de aller fleste forsikringer i dette systemet ble dekket av arbeidsgivere som en skjult del av lønnen til de ansatte, ble det ikke tydelig for noen at forsikringene ble dyrere og dyrere.

Forsikringspremiene var en skjult del av bedriftenes utgifter, og det kom ingen store protester mot denne organiseringen. Forsikringen fulgte jobben, så og si alle som var i jobb hadde en grei forsikring som dekket kostnadene til helsetjenester. De som ikke hadde en jobb med forsikring måtte selv kjøpe en forsikring på markedet, og på grunn av organiseringen var disse forsikringene blitt svært dyre.

Et annet element var at når arbeidsgiver dekker forsikringen, blir som nevnt kostnadene ikke tydelige for den enkelte kunde. Dessuten, vanligvis har man en forsikring for å dekke store, uventede utgifter, mens små rutineutgifter dekker man selv uten å belaste forsikringen. Hvis man kan legge alle utgifter på en forsikring, vil dette føre til at forsikringene ble langt dyrere enn de ellers ville ha vært. Sammenlign for eksempel med en bilforsikring: rutinemessige utgifter som f.eks. oljeskift dekker man selv, og så belaster man forsikringen hvis det skulle komme store, uventede utgifter.

En kommentator forteller følgende om kostnadene i dagens (2021) system: «For en familie kan det å tegne en slik forsikring innebærer en svært stor kostnad. Gjennomsnittlig betaler amerikanske familier omkring 1200 dollar i måneden for en helseforsikring ...» (Hammer, s. 56).

Hvis sykeforsikringsmarkedet hadde vært uregulert, slik det ville ha vært i en kapitalistisk modell, kunne hver enkelt valgt å forsikre seg mot de sykdommer han vurderte som mulig for ham å kunne bli rammet av. Dette ville sannsynligvis resultert i at det ville oppstå et knippe forskjellige typer forsikringer som den enkelte kunde kunne velge mellom. Hvis han ville ha en forsikring som dekket mer enn det vanlige, eller sjeldne sykdomstilfeller, kunne han tegne en tilleggs-forsikring.

Så kom ordningene Medicare og Medicaid (etablert 1965), ordninger som var statlig finansierte og som innebar at eldre og fattige skulle få gratis helsetilbud, det vil si at staten skulle betale for dem. At staten betaler for noe betyr intet annet enn at staten tvinger skatteyterne til å betale. For å hindre at kostnadene ved disse programmene skulle vokse til himmels, ble det laget lister over hvilke behandlinger som skulle dekkes, og hvor mye leger og sykehus skulle få som betaling fra det offentlige. I praksis førte dette til at satsene ble så lave at helseinstitusjoner ofte tapte penger på å behandle eldre og fattige. De klinikker som behandlet pasienter på Medicare og Medicaid ble også tvunget inn i en enorm papirmølle; staten måtte ha rapporter på svært mye av det som ble gjort. Noen leger og klinikker nektet da å ta imot

458

pasienter på Medicare og Medicaid, og andre gjorde det slik at de måtte belaste andre pasienter med en høyere betaling, og siden disse betalte gjennom forsikringer, ble forsikringene da enda dyrere.

Et annet element som hører med her, er at det finnes statlige godkjenningsordninger for hvem som kan praktisere innen helse-vesenet. Dette innebærer at tilbudet blir lavere enn det ellers ville ha blitt. Slike godkjenningsordninger begrunnes gjerne med hensynet til kvalitet, men ofte er dette et skjul for et ønske blant de som allerede er inne på markedet om å begrense tilgangen på nye aktører, dette for å redusere tilbudet slik at prisen – det vil si lønningene for de som allerede er inne i markedet – blir høyere enn de ellers ville ha vært.

Problemene i det amerikanske helsevesenet bare vokser og vokser. Det som kunne gjort det amerikanske helsevesenet langt bedre for alle, og langt mindre kostbart, er hvis systemet var helt uten statlig innblanding. Da ville alle sykehus, klinikker og leger kunne drive uten offentlige reguleringer, og enhver ville kunne tegne den forsikring han ønsket, en forsikring som dekker de vanligste sykdommene, og andre ting han selv måtte velge. Kunden ville da belaste forsikringen kun når det kom store utgifter, og ville dekke mindre rutinebehandlinger av egen lomme. Da ville systemet bli langt bedre og billigere for alle. I et slikt system vil det være konkurranse mellom forsikringsselskaper og mellom sykehus og leger, og det vil være incentiver for den enkelte til å forsøke å skaffe seg en sunnere livsstil.

Det er også slik at helsevesenet i alle siviliserte land, også USA, bruker enorme beløp på å holde gamle pasienter i live noen uker eller måneder til når livet nærmer seg slutten. Hvis man selv kunne velge forsikring, kunne man selv bestemme hvor store beløp som skulle brukes til å holde en i live når det går mot slutten. En forsikring som sa at pasientene skulle holdes i live så lenge som mulig ville da antakelig være langt mer kostbar enn en forsikring som sa at livet kunne avsluttes når det er opplagt at det er svært lite sannsynlig at det er lenge igjen. Et slikt valg bør være opp til den det gjelder, og i et system med private, frivillige forsikringer vil den enkelte kunne bestemme dette selv.

Et slikt fritt, uregulert system er det man ville hatt i et fullstendig kapitalistisk samfunn.

Mange sier at et helsevesen av den typen man har i land som Canada, Storbritannia og Norge er et bedre system; i disse landene er helsevesenet statlig drevet og man kan få den behandlingen man trenger uten å måtte betale store beløp.

Men det er velkjent at alle disse systemene har store problemer, så som lange ventelister, stort byråkrati, og at enkelte bare ikke får behandling fordi det er for dyrt og for belastende for systemet.

CNN skriver om problemer i det britiske systemet:

«Most winters, headlines warn that Britain's National Health Service (NHS) is at "breaking point." The alarms sound over and over and over and over again. But the current crisis has set warning bells ringing louder than before. "This time feels different," said Peter Neville, a doctor who has worked in the NHS since 1989. "It's never been as bad as this." Scenes that would until recently have been unthinkable have now become commonplace. Hospitals are running well over capacity. Many patients don't get treated in wards, but in the back of ambulances or in corridors, waiting rooms and cupboards – or not at all. "It's like a war zone," an NHS worker at a hospital in Liverpool told CNN» (link nedenfor).

Om det canadiske systemet skriver Canadian Medical Association:

«We know the health system is collapsing. Every day, there are more signs of distress: A hospital in Toronto put out an urgent plea for physicians, medical residents, and other volunteers to help fill nursing shifts to keep its emergency department running. Hospitals in rural communities across Canada are so short staffed they have temporarily closed emergency departments and intensive care units.

•A patient in Victoria placed an ad in the newspaper pleading for a doctor – any doctor – to renew prescriptions for her 82-year-old husband after their family practitioner retired.
•A family physician published his own perspective in the Ottawa Citizen – an open letter apologizing to patients for the broken health care system. "I am sorry that I cannot take more patients. I am struggling with my present load. I am

460

overwhelmed at times myself. I'm sorry you are in pain, or worried, or have many unanswered questions, or unmet expectations". – Dr. Alykhan Abdulla, Ottawa family physician

•There is no part of the health care system untouched by the current crisis. The problem isn't physicians, or nurses, or health care workers. It's not one province or territory» (link nedenfor)

Om det norske systemet kan vi henvise til følgende overskrift og ingress: «Fastlegekrisen – mer enn én krise. Fastlegekrisen er ikke bare én krise, men en rekke kriser som truer med å gi kollaps på flere viktige områder i helsevesenet. Er det mulig å løse flere kriser på en gang?» (dagens medisin).

Aftenposten har en egen seksjon med tittelen «Krisen i helsevesenet» (link nedenfor).

Ja, man kan si at dette er oppslag som setter saken på spissen, men det er allikevel en kjerne av sannhet i det som fortelles.

Det ser ut som at de statlig drevne helsesystemene i Canada, Storbritannia og Norge har store problemer, og det gjennomregulerte private systemet i USA har også store problemer. Ikke i noen av disse landene, heller ikke i noe annet land, er finnes det et helsevesen drevet i samsvar med kapitalistiske prinsipper; det vil si med private eiere, med full respekt for eiendomsretten og avtalefriheten, og uten statlige reguleringer. Det eneste statlige element som finnes i et kapitalistisk system er at staten håndhever eiendomsretten og frivillig inngåtte kontrakter.

Alt tyder på at i et fritt uregulert system vil tilbudet bli bedre, og kostnadene vil bli lavere. Det man har i alle vestlige land er altså helsevesen regulert av det offentlige og i stor grad finansiert av det offentlige. Dette er grunnen til at det er så dyrt og så dårlig.

Avslutningsvis vil vi ta med følgende poeng: det er et velkjent faktum at medisiner ofte er dyrere i USA enn de er i for eksempel Europa. Dette har å gjøre med at praktisk talt all forskning og utvikling på medisiner skjer i USA, og slik utvikling av nye medisiner er svært kostbar. Andre land overtar resultatene av denne forskningen uten å betale.

461

En artikkel i Financial Times med tittelen «The world will need to stop piggybacking on US pharma» omtaler dette slik:

> «Americans shelled out more than $600bn on medicines last year [2022], almost half the global total. The country also dominates the research pipeline; its research and development spending accounts for nearly two-thirds of the OECD total. Last year, the US had 10,265 drugs in the works, more than double both China and the EU, and four times as many as the UK. While this means that US priorities play an outsized role in setting the research agenda, other nations quietly benefit from piggybacking on American innovation.»

Temaet for artikkelen i FT er at president Bidens politikk om å redusere det staten skal betale for de medisiner som oftest benyttes i Medicare og Medicaid vil føre til at det vil bli betydelige reduksjoner i forskning for å finne nye medisiner.

> «There is now a risk that R&D switches focus from the drugs that are most needed, to those that avoid US price controls. Unlike most of Europe, the US government has not previously controlled medicine prices. Last year's Inflation Reduction Act authorized Medicare, the taxpayer-funded healthcare system for retirees, to bargain directly with drugmakers. It plans to seek cuts of 25 per cent or more to list prices, focusing on top-selling drugs nearing the end of patent protection» (link nedenfor).

Obamacare

Kanskje det viktigste av de løfter presidentkandidat Obama ga i valgkampen 2008 var å gjøre helsetilbudet lettere tilgjengelig for alle amerikanere, og i 2010 vedtok kongressen The Patient Protection and Affordable Care Act (PPACA), forkortet Affordable Care Act (ACA) og kalt Obamacare.

Ordningen gikk ut på å subsidiere kostnadene for forsikringer til personer som har lav betalingsevne. Den innebærer også restriksjoner på hvilke behandlinger som kan tilbys og dekkes av forsikringene som faller inn under ordningen, den setter krav til sykehus og leger, og alt dette førte til et svært omfattende regelverk, restriksjoner på konkurransen mellom forsikringsselskap som tilbyr helseforsikringer, et voksende byråkrati, og stigende offentlige utgifter. Mange av de som hadde forsikringer før loven trådte i kraft opplevde at deres forsikringer ble dyrere. De fleste Republikanere var opprinnelig imot å vedta denne loven, men da de selv fikk politisk makt til å vedta omfattende endringer, unnlot de å gjøre dette.

Som et ledd i kampanjen for å få vedtatt ordningen uttalte president Obama en rekke ganger at «If you like your health care plan, you will be able to keep your health care plan, period» og «If you like your doctor, you will be able to keep your doctor, period». Men etter at loven var vedtatt fikk om lag 4 millioner amerikanere brev fra sine forsikringsselskaper om at deres forsikring var kansellert – forsikringsselskapene var ikke i stand til å opprettholde forsikringen etter de nye kravene som loven satte. PolitiFact kåret Obamas uttalelse til «Årets Løgn» i 2013.

Ordningen førte til at langt flere amerikanere har sykeforsikring; før loven trådte i kraft var det 16 % som var som ikke var forsikret, ti år etter var det cirka 8 % som ikke var forsinket. Oppslutningen om ordningen i befolkningen er betydelig.

Enslige forsørgere
USA er det land hvor flest barn lever sammen med kun én av foreldrene. En fjerdedel av barn under 18 vokser opp med kun én av foreldrene, mens gjennomsnittet på verden er cirka 7 %. Tilsvarende tall for andre land er Kina 3 %, Nigeria 4 %, India 5 %, og Canada 15 %. For Norge er tallet 23 %. I 1950 var det i USA noe under 2 millioner husstander med barn hvor kun en av foreldrene bodde fast; i 2010 hadde dette antallet økt til cirka 11 millioner. Selv om man korrigerer for befolkningsvekst, er dette en markant økning. Å vokse opp sammen med kun én av foreldrene, spesielt for gutter, byr gjerne på store utfordringer. Unge menn som har en slik bakgrunn, er overrepresentert blant kriminelle og blant rusmisbrukere.

Hjemløshet

På fortau og i parker i mange av de store byene i USA er det et stort antall hjemløse; de lever i telt, i pappesker og kanskje uten noen form for tak over hodet i det hele tatt. Hvorfor?

Denne utviklingen startet på 1950-tallet, men er blitt langt mer merkbar i årene etter 2010. Det er i hovedsak to årsaker. For det første ønsket politikerne i de store byene at det ikke skulle bygges små leiligheter, leilighetene skulle være såpass store at det var plass til familier. Men dette innebar at personer som bare kunne finansiere små boliger ble stengt ute fra leiemarkedet. Mange menn kom etter en skilsmisse i en svært vanskelig økonomisk situasjon, i og med at hustruen ofte fikk både hjem og barn, og i tillegg måtte mannen betale underholdningsbidrag. Dette gjorde at han hadde vanskelig for å finansiere en brukbar bolig til seg selv. Et annet element var at personer som hadde store psykiske problemer og som bodde på institusjon nå ble behandlet med nyutviklede medikamenter, og sykehusledelsen trodde at disse nå kunne klare seg selv ut i samfunnet. De mistet derfor plassene de hadde på institusjoner. Vi siterer fra nettsiden til «Coalition for the homeless»:

«The most significant single change in New York City's housing stock during the emergence of modern homelessness was the extraordinary reduction in the number of single-room housing units ... The single-room housing stock became increasingly regulated, and in 1955 changes in housing codes essentially prohibited the conversion or construction of new single-room housing; additional provisions of the zoning code made conversion practically impossible. Therefore, after 1955 the number of single-room units had essentially reached a maximum limit, and erosion of this housing stock was inevitable.

Single-room housing was also a vital resource for discharged patients of New York State psychiatric centers and hospitals. In the 1950s the State began to adopt a policy of "deinstitutionalization" for thousands of patients of State facilities who were living with mental illness. The policy was adopted largely due to the development of psychotropic

464

medications and new approaches to providing therapeutic treatment in the community instead of in institutional settings, but also because of the scandalous mistreatment of patients in some facilities. Deinstitutionalization led to the discharge of tens of thousands of mentally ill individuals from upstate facilities to New York City communities» (link nedenfor).

Det var også slik at enkelte byer begynte å gi tilbud til de hjemløse; de ga dem helsetjenester, boliger, mm. Dette førte til at hjemløse fra hele landet strømmet til disse byene, og uansett hvor omfattende tiltak som ble innført så ble ikke antall hjemløse i disse byene redusert.

https://www.politifact.com/article/2013/dec/12/lie-year-if-you-like-your-health-care-plan-keep-it/

https://www.pgpf.org/blog/2023/07/why-are-americans-paying-more-for-healthcare

https://www.pgpf.org/blog/2023/07/how-does-the-us-healthcare-system-compare-to-other-countries

https://edition.cnn.com/2023/01/23/uk/uk-nhs-crisis-falling-apart-gbr-intl/index.html

https://www.cma.ca/news/canadas-health-care-crisis-what-we-need-now

https://www.aftenposten.no/emne/krisen-i-helsevesenet

Paul Hsieh:
https://theobjectivestandard.com/2007/11/moral-vs-universal-health-care/

Dødsrater
USA
https://usafacts.org/data/topics/people-society/health/longevity/mortality-rate/

https://data.worldbank.org/indicator/SP.DYN.CDRT.IN?locations=US

USA og Norge
https://data.worldbank.org/indicator/SP.DYN.CDRT.IN?locations=US-NO

Sverige
https://data.worldbank.org/indicator/SP.DYN.CDRT.IN?locations=US-SE

UK
https://data.worldbank.org/indicator/SP.DYN.CDRT.IN?locations=US-GB

https://www.ft.com/content/0c20c518-60a8-4dd0-87be-f03adc8ec0e1

https://www.coalitionforthehomeless.org/why-are-so-many-people-homeless/

Hammer, Espen: *USA En supermakt i krise*, Kagge 2021

USAs utvikling på endel viktige områder

Når et land forfaller viser det seg på måter som i stadig større grad har negative effekter på en stadig større andel av befolkningen. Alle land har problemer, men dersom et land har en positiv utvikling, det vil si hvis velstanden stiger, vil disse problemene bli færre og færre og de vil omfatte færre og færre mennesker. Men når stadig flere får større og større problemer, er det tydelig at et land er i forfall. På de foregående sida har vi diskutert dette på en rekke områder, men nedenfor sier vi noe om enkelte områder som ikke er utførlig behandlet tidligere i boken.

Helse

«Noe er råttent i Amerikas forente stater. Landet makter ikke lenger å oppfylle en grunnleggende funksjon i et sivilisert samfunn: å holde befolkningen i live. Rekordmange dør i en epidemi av selvmord, overdoser og alkoholmisbruk. Antall drap øker – og det fra nivåer som allerede var desidert verst i Vesten. Våpen er blitt dødsårsak nummer én blant barn. Konsekvensene er store. I 1990 kunne en amerikaner forvente å leve nesten like lenge som en nordmann. Gapet i forventet levealder var på 1,2 år, viser tall fra OECD. Men mens den norske levealderen jevnt og trutt har beveget seg oppover, i takt med andre land, stagnerte den amerikanske levealderen etter 2010. I 2019 endte USA opp med den klart laveste forventede levealderen av alle sammenlignbare land. Gapet til Norge var på 4,2 år» (aftenposten, link nedenfor).

Omtrent 70 % av amerikanere er overvektige, og halvparten av disse er sterkt overvektige («obese»). «While U.S. obesity rates have, overall, stayed steady since 2003, they have more than doubled since 1980. They remain worrisomely high – the highest among all of the high-income countries in the world» (kilde harvard.edu, link nedenfor).

Nick Eberhard forteller i boken *Men without Work* at et betydelig antall amerikanere ikke jobber. Her fra omtalen av boken på amazon.com:

«Nicholas Eberstadt's landmark 2016 study, *Men without Work*, cast a spotlight on the collapse of work for men in modern America. Rosy reports of low unemployment rates and "full or near full employment" conditions, he contends, were overlooking a quiet, continuing crisis: Depression-era work rates for American men of "prime working age" (25–54). The grim truth: over six million prime-age men were neither working nor looking for work. Conventional unemployment measures ignored these labor force dropouts, but their ranks had been rising relentlessly for half a century. Eberstadt's unflinching analysis was, in the words of The New York Times, "an unsettling portrait not just of male unemployment, but also of lives deeply alienated from civil society." The famed American work ethic was once near universal: men of sound mind and body took pride in contributing to their communities and families. No longer, warned Eberstadt. And now—six years and one catastrophic pandemic later—the problem has not only worsened: it has seemingly been spreading among prime-age women and workers over fifty-five.»

Utdannelse

USA er verdens rikeste land og har verdens største økonomi, men befolkningen ser ut til å bli stadig dårligere utdannet.

Resultatene av en undersøkelse blant åttendeklassinger i 2018 var ikke spesielt oppløftende:

«Only 24% of students performed at or above the "proficient" level in civics. Worse yet, only 15% scored proficient or above in American history and 25% were proficient in geography. At least 25% of America's eighth-graders are what NAEP [National Assessment of Educational Progress] defines as "below basic" in U.S. history, civics and geography. That means they have no understanding of historical and civic issues and cannot point out basic locations on a map» (kilde creators.com, link nedenfor).

Data på nettsiden https://www.nationsreportcard.gov viser at utviklingen ikke går i positiv retning, selv om endringene mellom de nevnte årene ikke er stor:

> «2022: Lower average reading score for fourth-graders than in 2019. 2022: Lower average reading score for eighth-graders than in 2019. 2019: Lower average reading score for twelfth-graders compared to 2015».

Mer informasjon er å finne i artikkelen om generasjon Z tidligere i boken.

Økonomi

Oppslag i 2023: «USAs økonomi med svakere vekst enn ventet. Reviderte BNP-tall (bruttonasjonalprodukt) fra USA for andre kvartal, viser en vekst på 2,1 prosent» (E24).

Oppslag i 2010: «Svekket økonomisk vekst i USA. Vekstraten i USAs økonomi gikk markant ned fra 3,7 prosent i første kvartal til 2,4 prosent i annet kvartal i år» (TV2).

Det vi sier her er at de siste årene har veksten vært langt mindre gunstig enn den har vært tidligere (vi holder oss her til perioden etter 1945).

På siste halvdel av 80-tallet var den økonomiske veksten (målt i vekst i BNP per innbygger) omkring 4 %, men fra 90-tallet har den ligget på ca 2 %. Dette er en merkbar nedgang fra perioden etter annen verdenskrigs avslutning, hvor den økonomiske veksten gjerne lå på 4 - 5 %.

Slike ting er svært vanskelig å måle, og det er mange parametre som har betydning, men poenget om at den økonomiske veksten i siste år har vært lavere enn den var for noen tiår siden er tydelig.

Slike ting som arbeidsløshet og inflasjon har gått opp og ned de siste tiårene, begge deler var ganske høye på 70-tallet og så ble det bedre på 80-tallet og så har det gått litt opp og ned. Men man må huske på at rike land ofte har muligheten til å skjule arbeidsløshet ved å sette folk på trygd.

Et annet dystert tegn er at den nasjonale spareraten har gått ned (den nasjonale spareraten er andelen av BNP som er spart og ikke brukt). I 1950 var den omkring 15 %, men tidlig på 2000-tallet hadde den sunket til 0 (i 2020 var den 1,53 %.) Grunnen til at det spares er at det er nyttig å ha en økonomisk buffer i tilfelle man skulle få utfordringer på det økonomiske området, for eksempel ved sykdom, arbeidsløshet eller høy alder. Hvis man derimot kan regne med at staten tar vare på en dersom slike utfordringer skulle oppstå, blir motivasjonen for å spare mindre.

Dette er tragisk, fordi sparing fører til akkumulering av kapital, akkumulering av kapital brukes til investeringer, og investeringer fører til høyere velstand. Hvis sparingen går ned vil dermed den økonomiske veksten, og dermed velstandsøkningen, blir lavere enn den ellers ville ha vært.

Allikevel, USAs økonomi er den største i verden, og det meste av den innovasjon som forekommer skjer i USA. De fleste av de store ikke-statlige firmaene i verden er amerikanske, blant dem finner man Apple, Microsoft, YouTube, Twitter/X, Amazon, Walmart, Exxon. Under Biden er også USA blitt verdens aller største energi-produsent og energi-eksportør (olje, LNG), men dette er et faktum som til en viss grad bør tildekkes siden dette ikke er populært blant unge velgere.

Ved inngangen til 2024 ser det allikevel ut til at på enkelte områder er den amerikanske økonomien i god stand. I fjerde kvartal av 2023 tilsvarte den økonomiske veksten en årlig vekst på 4,9 %. I løpet av det siste året, altså fra slutten av 2022, har lønningene økt, prisnivået er gått noe ned, og de fleste husholdninger er blitt mer velstående i løpet av dette året. Hvis man sammenligner med 30 år tidligere er det noe mindre fattigdom enn det var da, de som har medianinntekt har høyere levestandard, og arbeidsledigheten er lavere. (Kilde billingsgazette, link nedenfor). Hovedårsaken til dette er en enorm offentlig pengebruk, finansiert ved låneopptak og pengetrykking («quantative easing», QE), til en rekke forskjellige tiltak, blant annet på offentlig eide golfbaner, støtte til etablering av ladestasjoner for elbiler, klimatiltak, og flere ansatte i byråkratiet og i IRS («Internal Revenue Service», det amerikanske ligningsvesenet). Dette vil føre til større problemer på sikt.

470

Flere statlige inngrep

I mars 2024 vedtok Kongressen å forby TikTok. Saken skal så opp i Senatet, så forbudet har ikke trådt i kraft. Stemmetallene var 352 mot 65; forbudet hadde stor oppslutning i begge partiene. De som stemte mot forbudet hevdet at et forbud er i strid med ytringsfriheten, mens de som er tilhengere av forbudet hevder at siden TikTok er kinesisk eid, og siden alle kinesiske selskaper er underlagt kommunistregimet i Beijing, kan appen betraktes som en «national securtiy threat»: appen kan brukes til å hacke brukernes mobiltelefoner. Man bør dog huske på at de aller fleste mobiltelefoner og datamaskiner er laget i Kina, og hvis kinesiske myndigheter ønsker å spionere på amerikanere så har de bokstavelig talt hundrevis av millioner av muligheter til å gjøre det allerede; det er ingen grunn til å tro at TikTok-appen er spesiell her. Prosessen om å innføre forbud inneholder dog betingelser om at dersom TikTok selges til amerikanske eiere så er et forbudt ikke lenger aktuelt. (Vi kan skyte inn her at mens han president tok Donald Trump initiativ til å forby TikTok, men per mars ´24 er han imot et slikt forbud, muligens fordi de som står bak TikTok har gitt store bidrag til hans valgkampanje.)

Slik jeg ser det er dette et enda et uttrykk for et ønske om å regulere stadig mer av næringslivet, et ønske som begge partier i økende grad slutter opp om. Presset på TikTok er bare den siste i en lang rekke vedtak som innebærer at det ikke er markedet, men staten, som skal dirigere viktige beslutninger i næringslivet. For bare å nevne noen ferske eksempler av samme type: staten har blandet seg opp i hvem som skal få kjøpe United States Steel (enkelte ønsker å forhindre at firmaet blir japansk eid); staten har gitt 8,5 milliarder dollar til Intel for at de skal utvikle og lage halvledere; staten har gitt enorme beløp til Panasonic for at de skal bygge batterifabrikker; staten presser bil-fabrikantene til å lage elektriske biler, biler som amerikanere flest med god grunn ikke vil ha; osv. Hvis vi gå lenger tilbake kan vi nevne de enorme beløp som under president Obama ble gitt til noen av de største bilprodusentene (og som er nevnt tidligere i boken) for å forhindre at de måtte lide det som burde blitt konsekvensen av deres meget ukloke forretningsstrategi: konkurs.

Religion

De amerikanske grunnlovsfedrene var ikke kristne, de var deister; de trodde at den guden de kristne tror på hadde skapt verden, men at han etter skapelsen ikke blandet seg inn i menneskers gjøre og laden. De mente dog at Jesus var et moralsk ideal; Thomas Jefferson skrev til og med sin egen versjon av Det nye testamentet, hvor han hadde fjernet alt overnaturlig innhold (mirakler, oppstandelsen, omtale av Jesus som en gud): det som sto igjen var kun den kristne etikken.

En betydelig andel av USAs befolkning besto av flyktninger fra Europa (og deres etterkommere), og en av grunnene til at de hadde flyktet var de mange krigene som rammet Europa etter reformasjonen – og mange av disse var religionskriger. I sitt nye land ønsket de derfor et skarpt skille mellom religion og politikk, mellom stat og kirke. Kristendommen sto ganske svakt i USA frem til annen verdenskrigs avslutning; de kristne gikk i kirken på søndager, alle bryllup og begravelser foregikk i kirken, men ellers hverken hørte eller så man mye til kristendommen eller dens representanter og talsmenn, og det var relativt liten kristen tilstede-værelse i kulturen. Visse elementer i den kristne moralen sto sterkt, men prinsipper som «samle eder ikke skatter på jorden», «gi alt du eier til de fattige» og «elsk dine fiender» hadde liten oppslutning i reell handling. Velstanden begynte å stige allerede kort tid etter at USA ble grunnlagt, og allerede fra før 1700 ble det sagt at «Outward prosperity is a worm at the roots of godliness, so that religion dies when the world thrives» (sitert i Brogan, s. 47).

Etter annen verdenskrig begynte stadig flere å slutte opp om kristendommen, og en av grunnene kan være en misnøye med de idéene som ble spredt på universitetene (vi har omtalt disse ideene foran i artikkelen «Den fundamentale årsaken til det som skjer i USA» på sidene 29-40); kristendommen sto spesielt sterkt blant de som ikke hadde lang utdannelse og som ikke hadde tilbrakt lang tid i universitets-systemet.

Rett etter annen verdenskrigs avslutning kom det til en kald krig med det kommunistiske Sovjetunionen, og et kjennetegn ved kommunismen var dens militante ateisme. Dette førte også til at kristendommen fikk styrket sin oppslutning i USA, mange ville markere sin motstand mot kommunismen ved å slutte opp om kristendommen.

De første skritt som trakk religion eksplisitt inn i politikken kom med Jimmy Carter (president 1977-81) på slutten av 70-tallet. For å markere en avstandtagen til det korrupte politiske miljøet i Washington valgte man en typisk outsider; peanøttfarmeren og legpredikanten Jimmy Carter. Han var dog ikke helt ubeskrevet blad, politisk sett, han hadde vært guvernør i Georgia. Carter brukte i sin valgkamp eksplisitt religionen som et argument for at folk burde stemme på ham: hans kristne tro skulle sikre at han ville bli en langt bedre president enn den skurkaktige Richard Nixon, som måtte gå av i 1974 på grunn av Watergate-skandalen. Nixon ble erstattet av sin visepresident Gerald Ford (Ford hadde avløst Nixons opprinnelige visepresident Spiro Agnew, som måtte gå av på grunn av ordinær korrupsjon og skattesvindel), men han ble ikke gjenvalgt i 1976. Nixon ble benådet av Ford rett etter at Ford ble president, og dette var ikke var et pluss overfor velgerne; de kom til å betrakte Ford som en del av det korrupte politiske miljøet i Washington.

I sin valgkamp i 1980 spilte Ronald Reagan eksplisitt på kristne grupper, som ble omtalt som «the moral majority». Reagan uttalte blant annet at

> «Religious America is awakening, perhaps just in time for our country's sake. In a struggle against totalitarian tyranny, traditional values based on religious morality are among our greatest strengths» (sitert fra Conservative Digest, september 1980).

Fra 1980-tallet har kristendommen blitt stående stadig sterkere blant svært mange i USA, spesielt blant de som ikke er langtidsutdannet. Kristendommen fikk også stadig sterkere plass i kulturen. Et utslag av dette er den voksende motstand mot kvinners rett til selvbestemt abort. I en høyesterettsdom i 1973 ble kvinners rett til selvbestemt abort fastslått til å gjelde i alle delstater, men en ny høyesterettsdom i 2022 opphevet denne dommen, og i flere delstater ble kvinners rett til selvbestemt abort innskrenket.

Det religiøse liv i USA er blitt preget av en rekke legpredikanter. Den mest kjente av disse var Billy Graham (1918-2018), en karismatisk folketaler som fylte store arenaer; han hadde så mange tilhengere at det til og med ble viktig for presidenter å fremstå som hans venn, og han var sjelesørger for hele 12 presidenter – alle fra og med Truman til og med Obama.

Omkring 1980 hadde predikanten Jerry Falwell (1933-2007) stor innflydelse. Han startet i 1979 organisasjonen Moral Majority, som blant annet arbeidet for å innføre bibellesing i den offentlige skolen og forbud mot kvinners rett til selvbestemt abort. Organisasjonen hadde betydelig oppslutning, og mange hevder at den var en viktig faktor i valget av Ronald Reagan til president i 1980.

Noen av disse predikantene var renere svindlere, en av disse var Jimmy Swaggart (1935-), som i en TV-preken i 1988 gråtende forklarte at han hadde syndet; synden besto i at han hadde hatt en rekke forhold til prostituerte.

Karismatiske predikanter og lederfigurer kan lett få stor oppslutning i befolkninger som har vært gjennom et skolesystem hvor elevene ikke lærer å tenke; tenkning er definert som en mental aktivitet som har som mål å finne sannhet, og hvis sannhet er betraktet som noe relativt eller subjektivt faller poenget med tenkning bort; da kan man like gjerne basere seg på følelser.

Viktigst av disse legpredikantene var nok Joseph Smith (1805-1844). Han skapte mormonismen, en variant av kristendommen som kobler Amerikas urinnvånerne inn i historien som fortelles i Bibelen. Mormonismen forfektet blant annet polygami, og læren møtte stor motstand hos amerikanere flest. Smith ble drept i en skuddveksling med politiet, og bevegelsen fikk en ny leder i Brigham Young (1801-1877), som visstnok endte opp med 56 hustruer og 57 barn. Mormonismen er en bevegelse som fortsatt finnes, og offisielt har den oppgitt polygamiet. Mormonismen er ikke lenger betraktet som en farlig ideologi/bevegelse, det finnes mormonere i en rekke viktige verv, og Republikanerne stilte i 2012 mormoneren Mitt Romney som sin presidentkandidat. Av andre religioner og sekter som har oppstått i USA kan man nevne scientologi, Amish, og pinsebevegelsen.

Den mest kjente amerikanske sektlederen er antagelig Jim Jones. Hans menighet – Folkets Tempel, opprettet i 1963 – følte seg undertrykt og forfulgt, både av myndighetene og av pressen, og de flyktet fra USA til Guyana i 1974, og der opprettet de en koloni som fikk navnet Jonestown. Jones betraktet kolonien som et sosialistisk paradis, men etter at det begynte å gå rykter om at amerikanske

474

statsborgere ble holdt i kolonien med tvang sendte amerikanske myndigheter representanter for å undersøke om det var hold i påstandene. Disse representantene, blant dem et kongressmedlem, ble skutt og drept da de kom til Jonestown, og det hele endte med at mer enn 900 medlemmer av sekten etter ordre fra Jones begikk kollektivt selvmord med blåsyre. Dette skjedde i 1978.

Men tilbake til mer mainstream-religion: Mange kjenner The Pledge of Allegiance, en slags troskapsed som resiteres ved bestemte anledninger, av alt fra skolebarn til kongressmedlemmer, og den lyder slik:

«I pledge allegiance to the flag of the United States of America, and to the republic for which it stands, one nation under God, indivisible, with liberty and justice for all.»

Eden har en noe broget historie som vi ikke vil gå inn på her, annet enn å nevne at dem først ble formulert omkring 1890, og poenget med «one nation» er å presisere at man tar avstand fra den splittelsen som førte til borgerkrigen. Passusen «under God» ble tatt inn i 1954, etter forslag fra president Eisenhower, for å markere avstandtagen til kommunismen.

Vi avslutter denne seksjonen med følgende tre ganske opplysende sitater:

«In Atheists We Distrust. Atheists are one of the most disliked groups in America. Only 45 percent of Americans say they would vote for a qualified atheist presidential candidate, and atheists are rated as the least desirable group for a potential son-in-law or daughter-in-law to belong to» (Scientific American, januar 2012). «Atheists are one of the fastest growing groups in the world. At the same time, the latest Pew poll shows that they're the most distrusted group in America, and Americans would be less likely to support a Godless presidential candidate than an unfaithful or a pot-smoking one», og «Atheists remain most disliked religious minority in the U.S.».

Oppsummert: amerikanere flest misliker ateister! Dette har antagelig å gjøre med at de aller fleste mener at en moral må forankres i en religion; ideen om at man kan ha en rasjonell begrunnet moral har praktisk talt ingen oppslutning blant folk flest. Ateisme er derfor for de fleste synonymt med umoral.

Kriminalitet

Å måle endring i kriminalitet er vanskelig. Mange tilfeller av kriminalitet blir ikke anmeldt, tilfeller blir feil rapportert, systemer for rapportering blir stadig endret. Allikevel kan man si noe om trendene over lange tidsrom. Under overskriften «Violent Crime in the U.S. Is Surging» leser vi følgende i Time magazine (link nedenfor).

> «Last year [2021] in Philadelphia, the City of Brotherly Love, 562 citizens were murdered—an all-time high and a 12 percent increase over 2020. Almost 90 percent of these homicides involved firearms, and the spike followed an even bigger surge in 2020, when killings were up by 40 percent. The numbers are sobering, but gun violence has been climbing in the city since 2013. Philadelphia is not alone. At least ten other major cities lost historic numbers of residents to murder last year. Nationally, police data suggests homicides rose seven percent in 2021. And while many Americans know that 2020 was a particularly bloody year—with homicides surging 29 percent, with 77 percent of them involving firearms—few realize that gun violence has been rising across this country since 2014. Fatal shootings have increased by roughly 80 percent in the largest U.S. cities since then.»

BBC rapporterer en tendens over et noe er lengre tidsintervall:

> «According to incomplete data released by the FBI, violent crime fell by an estimated 1% in 2021 compared with the previous year. However, the number of murders increased by more than 4%. The fall in violent crime was largely driven by a drop of nearly 9% in the robbery rate over that period. There are questions about the reliability of the FBI's crime report as it excluded data from some of the biggest US cities, including New York, Los Angeles and San Francisco. It's important to

476

point out that last year, the FBI switched to a new data collection system. According to one analysis, nearly 40% of law enforcement agencies have failed to report their 2021 crime figures – so we may only have a partial picture of the most recent crime rates.» (link nedenfor).

En artikkel på Wikipedia oppsummerer en lengre trend:

«Crime has been recorded in the United States since its founding and has fluctuated significantly over time. Crime rates have varied over time, with a sharp rise after 1900 and reaching a broad bulging peak between the 1970s and early 1990s. After 1992, crime rates have generally trended downwards each year, with the exceptions of a slight increase in property crimes in 2001 and increases in violent crimes in 2005-2006, 2014-2016 and 2020-2021. While official federal crime data beginning in 2021 has a wide margin of error due to the incomplete system adoption of the National Incident-Based Reporting System by government agencies, federal data for 2020-2021 and limited data from select U.S. cities collected by the nonpartisan Council on Criminal Justice showed significantly elevated rates of homicide and motor vehicle theft in 2020-2022. Although overall crime rates have fallen far below the peak of crime seen in the United States during the late 1980s and early 1990s, the homicide rate in the U.S. has remained high relative to other "high income"/developed nations, with eight major U.S. cities ranked among the 50 cities with the highest homicide rate in the world in 2022. The aggregate cost of crime in the United States is significant, with an estimated value of $4.9 trillion reported in 2021. Since 2022, crime has stabilized and has declined overall; though remains higher than pre-Covid-19 pandemic levels» (link nedenfor).

Det man kan tolke ut i fra disse kildene er at kriminaliteten varierer, at den har gått kraftig ned en periode etter cirka 1970, men at antall drap er svært høyt.

Artikkelen sitert over omfatter ikke det som skjedde i forbindelse med BLM-demonstrasjonene omkring 2020, og heller ikke det store antall tilfeller av ren plyndring som er skjedd i en rekke butikker og varehus i enkelte store byer fra 2023. En kommentator i The New York Sun beskriver denne tyveribølgen slik:

«Today's Shoplifters, Unlike Victor Hugo's 'Misérables,' Are Stealing More Than Bread, as Theft Gets Decriminalized» (link nedenfor).

Det er altså ikke snakk om tyver som stjeler brød for å mette en sulten familie, tyver går nå inn i varehus med sekker og fyller dem med sko, klær, smykker, kosmetikk, gadgets, og så videre. I flere delstater er slike tyveri i praksis ikke lovstridige.

Etter mitt syn er det en rimelig tolkning av dette materialet at kriminaliteten har økt de siste årene. Foreløpige tall for 2023 antyder dog at kriminaliteten har gått noe ned dette året.

Rettsapparatet

Mange europeere ristet på hodet når de får høre om ting som skjer i det amerikanske rettsapparatet. Lange rettssaker, komplisert lovverk, innfløkte prosedyrer, dyre advokater, iblant strenge straffer, skyldige blir frikjent, enorme erstatningsbeløp.

Mest kjent fra de siste årene er antakelig saken mot idrettsstjernen O.J. Simpson, som i 1994 ble tiltalt for å drept sin fraseparerte kone og hennes venn. En lang rettssak med svært dyktige forsvarsadvokater og med en jury som ifølge Vincent Bugliosi hadde svært liten «intellectual firepower» endte med frifinnelse, enda alle, inkludert Simpsons egne advokater, mente at han var skyldig. Bugliosi (1934-2015), som var en av USAs mest kjente advokater (selv om han praktisk talt alltid arbeidet som aktor og ikke som forsvarer), og som kanskje er mest kjent som aktor i saken mot Charles Manson (dømt i 1971), skrev etter at han sluttet som advokat en rekke svært gode og bestselgende «true crime»-bøker, og i en av dem forklarte han i detalj hvordan han som aktor ville ha klart å få Simpson dømt.

En av Simpsons forsvarere, Alan Dershowitz (1938-), professor i juss ved Harvard, hevder som generelle prinsipper at «All sides in a

478

trial want to hide at least some of the truth», og at «The law is agnostic about truth». Det første sitatet er i strid med det er essensielle poeng at aktoratet skal finne sannhet, mens forsvaret derimot har som eneste oppgave å få frikjent sin klient, gjerne ved å så tvil om fakta som tyder på at den tiltalte er skyldig. Det andre sitatet kan tolkes flere i flere retninger, men tolkes i blant dithen at sannhet ikke har noe i rettssalen å gjøre; det som er viktig er hvordan aktor og forsvarer klarer å sjonglere paragrafene for å få det resultat de ønsker seg uavhengig av hva som virkelig skjedde.

Juryer opptrer iblant på basis av prinsippet «soak the rich», noe som betyr at dersom en vanlig person saksøker et stort og rikt firma for uforsiktighet eller skade, blir resultatet gjerne at firmaet blir dømt til å betale et kolossalt erstatningsbeløp. Det finnes mange eksempler på dette, men det mest kjente er at McDonalds i 1994 ble dømt til å betale 2,9 millioner dollar til en kunde som etter svært uforsiktig omgang med en varm kopp kaffe påførte seg betydelige brannskader. Det endelige erstatningsbeløpet er ukjent da saken til slutt ble «settled out of court for an undisclosed sum». Saken fikk svært mye oppmerksomhet, men oppfatningen om prosessen og resultatet var delte. Noen omtalte den som «the poster child of excessive lawsuits», mens andre mente at den var «a meaningful and worthy lawsuit».

Det finnes utallige eksempler på slike meningsløse søksmål, men vi gir kun tre: en ung mann brøt seg inn i Sea World, Florida (i 1999) for å svømme i bassenget sammen med «killer whales». Det endte med at hvalene levde opp til sitt navn, og den unge mannens foreldre saksøkte Sea World; Sea World hadde ifølge foreldrene ikke advart publikum om at «killer whales» kan drepe mennesker, og dessuten hadde fremstilt disse hvalene som ufarlige i og med at de solgte søte kosedyr-versjoner av dem i sin gavebutikk. En person ønsket å reise til Granada, Spania, men endte opp med billetter til Granada i det karibiske hav. Han forsøkte å få refundert billettene fra flyselskapet, men da flyselskapet nektet gikk han til sak. Etter et besøk på The Haunted House of Horrors ved Universal Studios i Florida ble en kvinne så skremt at hun saksøkte Universal for å ha påført henne «psychological trauma»; saken ble dog avvist av retten med begrunnelsen at dette er noe man må kunne forvente etter et besøk i et slikt etablissement.

Ingen av disse søksmålene førte altså frem, men det at noen i det hele tatt kan reise slike saker sier noe både om mentaliteten hos publikum og holdningen hos enkelte advokater.

Iblant blir skyldige dømt til svært lange fengselsstraffer; det finnes faktisk tilfeller hvor noen er dømt til flere tusen års fengsel (terroristen Terry Nichols, medansvarlig for terrorangrepet i Oklahoma i 1995, ble dømt for medvirkning til drap på 161 personer og ble idømt 161 livstidsstraffer), massemorderen James Holmes ble dømt til 12 livstidsdommer pluss 3318 år. Antagelig er slike dommer et noe eksentrisk trekk ved amerikansk rettspleie, men siviliserte mennesker vil antakelig riste på hodet når de hører om slike dommer. Vi kan ta med et par ferske eksempler på at domstoler ilegger helt horrible straffer. Krypto-gründer Sam Bankman-Fried ble i mars ′24 dømt til 25 års fengsel for å ha svindlet kryptovaluta for 8 milliarder dollar fra sine kunder. I januar ′24 ble Donald Trump dømt til å betale 354,9 millioner dollar i bot for å ha overvurdert verdien på noen av sine eiendommer i forbindelse med lånesøknader. Det er disse to personene gjorde var ulovlig, men de idømte straffen er altfor strenge.

Kanskje det viktigste punktet er prosedyrene som politiet må følge i sin etterforskning. Et av de viktigste prinsippene her er at bevis som er fremskaffet i strid med prosedyrene ikke kan legges frem i retten. Politiet kan for eksempel ikke undersøke en bolig for å finne mulig bevismateriale hvis de ikke har skaffet en «search warrant» utstedt av en dommer; dette skal presse politiet til å følge alle gjeldende regler, og hvis politiet i sin etterforskning bryter disse reglene og derved får tilgang til relevant bevismateriale, skal dette materialet altså allikevel ikke legges frem i retten. Men hva hvis politiet etter å ha brutt reglene for etterforskning finner bevismateriale som frikjenner en tiltalt – skal dette materialet da ikke kunne fremlegges?

Vårt inntrykk er at rettssystemet i USA i for stor grad opererer på basis av formaliteter og regler og ikke på basis av realiteter og fakta. Sitatene fra Dershowitz gjengitt over bekrefter dette.

Brogan, Hugh: *Longman History of the United States of America*, Guild
    Publishing 1985

https://www.hsph.harvard.edu/obesity-prevention-source/obesity-trends-original/obesity-rates-worldwide/

https://www.creators.com/read/walter-williams/05/20/the-nations-report-card

https://time.com/6138650/violent-crime-us-surging-what-to-do/

https://www.bbc.com/news/57581270

https://en.wikipedia.org/wiki/Crime_in_the_United_States

https://www.aftenposten.no/amagasinet/i/gEGoe5/foerst-sluttet-levealderen-aa-oeke-saa-kollapset-den-hva-skjer-med-usa

https://e24.no/internasjonal-oekonomi/i/dw2dGX/usas-oekonomi-med-svakere-vekst-enn-ventet

https://billingsgazette.com/economy-strong-signals-americans-glum-inflation-unemployment-disconnect/article_4d848901-1497-5fd4-8868-94761f3cba1a.html?utm_source=substack&utm_medium=email

https://www.tv2.no/nyheter/utenriks/svekket-okonomisk-vekst-i-usa/12765927/

https://www.nysun.com/article/todays-shoplifters-unlike-victor-hugos-miserables-are-stealing-more-than-bread-as-theft-gets-decriminalized

Korrupsjon

Korrupsjon skjer når en person med makt svikter sin frivillig påtatte oppgave, enten med en ideologisk motivasjon eller for å motta en godtgjørelse fra andre, samtidig som han holder det skjult overfor oppdragsgiverne at et slikt svik skjer.

Denne type svik forekommer ofte. Eksempler kan være en journalist som dekker over fakta som vil skade hans politiske sympatier, en vokter (innen politiet, innen militæret, innen etterretningen) som dekker over forbrytelser det er hans jobb å forhindre eller oppklare, en politiker som benytter sin makt og innflydelse til å gi fordeler til aktører mot betaling, fordeler som er i strid med den politiske ideologi han brukte som basis for å bli valgt (betalingen kan skje til politikeren personlig, til hans familiemedlemmer, til hans parti, eller til veldedige stiftelser han har opprettet).

Et politisk system som innebærer statlige, tvangsmessige reguleringer av frivillige handlinger, vil alltid dyrke frem korrupsjon. (Reguleringer er statlige begrensninger på en eiers rett til bruk av sin eiendomsrett; et system hvor eiendomsretten gjelder fullt ut er helt uten reguleringer.) Reguleringer innebærer altså at aktører ikke kan gjøre det de ønsker å gjøre selv om alt skjer frivillig og med åpne kort. Slike reguleringer kan for eksempel innebære at kun enkelte aktører får lov til å selge en bestemt vare eller utføre en bestemt tjeneste, at eiendommer kun kan brukes til bestemte formål, at varer/tjenester kun kan selges til bestemte priser, osv. Ordningen med statlige løyver og godkjennings-ordninger er et eksempel på slike reguleringer. Et annet eksempel er støtteordninger til individer, til grupper som har vært i stand til å definere seg selv som svake, eller til bedrifter – politikerne og byrå-kratene må avgjøre hvem som skal komme inn under fordelene som noen oppnår og hvem som skal rammes av restriksjonene som vil ramme andre. Planer om innføring av nye reguleringer vil kunne føre til at de som reguleringene omfatter betaler politikere og byråkrater for å oppnå fordeler eller for å unngå ulemper. Jo mer enn økonomi er regulert, jo flere reguleringer som finnes, jo mer korrupsjon vil bli dyrket frem.

Clintons

President Clinton og hans hustru, senator, utenriksminister og presidentkandidat Hillary Clinton, ble etter at Clinton gikk av som president meget aktive i ulike former for veldedige aktiviteter gjennom sin stiftelse, The Clinton Foundation. Aftenposten skriver:

> «Etter at Clinton-stiftelsen ble opprettet i 2001 har den samlet inn rundt 2 milliarder dollar (drøyt 17 milliarder kroner) fra flere hundre givere som har vært alt fra utenlandske regjeringer, politiske grupperinger, store selskaper og rike mennesker. Norske bistandsmidler har flommet inn i stiftelsen. Ifølge Finansavisen har de norske bidragene ligget på rundt 40 millioner i året frem til 2013. I 2014 økte de til hele 129 millioner, og i fjor ga Norge rekordhøye 174 millioner kroner. I år kuttes støtten med over fire femtedeler. Til neste år er det kun bevilget 23 millioner kroner, en nedgang på snaut 87 prosent siden toppåret» (link nedenfor).

Den engelske avisen The Observer publiserte i 2016 en artikkel om Clinton-stiftelsen med tittelen «The Six Clinton Foundation Scandals Everyone Needs to Know», en artikkel som blant annet inneholder følgende:

> «The Clinton Foundation, the nonprofit charity organization run by Bill and Hillary Clinton (that also provides a career to untalented daughter Chelsea), has been in the news recently over what is truthfully just its latest scandal. The media has latched onto the news that more than half of those who received a personal meeting with Hillary Clinton while she was the secretary of state had also donated to the Foundation. In truth, this is just one of many scandals the Foundation is involved in— but most others have been reported and quickly forgotten, in favor of blowing up something GOP presidential nominee Donald Trump said or did. ...
>
> Of the 154 people who met with or had conference calls scheduled with Hillary, at least 85 donated to the Clinton

Foundation, according to an Associated Press analysis. The 85 donors gave a combined total of $156 million to the Clinton Foundation, and at least 40 gave more than $100,000 each. At least 20 gave more than $1 million. ...

Clinton purports to be a defender of women and has talked about running coal miners out of business (an extension of the Left's hatred for "Big Oil"), yet her foundation has taken money from countries that commit human rights abuses against women and make their money from selling oil. ...

While his wife was the secretary of state, Bill Clinton's speaking fees magically doubled and tripled, from about $150,000 a speech to $500,000 for a speech in Russia and $750,000 for a speech in China. The State Department approved these speeches. ...

Clinton was a member of the Nuclear Regulatory Commission while she was secretary of state. The commission was working on a "request to approve the sale of U.S. uranium stock to Russian atomic energy agency Rosatom as part of a transitioned takeover of a company which through an earlier merger had acquired U.S. uranium interests," Politico reported. Surprise, surprise: Rosatom had ties to the Clinton Foundation ....» (link nedenfor).

Det er ikke nødvendig her å gå dypere inn på dette, men det virker svært vanskelig å hevde at Clintons ikke har gitt fordeler til aktører som har donert penger til deres veldedige stiftelse, en stiftelse som også har gitt ulike former for godtgjørelse til de som driver den, inkludert medlemmer av familien Clinton.

Bidens

I 2019 leverte Hunter Biden, Joe Bidens sønn, en PC til reparasjon. Han glemte å hente den (han har et levesett som innebærer at en slik forglemmelse ikke burde kommet spesielt overraskende på noen), og den ble etter hvert hentet av FBI. PC-en ble undersøkt, og man fant mengdevis av ulike typer kompromitterende materiale: e-mailer, kopier av kontrakter, bilder av Hunter i pinlige situasjoner, og så videre. Dette ble kjent en måned før presidentvalget i 2020, hvor altså Joe Biden var kandidat mot den sittende presidenten Donald Trump.

Hunter Biden likte å feste, og festingen inkluderte omgang både med alkohol, narkotika og tvilsomme damer, og mye av dette var altså dokumentert på PC-en. Hva hans jobb egentlig bestod i er vanskelig å beskrive, men man kan si at han var en slags lobbyist, og han reiste mye sammen med sin far da han var visepresident.

Hunter fikk en rekke verv i store selskaper mot betydelige godtgjørelser, uten at han var faglig i stand til å utføre slike verv. Etter at faren ble president begynte han som kunstner, og hans malerier ble solgt for store beløp uten at det er noe som tyder på at produktene har noen kunstnerisk verdi.

Det synes rimelig tydelig at grunnen til at noen ville betale for å ha tilgang til Hunter Biden var fordi de trodde at de dermed kunne påvirke beslutninger som faren, først visepresident og så president Joe Biden, hadde makt til å utføre.

Når det ble kjent at PC-en eksisterte, ble den omtalt i noen få aviser og TV-kanaler, men de fleste lot være å omtale den, antagelig fordi de ikke ville svekke Joe Bidens mulighet til å vinne president-valget. Materiale som ble publisert om den på YouTube, Twitter og Facebook ble slettet. Det som skjedde her var at nyhetskanaler aktivt vinklet sin dekning av en viktig aktuell hendelser for å påvirke valgresultatet. 51 høytstående etterretningstjenestemenn skrev under på et åpent brev som kraftig insinuerte at PC-en ikke var ekte, at den «minnet om» russisk desinformasjon laget for å påvirke presidentvalget, som altså skulle finne sted en måneds tid etter at det ble kjent at PC-en eksisterte. Det er nå ingen tvil om at PC-en var ekte. Flere avisredaktører beklaget senere at de ikke hadde skrevet om denne PC-en før valget.

Joe Biden har alltid hevdet at han ikke hadde noe med sin sønns forretningsvirksomhet å gjøre, at han aldri snakket med sin sønn om hans forretninger, og det hevdes at Hunter Biden ga sine forretnings-partnere inntrykk av at han hadde tilgang til maktens sentrum uten at han hadde slik tilgang.

486

Etter hvert er det kommet for dagen en rekke opptak av telefonsamtaler hvor Hunter Biden og Joe Biden snakker om ulike typer forretningsavtaler. «Transcripts ... Leave Little Room for Doubt That Biden Knew Details About Son Hunter's Foreign Business Dealings» (nysun, link nedenfor). New York Post siterer følgende fra en samtale mellom Hunter Biden og hans datter: «"I hope you all can do what I did and pay for everything for this entire family for 30 years," Hunter Biden groused to daughter Naomi in January 2019. "It's really hard. But don't worry, unlike pop, I won't make you give me half your salary." Pop is Joe Biden» (link nedenfor).

Det er også kommet enorme beløp inn på bankkontoer som disponeres av ulike medlemmer av Bidens familie, beløp som er kommet fra ulike forretningsvirksomheter.

Trump

Joe Biden har sagt at han stiller til gjenvalg i 2024, og på den Republikanske siden er det Donald Trump som ser ut til å være den som har størst oppslutning. Helt fra valgkampen i 2016 er det kommet en rekke beskyldninger mot Donald Trump, beskyldninger som innebærer at han på ulike måter er korrupt og er en forbryter.

På bakgrunn av dette ble han utsatt for en rekke riksrettstiltaler (han ble dog ikke dømt i noen av dem), og han er også anmeldt for en rekke andre forhold, blant annet for å ha oppbevart hemmeligstemplede papirer hjemme uten at de på noe vis var sikret.

Trumps forsvarere hevder at andre høytstående politikere har gjort akkurat de samme tingene som Trump har gjort uten at det er blitt reist tiltale mot dem. De hevder også at Trump som president har rett til å degradere hemmeligstemplet materiale, og at han derfor ikke har begått lovbrudd. Trump er også beskyldt for og mistenkt for å ha forsøkt å endre på valgresultatet i 2020 i strid med gjeldende lov og rett.

Trump er også blitt arrestert, han er blitt fotografert for et «mugshot», og som man kunne forvente har hans oppslutning bare økt etter at alle disse prosessene ble satt i gang. Enkelte kritikere av Joe Biden har sagt at det som skjer her er at den sittende makthaver bruker politiet og rettsapparatet for å trakassere og skade en politisk motstander.

At familiemedlemmer av fremstående politikere tjener store penger ved å gi inntrykk av at de kan påvirke beslutningsprosesser skjer ikke bare blant Demokratene. Også medlemmer av Donald Trumps familie har mottatt store beløp for oppgaver som det ikke er mye som tyder på at de er kvalifisert for.

VG skrev følgende 26/9-23:

«Donald Trump skyldig i bedragerier. En domstol i New York har fastslått at USAs tidligere president Donald Trump har begått bedrageri over flere år, skriver nyhetsbyrået AP. Dommeren kom frem til at den tidligere presidenten og hans selskap lurte banker og forsikringsselskaper ved å blåse opp selskapets verdier. Det skal igjen ha bidratt til at de fikk mer gunstige betingelser på lån og forsikringer.»

Vi siterer fra en amerikansk kommentator i september 2023:

«[Judge] Engoron said Trump inflated the value of his own Trump Tower residence between $114 million and $207 million —including claiming the property was triple its actual size in square feet. "A discrepancy of this order of magnitude, by a real estate developer sizing up his own living space of decades, can only be considered fraud," Engoron said in his order. Engoron also found that Trump inflated the value of his Mar-a-Lago club by at least 2,300%, claiming the property assessed by the county between $18 million and $27.6 million was actually worth between $426,529,614 and $612,110,496. In total, Engoron wrote that the New York attorney general "submitted conclusive evidence" that the defendants overvalued their assets between $812 million and $2.2 billion.»

Denne saken sier at en dommer setter seg over aktørene i en forretningstransaksjon når det gjelder verdien av eiendommer som er involvert i transaksjonen. Man kan godt spørre om en slik sak har noe i en domstol å gjøre, men det er mulig at Trump kan bli dømt for bedrageri i slike saker. I februar 2024 ble Trump i denne saken dømt til

å betale 354,9 millioner dollar i bot (dommen er per i dag ikke retts-
kraftig).

Beskyldninger og etterforskning

Etter at Donald Trump til alles overraskelse vant valget i 2016 over
favoritten Hillary Clinton, kom det en rekke beskyldninger om at valget
var illegitimt, at det forekom omfattende valgjuks. Den viktigste av
disse var påstander om at russiske aktører hadde blandet seg inn i
valget, både ved å samarbeide med Trump mens han var kandidat, ved å
påvirke pressen under valgkampen, og ved direkte innblanding i opp-
tellingen av stemmer etter valget. Denne kampanjen ble kjent som «The
Russia Collusion». Kampanjen ble grundig etterforsket, og våren 2023
skrev USA Today følgende om konklusjonen:

> «After four years, we finally have the full 316-page report
> from Justice Department special counsel John Durham, and it's
> a damning indictment of some of our country's leading
> institutions. Durham said the FBI should have never launched
> an investigation into alleged Russian collusion with Donald
> Trump's 2016 campaign, given the slim evidence. That is a
> huge win for Trump, who has for years called out his unfair
> treatment by the FBI – and a media all too willing to find blame
> in the former president's actions. The investigation into the
> "collusion" clouded Trump's entire presidency, and Democrats
> harnessed the tale to paint Trump as an illegitimate president.»
> (link nedenfor).

Det kom etter hvert frem at påstandene om samarbeid med Russland
stammet fra Hillary Clintons kampanje, og at påstanden var en ren løgn
helt uten forankring i virkeligheten.

Valgfusk og kuppforsøk

Valgfusk har forekommet ved viktige valg helt siden tidlig på 1800-
tallet. Allerede da ble utvalgte grupper av velgere av politikere og deres
valgkampapparater oppfordre til å «vote early and vote often». I 1948
ble Lyndon B. Johnson valgt til senatet; den første opptellingen viste at
Johnson hadde tapt med noen få stemmer, men etter en omtelling og

etter at det uken etter valget dukket opp et par hundre nye stemmer som gikk til Johnson, sikret han valgseieren. Mange hevder at resultatet av presidentvalget i 1960 var et resultat av juks til fordel for Kennedy. Det finnes også et opptak hvor presidentkandidat Barack Obama uttaler at «I tell you what, it helps in Ohio that we got Democrats in charge of the [voting] machines» (tale ved Kent State University 2008). Obamas kontekst var at han snakket om at ved tidligere valg hadde både Demokrater og Republikanere begått valgfusk: «It's not as if it's just Republicans who have monkeyed around with elections in the past. Sometimes Democrats have too. Whenever people are in power, they have this tendency to try to tilt things in their direction». Obama tilføyer: «That's why we need paper trails on these new electronic machines, so that you actually have something that you can hang on to after you've punched that letter, make sure that it hasn't been hacked into».

Som kjent ble det også fremsatt omfattende beskyldninger om valgfusk i forbindelse med presidentvalget i 2020. Slike beskyldninger er helt vanlige etter presidentvalg i USA, men det er sjelden at slike beskyldninger har fått gjennomslag (med «gjennomslag» menes at beskyldningene er så alvorlige og velbegrunnet at de har ført til omvalg).

USA har ordninger for valg som er lite brukt i andre land, for eksempel er det en utbredt bruk av digital stemmegivning, noe som få andre land benytter på grunn av de store problemene i forbindelse med verifisering. Man skal ikke ha mye kunnskaper om data for å forstå at alle datamaskiner kan hackes, og at det kan være umulig å finne spor etter slik hacking. I en rekke av USAs delstater er det heller ikke nødvendig at den som avgir stemme viser legitimasjon.

Det var svært mange amerikanere som tvilte på at det offisielle resultatet etter presidentvalget i 2020 var korrekt, og det var omfattende demonstrasjoner utenfor – og inne i – Kongressen da det endelige valgresultatet skulle godkjennes 6. januar 2021. De som demonstrerte så det slik at de forsøkte å forhindre at et valgresultat oppnådd ved juks ble sertifisert, mens de fleste så på disse demonstrantene som om de forsøkte å gjennomføre et statskupp beordret av den da sittende presidenten Donald Trump, som ikke ville erkjenne at han hadde tapt

valget. En rekke av de som demonstrerte ble idømt lange fengsels-
straffer.

Også andre

Vi har nevnt at Clintons, Bidens, og Trump er blitt beskyldt for
omfattende korrupsjon. Men de er ikke de eneste amerikanske politikere
som er blitt utsatt for slike beskyldninger. I sin bok *Profiles in
Corruption: Abuse of Power by America's Progressive Elite* går den
respekterte journalisten Peter Schweizer gjennom beskyldninger om
korrupsjon rettet mot blant andre Kamala Harris, Joe Biden, Cory
Booker, Bernie Sanders, og Elizabeth Warren.

Vi vil presisere at ingen av politikerne som er nevnt over er
endelig dømt for korrupsjon. Men det er opplagt at noen av dem er blitt
svært velstående mens de har innehatt sine verv. De har hatt en god lønn
i forbindelse med sine verv, men ikke en lønn som innebærer at de har
kunnet legge opp formuer på flere millioner dollar på få år. Slike
politikere kan oppnå legitime inntekter på andre måter: de kan holde
foredrag, de kan få styreverv, de kan skrive bøker som ofte blir
bestselgere.

Det er rimelig å anta at en av grunnene til at de får lukrative
styreverv er at de som betaler dem dermed regner med at de får tilgang
til det nettverk som disse politikerne har skaffet seg mens de var
folkevalgt. Er dette korrupsjon? Det ville vært svært mye enklere å
konkludere dersom det fantes rettskraftige dommer, men som nevnt
over: slike dommer finnes ikke. Men skal slike dommer være pålitelige,
må de komme fra et fullstendig upartisk og ukorrupt rettsapparat.

Schweizer, Peter: *Profiles in Corruption: Abuse of Power by America's
Progressive Elite,* Harper 2020

https://www.aftenposten.no/verden/i/MGoGr/norge-har-gitt-hundrevis-av-millioner-til-clinton-stiftelsen-etter-at-hillary-clinton-tapte-presidentvalget-stuper-stoetten

https://observer.com/2016/08/the-six-clinton-foundation-scandals-everyone-needs-to-know/

https://www.vg.no/nyheter/innenriks/i/nQj5mn/donald-trump-funnet-skyldig-i-bedrageri

https://abcnews.go.com/Politics/donald-trump-submitted-fraudulent-valuations-assets-secure-loans/story?id=103508205

https://nypost.com/2022/04/09/hunter-biden-frequently-covered-family-expenses-texts-reveal/

https://www.nysun.com/article/transcripts-of-devon-archers-testimony-leave-little-room-for-doubt-that-biden-knew-details-about-son-hunters-foreign-business-dealings-could-fuel-impeachment-drive

https://eu.usatoday.com/story/opinion/columnist/2023/05/17/durham-report-vindicates-trump-fbi-russia-investigation/70222344007/

Bananrepublikk?

I tittelen på denne boken antyder vi at USA er blitt en bananrepublikk. Bananrepublikk – er ikke det å gå veldig langt? «Bananrepublikk» er en betegnelse man vanligvis har brukt om land som styres av gjennom-korrupte regimer, som regel i Mellom- og Sør-Amerika. Passer da denne svært nedsettende betegnelsen på det landet i verden som har høyest velstand, som har verdens sterkeste økonomi og som er et land som de aller fleste vil besøke og som så mange vil emigrere til?

Men vi er ikke de eneste som har brukt denne betegnelsen. La oss sitere følgende fra noe en svært respektert kommentator har uttalt om rettsforfølgelsen av Donald Trump i september 2023:

> «Anyone who is looking at what's happening with clear eyes, and an open mind can recognize how overtly they are trying to keep President Trump off of the campaign trail, to keep him away from being able to make his case to the voters in this country, why they should elect him as president and commander-in-chief once again. They are afraid that he actually could win which is why they are committing such egregious abuse of power that cuts so much deeper than just going after President Trump, because what they are really doing is setting this precedent that puts the United States of America not on a high platform of trying to be an example of democracy to the world but of reducing our great country to none other than a banana republic and an abuse of power that we see happening in other countries around that world» (link nedenfor).

Den som uttalte dette var tidligere kongressmedlem Tulsi Gabbard. Hun representerte Hawaii i Kongressen fra 2013 til 2021, hun forsøkte å bli nominert som Demokratenes presidentkandidat i 2020, men hun nådde ikke opp. Hun er dog ikke lenger tilsluttet det Demokratiske partiet; hun ble mer og mer kritisk til president Bidens politikk, og ble partiløs i 2022. I de siste årene har hun vært en mye brukt kommentator på ulike TV-kanaler.

Uttrykket «bananrepublikk» ble først brukt om enkelte stater i Latin-Amerika, stater som hadde et korrupt politisk styre, hvor ulike grupper fikk den politiske makten etter udemokratiske prosesser, gjerne militærkupp, mens det ikke var noen reell forskjell i måten disse ulike gruppene styrte landet på. I bananrepublikker finnes det også en velstående elite som regimet ser det som sin viktigste oppgave å beskytte, samtidig som regimet lar størstedelen av befolkningen gå for lut og kaldt vann.

(Avsnittet over er en forsiktig presisering av en vanlig definisjon av «bananrepublikk»: Bananrepublikk er en nedsettende betegnelse brukt om flere små, politisk ustabile stater i Latin-Amerika, hvis økonomier er avhengige av en enkelt eksportvare, for eksempel bananer, jamfør «bananøkonomier». Underforstått vil bananrepublikker ofte være strengt klasseinndelte samfunn med en stor og fattig arbeiderklasse og en liten, herskende elite i politikken, næringslivet og militæret, som beriker seg på eksporten.)

USAs første president, George Washington, var populær og respektert av alle.

> «[He] was a man of exceptional integrity, and he carried himself with dignity and self-confidence. ...Washington had the look and bearing of a man accustomed to respect and to being obeyed. He was not austere. There was no hint of arrogance. 'Amiable' and 'modest' were words frequently used to describe him, and there was a softness in his eyes that people remembered. ...
> Washington was careful about whom he associated with and the effects his associations had on the overall success of his objectives. ... [Washington said:] "associate with men of good quality if you esteem your own reputation; for it is better to be alone than in bad company." ... Washington earned the respect, loyalty, and confidence of his subordinates because he was a man clearly guided by principle who likewise showed respect, loyalty, and confidence in his men» (link nedenfor).

Slike karakteristikker er det umulig å knytte til USAs to foreløpig siste presidenter, Trump og Biden. Trump er en prinsippløs og arrogant bajas som bløffer og lyver og som kryper for diktatorer og andre makt-

494

mennesker. Biden er en korrupt løgner fullstendig uten integritet. Ingen av dem vet hva prinsipper er. Begge er intenst hatet av om lag hver sin halvpart av USAs befolkning.

Artiklene i denne boken på de foregående sider har forsøkt å beskrive utviklingen fra idealet Washington til to presidenter som befinner seg så langt unna idealet Washington som overhode mulig.

Men USA er fortsatt et velstående land, USA har verdens største økonomi, og er ikke avhengig av eksport av en bestemt råvare for å opprettholde sin velstand, en velstand som svært mange amerikanere har del i.

Men det er sant at store deler av den amerikanske befolkningen ikke har hatt en betydelig velstandsvekst de siste tiårene, samtidig som de mest velstående har hatt en stor velstandsvekst. (Mange hevder at de fattige blir fattigere de siste årene, men dette er ikke korrekt. Det som er sant er at de har hatt en mindre gunstig velstandsutvikling enn de burde ha hatt ut i fra den økonomiske fremgangen som tross alt har funnet sted.) Republikanerne og Demokratene skifter om å ha makten, men det er ikke store forskjellen på politikken som disse to partiene fører. Det er svært mye som tyder på at en politiker som kommer inn i Kongressen eller Senatet og som vil arbeide for å endre kurs vil bli isolert og aldri få noen mulighet til å utøve makt. (Se Hans Høegs viktige *Vår mann i Washington*, som vi tidligere har nevnt i denne boken.) Beskyldningene om korrupsjon hagler mot begge de siste to presidentene, og mot en rekke politikere på lavere nivå, og det er ved hvert eneste viktige valg beskyldninger om omfattende valgfusk fra begge sider. Ingen av de to siste presidentene nyter betydelig respekt noe sted, og det virker som om noen støtter den ene og alene fordi de sterkt misliker den andre. Rettsapparatet er også vinklet i og med at personer tilknyttet BLM utførte enorme mengder vandalisme mot offentlige bygninger, for eksempel politistasjoner, med små eller ingen følger fra rettsapparatet side, mens personer som brøt Corona-restriksjoner for å holde gudstjeneste ble idømt svært strenge straffer. (Det er dog korrekt at noen aktivister tilknyttet BLM ble dømt.)

BLM fikk også støtte fra høyt hold: «Kamala Harris also praised the "brilliance" and "impact" of Black Lives Matter, without criticizing the ongoing violence at rallies held in the organization's name in cities across the country, nor the shooting of two police officers in Louisville.

"I actually believe that 'Black Lives Matter' has been the most significant agent for change within the criminal justice system," the former California Attorney General [Kamala Harris] said.» (link nedenfor). Mange av de som demonstrerte i Kongressbygningen 6. januar 2021 ble idømt strenge fengselsstraffer, mens BLM-tilhengere som brant ned politistasjoner ofte gikk fri.

Politikere selger tilgang, politiet lar være å etterforske, etterretningstjenesten lyver, og makthaverne bruker rettsapparatet for å svekke opposisjonen – alt dette for å få makt, for å beskytte seg selv, for å berike seg selv, og for å forfølge politiske motstandere. I tillegg unnlater store deler av pressen å opplyse om slike fakta.

Dette er USA i dag.

Når man ser på helheten er det vanskelig å være uenig i Tulsi Gabbards karakteristikk.

https://leadershipexcellencenow.com/blog/three-timeless-leadership-qualities-of-george-washington/

https://nypost.com/2020/09/26/kamala-harris-blasted-for-praising-blm-as-essential-and-brilliant-amid-violence/

https://www.tiktok.com/@tulsigabbard/video/7279727953624206635

USA i det tyvende århundre

Under president Biden gikk politikken på en rekke områder helt skeis (selv om de første tegn til denne utviklingen skjedde lenge før Biden ble innsatt): det var ingen kontroll med innvandring over grensen fra Mexico; mange av innvandrerne ble innlosjert i fine hoteller på skattebetalernes regning. Enkelte omtalte det som skjedde som en ren invasjon og Republikanerne kalte det en krise. Hvor mange innvandrere som kom over grensen fra Mexico er vanskelig å vurdere eksakt, men enkelte har hevdet at antallet er om lag 10 millioner. Biden-administrasjonen hadde ikke noe imot dette, og gjorde i lang tid heller ingen ting for å forhindre dette. Noen innvandrere kom inn i et apparat hvor de fikk tilgang til goder som kost og losji, tilgang til helsetjenester – alt dette på skattebetalernes regning – og muligheter til etter hver å få lovlig opphold. Disse fikk ikke arbeidstillatelse før prosedyrene var sluttført – hvis det hele endte med et positivt svar på søknaden. Et negativt svar på en søknad om opphold førte ofte til at søkeren ikke reiste hjem, men forble i USA uten lovlig rett til opphold. Andre innvandrere havnet utenfor alle prosedyrer og måtte jobbe på det svarte markedet for å forsørge seg selv, noe som betyr at de befinner seg utenfor vanlige regler som gjelder ansettelser og arbeidsforhold. Uansett vil de føre til en øket belastning på slike ting som infrastruktur, boligmarked, helsevesen, skoletilbud, politi- og rettsapparat. De vil også påvirke lønnsnivået for ufaglærte arbeidere

Klimahysteriet nådde nye høyder, noe som førte til slike ting som høye bensinpriser og manglende vedlikehold av strømnettet. Et resultat av dette var at strømforsyningen brøt sammen i enkelte områder.

Myndighetene presset selskaper som Facebook og YouTube til å ikke publisere visse typer innhold, innhold som myndighetene mente var feil; dette gjaldt for eksempel temaer som Corona-epidemien, vaksiner, og det gjaldt også nyheter som var skadelige for det Demokratiske partiet.

Store universiteter begrenset hvilke meninger som kunne komme til uttrykk på universitets område (dette rammet primært konservative foredragsholdere, og personer som hevdet at det kun finnes to kjønn).

Kvotering på basis av rase og legning, for eksempel ved opptak til universiteter, ble praktisert i stadig større grad; overbevisningen om at personer kan skifte kjønn fikk stadig større utbredelse, og til og med barn kunne få såkalt kjønnskorrigerende behandling uten at foreldrene ble informert; menn som ga seg ut som kvinner kunne konkurrere i kvinneklassen i diverse sportsgrener.

Kriminaliteten økte voldsomt ved at grupper som BLM kunne begå omfattende hærverk og sabotasje uten reaksjoner fra politiet, og ved at visse former for tyveri ble dekriminalisert; hjemløse fikk anledning til å etablere sine leire i parker og på fortau i storbyene, mm.

Politikken som førte til disse tingene hadde stor oppslutning blant politikere i det Demokratiske partiet, men siden dette i betydelig grad rammer folk flest, er det all grunn til å regne med at velgerne etter hvert vil stemme inn politikere som vil korrigere kursen på disse områdene. Det at slike kursendringer kan komme illustrerer bare at på kort sikt går utviklingen i bølger, det sier ikke at utviklingen over tid ikke vil gå i negativ retning i et lengre tidsperspektiv.

Det er vanlig å hevde at i det 20. århundre hadde USA to svært negative perioder: 30-tallet, og perioden 1965-80. I begge tilfeller kom landet i stor grad på rett kurs etter disse periodene; i perioden etter annen verdenskrig hadde man en sterk vekst, og i perioden fra ca 1980 til ca 2008 var også veksten betydelig. Sett i et kort perspektiv går altså det meste i bølger, men det som er vårt tema her er det som skjer på lang sikt. Spørsmålet er hvorvidt USA kan komme over på et spor som på lang sikt fører til at landet i større grad blir preget av fred, harmoni og velstand.

Ja, USA kan komme på rett spor. Men måten det må skje på er at de prinsippene som ble formulert i USA grunnleggende dokumenter, uavhengighetserklæringen og konstitusjonen, og de mer grunnleggende prinsippene som disse dokumentene bygger på, får en renessanse slik at de står så sterkt i kulturen at de bestemmer den politikken som blir ført.

Disse grunnleggende prinsippene innebærer full individuell frihet, full frihandel, og en stat som har som eneste oppgave å beskytte borgernes frihet.

498

Som vi har sett på sidene foran ble disse prinsippene bare delvis gjennomført i perioden fra USA ble grunnlagt i 1776 og frem til omkring begynnelsen av det 20. århundre, men utover 1900-tallet ble politikken stadig lagt lenger og lenger bort fra disse prinsippene.

Frihet gir velstandsvekst

Utviklingen fra 1865 til tidlig på 1900-tallet, den periode i USAs historie hvor den individuelle friheten var størst, var preget av en kolossal velstandsvekst. En rekke forfattere har omtalt denne velstandsveksten, en av dem er globetrotteren Bill Bryson, som skrev følgende (og som vi har sitert tidligere i boken):

> «Between 1850 og 1900 every measure of wealth, productivity and well being skyrocketed in America. The country's population in the period tripled, but its wealth increased by a factor of thirteen. ... The number of millionaires, fewer than twenty in 1850, rose to forty thousand by the century's end»
> (Bill Bryson: *At Home*, s. 313.)

I Brysons bok er det også mye mer å finne om denne enorme velstands-veksten. En annen av Brysons bøker beskriver det som skjedde i 1927 – *One Summer: America, 1927,* og denne forteller svært mye om den livsbejaende holdning som dominerte i Amerika i denne perioden.

Velstandsveksten på 1920-tallet kan beskrives noe mer konkret på omtrent følgende måte: Prisnivået holdt seg stabilt, inntekt per capita økte med mer enn 37 %, aksjeverdiene ble tredoblet, BNP økte med et snitt på 4,68 % per år. Flere og flere fikk tilgang til elektrisk strøm og kunne kjøpe alt fra kjøleskap og komfyrer (som dog ikke ble vanlige før på 40-tallet) til automatiske brødristere. Mange kjøpte sin første bil: antall biler på veiene økte med mer enn 30 millioner i løpet av 20-tallet. Det stadig voksende antall amerikanere som begynte å ferdes med bil på amerikanske veier ga ikke bare de som brukte dem en stor frihetsfølelse, det førte også til en kolossal økning i trafikkulykker; bare i 1925 ble 25.000 mennesker drept i trafikkulykker.

Den første lydfilmen hadde premiere i New York i 1927. Antall patenter som ble utstedt var større enn noen gang og økte med 22 % i løpet av perioden, antall bedrifter økte med 20 %. Produksjonen av elektrisitet økte med innpå 150 % i løpet av 20-tallet, andelen hus-holdninger som hadde innlagt strøm ble nesten fordoblet, produksjonen av radioapparater økte fra 100 000 i 1922 til 4 400 000 i 1929. Nesten 20 % flere bøker ble solgt i 1929 enn i 1920, avisenes opplag økte med 39 %, salget i utstyrsbutikker økte med 30 %, antall telefoner ble nesten fordoblet fra noe over 13 millioner i 1920 til 20 millioner i 1930. Selv om befolkningen økte med 11 % i løpet av 20-tallet økte reell per capita inntekt med 38 %. Forventet levealder økte med 8 % fra 1910 til 1920, og økte igjen med 10 % fra 1920 til 1930. Også aksjeverdiene økte, med 385 % fra sommeren 1921 til sommeren 1929. I New York ble det reist en rekke bygninger som var så ambisiøse at de strakte seg mot selveste himmelen: skyskrapere, og en ny type musikk – jazz – fikk et stadig større publikum. Helter som Charles Lindbergh, som fløy som førstemann over Atlanteren fra USA til Europa, og baseballspilleren Babe Ruth, vakte stor begeistring i nærmest hele befolkningen. Flere sykdommer forsvant også på grunn av av bedre kosthold og bedre legetilbud, historikeren Hugh Brogan nevner hakeorm, malaria, gul feber, og pellagra (disse opplysningen er hentet fra Brogan, s. 636).

Men himmelen var ikke skyfri, det var også til dels betydelige problemer. Siden 1914 hadde anarkister, mange av dem med italiensk bakgrunn, stått bak ikke bare en rekke ran, men også attentater mot politikere, dommere og embedsmenn. Dette førte til betydelig uro både i rettsapparatet og i befolkningen, en uro som var noe overdrevet i forhold til hvor farlig dette reelt sett var. Etter et ran i april 1920, hvor to vakter ble drept, falt mistanken på de to italiensk-amerikanske anarkistene Nicola Sacco og Bartolomeo Vanzetti. De ble dømt til døden, dommen ble anket flere ganger, men de ble henrettet i 1927. Det var reell grunn til å mistenke disse to, men de var sannsynligvis uskyldige i det de ble dømt for. Saken vakte stor oppmerksomhet, og diskuteres den dag i dag.

Tidlig i det tyvende århundre var det mange som begynte å betrakte alkohol som et stort problem; alkoholen, mente de, førte til fravær fra jobben, husbråk, vold, etc. Sterke krefter klarte å få gjennomført et forbud mot alkohol i USA fra 1920, et forbud som ble opphevet først i 1933. Alkohol blir likevel lett tilgjengelig, spesielt i de store byene i ulovlige serveringssteder, såkalte «speakeasies»; på det meste var det ca 32 000 slike «speakeasies» bare i New York City

500

(Brogan, s. 533). Forbudet førte til en kolossal oppblomstring av kriminell virksomhet, og mafiaen vokste frem og ble en sterk kraft i deler av det amerikanske samfunnet.

Det kom altså til en sterk økonomisk krise fra 1929 og utover, og årsaken var en stadig økende statlig innblanding i økonomien. Dette begynte på slutten av 1800-tallet. Blant de første sektorer som ble rammet av statlige reguleringer og restriksjoner var bankvesenet. I 1862 kom Legal Tender Act, i 1863 kom The National Bank Act, i 1890 The McKinley Tariff (tollsatsene som ble innført i denne loven ble redusert i 1894 med The Wilson–Gorman Tariff Act). I 1913 innførte USA et sentralbanksystem, The Federal Reserver System, og dette førte til store problemer for hele bankvesenet, og i 1927 kom The McFadden Act. Wikipedia skriver om denne:

> «The McFadden Act specifically prohibited interstate branching by allowing each national bank to branch only within the state in which it is situated. This prohibition did not extend to state-chartered banks which were not members of the Federal Reserve. However, as of 1993, only four states permitted reciprocal interstate branching, and these laws were rarely used by the state-chartered banks who could use them under the McFadden Act. Although the Riegle-Neal Interstate Banking and Branching Efficiency Act of 1994 repealed this provision of the McFadden Act, it specified that state law continues to control intrastate branching, or branching within a state's borders, for both state and national banks» (link nedenfor).

I perioden fra 1913 til 1922 var det cirka 160 bank-konkurser per år, og fra 1923 til 29 var det innpå 700 bank-konkurser per år. I perioden fra 1930 til 1933 gikk mer enn 9000 banker konkurs, og dette var mer enn en tredjedel av alle banker som hadde eksistert i 1929. Bankkundene tapte mer i de første 20 årene USA hadde sentralbanksystemet, enn de gjorde i de 75 årene i perioden før sentralbanksystemet ble innført.

En av de viktigste grunnene til at dette skjedde var at det var forbudt for banken å opprette filialer; såkalt «branching» var forbudt. Opprettelse av filialer er svært nyttig, det finnes ordtak som illustrerer dette er, f.eks. «man skal ikke legge alle sine egg i en kurv», «man bør ha flere ben å stå på». Forbud mot opprettelse av filialer innebærer at staten tvinger banker til å legge alle sine egg i en kurv, staten tvinger dem til å stå på ett eller noen få ben. Forbudet mot «branching» i USA tidlig på 1900-tallet resulterte i at det i USA som nevnt var 30 000 banker, og disse var i stor grad avhengige av næringslivet i sine egne nærområder – bankene hadde få ben å stå på. Bankvesenet var da svært lite robust, og krisen på 30-tallet ble ytterligere forsterket av at 1/3 av bankene gikk konkurs. I Canada var det som nevnt om lag 10 banker (som hver hadde mange filialer), men ingen av dem gikk konkurs i denne perioden.

Reguleringen innebar reelt sett et forbud mot at mange små banker kunne slutte seg sammen og bli noen få store banker, noe som igjen førte til at

> «the vast wealth of cash and credit, which the American
> industrial machine, the greatest in the world, generated so
> abundantly, was dissipated into thousands upon thousands of
> small, amateurish managed, largely unsupervised banks and
> brokerage houses ... Nor were there effective means for
> ensuring that bankers or stockbrokers, were honest. All too
> many of them were not; and all too many were idiots» (Brogan,
> s. 523).

Men det var ikke bare banksystemet som ble rammet av reguleringer. I 1890 kom anti-trust-loven The Sherman Act, som reelt sett hadde som formål å legge restriksjoner på vellykkede firmaer og å hjelpe mindre vellykkede firmaer til å beholde markedsandeler til tross for at forbrukerne foretrakk andre tilbydere. Senere kom The Social Security Act (1935). De mest markante begrensningene i den frie økonomien kom med Smooth-Hawley-lovene, som innebar at mer enn 20 000 varer som ble importer til USA skulle pålegges toll. Et slik tiltak vil naturlig nok føre til at andre land ville svare med å legge toll på varer som USA eksporterte. Loven ble undertegnet av president Hoover sommeren 1930, men det var kjent i lang tid i forkant at denne loven ville komme, den var mye omtalt i pressen sommeren 1929. Aktørene forsøkte å innrette seg etter det som kom så godt de kunne før loven ble formelt vedtatt og innført. Virkningen av loven begynte da altså å komme før

502

den var vedtatt, og som økonomen Jude Wanniski skriver om børs-crashet i oktober 1929: «The crash occured in the final hour after the vote in the Senate was known» (Wanniski, s. 145). President Hoover (president 1929-1933) gikk også inn for en rekke offentlige støtteordninger og reguleringer, og statlig kontroll av flytrafikk og radiosendinger begynte under ham. I visse tilfeller støttet han tvungen organisering av arbeidere i fagforeninger: «We are passing from a period of extremely indvidualistic action into a period of associational activities».

På et vis må man kunne si at motivet for alle disse reguleringene var å løse reelle problemer, men det var alltid feil løsning. Løsningsforslagene var i samsvar med tidenes dominerende ideologiske trender, men var ikke basert på en reell forståelse av hvordan en økonomi fungerer, og disse løsningene gjorde derfor problemene enda større. Jo mer regulert en økonomi blir, jo mindre fleksibel blir den og jo mindre handlingsrom har aktørene, og derfor blir den utsatt for kriser og konjunktursvingninger. Til tross for den stadig økende mengden reguleringer av markedet fra slutten av tyvetallet, var det det frie marked, kapitalismen, som fikk skylden for krisen. Det ble flere og flere reguleringer og de første skritt som gjorde USA om til en velferdsstat ble tatt under Franklin Roosevelt (president 1933-1945). Stadig økende mengder av nye reguleringer hindret markedet i å tilpasse seg problemene som oppsto etter krisen i 1929.

Krisen ble derfor forlenget, fattigdommen og arbeidsledigheten økte kolossalt. Problemene spredde seg til store deler av verden, og perioden fikk navnet «de harde 30-åra». Reguleringene som kom under Roosevelt var en opplagt implikasjon av hans ideologiske utgangs-punkt, som han i sin tiltredelsestale i 1933 formulerte på denne måten:

«If we are to go forward, we must move as a trained and loyal army willing to sacrifice for the good of a common discipline. We are, I know, ready and willing to submit our lives and property to such discipline, because it makes possible a leadership which aims at a larger good. I assume unhesitatingly the leadership of this great army. ... I shall ask the Congress for the one remaining instrument to meet the crisis — broad executive power to wage a war against the emergency, as great

as the power that would be given to me if we were in fact
invaded by a foreign foe.»

Det er tydelig at man har beveget seg langt bort fra de individualistiske
og frihetlige ideer som USAs opprinnelig var grunnlagt på, og som var
nedfelt i de grunnleggende dokumentene.

Artiklene på de foregående sider forteller om en utvikling som
har en rekke elementer som går i negativ retning, og denne frihets-
innskrenkningen ble tydeliggjort i vedtak som ble fattet i 1890, 1913,
1929 og 1933. Siden da har utviklingen i USA, selv om den har gått noe
opp og ned, i det store og hele gått i en svært negativ retning. Det kom
stadig nye reguleringer, og reguleringer er intet annet enn å legge
begrensninger på noen av aktørene i markedet, og å gi fordeler til andre.
Disse aktørene ble da opptatt av å påvirke politikerne slik at de selv
enten ikke ble rammet av skadelige reguleringer eller bli gjenstand for
fordelaktig reguleringer. En opplagt implikasjonen av dette var at
systemet ble mer og mer korrupt. Denne type korrupsjon vil ikke
forekomme et fritt, uregulert marked, et marked hvor eiendomsretten
respekteres fullt ut. I en stadig mer regulert økonomi vil korrupsjonen
bare vokse.

Ja, velstanden har gått opp i hele denne perioden, selv om det nå
(2023) er tegn som nå tyder på at veksten er i ferd med å snu. Allikevel,
store deler av økonomien ser ut til å ha gått rimelig bra nå mot slutten
av president Bidens periode (se side 339).

Wanniski, Jude: *The Way the World Works*, Gateway 1998

https://en.wikipedia.org/wiki/
History_of_banking_in_the_United_States

USA er unikt

USA ble eksplisitt dannet på individualistiske, rasjonelle prinsipper (selv om de ikke ble konsekvent gjennomført i måten staten ble organisert på). Alle tidligere land/stater hadde bare vokst frem rundt et maktapparat, en relativt liten gruppe som på en eller annen måte hadde fått makt over en større gruppe, en befolkning, og dette maktapparatet var som regel enten religiøst eller monarkisk i en eller annen form; befolkninger ble styrt av enten en yppersteprest/heksedoktor eller en konge (eller av disse to i samarbeid).

En av grunnlovsfedrene, John Jay, beskrev i 1777 dette poenget slik:

«The Americans are the first people whom Heaven has favored with an opportunity of deliberating upon, and choosing, the force of government, and the way in which they shall live. All other constitutions have derived their existence from violence or accidental circumstances, and are therefore probably more distant from their perfection, which, though, beyond our reach, may nevertheless be approached under the guidance of reason and experience».

Under tidligere regimer hadde undersåttene bare å adlyde det makta bestemte: Kongen truet de som ikke adlød med vold, og ypperstepresten truet de som ikke adlød med at gudene ville straffe dem ved å utsette dem for naturkatastrofer eller ved å ødelegge avlingene deres, eller med at de måtte tilbringe evigheten i helvetet. I Vesten utviklet mange av disse landene/statene seg til å bli mer opplyste, makten ble fordelt, og de fleste stater ble demokratier. Men i et demokrati er det flertallet som bestemmer, og det er også flertallet som bestemmer hvilke rettigheter et mindretall skal ha.

En annen av grunnlovsfedrene, Alexander Hamilton, uttalte følgende om demokrati:

«It has been observed that pure democracy ... would be the most perfect government. Experience has proved that no position in politics is more false than this. Three ancient democracies, in which the people themselves deliberated, never possessed one feature of good government. Their very character was tyranny».

USAs opprinnelige styreform var ikke demokrati, USA var en republikk. Forskjellen er at i et demokrati kan flertallet/staten blande seg inn i absolutt alle forhold, men i en republikk er det sterke begrensninger på hva staten kan gjøre. I et demokrati er det flertallet som styrer, i republikken USA er det en maktfordeling som innebærer at Presidenten (som har utøvende makt), Kongressen (som både har lovgivende og bevilgende makt («the power of the purse»)), og Høyesterett (som har dømmende makt), kontrollerer hverandre gjennom et system med «checks and balances», og hindrer at det vedtas lover som er i strid med grunnloven. I USA snakker man derfor ikke om regjeringer, USA har administrasjoner. En regjering regjerer, men i USA, hvor borgerne var ment å ha frihet, er det ingen som regjerer, der har man kun en administrasjon som administrerer et lite statsapparat. Det var dette som var den opprinnelige meningen, men utviklingen i USA har gått langt bort fra de prinsipper som lå i de grunnleggende dokumentene

Vi kan også nevne at pressen i blant blir betegnet som den fjerde statsmakt, den skal kikke de andre maktutøverne i kortene og informere publikum om alt viktig som skjer, spesielt hvis det skjer noe som makthaverne ønsker å holde skjult.

Etter hvert som friheten er blitt mindre i USA, er det blitt vanlig å bruke «regjering» om det som altså egentlig var ment å være en begrenset administrasjon. Tilsvarende omtaler man ofte også USA som et demokrati, og ikke som en republikk.

Skal et system fungere slik intensjonen var, må holdningene i befolkningen slutte opp om disse prinsippene. Hvis oppslutningen om demokratiet i et demokrati forsvinner, vil landet bli et diktatur. Hvis oppslutningen om frihet i en republikk forsvinner, vil landet bli et demokrati. Det er ikke uten grunn at Benjamin Franklin, en av grunnlovsfedrene, advarte mot demokratiet: Ved en anledning uttalte han at de hadde etablert «A republic, if you can keep it», som noe fritt tolket betyr omtrent følgende: «Vi har etablert en republikk som skal beskytte individuell frihet, men det vil ikke bli enkelt å beholde denne

506

friheten». Det finnes også en meget kort oppsummering av et poeng i Aristoteles' politiske filosofi som lyder som følger: «En republikk forfaller og blir et demokrati, og et demokrati degenererer og blir et despoti». Men en slik av utvikling avhenger av hvilke ideer som dominerer i den kulturen det er snakk om. Idéene som har dominert i den amerikanske kulturen har da har vært slik at man har fått den utviklingen som Franklin, Hamilton og Aristoteles advarte mot.

De amerikanske grunnlovsfedrene derimot hevder altså eksplisitt at alle har rett til å søke etter sin egen lykke, alle har rett til å skape seg et så godt liv de kan ved egne valg og egne vurderinger. En opplagt implikasjoner av dette er at hverken individer eller staten har rett til å initiere tvang mot noen – uansett hva formålet er: Staten har ikke noen rett til å initiere tvang for å få John til å hjelpe Bill, eller for å beskytte George mot seg selv. Staten skal kun ha rett til å gripe inn for å beskytte John og Bill og George mot de som initierer tvang mot dem.

Uavhengighetserklæring sier at alle mennesker er skapt like, noe som betyr likhet for loven, og at holdninger som innebærer forskjells-behandling for eksempel på grunn av rase, må utryddes (ikke med tvang og vold, men med opplysning og informasjon) eller gjøres så svake at de praktisk talt ikke lenger finnes.

Uavhengighetserklæringen sier at alle individer er utstyrt med ukrenkelige rettigheter, blant disse er retten til liv, frihet, og retten til å søke etter lykken. Dette betyr at den enkelte har rett til å ikke å bli utsatt for initiering av tvang, noe som betyr at alle borgere skal ha frihet til å bestemme over seg og sitt, sin kropp, sin eiendom, og sin inntekt. Det innebærer også at enhver har rett til å gjøre det han måtte ønske for å skape seg et bedre liv, slik han vurderer det, så lenge han ikke initierer tvang mot andre.

(Slik jeg ser det er det ikke korrekt å si at ethvert individ er *utstyrt med rettigheter;* det som er riktig å si er at ethvert samfunn bør organiseres slik at individers rettigheter respekteres.)

Uavhengighetserklæringen sier at statsmakten er opprettet for å sikre disse rettighetene, noe som betyr at staten kun skal drive politi, rettsvesen og militært forsvar, og ikke noe annet. Staten skal da altså ikke drive skolesystem, ikke drive pensjons- og trygdeordninger, ikke regulere økonomien, ikke finansiere kultur, ikke finansiere forskning, etc.

Dette innebærer at politikken må basere seg på individualistiske prinsipper. Som vi har sett på de foregående sider ble politikken fra slutten av 1800-tallet i stadig større grad preget av kollektivistiske ideer og av innskrenkninger av individuell frihet.

Individualisme innebærer at det er det enkelte individ som er den enhet som samfunn må organiseres ut ifra. Kollektivisme innebærer at det er en gruppe som er den primære sosiale enhet, og den gruppen kan være familien eller rasen eller folket eller økosystemet. De aller fleste politiske aktører i dag, ikke bare i USA, men over hele verden, baserer seg på et kollektivistisk utgangspunkt.

Eliten vs. folk flest

En undersøkelse foretatt av Rasmussen Reports mot slutten av 2023 viser nokså tydelig hvordan holdninger i USAs elite skiller seg fra holdninger hos folk flest.

Eliten er definert i undersøkelsen som personer som har lang utdannelse (har en «post-graduate»-grad), tjener minst 150 000 $ i året og bor i områder med stor befolkningstetthet (flere enn 10 000 personer per kvadratmile). Denne eliten utgjør cirka 1 % av befolkningen, og består av 73 % Demokrater og 14 % Republikanere. I befolkningen som helhet, derimot, er disse to partiene omtrent like store.

I eliten var det 74 % som mente at de hadde fått det bedre under Biden, mens blant folk flest var prosenten 20. I eliten var oppfatningen at amerikanerne hadde for stor individuell frihet tre ganger så stor som blant folk flest. Her var det også en interessant forskjell med hensyn til alder; blant de som var 55 eller eldre var det bare 10 % som mente at det var for stor individuell frihet, mens blant de under 35 var det 54 % som mente at det var for stor frihet. I eliten var det 77 % som mente at det burde innføres rasjonering av energi, bensin og kjøtt for å hjelpe til med å redde planeten fra en klimakatastrofe. I hele befolkningen er hele 63 % mot slike tiltak.

I eliten er innpå 2/3 tilhengere av et forbud mot slike ting som bensindrevne biler, friskluftanlegg og ikke-nødvendige flyreiser. Blant folk flest er mindre enn 25 % tilhengere av slike forbud.

To tredjedeler innen eliten mente at eksperter – og ikke foreldrene – burde bestemme innholdet i skolen; blant folk flest var det cirka 38 % som hadde samme mening. Vi nevner her at skolen i USA inneholder undervisning om en rekke kontroversielle temaer, blant dem kjønnsideologi, kritisk raseteori, antikolonialisme, evolusjonsteori (svært mange konservative i USA tror ikke på evolusjonsteorien).

Mens det i eliten er cirka 70 % som stoler på myndighetene, er det blant folk flest bare ca 35 % som har denne oppfatningen.

Det er tydelig at individualistiske holdninger står langt sterkere blant de som ikke er langtidsutdannede enn hos de som har tilbrakt mange år i skolesystemet. (Disse dataene er hentet fra en artikkel i frontpagemag, https://www.frontpagemag.com/the-two-americas-2/.)

USA over på rett kurs

For å komme på rett kurs må de holdninger som den amerikanske uavhengighetserklæringen reelt sett var bygget på, bli dominerende politiske og kulturelle faktorer. Disse faktorene er altså individualisme, rasjonell egoisme, individuell frihet, markedsøkonomi, og det er syn at statens eneste legitime oppgave er å beskytte borgernes frihet.

Individualisme innebærer at den enkelte har rett til å føre sitt liv slik han eller hun selv ønsker, så lenge han eller hun ikke initierer tvang mot andre. Individualisme er en riktig holdning fordi det er individer som tenker, og det er individer som handler. Det er ingen motsetning mellom individualisme og samarbeid, men under individualismen har den enkelte selv rett til å bestemme hvem han eller hun vil samarbeide med. Kollektivisme, derimot, innebærer at noen bestemmer på vegne av en gruppe, og så må alle individene som gruppen utgjør adlyde den som har makta. Under kollektivismen er det som regel slik at den som ikke adlyder blir straffet på en eller annen måte.

Det enkelte individ skal ha rett til å søke etter lykken, og hva som er lykken for den enkelte er det opp til vedkommende selv å avgjøre. Dette er en implikasjonene av det etiske syn som heter rasjonell egoisme, en etikk som sier at det som er moralsk riktig er å handle på en måte som man selv virkelig tjener på på lang sikt. Rasjonell egoisme står i motsetning til altruismen, et etisk prinsipp som sier at det som er moralsk er å ofre seg for andre, det vil si å gi avkall på verdier som fremmer eget liv til fordel for andre. Altruismen dominerer i alle land over hele verden i dag.

Rasjonalitet, et prinsipp som kommer noe mindre tydelig frem i USAs grunnleggende dokumenter, innebærer at man oppnår kunnskap kun ved observasjon og ved logisk analyse av det som er observert. Rasjonalitet innebærer at det er individet selv som må tenke, og at det selv må komme frem til hva som er sant og rett og riktig. Rasjonalitet står da i motsetning til religiøs tro, og i motsetning til holdninger som innebærer at kunnskap ligger forankret i ens sjel, og at denne sjelen er en del av sjelen til et eller annet kollektiv man tilfeldigvis er født inn i.

For at USA skal komme på rett kurs må altså disse prinsippene – individualisme, rasjonalitet, rasjonell egoisme, individuell frihet, markedsøkonomi, at staten kun skal beskytte borgernes frihet – stå sterkt i kulturen.

Objektivismen, et filosofisk system skapt av Ayn Rand, er et integrert og konsistent filosofisk system som inneholder alle disse prinsippene. Når vi nå nærmer oss slutten på boken gjengir vi noe av det som Ayn Rand skrev om grunnlovsfedrene (dette er hentet fra www.aynrandlexicon.com):

> The basic premise of the Founding Fathers was man's right to his own life, to his own liberty, to the pursuit of his own happiness—which means: man's right to exist for his own sake, neither sacrificing himself to others nor sacrificing others to himself; and that the political implementation of this right is a society where men deal with one another as traders, by voluntary exchange to mutual benefit.

> The Founding Fathers were … a phenomenon unprecedented in history: they were thinkers who were also men of action. … they proclaimed man's right to the pursuit of happiness and were determined to establish on earth the conditions required for man's proper existence, by the "unaided" power of their intellect. …

> Throughout history the state had been regarded, implicitly or explicitly, as the ruler of the individual—as a sovereign authority (with or without supernatural mandate), an authority logically antecedent to the citizen and to which he must submit. The Founding Fathers challenged this primordial notion. They started with the premise of the primacy and sovereignty of the

individual. The individual, they held, logically precedes the group or the institution of government. Whether or not any social organization exists, each man possesses certain individual rights. And "among these are Life, Liberty and the pursuit of Happiness"—or, in the words of a New Hampshire state document, "among which are the enjoying and defending life and liberty; acquiring, possessing, and protecting property; and in a word, of seeking and obtaining happiness."

Vil USA komme på rett kurs?

USA *kan* komme over på rett kurs, men dette forutsetter altså at rasjonelle ideer blir dominerende i befolkningen i så stor grad at de bestemmer kulturens utvikling, en utvikling som vil gå i en helt annen retning enn det som har vært tilfelle de siste hundre årene. (Vi minner igjen om at på kort sikt går det mest i bølger, men på lang sikt kan det allikevel finnes en tendens som går i en bestemt retning.)

Våren 2024 er det ingenting som tyder på at det i de kommende årene vil komme en kursendring i positiv retning. Alt tyder på at utviklingen vil fortsette å gå i negativ retning. Bortsett fra økende forfall så som mer kriminalitet, velstandsreduksjon for noen, en mindre velstandsøkning enn fortjent for de fleste, at en voksende andel av befolkningen blir stående utenfor arbeidslivet, kortere levealder for en betydelig andel av befolkningen, en større og sterkere stat, mindre individuell frihet, et mer regulert næringsliv, et større skattetrykk, endog muligheter for krig (land som Kina, Russland, Nord-Korea og Iran har etter 2020 ytterligere trappet opp sin aggressive utenrikspolitikk) – hvordan vil denne utviklingen ramme folk flest i USA?

En ting som kan skje er at vi i større skala enn for noen år siden vil se slike ting som angrep på politistasjoner og rådhus fra grupper som Antifa og Black Lives Matter. Disse gruppene har en ikke ubetydelig støtte i eliten, det vil si hos de som er langtidsutdannet og som har de høyeste inntektene, de fineste jobbene, og som bor i fine urbane strøk. I tillegg til dette har militante muslimer utført et betydelig antall terrorangrep i USA. En motkraft til dette kan være at såkalte rednecks mobiliserer for å motstå angrep fra disse gruppene. «Redneck» er en betegnelse på folk som holder til i områder som den amerikanske eliten betrakter som «flyover country» (ingen som tilhører eliten vil noensinne finne på å besøke eller oppholde seg i disse områdene), de har gjerne noe kortere utdannelse, de har ofte produktive jobber, de er kristne; dette er folk som ifølge Hillary Clinton og Barack Obama er «deplorable» og som «cling to guns or religion or antipathy toward people who aren't like them».

Antagelig er uttrykket «borgerkrig» for sterkt bruke om trefninger mellom disse to gruppene, men en tilstand hvor slike grupper kjemper mot hverandre, i tillegg til de mange negative tingene nevnt ovenfor, er ikke en stabil, varig tilstand. Det som da kan skje er at det blir oppslutning om krefter som vil innføre et nærmest fascistisk styresett – i en slik situasjon vil mange ønske at det kommer en sterk mann som kan ordne opp og løse problemene.

Hvis vi ser på den politikken som nå våren ´24 ligger rett foran oss, så er det noen måneder til neste presidentvalget. I dag ser det ut til at kandidatene blir sittende president Joe Biden, og forhenværende president Donald Trump. Det er vanskelig å komme på en situasjon hvor uttrykket «pest eller kolera» er mer treffende.

Allikevel, Trump ligger svært godt an på meningsmålingene, og han har ingen motstandere/konkurrenter i det Republikanske partiet. I sin (første?) administrasjon klarte Trump å få med seg en rekke dyktige medarbeidere, men de fikk alle sparken etter kort tid. I ettertid har de alle kritisert Trump, som regel med en ganske kraftig og svært udiplomatisk språkbruk. Det er lite som tyder på at han vil få med seg like dyktige medarbeidere hvis han blir gjenvalgt.

Hvis det da virkelig blir disse to som stiller til valget. Det kan hende at Donald Trump får så store problemer med rettsapparatet at han vil bli kastet som Republikanernes kandidat, og slik det ser ut per i dag er da Nikki Haley det eneste alternativ.

Det er ikke umulig at Demokratene vil komme til å innse at Biden er en håpløs kandidat, og at de henter inn en annen kandidat, og en som vi kan tenke oss som kan brukes som erstatning for Biden per i dag er en ikke-politiker, tidligere president-frue Michelle Obama; hun kan kanskje komme inn som en «September surprise». (Republikanerne hadde jo suksess med ikke-politikeren Donald Trump i 2016). Hvis Michelle Obama blir valgt er det mange som vil hevde at dette egentlig blir Barack Obamas fjerde president-periode (mange hevder at Barack Obama trekker i trådene bak Biden). Barack Obama er en ganske

512

utspekulert og dyktig politisk spiller, så det er ikke helt utenkelig at noe sånt kan skje.

Vi tillater oss her å sitere følgende fra et intervju som Barack Obama ga til Steven Colbert november 2020:

«People would ask me, "Knowing what you know now, do you wish you had a third term?" And I used to say, "You know what? If I could make an arrangement where I had a stand-in, a front man or front woman, and they had an earpiece in and I was just in my basement in my sweats looking through the stuff, and then I could sort of deliver the lines, but somebody else was doing all the talking and ceremony, I'd be fine with that. Because I found the work fascinating. I mean, I write about the... even on my worst days, I found puzzling out, you know, these big, complicated, difficult issues, especially if you were working with some great people, to be professionally really satisfying. But I do not miss having to wear a tie every day.»

Vi sier absolutt ikke at dersom en politiker sier noe så blir det gjennomført, men denne betraktningen er allikevel interessant å kjenne til. Det man i hvert fall kan si er at selv om har vært vanlig for amerikanske presidenter å ikke delta i politikken etter at de har gått av som president, så har Obama brutt denne tradisjonen.

Og hva vil skje når valgresultatet foreligger i november 2024? Dagsrevyen formidlet i sluttfasen av valgkampen i 2020 følgende budskap fra en BLM-aktivist: «Blir Trump gjenvalgt, blir det opptøyer, plyndring, slåssing og bombing i hele USA». Det er liten grunn til å tro at dette var en tom trussel; slike opptøyer foregikk i stort omfang i en rekke byer i USA på forsommeren 2020 som en protest mot at den småkriminelle afro-amerikaneren George Floyd døde under en arrestasjon i mai 2020. Som nevnt tidligere i boken har BLM stor oppslutning fra et betydelig antall amerikanere, og det er ingen grunn til å tro at tilsvarende trusler ikke vil bli fremsatt i forbindelse med valget i 2024. I sluttfasen av god-kjennelsen av valgresultatet i 2020 var det omfattende demonstrasjoner, opptøyer og hærverk inne i Kongress-bygningen 6. januar 2021, dette fordi en betydelig andel av befolkningen mente at det hadde foregått omfattende valgfusk, valgfusk som førte til at opptellingen viste at Trump fikk færre stemmer enn Biden. Og hva med det apparatet som gjennomfører valget? Aftenposten forteller 19. februar '24 at «Folk som jobber med valg i USA, opplever stadig oftere at de blir truet. Noen får meldinger på nett. Andre blir oppsøkt av sinte velgere som mener Donald Trump ble snytt for seieren i 2020. Enkelte har opplevd at huset deres er blitt pepret med kuler».

Et kjennetegn på et sivilisert land er at etter valg godtar den tapende siden at den har tapt, at befolkningen godtar valgresultatet, og at maktskifter foregår fredelig og rolig.

Ingen av de kandidatene vi har nevnt, og heller ikke de partiene de representerer slik de er i dag, vil kunne føre USA over på en kurs som gir en politisk positiv utvikling. Men hvem som sitter som president har sjelden noen avgjørende betydning, det som bestemmer utviklingen er de ideer som dominerer i befolkningen, og dette er uavhengig av hvem som sitter i Det Hvite Hus. Allikevel, hvem som blir valgt gir en pekepinn om hvilke ideer som dominerer i befolkningen, spesielt hvis kandidatene oppfattes som å stå et godt stykke fra hverandre. I USA i dag er det slik at de som sogner til Republikanerne og de som sogner til Demokratene mener at den andre siden er i ferd med å ødelegge landet. Og da kan vi enda en gang sitere følgende: «A house divided against itself cannot stand».

Skal et samfunn være fredelig, harmonisk og velstående må det være bygget på individuell frihet og markedsøkonomi, men det er ingen betydelige aktører som støtter dette eller de mer fundamentale idéene som disse prinsippene bygger på. Det er derfor ingen grunn til å se med optimisme på fremtiden. For å fungere godt, og dette gjelder både individer og samfunn, må man akseptere virkeligheten, dette fordi det er en helt uavhengig virkelighet man opererer i. Den fremste dyd er derfor å være rasjonell – rasjonalitet er å innrette seg etter virkeligheten, og den største synd er å ignorere virkeligheten. Å tro at man kan skape gode og velstående samfunn basert på kollektivisme og irrasjonalitet og selvoppofrelse og ufrihet er intet annet enn å basere seg på ønsketenking, noe som ikke er annet enn å fornekte virkeligheten. Og fornekter man virkeligheten vil det nødvendigvis gå galt. Som Ayn Rand sa det: «You can ignore reality, but you cannot ignore the consequences of ignoring reality».

514

$ $ $

En rekke kommentatorer har de siste årene sammenlignet det som skjer i dagens USA med det som skjedde i Romerrikets sluttfase. Avslutningsvis siterer vi noen overskrifter på artikler som omtaler dette:

«Has America Entered the Fall of Rome?»

https://www.heritage.org/budget-and-spending/commentary/has-america-entered-the-fall-rome

«No, Really, Are We Rome?»

https://www.theatlantic.com/magazine/archive/2021/04/no-really-are-we-rome/618075/

«The Fall of Rome and the Lessons for America»

https://time.com/5478197/the-fall-of-rome-and-the-lessons-for-america/

«America Is an Empire in Decline. That Doesn't Mean It Has to Fall.»

https://www.nytimes.com/2023/09/04/opinion/america-rome-empire.html

Romerrikets fall i reprise

Publisert desember 2002

Dette var den første artikkelen jeg skrev om det som er denne bokens tema.

Uttrykk som «historien gjentar seg» og «det eneste man kan lære av historien er at ingen lærer av historien», er velkjente, men dessverre ser det ut til at vi i vår tid kommer til å oppleve sannheten av disse uttrykkene på nært – alt for nært – hold.

Romerriket var antikkens verdensmakt. Selv om den geografiske utstrekning på det meste kun var fra områdene omkring Middelhavet, fra Afrikas nordkyst i sør til Midt-England i nord, var det kun her at det da fantes en avansert sivilisasjon. Romerrikets opprinnelse settes gjerne til ca 750 f.Kr., og Rom ble en verdensmakt etter kriger mot Kartago ca 145 f.Kr. Romerriket besto i mange hundre år (den siste keiser ble avsatt i 476), men på slutten av perioden, fra ca år 200, satte et kraftig forfall inn.

I glanstiden var dog Rom i hovedsak en avansert sivilisasjon, og romersk kultur ble spredd over hele området. På en rekke områder skjedde det forbedringer: veier ble bygget, brolagt og holdt i god stand, og dette var et stort gode både for handel og annet samkvem. Videre, vanningsanlegg ble bygget, romerne innførte drosjer (drevet med muskelkraft, selvsagt), akvedukter, offentlige bad (uttrykket «romerbad» brukes fremdeles), de brukte sement, og det ble innført lov og orden, og riket fikk også et avansert og velfungerende juridisk system; «romerretten» er et uttrykk som fremdeles er kjent.

Også innen kultur nådde Rom høyt: her var store forfattere, tenkere, arkitekter og billedhuggere. (Rom nådde dog ikke opp til samme nivå som antikkens Hellas.)

Nå var selvsagt ikke Romerriket et fritt samfunn målt med dagens mål, det var blant annet slaveri, men på sitt beste og i en lang periode ble Rom styrt som et opplyst enevelde, og det var et sivilisert samfunn med store muligheter for utfoldelse i hvert fall for den som hadde romersk statsborgerskap. Den store historikeren Edward Gibbon skrev i sitt klassiske verk *The Decline and Fall of the Roman Empire* (1776) at

> «If a man were called upon to fix the period in the history of the world when the condition of the human race was most happy and prosperous, he would, without hesitation, name that [period] which elapsed from the death of Domitian to the accession of Commodus [that is, from 98 til 180 AD]».

Dessuten, og dette poenget er også meget viktig, Rom hadde en hær som forsvarte og utvidet riket. Utvidelsene innebar at sivilisasjonens verdier ble spredt over stadig større områder; og denne imperialismen var derfor et gode. Det denne imperialismen sørget for var i det store og hele at barbariske regimer ble avsatt og mer siviliserte regimer ble innført.

Roms makt sørget for en lang fredsperiode, «pax romana». Det ble sagt at en romer kunne gå trygt overalt, og grunnen var at alle visste at den som la hånd på en romer kunne vente seg en kraftig reaksjon fra den romerske hær: Rom tok oppgaven om å beskytte sine innbyggere på alvor.

Men Romerriket forfalt. I perioden fra ca år 180 gikk dette enorme riket i fullstendig oppløsning, og man fikk et stadig økende anarki, indre stridigheter, og til slutt ble området Romerriket dekket rammet av en barbarisk periode med stammekriger og undertrykkelse: middelalderen.

Romerrikets oppløsning

Hvorfor gikk Romerriket i oppløsning? Dette har vært det store spørsmål som historikere har diskutert i flere hundre år. Ayn Rand hevder som kjent at det er ideer som styrer historien, og med dette utgangspunktet kan vi si at de ideer som etter hvert kom til å dominere i befolkningen og i de styrende kretser i Rom var av en slik art at de ikke kunne gi noen legitimering av den romerske makten eller den romerske styreformen.

Et av disse nye idésystemene som ble spredt i stort omfang fra omtrent år 150 var kristendommen. Denne religionen, med sin vekt på selvoppofrelse, underkastelse, forsakelse, med sin implisitte støtte til all slags umoral (ved å forfekte tilgivelse), og med en vektlegging av det ikke-eksisterende livet etter døden, førte til en mindre interesse for aktiviteter, ytelser og engasjement i dette livet, og dermed ble mulighetene for å opprettholde en sivilisasjon kraftig redusert: «hvorfor skal vi anstrenge oss for å leve godt og trygt i dette livet når dette livet er fullstendig uviktig? Da er det bedre om vi gjør oss fortjent til å komme til himmelen etter døden ved å leve selvoppofrende her og nå.»

Kristendommens innflydelse var voksende fra ca år 100, og keiser Konstantin gjorde kristendommen til statsreligion i 312. Noen år senere ble hovedstaden flyttet til Konstantinopel, for å være nærmere kristendommens utgangspunkt, men dette var i realiteten en splittelse av riket. Omkring denne tiden kom også invasjoner fra øst: hunere, gotere og vandaler gikk til angrep, og Roms forsvarsevne var svak. Rom ble ødelagt og vandalisert, og fra år 500 var altså Romerriket borte. Middelalderen senket seg over Vesten. Antikkens viktige tenker Augustin kommenterte Roms fall med at nå kunne også romerne vise ydmykhet:

> «Svake sjeler som hadde elsket verdslige goder ... oppdaget nå [etter vandaliseringen av Rom] hvor stor synd de dermed hadde begått».

Augustin klandrer her ikke vandalene, han klandrer romerne. Det var også andre årsaker enn kristendommen til at Romerriket brøt sammen, f.eks. fantes det ikke et godt nok system for å definere og beskytte eiendomsretten. Til en viss grad var også Rom en velferdsstat, og et omfattende og voksende byråkrati arrangerte prosesjoner, fester, opptog, spill og leker, og bedrev offentlig utdeling av korn, alt finansiert ved en stadig økende skattebyrde. Det var til og med en slags arbeidsledighetstrygd. Lønninger var ofte lave for folk flest siden slaver kunne brukes gratis, mens de velstående ofte levet et meget utsvevende liv. Roms borgere ble mer og mer misfornøyd med skattenivået og den økonomiske politikken, og de forsøkte å unndra seg beskatning. Dette førte igjen til øket lovløshet på alle områder.

USA som Rom

I de siste ca 100 år har verden hatt en parallell til Romerriket: USA. Fra ca 1900 har USA vært verdens mektigste rike på alle områder: økonomisk, militært, kulturelt. USA ble i 1776 eksplisitt grunnlagt på en nesten fullt ut rasjonell filosofisk basis. I en lang periode var derfor USA i stor grad et fritt land (dog med slaveri som et meget beklagelig unntak frem til borgerkrigen som hadde som formål å oppheve slaveriet), og USA spredte disse ideene, Vestens ideer, over hele verden, både med kulturell styrke og med militær makt. USA bekjempet kommunismen i årene etter annen verdenskrig, og alene eller sammen med andre svakere støttespillere, avsatte USA tyranner og innførte demokrati i en rekke diktaturer: Tyskland, Japan, m.fl. (Det var intet grunnlag for å innføre frihet, dessverre.) I en del land var det ikke mulig for USA å innføre demokrati, og for å hindre kommunistiske eller teokratiske regimer å innta makten, støttet USA endel diktatorer, f.eks. Pinochet i Chile, Sjahen i Iran, og Lon Nol i Kambodsja (for bare å nevne tre eksempler). USA bekjempet i en rekke land såkalte frigjøringsbevegelser, men disse hadde alltid som formål å innføre kommunistiske diktaturer, så å bruke navnet «frigjøringsbevegelse» om dem er som å fremstille svart som hvitt. (Etter at disse bevegelsene mistet pengestøtten de hadde mottatt fra kommunistlandene, har de blitt rene gangster-organisasjoner, noe de egentlig også i utgangspunktet var.)

Dessverre var og er også USAs politikk meget prinsippløs, og de har støttet aktører de absolutt ikke burde ha støttet, f.eks. islamistene i Muhjahedin (de som senere ble Taliban) i deres krig mot Sovjetunionen på 1980-tallet. President Reagan følte en viss samhørighet med Muhjahedin siden de også var religiøse. USA støttet også tyrannen Saddam Hussein i hans krig mot Iran i samme periode. Etter at USA avsatte Talibanstyret, godkjente USA i 2003 en ny grunnlov for Afghanistan som inneholder slike formuleringer:

> «Afghanistan is an Islamic Republic independent, unitary and indivisible state. The religion of Afghanistan is the sacred religion of Islam. In Afghanistan, no law can be contrary to the sacred religion of Islam ... and the values of this Constitution. The state is obliged to create a prosperous and progressive

520

society based on social justice. Minerals and other underground resources are properties of the state. Affairs related to domestic and external trade shall be regulated by law in accordance with the needs of the national economy and public interest.»

Disse ideene har ingen ting med Vestens verdier, kapitalisme og frihet og gjøre. Men grunnloven støttes av USA.

Det er udiskutabelt at USA på alle vis er verdens sentrum: Ikke bare militært og økonomisk er USA sterkest, men også kulturelt og teknologisk. I USA finner man de største forfattere, de største vidensskapsmenn, de beste universiteter, de beste sykehus, de beste idrettsmenn, de største oppfinnere, de viktigste bedrifter. Takket være vestlig, hovedsakelig amerikansk, teknologi, blir amerikansk populærkultur (innen film, musikk, TV) spredt over hele verden. En del av teknologien blir dog produsert i Japan, som på grunn av USAs styre rett etter
annen verdenskrig raskt utviklet seg til å bli verdens fremste teknologiprodusent etter USA.

Det kan også nevnes at alle som flykter fra diktatur og undertrykkelse flykter til, eller ønsker å komme til, USA.

USAs forfall
Som nevnt er USA blitt svakere i de siste tiårene. Grunnen til USAs økende svakhet er selvsagt å finne i de ideer som dominerer i USA. Rasjonelle ideer – individualisme, rasjonell egoisme, kapitalisme, politisk frihet – sto sterkt i USA på 1800-tallet, men fra ca 1900 begynte disse ideene å svekkes, og irrasjonelle ideer – kollektivisme, ufornuft, selvoppofrelse, styring av økonomien, ufrihet – begynte i større og større grad å bli akseptert blant intellektuelle. Dermed ble USAs befolkning prisgitt disse irrasjonelle ideene, og spesielt i årene siden ca 1960 har USA derfor blitt svekket (selv om utviklingen betraktet i kort perspektiv er mer ujevn).

ØKONOMIEN
Selv om det har vært svingninger, har den amerikanske økonomien blitt dårligere og dårligere siden slutten av 60-tallet. Presidentene Johnson og Nixon finansiere Vietnam-krigen ikke ved å øke skattene, men ved å

trykke penger (det vil si ved inflasjon), noe som førte til en kraftig prisstigning noe senere. Nixon svarte på dette med å innføre lønns- og priskontroll. President Carters politikk var nærmest totalt inkompetent på alle områder, bortsett fra at han innledet en omfattende dereguleringspolitikk spesielt når det gjaldt transportsektoren (fly, tog, lastebiler), og Reagan gikk umiddelbart etter at han var blitt valgt bort fra sine løfter om skattelettelser og offentlige nedskjæringer. Skattene økte dog ikke under Reagan, og sammen med de dereguleringer som ble påbegynte under Carter, fikk USAs økonomi derfor en oppblomstring på 80-tallet. Reagans visepresident, George Bush, stilte til valg i 1988, og etter løfter som «read my lips: no new taxes» ble han valgt med stor margin. Allikevel gikk også han raskt bort fra sine løfter og øket skattene. Han fortjente da å tape ved neste korsvei, og det gjorde han til den til da nesten totalt ukjente, men sjarmerende lurendreieren fra bygda, Bill Clinton. Clinton foreslo en økonomisk politikk som lå langt til venstre, en politikk som blant annet innebar en sosialisering av helsevesenet, men denne ble stanset av det republikanske flertallet i Kongressen. Allikevel ble betydelige deler av denne politikken etter hvert innført bit for bit uten opposisjon.

Med miljøhensyn som påskudd ble det lagt større og større restriksjoner på næringslivet, og når det etter årtusenskiftet ble oppdaget grov umoral på høyt hold innen næringslivet (Enron, Arthur Andersen), svarte myndigheten med å innføre flere omfattende, men unødvendige, kontrollordninger. Resultatet av dette ble en knekk for økonomien omkring årtusenskiftet. Videre kjørte på store deler av 90-tallet Justisdepartementet, etter ønsker fra mindre dyktige konkurrenter, en meningsløs monopol-sak mot Microsoft. Bakgrunnen for kampanjen var nok forestillingen om at «big is bad, small is beautiful». Selv om myndighetenes restriksjoner har ført til store aksjetap, er det overraskende at den amerikanske økonomien nå er så god som den tross alt er.

Under president Bush jr. går det nå tilsynelatende godt. Den økonomiske veksten ser ut til å være betydelig. Dette skyldes dels noe deregulering og enkelte skattelettelser, men noe av veksten skyldes også inflasjon. Bush jr. har også ekspandert statens rolle i økonomien, f.eks. har han latt staten overta deler av eldres helseutgifter. Alt i alt er dette tiltak som vil skape store problemer på sikt. Reagan og Bush sr. styrte etter budsjetter som førte til store underskudd – staten brukte mer penger enn den hadde. Grunnen var at disse ikke foretok så mange nedskjæringer som de hadde lovet i sine valgkamper. Men de fikk i stand visse dereguleringer, og dette førte til en sterk økonomisk vekst under deres etterfølger Bill Clinton. Under ham ble også underskuddsbudsjettene snudd til overskuddsbudsjetter. Med Bush jr. som president fra 2001 har USA igjen underskuddsbudsjetter, hovedsakelig på grunn av krigen i og hjelpetiltak til Afghanistan og Irak*.

SKOLEN

Også den amerikanske skolen er i krise. Undervisning i tradisjonelle fag baseres til dels på feilaktige pedagogiske metoder (inspirert av John Dewey). Barn flest læres opp til å lese ikke ved å lære bokstaver og så sette dem sammen til ord, men ved å se skrevne ord som en helhet – noe som kalles «look-say»-metoden. Leseferdigheten er derfor lav blant de som uteksamineres, og har ført til utgivelse av bøker med titler som *Why Johnny Can't Read. E*n betydelig del av undervisningstiden går med til å spre usann miljøpropaganda, å spre multikulturalistiske ideer, og å øke elvenes «self-esteem» (noe som forsøkes gjort på et irrasjonelt grunnlag, og som derfor har en effekt helt motsatt av det som var formålet). Karakterene som elvene får er selvsagt bedre enn noensinne, men dette skyldes at karakterkravene er redusert. I stor grad på grunn av det helhetlige skoletilbudet er det betydelige disiplin-problemer, og «school-shootings», hvor elever med automatvåpen dreper kanskje så mange som 10-20 av sine medelever, forekommer en gang i blant. Lærernes fagforeninger står sterkt, og kjemper med nebb og klør mot alle tiltak som vil redusere deres makt over skolen.

---

* Bush-administrasjonen beregnet budsjettunderskuddet for 2003 til 2,662 milliarder kroner. Underskuddet 2002 var på 1.122 milliarder kroner. Likevel representerer budsjettunderskuddet bare 3,5 prosent av BNP, mens på 80-tallet hadde USA underskudd på 5-6 prosent av BNP. (Fra Dagsavisen 20/10-2003. Budsjettår følger dog ikke kalenderår.)

AKADEMIA

Universitetene, som skulle være kunnskapens voktere og formidlere, driver nå i meget stor grad ren venstreorientert propaganda i en rekke legitime fag, og har også innført et stort antall «fag» som ikke er annet enn venstreorientert sjarlataneri (black studies, gay and lesbian studies, woman studies, african studies, etc.). Videre, universitetsmiljøene er totalt dominert av venstreorienterte, mest blant lærerne, men også i betydelig grad blant studentene. Antall Republikanere blant lærerne er bare noen få prosent, resten er Demokrater, eller står enda lenger til venstre. Blant studentene finnes det et stort antall meget aktive venstreorienterte grupper, mens de få konservative eller liberalistiske grupper som finnes blir sabotert på alle nivåer – ikke får de økonomisk støtte fra universitetene i samme grad som de venstreorienterte, de har problemer med få å leiet lokaler, og arrangementene blir ofte stanset fordi venstreorienterte studenter bruker vold for å hindre at arrangementer blir gjennomført. Den konservative David Horowitz forteller at ved en anledning våren 2001 hadde universitetsledelsen innkalt tolv væpnede vakter for å opprettholde sikkerheten under et av hans foredrag. Horowitz forteller også at «at top-tier universities ... conservative students are second class citizens subject to ridicule if they don't keep their mouths shut».

Opptak til universitetene skjer i betydelig grad ikke på basis av karakterer/kvalifikasjoner, men på basis av kvoteringsordninger. Disse innebærer at mindre kvalifiserte studenter slipper inn istedenfor mer begavede studenter. I de siste år er det også blitt et krav til opptak at man har tjenestegjort «frivillig» i f.eks. et suppekjøkken for hjemløse.

RELIGION

USA ble helt klart etablert på en ikke-religiøs basis, og grunnlovsfedrene var deister, de var ikke kristne. (Deisme er den overbevisning at Gud skapte verden, men at han ikke på noe vis griper inn i historien gang eller skal dømme oss). Alle fremtredende intellektuelle i USA omkring 1750-1800 var deister: John Adams, USAs annen president, skrev i et brev at «this would be the best of all possible worlds, if there were no religion in it.» Thomas Jefferson, USAs tredje president, skrev i et brev til Adams at «The day will come when the mystical generation of Jesus, by the Supreme Being as his father, in the womb of a virgin,
524

will be classed with the fable of the generation of Minerva in the brain of Jupiter».

Hvor stor andel av befolkningen som var kristne omkring år 1800 er ikke lett å si med noen grad av sikkerhet, men det er klart at religionen ikke satte noe merkbart preg på USA.

I dag er det annerledes. Det er kirker overalt, legpredikanter finnes på alle TV-kanaler, hele 96 % av befolkningen tror på Gud, og det er umulig å bli valgt til et politisk verv for den som ikke er kristen. Alle skolebarn i USA leser hver dag «The Pledge of Allegiance», en slags lojalitetserklæring til republikken. Den lyder nå slik:

> «I pledge allegiance to my Flag and to the Republic for which it stands, one nation under God, indivisible*, with liberty and justice for all».

Erklæringen ble innført i 1892, men passusen «under God» er et senere tillegg, det ble tilføyet i 1954.

ENGASJEMENT UTENFOR USA

Under annen verdenskrig nedkjemper USA diktaturene i Japan og Tyskland og innførte demokratiske regimer, og til en viss grad fortsatte USA med dette etter annen verdenskrig. Blant annet ble kommunistenes invasjon av Sør-Korea slått tilbake på 50-tallet. Men da USA forsøkte det samme i Vietnam på 60-tallet, var opinionen så preget av kommunistisk propaganda at det på alle nivåer var sterke protester mot USAs anstrengelser for å slå kommunistene tilbake. USA ble derfor presset til å trekke seg ut, og Syd-Vietnam ble etter 1975 underlagt kommunistdiktaturet i Nord-Vietnam.

USA har endel ganger som det minste av to onder støttet diktaturregimer for å hindre at land falt i hendene på kommunister eller verre diktatorer (Iran, Kambodsja), men på 70-tallet trakk USA støtten til disse diktaturene, og resultatet ble det barbariske diktaturet under Khomeini og folkemord under Pol Pot.

---

*Denne lojalitetserklæringen, med vekt på «indivisible», ble innført noen år etter borgerkrigen (1861-1865), for å motvirke ønsker om at noen delstater skulle melde seg ut av unionen.

Da Irak okkuperte Kuwait i 1991, søkte president Bush sr. FN om tillatelse til å slå invasjonen tilbake. Å slå Iraks hær viste seg å være en lett match, men de lot dessverre være å avsette tyrannen i Bagdad, Saddam Hussein, i samme slengen. På 80- og 90-tallet, etter den islamske revolusjonen i Iran (som skjedde fordi daværende president Carter trakk støtten til Sjahen), begynte USA å bli utsatt for terrorangrep fra fundamentalistiske muslimer, og USA lot i de aller fleste tilfeller være å svare på disse. Flere angrep på 80- og 90-tallet førte kun til at president Reagan gikk til et svært begrenset angrep på Libya, og president Clinton avfyrte et par raketter mot tvilsomme mål i Afghanistan og Somalia. Clintons angrep var i hovedsak ment å ta oppmerksomheten vekk fra pinlige personlige forhold.

USA har også engasjert seg i flere meningsløse militære aksjoner hvor USAs interesser ikke var berørt i det hele tatt (Somalia, Bosnia).

Men hva gjør USA for å beskytte amerikanere? Sommeren 2002 ble fem amerikanske studenter drept i en palestinsk terroraksjon mot et universitet i Jerusalem. Den arabisk/muslimske terroristorganisasjonen Hamas tok på seg ansvaret, men USA har ikke gjort noe for å gi Hamas et rettferdig svar på tiltale. Borgere av USA kan ikke gå trygt overalt, snarere tvert imot: den som dreper en amerikaner vet at det kommer ingen reaksjon fra USA.

I dag ser vi klart og tydelig USAs svakhet i mangelen på reaksjoner etter angrepene på WTC 11. september 2001. Selv om president Bush jr. enkelte ganger har en brukbar retorikk, er hans handling svak, og den støtten han har blant toneangivende kretser i USA – det vil si hos de intellektuelle – er fra liten til ikke-eksisterende. USAs ytre fiende i denne sammenhengen er fundamentalistisk islam, og USA burde ha slått kraftig til mot alle regimer som støtter denne primitive og barbariske ideologien, først og fremst Iran. Isteden pleier USA sitt vennskap med Saudi-Arabia, som er landet praktisk talt alle WTC-terroristene kom fra; USA ignorerer Iran, som er fundamentalistisk islams ideologiske sentrum; og USA velger å angripe lette motstandere, Taliban-regimet i Afghanistan og Saddam Hussein i Irak, for å gi inntrykk av handlekraft og besluttsomhet.

Dessverre preger også USAs religiøse orientering deres svar på terrorangrep fra fundamentalistisk islam. USA har ikke sagt at islam er

526

problemet, de har ikke gått til angrep på fundamentalistisk islams fyrtårn Iran, som er den virkelige fienden, de gikk i 2002 til angrep på den ikke-religiøse Saddam Hussein i Irak. Tilsvarende skjedde på 1980-tallet under Reagan: Reagan hadde en ganske god utenrikspolitikk overfor det ateistiske Sovjetunionen, men han støttet med penger og våpen de religiøse Muhjahedin i Afghanistan i deres kamp mot det ateistiske Sovjet. Muhjahedin utviklet seg som kjent til Taliban og AlQaida.

Hvordan har USAs intellektuelle reagert på angrepet på WTC? Typisk er følgende holdning, som er hentet fra en leder i Los Angeles Times 11. september 2002:

«The US will always be to some extent imprisoned by its power, but if it can show the world that it can be humble, and ready to change, then some good may yet come of all this suffering. Perhaps the best thing we can learn from older nations, Viet Nam, say, and Japan, is that the most useful response to loss, is to start looking beyond our wounds and toward how we can avoid hurting others».

Det riktige svaret på terrorangrep er ifølge denne lederskribenten er altså å være ydmyk og ettergivende.

I det store og hele ser vi at USA ikke bruker sin militære styrke til å forsvare seg og Vestens verdier, og at USA er ettergivende overfor tyranner og terrorister av ulike slag.

RETTSVESENET

Det amerikanske rettsvesen har utviklet seg til å bli et sirkus hvor advokater med hell utnytter alle de muligheter loven dessverre gir. Personer har mottatt enorme erstatningsbeløp fordi de har røkt tobakk eller sølt varm kaffe på seg. Drapsmenn som O.J. Simpson går fri. Professorer i jus ved de mest prestisjefylte universiteter sier eksplisitt at hva som er sant eller galt ikke hører hjemme i rettssalen.

En kvinne som påstod at hun var synsk gikk til rettssak mot et sykehus og ble av retten tildelt en erstatning på én million dollar. Grunnen var at sykehuset ved behandlingen hadde brukt apparater som medførte at hun mistet sine synske evner. Skattevesenet (IRS) har fått enormt vide fullmakter i forbindelse med mistanke om skatte-unndragelse; er man mistenkt for å ha tilbakeholdt skatt kan IRS beslaglegge folks hus og biler inntil saken er ferdigbehandlet.

Siden 60-tallet har også bruken av narkotika i store deler av befolkningen øket (selv om økningen frem til i dag ikke har vært jevn), og dette har selvsagt sammenheng med svekkelsen av de rasjonelle ideene i kulturen. Myndighetene har selvsagt svart på en totalt feilaktig måte. Ved å iverksette en krig mot narkotikaen har man brukt enorme beløp (som er tatt fra skattebetalerne) og etablert et mektig byråkrati. Krigen har vært vellykket i å gjøre et stort antall mennesker (i tollvesenet, i politiet, blant politikere spesielt i Mellom-Amerika) korrupte. Selvsagt har ikke narkotikaproblemet forsvunnet.

KULTUR

Innen kulturen er det en nærmest sykelig opptatthet av menneskelige svakheter. Hvis vi kun holder oss til film, ser vi at de respekterte eller populære filmene og TV-seriene svært ofte handler om handikappede (*Forrest Gump, Piano, My Left Foot, Shine, I am Sam, Good Will Hunting, Sling Blade, The English Patient, A Beautiful Mind*) eller gangstere (*The Godfather, Sopranos, Pulp Fiction, GoodFellas, Taxi Driver, Hannibal, Road to Perdition*) eller festing og sex (*American Pie, Sex and the City, Friends, Frasier*).

De siste års mest populære TV-serie, *Seinfeld*, handlet dog ikke bare om hovedpersonenes sex-liv, den handlet også om – ingenting. Det finnes også filmer som er lite annet enn bokstavelig talt «mindless» action, og det finnes filmer som foregår i en ren eventyrverden (*Lord of the Rings, Star Wars*). Det finnes filmer som kan sies å ta opp seriøse temaer, men ingen av disse forfekter noe som er i nærheten av å være rasjonelle verdier. Krigsfilmer handler ikke om heltemodige amerikanske soldater som eliminerer fienden, men om heltemodige amerikanske soldater som redder andre amerikanske soldater (*Saving Private Ryan, Black Hawk Down*). Antallet filmer og TV-serier som viser at USA er tvers igjennom korrupt fra øverst til nederst er uendelig (noen få eksempler: *L.A.Confidential, Wag the Dog, The Shield, Dark Blue*). Humoren som mange av de unge foretrekker er utrolig primitiv (*American Pie, Beavis and Butthead, The Osbournes, Jackass*).

528

Selvsagt finnes det unntak i alle disse kategoriene, men allikevel vil jeg hevde at de tendenser som her er påpekt er sterkt dominerende.

Ideer

Hvorfor finnes disse tendensene i USA? Jeg nevnte at dette må være resultat av irrasjonelle ideer – kollektivisme, selvoppofrelse/altruisme, styring til fellesskapets beste – på grunnleggende områder. La meg konkretisere hvilke ideer det er snakk om. La oss først se på det dominerende menneskesynet:

Mennesket betraktes primært ikke som et selvstendig individ, men som en del av en gruppe, og gruppen er viktigst. Denne kollektivismen medfører at man ikke kan vurdere mennesker på individuelt grunnlag, det primære er hvilken gruppe vedkommende tilhører. Alle grupper betraktes som likeverdige, og derfor er en gruppe ansett som undertrykt hvis det f.eks. er 5 % av dem i befolkningen og kun 1 % av dem blant studenter. Alle gruppers kulturer betraktes som likeverdige – dette synet kalles multikulturalisme – og derfor kan man ikke si at Vestens sivilisasjon er bedre enn religiøst barbari.

Mennesket betraktes i dag som et produkt av sine følelser og sine drifter, og det oppfordres til å følge sine impulser. Mennesket er ikke lenger oppfattet som et rasjonelt vesen som er i stand til å handle prinsippfast og langsiktig. Forestillingen om at mennesket er irrasjonelt innebærer at folk ikke kan innrømmes frihet – siden mennesket følger sine impulser, må det styres for ikke å ødelegge seg selv eller andre; frihet er jo ensbetydende med kaos. Derfor kan heller ikke frihet/ kapitalisme være et ønskelig samfunnssystem. Kapitalisme er dessuten utbytting og undertrykkelse, påstås det, og derfor må mennesker beskyttes ved at det blir lagt begrensninger på de dyktige og ved at de mindre dyktige får støtteordninger. Grunnen til at Vesten er rik, påstås det i dag, er ikke at Vesten har respekt for eiendomsrett og setter suksess og velstand i dette livet høyt, grunnen til at Vesten er rik er at de fattige land er blitt utnyttet. Derfor må Vesten sone for sine synder ved å bevilge enorme beløp til u-landene. Alle må underordne seg dette, og når de er blitt overbevist om at altruisme er det eneste som er moralsk, lar de seg lett styre.

Det negative synet på fornuft kommer også til uttrykk i den holdning at mennesket må basere seg på religion; hvilken religion er uviktig; islam fortjener like mye respekt som jødedom og kristendom. Siden fornuften ikke er så viktig, kan en kultur basert på rasjonelle verdier ikke være bedre enn andre kulturer. Siden fornuften ikke er viktig, kan heller ikke prinsipper være viktige, og derfor kan man si noe én dag og det stikk motsatte neste dag. Man kan være alliert med Saddam Hussein en dag, og beskrive ham som verdens verste tyrann dagen etter. Heller ikke kan man si at angrepene på WTC var en del av et mønster som har vart kontinuerlig, og med stadig økende styrke, siden 1979. Den pragmatiske, det vil si den som ikke er i stand til å tenke i prinsipper, ser aldri noe mønster, han ser kun isolerte handlinger. Svekkelsen av fornuften ser vi bekreftet på alle nivåer, til og med i trenden med «reality-show». Disses popularitet viser at folk i mindre grad enn før har evnen til å følge med i og forstå en planlagt og utarbeidet intrige.

Dessuten kan ikke USA i dag forsvare seg selv uten å samle støtte fra andre land, og det spiller ingen rolle om disse er de feige europeiske demokratier eller de korrupte diktaturer overalt ellers i verden. Dette er også et uttrykk for kollektivisme og altruisme.

Som vi ser et det sterkt irrasjonelle ideer som dominerer i USA i dag.

En irrasjonell kultur

At irrasjonelle ideer dominerer mange amerikaneres daglige liv finnes det en rekke eksempler som bekrefter. La oss her kun nevne noen få av dem: Prosessen henimot sterkere integrering av de ulike raser har stanset opp, og i dag er skillet mellom rasene i ferd med å bli større enn noensinne. Ingen offentlige personer kan uttale seg negativt om noen religion, hverken islam, kristendom eller jødedom. Begge de dominerende politiske partier ønsker at staten skal ta seg av flere saksområder. Dårlig kosthold og andre livsstilsvalg er i ferd med å gjøre slike ting som overvekt og diabetes til folkesykdommer; den generasjon som nå vokser opp vil bli den første som har en lavere forventet levealder enn sine foreldre. Promiskuitet er blitt vanlig i alle samfunnsgrupper. De som driver underholdningsindustrien har nå fjernet den tidligere klare og tydelige grense mellom tradisjonell underholdning og porno. En vanlig ungdom har sett tusenvis av drap i underholdningsprogrammer på TV, osv.

530

Quo vadis?

Hvilken vei skal dette gå? USA står altså nå ved en korsvei. Så vidt jeg kan se er det intet som tyder på at USA kommer til å velge riktig vei. Alternativene som foreligger ser ut til å være enten å gå i feil retning i stor fart, som de intellektuelle, venstresiden og Demokratene ønsker, eller å gå i feil retning i et noe saktere tempo, som Republikanerne og de konservative ønsker.

Håpet om å redde USA, og dermed den vestlige verden med de verdier som Vesten bygge på, ligger selvfølgelig ene og alene i en allmenn aksept av rasjonelle ideer. En helhetlig filosofi som bygger på rasjonelle ideer finnes, og selv om denne filosofien er i ferd med å få øket oppslutning og oppmerksomhet, er det forløpig intet som tyder på at disse ideene vil få en så betydelig oppslutning at USAs vei mot sammenbruddet kan snus. Da Rom falt, fikk vi innpå 1000 år med stadige kriger, anarki og barbari. Det samme vil antagelig skje hvis USA faller.

Pragmatismen

fra *Filosofi: en innføring** (1991)

På slutten av 1800-tallet var det enkelte filosofer, hovedsakelig i USA, som hevdet at filosofien var blitt mer og mer abstrakt og virkelighetsfjern. Filosofien var preget av forestillinger om nomenuelle verdener, Absolutte Ånder, platonske former i en annen dimensjon, osv. Disse amerikanske filosofene var opptatt av andre ting: Filosofien skulle være praktisk, den skulle være rettet mot å løse reelle, dagligdagse problemer. Disse filosofene – de fremste var Charles Peirce (1839-1914), John Dewey (1859-1952) og William James (1842-1910) – dannet en ny filosofisk retning som fikk navnet pragmatismen. (Ordet kommer fra det greske «pragma», som betyr handling, praksis.)

Disse tenkerne hevdet at filosofi skal brukes til å veilede konkret handling. Mennesker tenker for å oppnå praktiske resultater, hevdet de, en idé eller en teori er et redskap, et instrument som sier oss noe om hvordan vi skal handle, hvordan vi skal oppføre oss. Disse tenkerne brøt derfor med den tidligere tradisjon om at filosofiens oppgave er å finne svar på de fundamentale spørsmål og problemstillinger.

Pragmatismen betraktet tenkning som noe man må gjøre for å kunne handle – tenkning er først og fremst veiledning for handling. Grunnen til at vi handler, ble det hevdet, er at vi ikke er fornøyde med den situasjon vi nå er i, og at vi ønsker å forbedre den. Dewey hevdet at tenkning er en dis-ease, en sykdom: vanligvis er vi tilfredse – at ease – men når vi ikke er tilfredse, er vi i en tilstand som kan karakteriseres som dis-ease, og det er i slike situasjoner vi må tenke. Pragmatikerne hevdet altså at i vanlige, dagligdagse situasjoner er tenkning unødvendig, da er det tilstrekkelig at vi oppfører oss slik vi vanligvis gjør. Det er først når det dukker opp en uforutsett situasjon at vi må tenke, og tenkning er kun nødvendig når vi skal bringe en ubehagelig situasjon til opphør.

En idé eller en teori er av pragmatikerne definert som en plan for handling. Skal vi handle må vi først ha en plan, og denne planen er

---

* Hele boken er tilgjengelig på www.filosofi.no

en idé eller en teori. De hevdet endog at en idé bare har mening dersom den er en plan for handling. Meningen med idéen eller teorien definerte de som de praktiske konsekvenser idéen har. En idé som ikke er en slik plan, eller som ikke har noen opplagte praktiske konsekvenser, er for pragmatikerne fullstendig meningsløs og må forkastes.

La oss se på noen eksempler på anvendelser av denne tilnærmingsmåten. Anta at man har en idé om at en person er 180 cm høy. Denne idéen er en plan for handling fordi den sier at klær av en viss størrelse ikke vil passe, at vedkommende må bøye seg dersom han går igjennom en lav dør, osv. Et annet resultat av denne tilnærmingsmåten er at problemstillingen om hvorvidt <u>materialisme eller idealisme</u> er korrekte teorier om virkelighetens fundamentale beskaffenhet, må avvises. Disse ulike teoriene – materialisme og idealisme – medfører nemlig ikke ulike planer for handling; ingen av dem benekter at verden oppleves som bestående av objekter – og derfor må hele problemstillingen forkastes.

En idé er altså ifølge dette synet intet mer enn og intet mindre enn en plan for handling. Imidlertid er det slik at iblant fører en handling til uønskede resultater. Dette, sa pragmatikerne, gir oss en mulighet til å definere sannhet: en idé som virker, dvs., som fører til de ønskede konsekvenser, er sann. En idé som ikke fører til de ønskede konsekvenser, er usann. (Her er det viktig å være oppmerksom på formuleringen. De sa ikke at en idé virker fordi den er sann, de sa at en idé er sann fordi den virker.) Vi kan ifølge Dewey aldri vite på forhånd om en idé er sann eller ikke: « . . . vi har viten kun etter at vi har handlet og som konsekvens av handlingen.» (Dewey: *The Quest for Certainty,* Minton, Balch & Co., New York 1929, s.276.) Av denne definisjonen av sannhet følger pragmatismens <u>metafysiske</u> fundament: Det eksisterer ikke noen virkelighet uavhengig av oss, og det er ikke slik at vi betrakter virkeligheten ved å benytte vår bevissthet. Ifølge pragmatismen blir virkeligheten skapt ved at vi formulerer idéer og teorier, og så handler på basis av disse. Dette går klart frem av f.eks. Deweys egne verker. Han skriver et sted at det er galt å hevde «at kunnskap består i oppdagelser av virkeligheten, en virkelighet som eksisterer forut for og uavhengig av erkjennelse...» (ibid., s.44.) Dewey påstår videre at «tenkningens oppgave er ikke å tilpasse seg eller reprodusere («conform to or reproduce») egenskaper som objekter på forhånd har...» (ibid., s.137.) (Her kan man merke påvirkningen fra Hegels filosofi; Dewey var forøvrig hegelianer i sin ungdom.) Virkeligheten er ifølge pragmatikerne ubestemt inntil vi har undersøkt den; ved en undersøkelse gir vi virkeligheten identitet, vi oppdager den ikke. I overensstemmelse med dette hevdet pragmatikerne at metafysikk er et meningsløst emne.

Pragmatikerne avviste derfor alle muligheter for evige, allmenngyldige sannheter, og de avviste alle fundamentale prinsipper og absolutter. De hevdet at man skal leve sitt liv på vanlig måte, og løse problemer ved å prøve seg frem etterhvert som de dukker opp. Det finnes ingen prinsipper som kan danne basis for løsninger: hva som virket igår virker kanskje ikke idag. Dewey gikk på dette område så langt som det var mulig å gå. Han påstod at siden logikkens lover har fungert så godt og i så lang tid, er det på tide at de skiftes ut. (Dewey: *Logic*, Holt & Co., New York 1938, s.82,90,94.) Logikkens lover er for pragmatikerne en konvensjon laget på et vilkårlig grunnlag, og derfor må de kunne forkastes eller forandres når det måtte passe.

Det er lett å se av dette at pragmatismen fundamentalt sett er en form for subjektivisme. Pragmatikerne hadde heller ingen problemer med å innrømme dette, og de delte seg i to hovedretninger: den ene er mer personlig-subjektivistisk, representert ved James, den andre er mer autoritær-subjektivistisk, representert ved Peirce og Dewey.

Den personlig-subjektivistiske retningen innebærer at det som er sant er sant for hver enkelt person for seg, og således ikke nødvendigvis sant for andre. Den andre retningen innebærer at det som er sant på et område må avgjøres av fagfolkene på det relevante område. F.eks. er relativitetsteorien ifølge dette synet sann nå fordi fysikere flest mener at denne teorien idag best beskriver hvordan partikler oppfører seg ved høye hastigheter. På samme måte var utsagnet «jorden er flat» sant i tidligere tider.

La oss for å illustrere dette skillet mellom de to retningene også se på holdningen til gudstro. Pierce og Dewey hevdet at forestillingen om Gud ikke har noen praktiske konsekvenser overhodet – virkeligheten vil være nøyaktig den samme selv om Gud ikke eksisterer – og de forkastet derfor forestillingen om Guds eksistens. James inntok en annen holdning: mange mennesker har et følelsesmessig forhold til Gud, og for disse betyr Gud mye, for dem har forestillingen om Gud praktiske konsekvenser – forestillingen om Gud er derfor meningsfylt for dem. For James er det derfor riktig å si at Gud eksisterer for den som tror.

Pragmatikerne har som man kunne vente en nominalistisk begrepsteori. Det finnes, hevdet de, ingen objektive kriterier som basis for begrepsdannelse, det finnes kun hensiktsmessige og mindre hensiktsmessige måter å ordne data på.

Ifølge pragmatikerne finnes det altså hverken noen absolutt virkelighet eller noen absolutte kriterier for erkjennelse. Deres etikk hevdet i tråd med dette at det ikke finnes noen absolutte, allmenngyldige goder: det som er godt er det som virker, det som løser problemer – i den konkrete situasjonen. Pragmatikerne forfekter derfor ingen fundamentale prinsipper – de er ikke utilitarianere, ikke egoister, ikke altruister. De hevdet at siden valg forekommer i bestemte situasjoner, og siden alle disse situasjonene er forskjellige og i tillegg kompliserte og uoversiktlige, kan man ikke fastlegge noen prinsipper som vil være anvendbare i mange forskjellige situasjoner. I enhver situasjon må man derfor prøve seg frem, og det er intet grunnlag for å hevde at de løsninger (dvs. de prinsipper) som virket i går også vil virke idag – virkeligheten er jo ubestemt. Det man må gjøre er å velge så godt man kan i den foreliggende situasjon.

Heller ikke i politikken er pragmatikerne tilhengere av absolutte prinsipper. De er motstandere både av rettighetsteorier, som kapitalismen bygger på, og av fullt statsstyre, som sosialismen innebærer. (Dewey var forøvrig en erklært anti-kommunist.) De er allikevel kollektivister: Dewey hevdet at intelligens ikke er «en individuell egenskap», men tilhører fellesskapet, den er en sosial ressurs («social asset»). Dermed var de tilhengere av velferdsstaten som politisk system.

Dewey var, som så mange tidligere filosofer, opptatt av undervisning og utdannelse. Han utarbeidet et omfattende pedagogisk system som har fått stor utbredelse, spesielt i USA, hvor det kalles «progressive education». Denne pedagogikken er bygget på den pragmatiske filosofien og legger større vekt på at man skal lære ved å handle, ved å eksperimentere, «learning by doing», enn ved å tenke. De hevder også å legge stor vekt på metode fremfor å opplyse om fakta – «we don't teach history, we teach Johnny». Også tilpasning til gruppen er en viktig del av denne pedagogikken. Et annet viktig element er at

536

hvert barn bør kunne leve ut det pragmatikerne hevder er dets impulser og instinkter, dog på en slik måte at barnet er underordnet gruppen.

Om forfatteren

Vegard Martinsen (1955-) tok examen artium ved Kongsvinger gymnas i 1974. Etter avtjent verneplikt i Ingeniørvåpenet studerte han matematikk, fysikk og filosofi ved Universitetet i Oslo, og tok cand.scient.-eksamen i 1981. Fra 1982 arbeidet han i voksenopplæringen i Oslo, og fra 2001 til 2017 var han seniorrådgiver ved Vox – nasjonalt fagorgan for kompetansepolitikk.

Martinsen har hatt en rekke verv. Han var formann i Foreningen for Studium av Objektivismen fra 1993 til 2004, og han var leder i Det Liberale Folkepartiet fra 2003 til 2017. Fra 1989 til 1993 var han vararepresentant til Stortinget. Han er medlem i styret i Søren Jaabæk Instituttet. Han har vært gjest i en rekke radio- og TV-programmer, blant annet Her og nå, Holmgang og Verdibørsen. Han er også blitt intervjuet i serien Cave of Apelles. Hans artikler er publisert i blant annet Aftenposten, VG, Dagbladet, Dagsavisen, Morgenbladet, Ny Tid, Humanist, Norwegian Wood, Teknisk Ukeblad, AerA og Liberal.

Disse nettsidene kan være interessante for lesere av denne boken:

http://vegardmartinsen.com

http://vegardmartinsen.no

http://jeanbaptistesay.no

https://filosofi.no

https://www.gullstandard.no

http://www.stemdlf.no

Produksjon: lulu